Lehrbuch der Traumanalyse

Von

Harald Schultz-Hencke

2., unveränderte Auflage

1972

Georg Thieme Verlag Stuttgart

1. Auflage 1949
1. Nachdruck 1968

ISBN 3 13 401702 4

Tu ne quaesieris, Leukonoe
Scire nefas
Quem mihi, quem tibi
Finem Di dederint....

VORWORT

Als die psychoanalytische Praxis des Verfassers im Jahre 1933 beinahe von einem Tag auf den anderen auf wenige Stunden zusammensank, ergab sich auf diese Weise die Möglichkeit, eine Arbeit in Angriff zu nehmen, die schon lange als notwendig vorschwebte. In einigen Monaten entstand eine „Lehre vom Traum", die einst — wann? — die 1931 in „Schicksal und Neurose" [1]) entwickelten Positionen ergänzen sollte. Diese waren ein kritischer Ansatz zu einer weiterentwickelten Psychoanalyse, während eine „Einführung in die Psychoanalyse" [2]) im Jahre 1927 der Absicht nach die wesentlichen Positionen Freuds einfach hatte darstellen sollen. Während der Dauer des Dritten Reiches konnte dann im beginnenden Chaos unter Umgehung der Zensur „Der gehemmte Mensch" [3]) als positive Darstellung eigener, neugewonnener Auffassungen erscheinen. Aber die Veröffentlichung jener „Lehre vom Traum" wurde ausdrücklich verboten. So blieb die Arbeit in der damaligen Form liegen. Und das wieder ergab nach nunmehr 14 Jahren die Notwendigkeit neuerlicher Bearbeitung. Aber auch jetzt erscheint dem Verfasser das Dargestellte lediglich als ein Versuch, ein außerordentlich schwieriges Thema zu bewältigen. Dabei bedeutet es keineswegs eine falsche Bescheidenheit, wenn immer wieder von Versuch und Ansatz gesprochen wird. Etwas anderes ist wohl heute für niemand möglich, und durch solchen Hinweis soll die Leserschaft gebeten werden, mit einiger Bereitwilligkeit solche Einwände zunächst zurückzustellen, die sich auf den naturgemäß unvollkommenen Stand der heutigen Forschung beziehen.

Vor 35 Jahren las der Verfasser erstmalig die Traumdeutung Freuds und war tief beeindruckt durch die Großartigkeit des Aspekts, mehr noch aber durch das sehr bestimmte, sogenannte Gefühl, hier vor einer genialen, die Wahrheit über den Traum grundsätzlich treffenden Erhellung einer bis dahin sehr dunklen menschlichen Daseinsform zu stehen. Mehrere Jahrzehnte intensiver Bemühung führten dann zum hier dargestellten Resultat. Der Verfasser hatte in dieser Zeit Gelegenheit, etwa 50 000 Träume von Patienten und Gesunden genauestens zu untersuchen, insbesondere in Bezug auf den Zusammenhang mit dem Erlebensganzen der Träumer. Er erhielt von vielen Seiten in einer Fülle von Aussprachen, Seminaren, Aufsätzen und einzelnen Büchern reichste Anregung, ohne daß es ihm heute möglich ist, die spezielle Herkunft bestimmter Eindrücke, Feststellungen und allgemeinerer Thesen zu erinnern. Die Lehre der Tiefenpsychologie hat noch keinen Stand der

[1]) Gustav Fischer, Jena. [2]) ebendort.
[3]) Bei Georg Thieme, Leipzig 1940, 2. Aufl. 1947 bei Georg Thieme, Stuttgart.

Reife erreicht, keine hierarchische Ordnung des Wissens, die es erlauben würde, sich, wie das sonst in der Wissenschaft üblich ist, auf eine Fülle von bekannten und gesicherten Forschungsschritten zu beziehen.

Daher auch stellt der vorliegende Versuch noch kein Lehrbuch im eigentlichen Sinn dar. Wir befinden uns in Deutschland heute in einer Notlage der wissenschaftlichen Bemühung. Züge der Unzulänglichkeit werden jedem solchen wissenschaftlichen Versuch wohl noch für erhebliche Zeit anhaften. Aber solche Versuche müssen eben doch gewagt werden. Allein schon die Lernenden haben darauf Anspruch. Der Nachwuchs muß über das heute Erreichte informiert werden. Die Traumanalyse ist nun einmal integrierender Bestandteil jeder analytischen Psychotherapie geworden. Etwa 500 000 Menschen in Deutschland gehören zu den schweren Neurotikern, die Heilung suchen und denen Heilung nur auf dem Wege analytischer Psychotherapie werden kann. Im Verhältnis zu dieser großen Zahl ist die der geschulten analytischen Psychotherapeuten unverhältnismäßig gering. Wir brauchen dringend Nachwuchs. Und dieser bedarf der geläufigen Beherrschung der Traumanalyse. Hinzukommt dann die Zahl von weiteren 1 Million Patienten, deren Leidenssymptome ebenfalls seelisch bedingt sind, die aber leichtere und leichte Neurosenstrukturen aufweisen. In all diesen Fällen wird insbesondere die Ärzteschaft es zunehmend erlernen können, sachgerechte Hilfe zu leisten; aber es ist sehr fraglich, ob die betreffenden Therapeuten, auch wenn sie auf eine eigentliche analytische Therapie verzichten, verzichten dürfen, darüber hinaus auch ohne eine Analyse der Träume ihrer Patienten auskommen werden. Aus all diesen eben genannten Gründen ergibt sich noch einmal eine Rechtfertigung dafür, heute neuerlich den Versuch zu machen, auf dem Gebiet der Traumanalyse Klarheit zu schaffen. Die Folgen politischen Drucks, dann der Bomben und nun der Kampf um die vielfach bedrohte materielle Existenz müssen die Unvollkommenheit des Erreichten entschuldigen, und auch, daß nicht schon jetzt eine Sorgfalt des Sammelns, Sichtens, Ordnens und Darstellens geübt werden kann, wie sie nach Meinung des Verfassers eigentlich am Platze und ihm auch unter günstigeren Umständen möglich wäre.

Hieraus ergibt sich unter anderm, daß in immer neuen Fassungen versucht werden muß, Vollständigkeit und Klarheit der Aussage zu erreichen. Es wird nicht zu vermeiden sein, daß die verwandten Gesichtspunkte manchmal zunächst heterogen erscheinen. Aber es sollte erreicht werden, daß die Traumanalyse auf solche Weise nunmehr *systematisch* diskutierbar wird. In Grenzen soll sie erlernbar sein.

Aber gerade hierzu muß nun noch einiges gesagt werden. Zunächst einmal: Auch das genaueste Studium des vorliegenden Lehrbuches wird wohl niemand die Möglichkeit geben, die Traumanalyse im eigentlichen Sinn zu erlernen. Dazu würde doch mehr gehören. Die Träume der Menschen haben weitgehend individuellen Charakter, immerhin so weitgehend, daß nur eine große Fülle lebendigster Anschauung die Fähigkeit praktischer Traumanalyse gewährleistet. Demgegenüber kann ein Lehrbuch wie das vorliegende nur als Einführung und Vorbereitung gelten. Alle diejenigen also, denen ernsthaft an einer praktischen Beherrschung der Traumanalyse liegt, sollten dies wissen und stets gegenwärtig halten. Die notwendige Fülle und Vielfältigkeit konkreter Vorstellungen vom Sinn des Traumerlebens, d. h. von den regelhaften Zusammenhängen, in die die Träume hineingehören, ist außerordentlich umfangreich und bedarf bis zu einiger Geläufigkeit und Sicherheit des Darüberverfügens einer Zeitdauer des Übens von etwa vier Jahren. Wer sich unter Aufwendung von erheblichen Teilen seiner täglichen Arbeitszeit intensiv mit der Analyse eigener und fremder Träume beschäftigt, wird bemerken, daß er erst nach ein bis anderthalb Jahren damit zu beginnen imstande ist, eine größere Zahl eigener Träume verstehend in sein Erleben einzuordnen. Es ist nichts damit getan, daß man auf Grund der Lektüre eines Buches wie des vorliegenden einige wenige sichere oder gar nur sensationelle Eindrücke von der Zutreffendheit der Traumanalyse gewonnen hat. Das mag für den Anfänger zunächst enttäuschend sein, um so mehr, als das erstmalige Erleben eines wirklichen Verstehens auch dunkler Träume durchaus dazu angetan ist, die Begeisterung besonders junger, lebendiger und bewegter Menschen zu erwecken. Es hilft nichts, es handelt sich nicht um Engherzigkeit und Pedanterie, wenn hier warnend betont wird, daß Urteilsfähigkeit hinsichtlich des Traumerlebens nur auf dem Wege langer, mühevoller Arbeit erworben werden kann.

Das vorliegende Buch will so vollständig wie möglich sein, d. h. eine heute mögliche Vollständigkeit zu erreichen suchen. Es wird zwar nicht dazu dienen können, die praktische Ausübung der Traumanalyse zu erlernen, aber es wird sich darum bemühen, eine ausreichende Vorbereitung anzubahnen. Dazu aber wird gehören, wie die gesamte Darstellung ergeben soll, daß eine besondere Eigentümlichkeit der Träume, nämlich in großer Fülle sogenannte Symbole zu enthalten, eigentlich erfordern würde, auch ein „Lexikon der Symbole" gewissermaßen darzustellen. Jeder Lernende fragt eines Tages danach, ob es das nicht gebe und warum es das nicht längst gebe. Und die Antwort muß dann lauten: Gewiß, solch ein „Symbollexikon" gehöre eigentlich unbedingt in ein Lehrbuch der Traumanalyse hinein, es habe aber seine sehr guten Gründe, daß davon bisher nur ein Ansatz des Autors Stekel vorliege. Er allein habe es unternommen, das geltende Tabu der Sexualität in dieser besonderen, systematischen Form zu durchbrechen. Er habe Rücksichten, die z. B. dazu führten, daß die indische Liebeslehre, das Kama Sutram, auch im wissenschaftlichen Buch heute noch nur in lateinischer Übersetzung vorliegt, fallen lassen und Wahrheiten dargestellt, deren Mitteilung das Gefühl der heute lebenden Menschen im allgemeinen noch sehr zu verletzen pflegt. Dabei dürften die sachlichen Einwände gegen eine erhebliche Zahl der Stekelschen Feststellungen zunächst einmal ruhig unberücksichtigt bleiben. Einer der Hauptgründe für das Verbot eines Druckes der „Lehre vom Traum" des Verfassers im Dritten Reich sei gewesen, noch nicht einmal, daß er ein Traumlexikon entworfen habe, sondern lediglich, daß das häufige Vorkommen von Sexualsymbolen im Traum ausdrücklich von ihm festgestellt wurde. — Nach wie vor hat der Verfasser des vorliegenden Buches durchaus die Neigung, auf die Gefühle seiner Mitwelt Rücksicht zu nehmen und daher zwischen dem ja auch gefühlshaften Bedürfnis der Menschen, Wahrheit, wissenschaftliche Wahrheit zu erkennen und dem in diesem Falle entgegenlaufenden Bedürfnis, das Gefühl einer ablehnenden Haltung gegenüber „allzuviel Sexualität" geschont zu wissen, einen Kompromiß zu schließen. Er wird also aus solcher Rücksicht im vorliegenden „Lehrbuch der Traumanalyse" wider besseres wissenschaftliches, abei mit besserem mitmenschlichem Gewissen auf die Darstellung eines Symbollexikons in purem Deutsch verzichten. Er glaubt, wie sich zeigen wird, einen didaktischen Weg gefunden zu haben, dem ernsthaft Bemühten einen Weg zur „Selbstherstellung" eines solchen Symbollexikons zu eröffnen. Dieser Weg kann insbesondere von Medizinern jederzeit beschritten werden. Er kostet nur etwas Mühe,aber verglichen mit der Mühe, die sowieso für die Erlernung praktischer Traumanalyse aufgewandt werden muß, handelt es sich um eine geringfügige.

Im Verlauf der Darstellung wird sich erweisen, daß und warum eine Wissenschaft vom speziellen Phänomen Traum nur unter Rückgriff auf eine Anthropologie und insbesondere auf eine Neurosenlehre möglich ist. Es wird sich erweisen, daß eine solche Anthropologie in verbindlicher wissenschaftlicher Form heute noch nicht vorliegt, also auf das zurückgegriffen werden muß, was Arnold Gehlen mit guter Bezeichnung „breite Erfahrung" nennt. Hinsichtlich des Vor-urteils, und zwar des notwendigen und durchaus legitimen, einer Neurosenlehre wird sich der Verfasser zum Teil ausdrücklich und ausgeführt äußern, zum Teil durch Hinweis auf seinen „Entwurf eines Lehrbuchs der Neopsychoanalyse" mit dem oben erwähnten Titel „Der gehemmte Mensch" beziehen. In diesem Entwurf geht es u. a. um den Versuch, die Lehren Freuds, Adlers und Jungs in ihrer Gegensätzlichkeit als historisch, d. h. überholt zu behandeln und eine echte, nicht-eklektische Synthese der nur scheinbar „gegensätzlichen" Lehrmeinungen jener drei Forscher darzustellen. Auch im vorliegenden Buch wird solche Amalgamierung als gelungen vorausgesetzt. Es erübrigt sich, auf den großen Gewinn hinzuweisen, den dieses Gelungensein für die Wissenschaft bedeutet. Aber es wird sich zeigen, daß es gar nicht so einfach ist, jene drei Aspekte immer wieder im Einzelfall gleichzeitig neben- und miteinandei vorschweben zu haben und ihnen Geltung zu verleihen.

Eine ähnliche Schwierigkeit wie die eben genannte liegt darin, daß der Traum gewissermaßen mehrdimensionalen Charakter hat. Er erlaubt keine einfach lineare Anordnung der Themen über ihn. Jedenfalls wollte es dem Verfasser nur unzureichend gelingen, heute schon eine Rangordnung der zugehörigen Einzelthemen von fließendem Charakter des Aufbaus zu entwickeln. Der Leser wird daher u. U. Schwierigkeit haben, den theoretischen Mitteilungen der Teile A. und B. zu folgen. Dann möge er ruhig den Versuch machen, die Modelltafel der Träume (von S. 160 ab) zuerst zu studieren. Vielleicht wird es ihm dann leichter fallen, mit den Teilen A. und B. fertig zu werden. Je nach Vorbildung wird dies dem einen gelingen, dem andern nicht. Ist dies letztere aber der Fall, so wird der Betreffende zunächst einmal ein Stück Neurosenlehre erlernen müssen. Das vorliegende Buch ist ja notwendigerweise ergänzend. Es setzt für manche die Kenntnis des schon genannten Buches des Verfassers „Der gehemmte Mensch" voraus. Dessen Inhalt hier auch nur in Kürze zu wiederholen, ist schon aus Gründen des Papiermangels nicht möglich. So muß also probiert und daran gedacht werden, daß man ja auch in ein beliebiges anderes Wissensgebiet nicht ohne Vorbereitung einzudringen vermag, — eben wenn es sich um ein Wissensgebiet handelt, das nicht einfach aus sich selbst heraus zu entwickeln und zu verstehen ist.

Berlin, im August 1948.

INHALTSVERZEICHNIS

A. ANTHROPOLOGISCHE VORBEREITUNG

I. EINLEITUNG

Der Traum ist in der Regel kein isoliertes Gebilde. Er gehört in einen Zusammenhang, und zwar handelt es sich um den Erlebenszusammenhang eines ganzen Menschen. Will man den Traum verstehen, so muß er in diesen Zusammenhang eingeordnet werden. Dieser hat den Charakter der Psychologik, so weit wir ihn eben verstehen können. Nur selten finden sich Träume, die in ihrer Isoliertheit sofort verstehbar sind. Das ist dann genau so der Fall, wie wir auch sonstige Äußerungen menschlichen Erlebens in völliger Isoliertheit verstehen können. Im Grunde handelt es sich darum, daß wir im eigenen Erleben die gleichen Elemente, die gleichen Beziehungen bereits vorgefunden haben. Sie sind uns bekannt, vielleicht sogar vertraut. Also wissen wir vom andern, was in ihm vorgeht, wie wir uns auszudrücken pflegen. Aber, wie schon gesagt, gilt das nur für einen Teil der Mitteilungen über fremdes Erleben. Ein anderer Teil ist nur verstehbar, wenn wir Weiteres darüber, d. h. im wesentlichen über das vorhergehende Erleben erfahren. Das gleiche gilt für die große Masse der Träume. In Bezug auf sie müssen wir vom Vorhergehenden im allgemeinen sehr viel mehr erfahren als vom mitgeteilten Wacherleben der andern. Wenn jemand z. B. sagt, er habe Durst, so wissen wir sofort, was er erlebt. Wenn wir aber eine Mitteilung darüber erhalten, daß er sich in Unruhe befindet, so wissen wir zwar, was dieses In-Unruhe-Sein für ein Erleben ist, wir haben aber sofort das Bedürfnis, mehr darüber zu erfahren, nämlich worauf sich diese Unruhe bezieht, oder ob es sich vielleicht um eine sogenannte „freisteigende" Unruhe handelt. Für die Träume gilt dies nicht absolut, wie schon gesagt, aber doch in wesentlich erhöhtem Maße. Es bleibt also, daß wir vom menschlichen Erleben wieder und wieder nur das verstehen, was in einen weiteren Zusammenhang eingeordnet ist.

Dieser Erlebenszusammenhang, dieses Gesamt des Erlebens, auf das wir im allgemeinen genötigt sind, uns zu beziehen, wenn wir einzelnes, z. B. einen einzelnen Traum verstehen wollen, muß nun seinerseits verständlich sein. D. h. aber wiederum, daß uns seine Elemente und die Beziehungen dieser zueinander, seine P s y c h o - l o g i k , in irgendeinem Grade vertraut sein müssen. Ist dies nicht der Fall, so versagt unser Bemühen um Einordnung und Verstehen. Wir sagen dann etwa auch, wir können uns das Zustandekommen des einzelnen nicht erklären. Manchmal gelingt es uns dann noch durch weiteres Bemühen, vorangegangene, von dem Betreffenden vorher erlebte Zusammenhänge in Erfahrung zu bringen und nunmehr das mitgeteilte einzelne zu verstehen und seine „Herkunft“ zu erklären.

Das in manchen wissenschaftlichen Bereichen üblich gewordene Unterscheiden von Verstehen und Erklären entbehrt einer stichhaltigen Begründung. Es handelt sich da um ein durchaus tendenziöses, überspitztes Unterscheiden, um einen Rest bedürfnisgelenkter Abwehr gegen Klarheit und konsequente Psychologie. Natürlich müßte ein solcher Satz hier eigentlich eingehende Erörterung finden. Raumgründe machen das aber unmöglich. So sei hier wenigstens die entsprechende These ausdrücklich formuliert.

Von der wissenschaftlichen Bemühung her gesehen, sind wir nur dann in der Lage, die Mehrzahl der Träume zu verstehen, wenn wir uns auf allgemeinste Regeln menschlichen Erlebens beziehen können. Diese aber machen im wesentlichen das aus, was man eine anthropologische Psychologie nennt. Eigentlich wäre es besser zu sagen: Psychologische Anthropologie. Aber es gibt eben eine experimentelle Psychologie, eine Denkpsychologie, eine Gestaltpsychologie usw. So empfiehlt es sich, in bestimmten Zusammenhängen doch die Wendung „anthropologische Psychologie“ zu gebrauchen, wenn man eine psychologische Anthropologie meint. Es läßt sich nicht vermeiden, hier von diesen Gebieten der Wissenschaft zu sprechen, auch auf die Gefahr hin, daß der Lesende und Lernende zunächst nicht weiß, worum es sich da handelt. Die weitere Darstellung wird durch ihren Inhalt so viel von ihrem Wissen vermitteln, daß der Betreffende dann in der Lage ist, sich an Hand der vorliegenden Literatur, sei diese auch noch so torsohaft und widerspruchsvoll, über den Inhalt der Begriffe Anthropologie, psychologische Anthropologie und anthropologische Psychologie zu orientieren. Der Mensch ist ein körperliches, mit Hilfe des Gesichts, des Gehörs und des Getasts erfahrbares Wesen. Aber er ist auch ein *erlebendes* Wesen. Mit ihm als erlebendem Wesen beschäftigt sich, Bestimmtes und dieses bestimmt wissen wollend, die psychologische Seite der Anthropologie. Im folgenden wird im wesentlichen die anthropologische Psychologie bzw. die psychologische Anthropologie gemeint sein, wenn einfach von Anthropologie die Rede sein wird.

Gelten die bisher gemachten Aussagen zu Recht, so geht daraus hervor, daß eine bestimmte Auffassung vom Menschen, von den Elementen seines Erlebens, mehr aber noch von den Zusammenhängen, in denen er erlebt, von den *Regeln* seines Erlebens, von seiner Psycho-logik notwendigerweise die Grundlage für die speziellen Aussagen über die Träume abgeben muß. Umgekehrt erweist sich, daß sich das, was wir heute über Sinn und Struktur der Träume auszusagen in der Lage sind, weitgehend in einer Anthropologie wiederfinden muß. Daher rührt es, daß, wenn wir späterhin die Struktur des Traumes behandeln werden, dauernd ein Rückgriff auf Anthropologisches erfolgen muß. Dieses schwebt im Hintergrunde ständig vor, und es ist auch immer so gewesen, wenn sich der Mensch den Träumen fragend und forschend zuwandte. Da es eine ausdrückliche, verbindliche wissenschaftliche Anthropologie, besonders eine psychologische aber nicht gab, — und auch heute noch nicht gibt!, — blieb jener anthropologische Hintergrund dunkel

und in der Schwebe. Nun aber ist es gelungen, die Träume als Erleben weitgehend zu erhellen, und das auch mit wissenschaftlicher Exaktheit zu tun. Damit aber ist von der Interpretation der Träume her die vorschwebende Anthropologie ebenfalls ins Helle gerückt worden. Mit zunehmender Ausdrücklichkeit spielt sie in alle Aussagenversuche über die Träume hinein.

Diese historische Merkwürdigkeit, nämlich die, daß wir auch heute noch keine verbindliche psychologische Anthropologie besitzen, ist es, die bedingt, daß nur sehr wenige Interessierte hierin einige Geläufigkeit besitzen. Daher kann man auch nicht damit rechnen, daß das Hineinflechten von Anthropologischem, d. h. von Aussagen über elementar Erlebtes und solchen über Regeln des Erlebens, über regelhafte Zusammenhänge des Erlebens, in die Erörterung der Träume sofort verstanden wird. Es zeigt sich, daß eine Fülle von Aussagen über im allgemeinen nur sehr wenig Geläufiges während solchen Erörterns gemacht werden müssen und die betreffende Darstellung dann infolge notwendiger Erläuterung belastet wird. Also soll das Anthropologische hier vorbereitender Weise vorweg erörtert werden. Doch wird das wiederum nur zu einem Teil geschehen, die heutige Lage durchschnittlichen Verstehens berücksichtigend; zum Teil wird das überhaupt Notwendige erst „am Orte selbst", bei der Traumerörterung behandelt werden.

Aber es muß doch mit voller Ausdrücklichkeit gesagt werden, daß das, was im folgenden dargestellt werden soll, weit davon entfernt ist, auch nur die Skizze einer Anthropologie genannt werden zu dürfen. Es wird sich tatsächlich nur um eine Skizze eines Ausschnittes der psychologischen Anthropologie, bezogen auf das Traumerleben des Menschen, handeln. Eine Anthropologie überhaupt umfaßt ja v i e l mehr als das, was hier dargestellt werden soll und kann. So möge dies als ein Beitrag zu einer zukünftigen Anthropologie betrachtet werden. Andererseits aber hat der Forscher „den" Menschen, auch den träumenden und seine Träume berichtenden, während eines sogenannten analytischen Verfahrens, also während einer Psychotherapie etwa, mit einer Deutlichkeit und Differenziertheit gegenwärtig, daß sich von daher wiederum reichlich Grund ergibt, so gewonnene Anthropologie, wenn sie auch nur Skizze eines Ausschnitts sein kann, hoch einzuschätzen. Eine solche, auf den Traum bezogene Anthropologie ist also letztlich von weitreichender Bedeutung.

Es empfiehlt sich hier, wo ständig vom Gesamtzusammenhang des Erlebens der Menschen die Rede ist und sein muß, einmal nach der Physik etwa hinüberzuschauen und sich klar zu machen, unter wie auswählenden, wieviel „engeren" Gesichtspunkten diese die Welt sieht. Sie tut das etwa, wenn sie die Welt betrachtet, „so weit sie schwer ist", unter dem Gesichtspunkt, daß es Schweres in ihr gibt. Damit verglichen ist die Psychologik des Traumes mikro k o s m i s c h. Sie ist dies im Verhältnis zum Makrokosmos des Gesamterlebens, des „Lebens". Und dann kommt hinzu, daß die hier zu behandelnden anthropologischen Fakten zum Teil zuerst „am" Traum gesehen wurden. Dann erst wurden sie im Wacherleben wiedererkannt.

Noch einige Worte zum Thema: Psycho-logik. Natürlich ist es sehr gut möglich, Einwände gegen diese Begriffsbildung zu erheben. Denn das Wort „Logik" wird hier im übertragenen Sinn verwandt. Das Gemeinsame ist, darauf soll hingewiesen werden, der hohe Verbindlichkeitsgrad, der für beide gilt. Mit diesem Begriff wird die Behauptung aufgestellt, daß es nicht nur im menschlichen Denken Gültiges gibt, sondern auch im menschlichen Erleben. Ein Mensch, den man unvermutet schlägt, pflegt nicht erfreut zu reagieren, sondern zu erschrecken. Von solchen Regeln der Aufeinanderfolge im Seelischen gibt es eine große Fülle, deren wir uns täglich und stündlich bedienen. Wir verlassen uns außerordentlich weitgehend auf sie, so weitgehend fast wie auf unseren Verstand. Daher jene Wortwahl. Dieses Sich-Verlassen-Auf geht „blitzartig" vor sich. Es wird keineswegs immer und viel dabei gewogen. So kann man diesen handlichen Begriff hingehen lassen, obgleich nähere Untersuchung zeigt, daß der Mensch sich hier zwar in weiten Bereichen seinem instinktiven, mitgebrachten Reagieren überläßt, zum anderen Teil dabei aber gemachte Erfahrungen verwendet. Und diese haben ja keineswegs einen „logischen" Charakter im eigentlichen Sinn, mögen sie so zwingend sein wie auch immer. Die Verwendung des Begriffes Psychologik mag also hingehen, wenn man in Kürze auf Regelhaftes im Seelischen hinweisen will.

Man bedient sich hier also eines Gemenges von Instinkt und Erfahrung. Ist diese sehr früh erworben und wieder und wieder überprüft worden, so wird sie zum Erfahrungsschatz, gewissermaßen zu „erworbenem Instinkt". Wäre nun dieser Begriff nicht im allgemeinen durch das Merkmal des Vererbtseins definiert, so würde man sich wohl daran gewöhnen dürfen, von erworbenen Instinkten zu sprechen. So aber fehlt eigentlich ein spezieller Terminus für das Gemeinte. Ein Teil dieses Erfahrungsschatzes ist jeweilig als erinnerte Erfahrung deutlich. Er steht zur Verfügung und wird, wie schon gesagt, ständig verwandt. Seine Verwendung wird von einem Gefühl der Sicherheit begleitet, das vielfacher Bewährung entspringt. Aber wissenschaftlich überprüft ist diese Erfahrung dennoch nicht. Will man hierauf hinweisen, so wird man am besten, wie Arnold Gehlen das tat, ein Beiwort vor Erfahrung setzen. Er verwandte und empfahl die Wendung „breite Erfahrung", die oben bereits erwähnt wurde. Diese ist also vorwissenschaftlich, aber von einem merkwürdigen Grad der Sicherheit. Und nun besteht die Tatsache, daß wir innerhalb weiter Bereiche der Wissenschaft, in der Theologie, in der Historie etwa, dauernd mit dieser breiten, vorwissenschaftlichen Erfahrung operieren müssen. Der Mensch hat eben noch nicht die Gelegenheit gehabt, die Zeit gefunden, die Mittel entwickelt, seine breite Erfahrung, mit der er weitgehend lebt und zum Teil auch wissenschaftlich urteilt, in eigentliche wissenschaftliche Erfahrung zu transformieren. Auch für die Psychologie gilt dies in hohem Maße, noch mehr aber für alle Anthropologie. Hier bewegt sich die Wissenschaft noch in Richtung auf eigentliche Verwissenschaftlichung hin. Es ist also keineswegs ein Fehler, wenn sich die Forschung in ihrem heutigen Stande in bestimmten Bereichen psychologischer Fragestellung immer wieder dieser breiten Erfahrung bedient. Sie sollte nur stets im Auge behalten, daß sie das tut. Dann aber sollte sie eine solche Notwendigkeit eben als Notwendigkeit selbstverständlich bejahen. In unseren folgenden Bemühungen werden wir uns der breiten Erfahrung ständig zu bedienen haben. Es muß uns genügen, vollabsichtlich den Weg auf ständig wachsende Überprüftheit und Exaktheit hin zu nehmen.

II. DIE ANTRIEBE ALS „ZENTRUM" MENSCHLICHEN ERLEBENS

1. Das menschliche Antriebserleben

Im Gegensatz zu einer Psychologie, die das sogenannte „Denken" des Menschen ins Auge faßte, seine Elemente und die Regeln seiner Zusammenhänge zu fixieren und zu formulieren suchte, im Gegensatz auch zu einer Psychologie des menschlichen Gefühlserlebens, die der des Wahrnehmungs- und Vorstellungserlebens folgte, hat sich im Laufe der Entwicklung insbesondere unter Führung der Neurosenpsychologie ergeben, daß die Antriebserlebnisse als Zentrum menschlichen Erlebens angesehen werden müssen. Um sie kreist das, was der Mensch erlebt. Zwar ist dies nicht so der Fall, daß stets und nur das Antriebserleben dominiert, auch Wahrnehmungen können „primär" sein. Aber vom Interesse am Menschen her hat sich mit voller Eindeutigkeit ergeben, daß eine zukünftige psychologische Anthropologie, daher anthropologische Psychologie, vom Antriebserleben her verstehend und erklärend aufbauen muß. Es war verständlich, daß das Cogito von Descartes, obgleich dieser bei seiner Erörterung faktisch das in toto schilderte, was man heute „Erleben" nennt, in der folgenden Zeit fast ausschließlich und immer wieder vom bloßen Denken her gesehen und erforscht wurde. Es war verständlich, daß man dann dazu überging, markante Einzelbereiche, wie Wahrnehmungen, Empfindungen, Vorstellungen usw., aus Exaktheitsgründen bevorzugt zum Gegenstand wissenschaftlicher Bemühung zu machen. Natürlich mußte das Greifbare zunächst einmal erfaßt werden. Es war verständlich, daß man dann erst einen Voluntarismus entwickelte, daß man dann weiterhin den emotionalen, den Gefühlsbereich heraushob und wissenschaftlich in Angriff nahm. Immense Schwierigkeiten der wissenschaftlichen Bewältigung ergaben sich. Aber man war damit zum „Zentrum", zum zunächst so dunklen Gebiet menschlicher Antriebe, menschlicher Bedürfnisse vorgedrungen.

Es möge hinzugefügt werden, daß nicht nur die Schwergreifbarkeit dieses tiefsten, zentralsten Gebietes menschlichen Erlebens dafür sorgte, daß die Wissenschaft es nicht sofort in den Vordergrund stellte. Die gesamte folgende Darstellung wird vielmehr einen Eindruck davon vermitteln, daß der konflikthafte Charakter des menschlichen Antriebserlebens es war, der die Wissenschaft veranlaßte, hier nur zögernd vorzugehen und das Antriebserleben, besonders das Bedürfniserleben, immer wieder tendenziös „zurückzustellen". Dies war der Hauptgrund dafür, daß Freud an den Anfang seiner Traumdeutung die Worte setzen konnte: „Acheronta movebo".

2. Antrieb und Bedürfnis

Wer es unternimmt, sich mit dem „rätselhaften" Traumerleben der Menschen zu beschäftigen, bringt dafür in der Regel nur ein dürftiges vorbereitendes Wissen mit. Ihm stehen regelmäßig nur populäre Bezeichnungen, Termini, zur Verfügung. Und auch die der Wissenschaft entnommenen, etwa hierher gehörigen, erweisen sich als nur sehr bedingt verwendbar. Das rührt daher, daß der Betreffende zwar auf der Schule mit den Naturwissenschaften bekannt geworden ist, also über einige Geläufigkeit des Wissens darin verfügt und auch von Psychologie vielleicht einiges Entfernte gehört hat, aber nur in den seltensten Fällen im eigentlichen Sinne lernender Weise von den Erlebnisbereichen, die hier in Frage stehen. Daher haben manche Lernende auf unserem Gebiet erhebliche Schwierigkeiten, sich unter einem Antriebserleben etwas Deutliches vorzustellen. Jedenfalls ist derjenige Grad an Deutlichkeit, der für die vorliegende Arbeit eigentlich vorausgesetzt werden muß, nur in seltenen Fällen vorhanden.

Einzelnen Lernenden ist aber wiederum der Gehalt eines solchen Wortes wie Antrieb, aus der ihnen geläufigen Gebildetensprache stammend, völlig deutlich. Taucht dann aber das Wort Bedürfnis auf, so mag es gerade ihnen wiederum schwer fallen, sich darunter etwas Klares und Lebendiges vorzustellen. Am Rande sei bemerkt, daß diese erheblichen Unterschiede hinsichtlich des Sprachgutes der Interessierten zum Teil daher rühren, daß es manchen Naturen, so wie sie nun einmal geworden sind, im Gefühl widersteht, allzu häufig und deutlich Bedürfnisspannungen, Bedürfnisse im eigenen Erleben festzustellen. Hier trübt dann eigenes negatives Interesse das Verstehen einfach dadurch, daß vielleicht zwar ein Wort, nämlich das Wort Bedürfnis, zum Sprachschatz des Betreffenden gehört, nicht aber im eigentlichen Sinn der Begriff des Bedürfnisses.

Zum andern Teil aber hängt die Gewohnheit, mit diesen oder jenen Worten oder Begriffen umzugehen, mit örtlichen, landschaftlichen Herkunftsgegebenheiten des Betreffenden zusammen. Die deutschen Dialekte enthalten natürlich jeweilig nicht für sämtliche Tatbestände und Begriffe auch Bezeichnungen.

Und dann kommt hinzu, daß zwar das Wort „Tanne" z. B. eine verbindliche Bedeutung hat, nicht aber die Mehrzahl unserer psychologischen Bezeichnungen. Dies wiederum ist eine Tatsache, die sich aus dem sehr jugendlichen Charakter aller Psychologie als Wissenschaft herleitet. Vorläufig entschuldigt diese Tatsache immerhin die wechselnde Verwendung verschiedener Worte in teilweise synonymer Bedeutung. Denn der Leserwelt nur einen Ausdruck aufdrängen zu wollen, hat sich trotz der dann vorliegenden „Genauigkeit" doch wohl stets letztlich als unfruchtbar erwiesen. Verbindlichkeit der Begriffe erwächst historisch allmählich aus gefühlshafter Auseinandersetzung mit Menschen und Welt, nicht aus dem Bereich des Dekretierbaren.

Im heutigen Stande unserer Bemühungen war es notwendig, die eben erfolgten Betrachtungen einzuschalten. Sie gehören daher zum sachlichen Text und sollten ebenso bereitwillig gelesen und berücksichtigt werden wie empirische psychologische Feststellungen.

Noch eine Merkwürdigkeit: Ausdrücke wie Antrieb und Bedürfnis haben in gewissem Sinn keinen eigentlich wissenschaftlich-psychologischen Charakter. Man sagt ja: „das" Bedürfnis und „der" Antrieb, man behandelt das Gemeinte also gewissermaßen, als ginge es um eine „Instanz", eine Person. Die wenigstens vorläufige Notwendigkeit, auf unserem Gebiet sehr häufig in Bildern, in Metaphern zu sprechen, führt u. a. dazu, auch im Bilde des Menschlichen zu formulieren und sich das Gemeinte entsprechend vorzustellen. Unsere Bildsprache in dieser Hinsicht ist z. T. anthropomorph. Vom Interesse völliger Korrektheit her aber ist j e d e r Anthropomorphismus verfehlt, zumindest fragwürdig und gefährlich, wenn auch zunächst oft durchaus fruchtbar. Daher führt auch die Verwendung der Worte Antrieb und Bedürfnis statt der Worte Antriebserleben und Bedürfniserleben häufig zu sachlichen Verkennungen, die daher rühren, daß, wie schon gesagt, der Antrieb und das Bedürfnis wie Subjekte, wie menschliche, handelnde Personen eingeführt werden. Auch hieraus z. B. leitet sich die Schwierigkeit ab, ohne Bekümmertheit anzuerkennen, daß Antrieb und Bedürfnis weitgehend synonym verwandt werden dürfen, weil die gemeinten Erlebnisbestände eben einander sehr nahe verwandt sind. Ein Antriebserleben kann durchaus und zwanglos als das Erleben eines Bedürfnisses gefaßt werden. Jeder Antrieb hat als wesentliche Seite die, daß er auf Befriedigung geht.

Auch der Antrieb zur Flucht geht auf die Befriedigung, die Sicherheit und Ruhe gewähren. Wer in seinem Erleben Befriedigung sucht, „hat" ein Bedürfnis nach dieser Befriedigung. Daß dieses nicht immer in dem Sinn „bewußt" ist, daß es registriert oder gar vor-registriert wird, spricht nicht gegen das faktische Vorhandensein im Falle des Erlebnisses. Die überwiegende Menge des faktisch Erlebten wird n i c h t registriert.

3. Lust und Unlust

Eine ähnliche Frage wie die des Verhältnisses von Antrieb und Bedürfnis, deren Beantwortung regelmäßig Schwierigkeiten zu machen pflegt, ist die, mit welchem Recht man feststellen darf, daß jedes Bedürfnis auf Lust geht oder auf Vermeidung von Unlust. Im Grunde handelt es sich hier um eine Tautologie. Denn genau besehen ist jedes Antriebserleben als solches ein Erleben von angenehmem, positivem Charakter. Und, wie eben dargestellt, daher auch jedes Erleben eines Bedürfnisses. Es treten nur häufig unangenehme oder gar quälende weitere Elemente hinzu, wenn ein solches Bedürfnis nicht Befriedigung findet. Aber es ist hier nicht der Ort, diese Zusammenhänge mit wirklich ausreichender Genauigkeit zu behandeln. Daher sei nur darauf verwiesen, daß unter anderm auch Antriebserlebnisse, Bedürfnisse, die auf Unlust zu gehen scheinen, als ob Unlust, z. B. Schmerz gesucht würde, bei genauerem Zusehen einen durchaus anderen Charakter zeigen. Besonders gewisse Arten masochistischer Perversionen erwecken zunächst jenen Eindruck. Man hat sich da ursprünglich offenbar durch den sensationellen Charakter dieser Erscheinungen und durch ungeschickte Äußerungen ihrer Träger irreführen lassen. Selbst diese der Lust-Unlust-Theorie aller Antriebe und Bedürfnisse, wie es scheint, offensichtlich widersprechenden Vorkommnisse erweisen sich bei genauerer Betrachtung als anders strukturiert, als man glaubte, annehmen zu müssen. Korrekt formuliert. muß es in diesen Fällen heißen: Der betreffende Perverse sucht den Schmerz auf, weil er erfahren hat, daß intensive Lusterlebnisse ihn begleiten, so, daß im allgemeinen die Unlust des Schmerzes in der oft rauschhaften Lust des Gesamterlebens untergeht. In ähnlicher Weise ergibt sich dann, daß auch weitere Erlebnisarten, die zu zeigen scheinen, daß nicht jedes Bedürfnis letztlich auf Lust geht, anders gelesen werden müssen, als man zunächst oft meint. Gesucht wird im Antriebs- und Bedürfniserleben stets irgendeine Art der Lust, und mancherlei Neutrales und auch Unlustvolles, sogar „sonst" höchst Negatives wird in Kauf genommen. Es wird sich zeigen, daß der Traum als Antriebserleben ebenfalls von Bedürfnissen her und auf Lust gehend verstanden werden darf.

4. Lust und Glück

Von einer weiteren Seite her aber nehmen manche Betrachter des Traumerlebens Anstoß an der eben entwickelten Grundposition. Wäre das nicht häufig so, so hätte eine Diskussion hierüber wegfallen können. Aber es ist nun einmal so, daß sich auch im übrigen scharfe Beobachter dadurch abschrecken lassen, den Traum in seiner seelischen Umgebung unbekümmert zu betrachten und ihn naiv als wechselndes Spiel von lustsuchendem Antrieb und Furchterleben auf sich wirken zu lassen, weil ihnen, wie dann manchmal gesagt wird, eine solche Auffassung allzu kärglich, geradezu ärmlich erscheint. Sie glauben nämlich, mit dem Eindringen in die Sphäre der Phantasie und auch des Traumes einen Bereich zu betreten, in dem „Höheres" oder gar auch das Höchste menschlichen Erlebens seinen Ort hat. Sie meinen, wenn das Traumerleben enträtselt werden solle, so müsse es sich etwa um die Beziehung des Traumes zum menschlichen Glück und Unglück handeln, aber nicht nur begrenzter und eindeutiger Weise um das Thema Lust und Unlust. Haben die Betreffenden dann Gelegenheit, an sich selbst eine Analyse, d. h. im wesentlichen höchst detailliertes Betrachten, Meditieren eigenen Erlebens zu vollziehen, so wird ihnen regelmäßig deutlich, wie das Thema Lust in ihnen von verqueren Wertgefühlen begleitet wird. Sie bemerken dann, daß sie z. T. aus historischen Gründen, z. T. aus Quellen ihrer eigenen Kindheits- und Jugendentwicklung versäumt haben zu entdecken, daß ihr Glückserleben durchaus und eindeutig *auch* Lustcharakter hat und insbesondere nicht eine Spur seiner überlegenen Wertigkeit dadurch verliert, daß man es als Variante des Lusterlebens erkennt und anerkennt. Es besteht so auch nicht der geringste Grund, dem Menschen die Eigentümlichkeit abzusprechen, leidenschaftlich und wesensmäßig Glück zu suchen und solches Glück bei voller Wachheit, Geordnetheit und lange Zeit übergreifender Zuwendung jeder nicht-glückhaften Art von Lusterleben vorzuziehen. Was der Anthropologie, der Lehre vom Menschen, besonders der wissenschaftlichen Anthropologie aber bisher so schwer fiel, ist der Nachweis, nicht nur daß der Mensch die Lust des Glückes tatsächlich und wesensmäßig vorzieht, sondern besonders auch, warum er das tut, inwiefern das Glückserleben für ihn überlegenen Wert hat, „obgleich" es lusthaft ist.

Es muß besonderen Darlegungen überlassen bleiben, die hier kurz skizzierten Thesen über Bedürfnis, Antrieb, Lust und Unlust und das Glückserleben in ihrem Verhältnis zueinander ausreichend zu rechtfertigen. Die praktische Arbeit erweist jederzeit die Notwendigkeit der Stellungnahme hierzu.

III. DIE ORIGINÄREN ANTRIEBE

Wir besitzen heute noch keine Tafel der menschlichen Antriebe. Eigentlich müßten wir diese besitzen, um an ihrer Hand das Traumerleben daraufhin untersuchen zu können, ob es alle im Wacherleben auftretenden Antriebe enthält oder nicht. Mc Dougall hat einst achtzehn menschliche Antriebe unterschieden und zusammengestellt. Andere sollen mehrere Hundert oder sogar mehrere Tausend zusammengestellt haben. Gehlen kritisiert u. a. diese Bemühungen dahin, daß es sinnlos sei, so etwas zu unternehmen, da die Antriebswelt des Menschen unübersehbar mannigfaltig sei. Aber manche seiner Äußerungen sprechen dafür, daß er sich lediglich gegen den apodiktischen Charakter etwa der Feststellungen Mc Dougalls wandte.

Ein verbindliches System der menschlichen Antriebe besitzen wir also nicht. Auch zeigt sich, daß die bisher von der Wissenschaft angeführten Antriebsarten gerade die, die innerhalb der Traumstruktur eine bevorzugte Rolle spielen, nur beiläufig, „u. a." enthalten und das bestenfalls. Im Sinne unserer obigen Ausführungen aber kann uns nicht daran liegen, nun vom Traumerleben her eine Tafel der menschlichen Antriebe zu vervollständigen oder gar als geordnetes System erstmalig zu entwickeln. Es muß heute genügen, einiges Wenige darüber zu sagen.

Irgendwann, — in den allermeisten Fällen wissen wir nicht wann und warum gerade dann, — steigen, wie wir uns auszudrücken pflegen, aus der Tiefe unseres menschlichen Daseins Impulse, Antriebe, Bedürfnisse der verschiedensten Art auf. Jedenfalls gibt es eine Reihe solcher Bedürfnisse, die diesen originären, „primären" Charakter haben. Irgendwann erleben wir z. B. die Sensationen des Hungers. Sie werden zum Antrieb. Das geschieht, auch ohne daß wir etwas Eßbares bemerken, oder daß uns etwas Eßbares vorschwebt. Die Sensation, das Gefüge der Sensationen des Hungers ist auf einmal da. Wir wissen, daß sich dieses sogenannte Hungergefühl einzustellen pflegt, wenn wir eine Zeitlang nichts gegessen haben. Erlebend wissen wir einiges über die Regeln seines Auftretens, und wir kennen auch einige Sonderbarkeiten, z. B. die, daß das Hungergefühl unter bestimmten Bedingungen wieder abklingt, ohne daß etwas gegessen worden ist. Dieses Erlebnis des Hungers spielt in den Träumen eine wichtige Rolle. Aber es ist in ihnen doch nicht mit der Prägnanz und Einfachheit enthalten, wie es eben charakterisiert wurde. Im Traume spielt viel häufiger der Hunger nach etwas ganz Bestimmtem eine Rolle. Und zwar ist das dann so, daß der Hunger als Hunger völlig zurücktritt. An seiner Stelle steht der „Hunger", die an den Hunger erinnernde Gier nach Bestimmtem, z. B. die Gier nach irgendwelchem Obst. An dieser Stelle müßte man eigentlich von Appetit sprechen, gewissermaßen von einem „kleinen Hunger". Aber auch das trifft nicht das, was im Traume eine Rolle zu spielen pflegt. Auch diese Charakteristiken allgemeiner Anthropologie wären für den Traum nur bedingt brauchbar. Im Traum spielt eine sogenannte affektive Beziehung zum betreffenden Eßgegenstand eine Rolle, die im Unterschied zu dem, was man im strengen Sinn Hunger, Appetit und Gier nennt, am besten durch das Wort Habenwollen charakterisiert wird. Und gerade dieses allgemeinste „kategoriale" Bedürfnis spielt, so weit wir wissen, in den Versuchen bisheriger Antriebslehren zumindest, keine hervorgehobene Rolle.

Genau so verhält es sich mit den weiteren, für den Traum bedeutsamen Antriebs- und Bedürfnisarten. Nicht etwa so verhält es sich, daß diese Antriebsarten im Wacherleben eine wenig bedeutsame Rolle spielen, aber sie sind dort immerhin gegenüber allen möglichen anderen Antrieben nicht so auffallend, daß sie dazu drängten, etwa zum Kristallisationspunkt von Antriebslehren zu werden. Diese für das Traumerleben bevorzugt „gültigen" Antriebsarten sollen später im Zusammenhang der Traumerörterung genauestens behandelt werden. (s. S. 70 ff.).

Da es aber für das Traumerleben, d. h. auch für die Erlebniszusammenhänge, in die die Träume hineingehören, von Wichtigkeit ist, überhaupt erst einmal zu bemerken und davon zu wissen, daß es originäre Antriebsarten gibt, möge aber schon hier auf eine Reihe weiterer hingewiesen werden:

Ebenso etwa wie Hunger und Durst pflegen „aus der Tiefe" weitere Dränge, dranghafte Antriebe, drängende Bedürfnisse aufzutauchen. U. a. spielt der motorische Entladungsdrang diese Rolle. Dieser Entladungsdrang als solcher „tritt auf", tritt ins Bewußtsein, wie man sagt, er „ist dann da". Er begleitet das Leben des Menschen eigentlich dauernd. Sein Vorhandensein wird aber sehr leicht übersehen und ist als Vorhandensein eines sehr allgemeinen Bedürfnisses übersehen worden, weil seine Heftigkeit hinter der Augenfälligkeit, hinter dem Lärmen, könnte man sagen, von motorischen Drängen zurücktritt, die sich auf ganz bestimmte Ziele, ganz bestimmte Gegenstände richten. Der Gegenstand wird während solchen Erlebens ja fixiert, der Ast, nach dem man greift, die Gabel, die man benutzt, die Schachtel, die man öffnen will, usw. Alle diese Gegenstände stehen leuchtend im Wahrnehmungserleben des Menschen, wenn sich ein motorischer Drang auf sie richtet. Der Drang selbst bleibt vergleichsweise dunkel. Sein Auftreten als

Kategorie, und zwar sein originäres Auftreten, ist allen Menschen bekannt als Erlebnis, aber es wird dennoch nicht ausdrücklich registriert und gewußt. Nur wenn der Mensch extrem bewegungsbehindert ist oder ihm solche Behinderung drohend vorschwebt, erlebt er diesen Drang, dieses Bedürfnis, sich motorisch zu entladen, mit größerer Ausdrücklichkeit. Aber gesprochen wird davon kaum je oder doch nur am Rande. Die Menschen, auch die sogenannten gebildeten, verhalten sich so, als handle es sich um etwas vergleichsweise Unbedeutsames. Sie verhalten sich so, als sei es unnötig, eine besondere Bezeichnung, ein besonderes Wort dafür zu haben. Und doch handelt es sich in Wirklichkeit um eine äußerst bedeutsame Erlebnisqualität. Nimmt man dem Menschen die Freiheit, sich in ausreichender Weise motorisch zu entladen, so leidet er mit ungeheurer Intensität. Es wird eines Tages genauestens zu untersuchen sein, ob nicht der durchgängig als „geistig" behandelte, aber ernsthaft wissenschaftlich eigentlich nie diskutierte Freiheitsdrang des Menschen auf ein solches Bedürfnis zurückgeht. Es darf mit Sicherheit die Vermutung ausgesprochen werden, daß sich dieses einfache, „animalische" Bedürfnis, sich motorisch zu entladen, die Quelle jenes als so hoch bedeutsam anerkannten Freiheitsdranges ist. Im übrigen spricht eine solche Charakteristik dieses Dranges als animalisch in keiner Weise gegen seinen geistigen Charakter, denn dieses Elementarbedürfnis wird hier ja gerade als allgemeinste, unabdingbare Kategorie menschlichen Antriebserlebens geschildert. Diese Kategorie bestimmt zu einem erheblichen Teil die Beziehung des Menschen zu Welt und Leben überhaupt. Das Dasein, Lebendigsein des Menschen, seine „Existenz" ist wesentlich durch diesen ganz speziellen Drang charakterisiert. Auf jeden Fall ist es traumpsychologisch von Wichtigkeit, diesen sehr speziellen Drang ausdrücklich hervorzuheben, ihn zu benennen, für Geläufigkeit dieses Begriffes zu sorgen und dieser originären Erlebniskategorie im allgemeinen Bewußtsein die Bedeutung zu verleihen, die sie tatsächlich besitzt.

In weitgehend sehr ähnlichem Sinn ist eine Antriebsart als originär zu charakterisieren, die außerordentlich häufig als reaktiv, als antwortend angesehen wird, die sexuelle. Traumpsychologisch und auch neurosenpsychologisch ist es von allergrößter Wichtigkeit, dies festzustellen. Der Mensch, und nicht nur der Mensch, ist ein Lebewesen, das in gewissen Abständen nach recht weitgehend individuellen Regeln das Aufsteigen von sexueller Bedürftigkeit aus seiner Tiefe erlebt. Auch hier handelt es sich um einen originären Drang, um ein originäres Bedürfnis. Wir sind augenblicklich noch weit davon entfernt, es zureichend geschildert zu haben. Nur Bruchstücke des tatsächlich Erlebten, Differenzierten werden gewöhnlich beschrieben. In den folgenden Darstellungen wird die tatsächliche Bedeutung dieser Erlebnisart zunehmend klarer werden. Hier genügt es zunächst, festzustellen, daß sie u. a. auch, wenn auch nicht nur, zu den originären Bedürfnisarten gehört. In den bisherigen anthropologischen Bereichen ist sie schwankend, überwertet, meistens aber unterwertet worden. Auf jeden Fall wird auch dieser Antrieb hinsichtlich seines Gefügecharakters, seiner Strukturiertheit noch viel genauer als bisher untersucht und in Worten dargestellt werden müssen. Hier beschränken wir uns auf die vorliegenden kurzen Hinweise.

Wie schon gesagt, besitzen wir heute noch keine Tafel der menschlichen Antriebe. Es kann sich auch nicht darum handeln, eine solche zu entwickeln. Es muß bei Hinweisen bleiben. Mit dem Traumerleben werden wir uns beschäftigen. In ihm selbst und in seiner Umgebung, d. h. im Gesamterleben eines Träumers, so weit dieses zum Traume Beziehung hat, spielen eine Reihe von Antrieben, von Bedürfnissen eine bevorzugte Rolle. Diese sind uns allmählich deutlich geworden. Zu ihnen gehören die eben erörterten. Es war wichtig zu zeigen, daß eine Reihe von ihnen originären, primären Charakter besitzen. Bei einigen ist dies besonders deutlich. Bei anderen ist es undeutlich, muß aber gerade deshalb, weil es sich um Bedeutsames handelt, hervorgehoben werden.

Eine Tafel der menschlichen Antriebe, besonders auch der originären, gibt es bisher nicht. Fragen wir uns aber, welche Antriebsarten, welche Bedürfnisse eine „tragende" Rolle im Traumerleben spielen, oder zunächst auch nur welche Antriebsarten bevorzugt mit andern zu konkurrieren pflegen, im Sinne ausgeprägter, heftiger Konkurrenz, so ergibt sich, daß es sich dabei im wesentlichen um drei Gebiete handelt. Es handelt sich um die bedürfnishafte Beziehung des Menschen zum B e s i t z , zur G e l t u n g und zum L i e b e s l e b e n einschließlich der S e x u a l i t ä t. Diese landesüblichen, populären Worte dürfen aber nur als Hinweise genommen werden. Das Wort Gebiet ist hier ernst gemeint. Jedes Wörtlichnehmen wäre fehl am Platze. Die hier verwandten Worte bezeichnen das, was gemeint ist, was als gewichtig im Erleben des Menschen festgestellt wird, wohl immer noch am besten. Aber man muß eben von vornherein wissen, daß es sich hier doch um hochdifferenzierte Gebiete handelt, und daß in diesen wiederum Bereiche gegeben sind, die sich deutlich als eigenartig herausheben, — wenn man erst einmal unter besonderen Gesichtspunkten auf sie aufmerksam geworden ist. Im gewöhnlichen Erleben haben sie einen so selbstverständlichen Charakter, daß sie als zusammengehörig erst im neurotischen Geschehen mit voller Deutlichkeit auffielen. Jedenfalls gilt das für die Wissenschaft von diesen Antrieben. Ist aber erst einmal die Aufmerksamkeit auf sie hingelenkt worden, so sind sie zumindest als hochbedeutsam von jedermann im eigenen Erleben feststellbar, — falls dieser nicht ein extremer Selbstbetrüger ist.

Einer genaueren Darstellung im Zusammenhang der Neurosenstruktur (s. S. 70), die der des Traumes ganz besonders nahesteht, vorausgreifend, sei hier schon einiges Charakterisierende entwickelt: Der Mensch ist ein hab-gieriges Wesen. N i c h t n u r ist er das! Dies sei laut gesagt. Aber er ist es a u c h. Und es ist hinsichtlich des Traumes, der Neurosen und noch weiterer Erlebnis- und Äußerungsgebiete höchst bedeutsam, d a ß er das ist. Man hüte sich nur vor dem Mißverständnis, diese hier immer wieder geschilderten Antriebsgebiete als „das Wesen" oder etwas ähnliches des Menschen kennzeichnend aufzufassen. Aber es ist wohl nun genug über solche möglichen Mißverständnisse gesagt worden. Der Mensch ist also u. a. ein habgieriges, gierig-haben-wollendes Wesen. Im gleichen Sinn ist er auch ein freßgieriges Wesen. Was er einmal hat, hält er leidenschaftlich fest. Ebenso heftig ist sein Bedürfnis, sich durchzusetzen, zu gelten und zu herrschen über Dinge und auch über Menschen. Er neigt zur Zerstörung, zur Aggression, wenn er auf Widerstand stößt. Er braucht ein gut Teil solchen Selbstbehauptungsdranges, um nicht im Gewühle und Gedränge der Welt unterzugehen. Er ist aber auch ein zärtliches, hingebungsvolles, liebebedürftiges Wesen. Und er wird wieder und wieder beglückt und bedrängt durch sexuelles Erleben. All diese leidenschaftlichen Bedürfnisse charakterisieren den Menschen schon in Form originärer Antriebe, mehr noch als antwortende auf die Welt. Im Strom des menschlichen Bedürfniserlebens spielen jene drei Antriebsgebiete ständig die Rolle von heftigen Konkurrenten aller übrigen. Sie sind Beglücker und Störer zugleich.

Zu den Bedürfnissen, die u. a. die Eigentümlichkeiten des Traumerlebens mitbestimmen, besonders aber diejenigen Bereiche des Wacherlebens, die aus sich die Träume „hervorgehen" lassen, gehören nun noch eine Reihe weiterer, die ebenfalls primären Charakter haben. Bei mikropsychologischer Untersuchung des Traumerlebens und der dazu gehörigen Erlebniswelt spielt ein Bedürfnis eine besondere Rolle, das nach Dauer. „Denn jede Lust will Ewigkeit". Dieser Satz Nietzsches weist darauf hin. Erlebt der Mensch die Befriedigung eines Bedürfnisses, so bedeutet deren Unterbrechung, wenn auch in sehr verschiedenem Grade, Unlust für ihn. Dagegen ist ein Andauern dieser Befriedigung in der Art lustvoll, daß durchaus von einer „Tönung" die Rede sein kann, die quasi als spezielles Bedürfnis wirkt. Sehr ähnlich steht es mit dem Bedürfnis nach Ruhe, auch mit dem nach Ordnung und dem nach Frieden. In den gleichen Bereich gehört das Bedürfnis nach Geborgenheit. Es kann hier nicht Aufgabe sein, all diese Bedürfnisqualitäten, die man sehr wahrscheinlich eines Tages als ganz spezielle Bedürfnisse nach Merkmal und Struktur wird beschreiben können, näher zu charakterisieren. Für den vorliegenden Zweck muß es genügen, entschieden darauf hinzuweisen, daß es diese Bedürfnisarten, vom Menschen als Träumendem her gesehen, auf jeden Fall gibt, und daß sie eine höchst bedeutsame Rolle im menschlichen Erleben spielen. Dabei wird vorausgesetzt, daß diese hinweisenden Worte auf Erlebnisarten gehen, die all denen, die die vorliegende Darstellung lesen, vertraut sind. Es wird hier lediglich unterstellt, daß dieses Vertrautsein im allgemeinen nur eines des Erlebens ist, nicht aber eines des Wissens. Hier aber soll Wissen vermittelt werden, und zwar nicht einfach sammelndes, sondern ein Wissen, das auf in bestimmten Erlebnisbereichen Bedeutsames ausdrücklich hinweist. Wer sich mit den Träumen beschäftigt, muß wissen, daß sie in Zusammenhänge gehören, die den Menschen psychologisch-anthropologisch sehr tiefgehend charakterisieren. Er muß u. a. wissen, daß die keineswegs lärmenden, sensationellen, auffallenden Bedürfnisarten, die auf Dauer, Ruhe, Frieden und Geborgenheit gehen, ständig vorhanden sind, ständig mitspielen und trotz ihres „leisen", „feinen" Charakters eine äußerst stetige, zähe Wirksamkeit entfalten. Der Mensch lebt „mit" ihnen mindestens so sehr wie mit den auffallenden animalischen oder auch mit den übrigen lebhaften Bedürfnissen.

Sehr weitgehend sind diese Bedürfnisarten von primärem Charakter. Zum Teil sind sie geradezu unabdingbar, d. h., ihre Nichtbefriedigung geht dem Menschen an die Existenz. Man darf wohl ruhig sagen, daß der Mensch im Extremfall an Unruhe, Unordnung, Unfrieden und Verlorenheit zugrunde gehen kann.

IV. DIE ANTWORTENDEN ANTRIEBE, BEDÜRFNISSE

Im Gegensatz zu den originären Antrieben und Bedürfnissen, die, wie die Redeweise lautet, aus der dunklen Tiefe des Lebewesens Mensch „frei" aufzusteigen pflegen, und die von daher ihre ganz besondere Bedeutung erhalten, stehen diejenigen Antriebe und Bedürfnisse, die auf Wahrnehmungen und Vorstellungen, die ihnen vorausgehen, antworten. Wie schon gesagt, können die originären Antriebe des Menschen auch antwortenden Charakter haben. Bisher nicht vorhandener Hunger, bisher nicht vorhandener sexueller Drang kann auf das antworten, was man, als Ding oder Vorgang gesehen, einen Reiz nennt.

Hierbei handelt es sich aber um eine, nach letzten wissenschaftlich-methodologischen Maßstäben beurteilt, eigentlich verfehlte Begriffsbildung. Für die heutigen, differenzierten Zwecke psychologischer Untersuchung ist es eigentlich überholt, wie ehedem immer wieder zu anthropomorphisieren. Im Grunde handelt es sich nämlich um eine Vermenschlichung, wenn man von „der Reiz" spricht; so, als ob eine Person in Funktion trete. Das galt schon für die Formeln: „der Antrieb" und „das Bedürfnis". Es liegt da ein Überbleibsel aus einer animistischen Weltinterpretation vor. Der Mensch behandelte die Tiere zunächst, dann aber auch die Pflanzen und die toten Dinge, wenn sie sich auch nur ein bißchen regten, so als ob er es mit seinesgleichen zu tun hätte. Daß man dann später von einer Versubstanziierung sprach, war eigentlich eine Bemäntelung logisch-methodologischen Steckengebliebenseins.

In unserem Fall also müßte die genaue Formel heißen: Hin und wieder treten Hunger und Sexualität z. B.., d. h. ein Hungererlebnis und das Erlebnis sexuellen Dranges auch auf, wenn ihnen bestimmte Wahrnehmungen oder Vorstellungen vorausgehen. In diesem Sinn sind jene erlebten Bedürfnisse also sekundär und die Vorstellungen und Wahrnehmungen primär. Ein Mensch kann aus dem Schlaf aufwachen, die Augen öffnen, etwas Eßbares oder Sexuelles sehen und nunmehr mit Hungergefühl oder sexueller Erregung antworten, re-agieren. Das kann auch dann der Fall sein, wenn er weder Hunger noch sexuelle Erregung verspürt hätte, wenn er nichts Eßbares, nichts Sexuelles gesehen hätte. Diese Eigentümlichkeit charakterisiert dann eben das auftretende Bedürfnis als sekundär.

Eines Tages werden genaue Untersuchungen darüber angestellt werden müssen, wie weit es primäre aggressive Antriebe gibt. Im allgemeinen scheint es so zu sein, daß in deutlichem Gegensatz zu den sexuellen Bedürfnissen aggressive Impulse überwiegend sekundären, antwortenden Charakter haben. Aber erst eine sehr genaue Untersuchung des primären motorischen Entladungsdranges des Menschen wird ein Urteil hierüber sichern können. Wir befinden uns hier ausgesprochen in der Situation des wissenschaftlichen Tastens. Das ist in einer Weise deshalb sehr merkwürdig, weil wir hinsichtlich all dieser Erlebnisvorkommnisse sehr Bestimmtes anschaulich vorschweben haben. Und weil dies so ist, rebelliert so häufig der Erkenntnisdrang besonders junger Menschen gegen die offizielle Psychologie. Schon der junge Mensch hat hier anschaulich sehr Bestimmtes, und bestimmt Geordnetes sogar, vorschweben. Instinktiv geht er bei der Betrachtung seines Erlebens von den Antrieben und Bedürfnissen her zentrierend vor. Diese Interessen interessieren ihn, ganz natürlicher Weise. Hier will er nicht nur erleben sondern wissen. Und da versagt aus historischen Gründen die wissenschaftliche Psychologie, genau so wie die Philosophie, die in diesem Bereich im Grunde einfach Psychologie war. Erst allmählich wird den jungen Menschen dann deutlich, daß dieses historische Faktum einen sehr guten Sinn hat, nämlich den, daß die Gefühls-, Antriebs- und Bedürfniswelt des Menschen so außerordentlich schwer untersuchbar und besonders, daß die Resultate solcher Untersuchung auf so riesige Schwierigkeiten der Verbegrifflichung und damit verbindlichen Mitteilung stoßen.

Eine entsprechende Schwierigkeit liegt hinsichtlich eines weiteren menschlichen Bedürfnisses vor. Der Mensch hat eine eigentümliche Beziehung zu aller ihm gehörigen Substanz. In erster Linie betrifft diese seinen eigenen Körper. Er reagiert mit instinktivem Schrecken, wenn er den Eindruck gewinnt, ihm könnte ein Teil seines Körpers verloren gehen. Es ist sogar wohl so, — der analytisch-psychotherapeutisch Arbeitende registriert dies bei seinem mikropsychologischen Betrachten menschlichen Erlebens immer wieder, — es ist so, daß der Mensch hinsichtlich seiner Genitalien, besonders der Mann hinsichtlich der seinen, diesen instinktiven Schrecken ganz besonders intensiv erlebt. Diese merkwürdige, wie man dann aber sagt, biologisch völlig verständliche Reaktion spielt im Erleben der Menschen, in ihrem Hintergrunds- und Untergrundserleben eine wichtigere Rolle als der das sogenannte „Denken" Betrachtende zunächst einmal bemerkt. Hier wurzelt die Wahrheit der Freudschen Konzeption von der Wichtigkeit des sogenannten Kastrationskomplexes. Mögen Freuds Formulierungen als genialer Vorgriff, der sie waren, auch weitgehend überholt sein, sein analytischer Scharfblick hat hier eindeutig Wesentliches und Hochbedeutsames entdeckt. Die Reaktion des Menschen auf faktischen oder drohenden Substanzverlust, zunächst an seinem Körper, ist sehr viel tragenderer Bestandteil seines Gesamterlebens als man das bisher ausdrücklich wußte. Die Furcht, das eigene Genitale zu verlieren oder etwas von ihm einzubüßen, oder es könnte verletzt werden, oder es könnte von außen berührt werden, ist lediglich besonders intensiv erlebte Variante der allgemeineren menschlichen Reaktion. Hier aber hat der Mensch bereits etwas, hier liegt Wahrgenommenes bereits vor. Hier sind Vorstellungen des betreffenden Inhalts vom eigenen Körper, bestehen sie nun in Empfindungen oder in Visuellem, bereits gegeben, bevor der Mensch mit Schrecken reagiert, wenn ein Verlust droht. Er fürchtet diesen Verlust und reagiert nunmehr in einer sehr merkwürdigen Weise. Auch diese wird eines Tages noch sehr viel genauer beschrieben werden, als das jetzt möglich ist. Der Mensch reagiert motorisch so, als zöge er den betreffenden bedrohten Teil seines Körpers an sich heran, in sich hinein. Zum Teil ist dies sogar äußerlich sichtbar. In Andeutungen können die betreffenden Körperstellen zusammenschrumpfen. Außerdem aber macht der Mensch instinktive Bewegungen entsprechender Art. Es besteht u. E. nicht der geringste Grund dagegen, diese Reaktion als Reflex zu bezeichnen. Es war und ist durchaus tendenziös, wenn man gegen diese Eigentümlichkeiten des Lebewesens Mensch protestiert, um den Menschen als „höheres Wesen" zu retten. Das hat man gar nicht nötig, denn daß der Mensch in bestimmtem Sinne „höheres" Wesen ist, ist wissenschaftlich hinsichtlich anderer sehr bestimmter Bereiche durchaus zu verifizieren (s. auch „der gehemmte Mensch" S. 89 und 22 ff. der vorliegenden Darstellung).

Nun besteht aber die weitere Merkwürdigkeit, daß der Mensch nicht nur auf faktische oder drohende Verluste an seinem eigenen Körper so reagiert, sondern einen intensiven Antrieb, ein äußerst zäh-dranghaftes Bedürfnis entwickelt, alle möglichen Verluste zu verhindern. Bei genauem, mikropsychologischem Hinsehen läßt sich feststellen, daß der Mensch mit seinen Vorräten an Gefühl, Hingabe, Zeit genau so umgeht wie mit seinem Körper, besonders seinem Genitale, aber auch seinem Auge oder seinem Kopf etwa und den übrigen Dingen der Welt, auf die er Wert legt, weil sie ihm Lust und Glück vermitteln, und die er in seinen Bereich gezogen hat. All diese materiellen und immateriellen Gegen-stände bilden das, was man Besitz nennt. Der Mensch re-agiert auf alles, was faktisch seinen Besitz darstellt mit dem ausgeprägten Bedürfnis, ihn zu erhalten, ihn nicht herzugeben. Er reagiert auf diesen Besitz mit retentiver Antriebsqualität. Es handelt sich um einen Antrieb, ein Bedürfnis, das man im Gegensatz zu den spezialisierteren, die sich der Beobachtung naturgemäß zunächst aufdrängen, wiederum ein kategoriales Bedürfnis nennen sollte. Um diese kategorialen Bedürfnisse geht es im Traum und in den Bereichen der Neurose, der Psychose, der Riten, der Mythen, der abartigen Lebensläufe, des abartigen Verhaltens der Menschen weit und entschieden mehr als um grobe, lärmende, auffallende Bedürfnisqualitäten.

Für jene schon erwähnte Antriebskategorie, die durch Sichausdehnen, Zugreifen, Erobern, Habenwollen charakterisiert ist, gilt, wie immer wieder dargestellt werden wird, formal das gleiche. Es handelt sich um das kategoriale Bedürfnis des Kaptativen. Eine spezielle Variante innerhalb dieses Bereichs stellt der Antrieb dar, mit dem Munde zuzupacken, zu verschlucken, sich einzuverleiben, wie wir schon sahen. Auch dieses antwortende Bedürfnis, das nur in engen Grenzen originären Charakter hat, ist von entscheidender Bedeutung für das gesamte menschliche Erleben (s. S. 73).

Es sei neuerlich betont, daß das hier Dargestellte nur Skizze eines Ausschnittes der psychologischen Anthropologie sein kann. Niemand ist es bisher gelungen, mehr als solche oder entsprechende Ausschnitte darzustellen.

Die betreffenden Untersuchungsergebnisse werden eines Tages in der Hand eines überragenden Geistes konfluieren. Für die hier vorliegenden Zwecke mußte es genügen, auch einige Hinweise auf menschliche Erlebnisbereiche von Antriebs- und Bedürfnischarakter zu geben, die nun überwiegend oder völlig antwortenden Charakter besitzen. Von Wichtigkeit ist, anthropologisch gesehen, zunächst einmal, daß es originäre und, davon deutlich abgehoben, antwortende Antriebe und Bedürfnisse gibt. Weiterhin ist es von Wichtigkeit, daß der, der die Neigung hat, sich mit den Träumen wissenschaftlich zu beschäftigen, sich mit dem kategorialen Charakter einer Gruppe von höchst wichtigen Bedürfnissen vertraut macht. Ihm wird dies alles und auch die Kenntnis der hauptsächlichen traumspezifischen Antriebsarten geläufig sein müssen, wenn er überhaupt daran denken will, verstehenden Zugang zum Traumerleben zu finden. Eine vollständige Tafel der menschlichen antwortenden Antriebe und Bedürfnisse ist für den hier vorliegenden Zweck, — man könnte sagen Gottseidank! — nicht notwendig.

Aber ähnlich, wie unter den originären, primären Antrieben der nach Dauer, Ruhe, Ordnung, Frieden, Geborgenheit Erwähnung finden mußte, und dann im Aspekt des träumend erlebenden Menschen sogar betonte, darf hinsichtlich der antwortenden Antriebe nicht versäumt werden, von den g e i s t i g e n zu sprechen. Auch für dieses Gebiet liegt noch keine Sammlung der verschiedenen Bedürfnisarten vor, geschweige denn eine systematische Ordnung. Innerhalb weitester Bereiche der psychologischen Wissenschaft besteht auch keine Notwendigkeit, sich um diese Antriebsarten zu kümmern. Man kann da etwa sagen, die Psychologie als werdende Wissenschaft habe zunächst einmal für ein oder zwei oder noch ein paar Jahrhunderte mehr vollauf damit zu tun gehabt, Aussagen anderer Art zu machen und zu sichern. Zwar ging die wissenschaftliche Psychologie damit um Kerninteressen des Menschen herum. Aber es half nichts, es gelang ihr ebensowenig, diese entscheidend wichtigen Bereiche in Angriff zu nehmen, wie es zur Zeit des Paracelsus nicht gelang, eine organische Chemie, wie wir sie heute besitzen, aufzubauen. Und diese Entwicklung der Chemie hat 400 Jahre gedauert! Höchst interessant, sich diese wissenschaftshistorischen Zusammenhänge und die Gründe für ihr Sosein zu vergegenwärtigen.

Vielleicht ist es nun aber doch gut, wenigstens den Versuch einer Charakterisierung dessen zu machen, was hier „geistig" genannt wird. Es handelt sich da um eine Zuwendung zur Welt, zu ihren Dingen und Vorgängen, die im wesentlichen durch „Distanz" ausgezeichnet ist. Alles, was dranghaft nah an die Dinge herangeht, was sich in ein Hand-, Antriebs- und Gefühlsgemenge mit ihnen begibt, ist nicht-geistiger Bereich. Was G e h l e n als „Hiatus" bezeichnet, ist mit dem Geistigen, eben mit der „Distanz" nächstens verwandt. Und nun ist das Entscheidende, daß dieses geistige Erleben, obgleich es „distanziert" ist, keineswegs etwa negativ durch Abstandhalten charakterisiert ist. Vielmehr besteht durchaus ein Suchen der Nähe, aber eines der Intensität. Nur das, was am „Drange" eben dadurch gekennzeichnet werden kann, daß man davon spricht, es handle sich darum, „ein Handgemenge einzugehen", ist im geistigen Erleben nicht vorhanden. Eine äußerst mannigfaltige Gefühlswelt, eine Welt gefühlshaften Erlebens von höchst intensiv-lustvollem Charakter antwortet auf das Dasein der äußeren Welt. Zu dieser gehört dann auch all das, was der Mensch als Objektivierung solchen gefühlshaften Erlebens selbst produziert hat. Der Mensch erlebt seinem Wesen nach ein intensives Bedürfnis, seine geistige Gefühlswelt wieder und wieder zu genießen. Er kümmert, wenn er daran verhindert wird. Nur erlebt er eine solche Verhinderung der Befriedigung geistiger Bedürfnisse nicht so „dramatisch" wie die animalischer Bedürfnisse. Hungern zu müssen, plötzlich auf die Steigerung sexueller Erregung zum Orgasmus hin verzichten zu müssen, bereitet dem Menschen abrupte Qual, gegen die er sich innerlich und auch äußerlich heftig zur Wehr setzt. Das Nicht-Befriedigen-Können geistiger Bedürfnisse dagegen entbehrt dieses dramatischen, heftigen Charakters. Daher die Rede davon, daß der Mensch dann „kümmert". Ein schleichendes Übel breitet sich in ihm aus, er kränkelt und krankt, wenn geistiges Erleben aus inneren oder äußeren Gründen abgedrosselt wird. Dies alles genauestens zu fixieren und zu schildern, liegt noch vor uns. Wir stehen da vor einer höchst schwierigen Aufgabe. Aber es bleibt eine Aufgabe der Psychologie. Diese wird unmetaphorisch, ohne die Verwendung anthropomorpher Substanzbegriffe usw., „unphilosophisch", u. a. auch unphilosophisch, ein System exakter Aussagen über das geistige Bedürfniserleben des Menschen entwickeln müssen. Es kann und konnte hier nicht die Aufgabe sein, dies nun selbst zu unternehmen. Wir mußten uns darauf beschränken, skizzenhafte Hinweise zu geben. Der Traum hat ebenfalls und ausdrücklich mit dieser Welt geistiger Gefühlserlebnisse zu tun. Daher war wenigstens solcher Hinweis notwendig.

Wir besitzen heute also nicht entfernt eine geordnete Vorstellung vom Gesamt der menschlichen geistigen Bedürfnisse. Ja, es wird so sein, daß sogar manch ein Wissenschaftler an dieser Stelle die Meinung haben und vertreten wird, hier handle es sich nicht nur nach altem Brauch, sondern auch durchaus gerechtfertigter Weise um eine Angelegenheit der Philosophie. Gerade das aber muß von seiten derjenigen, die sich in jahrelanger Bemühung mit dem mikropsychologischen Erleben der Menschen beschäftigen und die, so sonderbar das klingen mag, wirklich allein in der Lage sind, dieses sachgerecht zu beurteilen, ausdrücklich bestritten werden. Auf jeden Fall gibt es einen Bereich menschlichen Erlebens, der also Angelegenheit psychologischer, wissenschaftlicher Bemühung ist, den man durchaus als geistig bezeichnen darf, und der damit doch psychologisch bleibt und nicht etwa philosophisch wird. Wie weit psychologische Aussagen hier schon zustandekommen können, ist dann eine neue Frage. Wie weit ältere oder neuere philosophische Aussagen über denselben Bereich menschlichen Daseins noch oder überhaupt gewichtiger, entscheidender, gültiger sind, ist dann wiederum eine neue Frage. All dies aber hebt die wissenschaftliche Aufgabe nicht auf, die betreffenden Bereiche menschlichen Erlebens als Erleben, also psychologisch zu untersuchen. Es gibt da u. a. das antwortende Bedürfnis, sich von der Lust am Schönen, der Beglückung durch Schönheit erfüllen zu lassen. Die Wissenschaft der Ästhetik steht immer noch vor der

Aufgabe, die Kriterien der Schönheit eines Dinges oder Vorganges verbindlich anzugeben. Vielleicht, u. E. sogar höchstwahrscheinlich, wird auf dem Umwege über eine differenzierende Mikropsychologie das Formen verbindlicher Aussagen hierüber gelingen.

Ähnlich steht es auf einem weiteren Gebiet. Auf der einen Seite antwortet der Mensch mit Gefühl und Bedürfnis auf eine große Mannigfaltigkeit verschiedener Dinge und Vorgänge in der Welt. Auf der andern Seite aber re-agiert er viel intensiver und ausgebreiteter, als auch der Gebildete unter uns heute ausdrücklich zu wissen pflegt, auf das Ganze der Welt. „Im Hintergrunde" tut er dies dauernd. Von unermüdlich könnte man sprechen. Es handelt sich da um etwas, was, zur ursprünglichen Natur des Menschen gehörig, dauernd im Erleben da ist. Wie vielfach wiederholt, spricht die Heftigkeit all der einzelnen Gefühls- und Bedürfniserlebnisse sonst, die diesen und jenen und noch andren Dingen und Vorgängen gelten, nicht gegen jenes unermüdliche, stetige, immer daseiende, alles übrige Erleben tönende, infiltrierende, durchstrahlende Erleben, das zumindest „seinem Ziele nach" dem Ganzen der Welt gilt. Der Mensch ist das nicht-festgestellte, weltoffene Wesen wie Gehlen es in Nachfolge Herders und Schelers etwa zutreffend charakterisiert. Die Psychologie steht unabdingbar vor der Aufgabe, hier zu erhellen. Wer es unternimmt, das Traumerleben der Menschen und die zugehörigen Bereiche in Richtung auf verbindliche Aussagen hin zu untersuchen, muß heute wissen, daß der Mensch so ist, wie eben charakterisiert: u. a. auch der Welt als ganzer zugewandt. Daß er sein instinktives Ziel, das auf das Ganze der Welt geht, faktisch nie erreicht, daß er vielmehr zwischen der Erreichung dieses Zieles und der Erfülltheit mit konkreten Einzelbedürfnissen in der Schwebe bleibt, hebt jene allgemeinste Richtung seiner Bedürftigkeit nicht auf. In gar nicht so grober Vereinfachung darf man daher ruhig von einer antriebshaften, bedürfnishaften Zuwendung des Menschen zum Ganzen der Welt und des Lebens sprechen. Und wiederum handelt es sich hier um einen weiten, in sich differenzierten Bereich menschlichen Erlebens. Die allgemeinste Kategorie bloßer Zugewandtheit, bloßer Intentionalität spielt in diesem Bereich zunächst eine Rolle. Auch hier handelt es sich um ein reflektorisches, instinktives Urbedürfnis des Menschen. Wiederum besteht kein Grund dagegen, hier von Instinkt und Reflex zu sprechen. Im Gegenteil! Die saubere Herausarbeitung dieser speziellen Eigentümlichkeiten des Lebewesens Mensch erlaubt es, ihn korrekt aus der Reihe der übrigen Lebewesen herauszuheben. Selbst wenn sich nachweisen ließe, daß Ansätze zu Reaktionen solcher geistigen Art auch in den höheren Tieren, insbesondere den Menschenaffen, vorhanden sind, würde die Unterscheidung zwischen bloßem Ansatz und ständiger und stetiger Erfülltheit völlig zur sachgerechten Heraushebung des Menschen genügen. Gerade die analytische, mikropsychologische Untersuchung menschlichen Erlebens, wie der Psychotherapeut sie im Interesse der Beseitigung von Leiden täglich und stündlich über Jahrzehnte hinweg vornimmt, zeigt mit voller Deutlichkeit, wie entscheidend herausgehoben, auch aus der Tierwelt, der Mensch ist. Gerade der Psychotherapeut als Psychologe ist in der Lage, einen älteren

Satz entschieden zu verneinen, der etwa lautet, der Schimpanse erreiche das Niveau eines dreijährigen Kindes.

Zwar beginnt der Mensch mit einer bedürfnishaften, bloßen Zuwendung zur Welt, mit intentionaler Zuwendung; aber andere, weitere Zuwendungsarten von Bedürfnischarakter melden sich sehr bald und erreichen in der Pubertät eine erste höchste Intensivierung. Der Mensch erlebt u. a. die Lust und das Glück der „reinen Anschauung". Auch derjenige, der hiervon kaum etwas weiß, der meint, er sei durchgängig von den „Bedürfnissen des Tages" erfüllt, erlebt ständig, „begleitend" und sein übriges Erleben durchtönend, den Ansatz zu reiner Anschauung. Klingen in diese intensive Grade der Beglückung hinein, wird dieses Erleben dann etwa sehnsüchtig gesucht, so ist die Grenze zu einem Bereich menschlichen Erlebens überschritten, der gewöhnlich religiös genannt wird. Der Mensch „hat zwar die Möglichkeit", dieses elementare Bedürfnis antwortenden Charakters im Augenblick oder auf einige Zeit zu überrennen. Anders ausgedrückt: Der Mensch ist tatsächlich dadurch charakterisiert, daß sehr lebhafte, heftige Bedürfnisarten sein Erleben wieder und wieder nahezu ausfüllen. Aber das besagt nicht, daß das geistige, das religiöse Erleben deshalb etwa schweigt. Es ersetzt vielmehr heftige Ergriffenheit durch stetiges unaufhebbares Dasein.

So ergibt sich, daß der Fächer menschlichen Antriebs- und Bedürfniserlebens nicht nur von Hunger und Sexualität bis zu Ruhe, Ordnung, Frieden und Geborgenheit reicht, sondern auch vom animalischen Zupacken und Festhalten her bis zum Erleben der Schönheit, bis zu reiner Anschauung der Welt und religiöser Ergriffenheit. Es ist eine große Merkwürdigkeit, daß der Traum, ein zeitlich so kurz dauerndes Erleben, in sich die „Widerspiegelung" der gesamten Bedürfniswelt des Menschen enthält. Dies ist der Grund dafür, weshalb hier von all dem eben Behandelten die Rede war, warum der anthropologische Aspekt übergeordnet werden mußte.

V. DER ZWIESPALT DER ANTRIEBE

1. Die Zwiespältigkeit

Die Eigentümlichkeit der Welt und des Menschen bringt es mit sich, daß es nur wenige Dinge gibt, die den Menschen überhaupt interessieren und die doch nur ein Bedürfnis in ihm wachrufen. Ein Apfel lockt nicht nur durch seine Süße und seinen Duft, sondern auch als schöner Gegenstand der Natur. Die indische Durianfrucht stößt ab durch ihren Gestank nach Aas, sie beglückt durch ihr Aussehen, sie erfüllt mit intensiver Lust durch ihren überwältigend herrlichen Geschmack. So berichtet man, wie es scheint, wahrheitsgetreu. Die Schönheit des Apfels als Naturgegenstand ermuntert den Menschen, ihn, wenigstens so lange er noch frisch und prall ist, liegen zu lassen, um ihn immer wieder anschauen zu können. Seine Süße und sein angenehmer Geschmack verführt dazu, ihn sofort zu essen. Starker Hunger zwingt den Menschen hierzu. Aber auch dieser Zwang hat für den Menschen nur bedingte Geltung, denn Schönheit, das Bedürfnis, Schönheit zu genießen, kann im Einzelfall entscheidend selbst mit dem Hunger konkurrieren. Es gehört zum Charakter menschlichen Daseins, daß diese Zwiespältigkeit, hervorgerufen durch die Vielseitigkeit der Dinge der Welt hinsichtlich der verschiedenen menschlichen Bedürfnisse, überall und stets lebendig ist. Gegenüber dem Tier, das instinktgebunden, „festgestellt" ist, ist der Mensch zwar frei aber gerade eben daher, wie man das dann ausgedrückt hat, wesenhaft zwiespältig, besser gesagt vielspältig. Auch ein Tier kann grundsätzlich zwiespältig sein, kann schwanken, kann zögern, kann unentschieden und gequält sein, wenn es nicht weiß, ob es die nahe Wärme eines anderen Tieres suchen oder dieses töten und fressen soll. Man sollte den Gegensatz Tier-Mensch auch an dieser Stelle nicht übertreiben. Aber was das Tier nur im seltenen Einzelfall als Zwiespältigkeit erlebt, ist für den Menschen durchgängiges Charakteristikum seines Daseins. Es ist jedoch zu bemerken, daß hier zunächst lediglich davon die Rede ist, daß ein und demselben Ding der Welt, ein und demselben Vorgang außerordentlich häufig verschiedene Bedürfnisse gelten. Und dazu kommt hinzu, daß die Handlungen, die Konsequenz des e i n e n Bedürfnisses sind, ihrem Effekt nach dann außerordentlich häufig denen völlig entgegengesetzt sind, die dem gleichzeitig auftretenden anderen Bedürfnis folgen müßten.

Zunächst wird hier also einfach als Tatsache festgestellt, daß außerordentlich weite Bereiche menschlichen Erlebens ständig von dieser Zwiespältigkeit erfüllt sind. Das heißt zunächst nichts weiter, als daß in dieser Weise verschiedenartige Bedürfnisse gleichzeitig oder zumindest kurz nacheinander auftreten. Daß dieses zwiespältige Erleben Unruhe bedeutet, ist etwas Weiteres. Daß Unruhe unangenehm ist, Unlust bedeutet, ist wiederum etwas Neues. Sofern der Mensch Lust, „Ruhe", Glück sucht, kommt zur erstgenannten Zwiespältigkeit nun auch noch diese hinzu, daß der Mensch instinktiv ungetrübte Einfachheit des Erlebens sucht, auf keinen Fall aber, trotz aller Neu-gier, stärkere Grade von Unruhe. Wir alle tragen in uns durch unmittelbares Erleben konkrete Maßstäbe für das, was noch lustvoll, noch angenehm ist und das, was als unangenehme Dissonanz empfunden wird. Diese Maßstäbe sind im allgemeinen erstaunlich bestimmt und konkret. Das hat aber aus Gründen, die nun vielfach erörtert worden sind, eine wissenschaftliche, verbindliche Sammlung von Aussagen dennoch bisher nicht ermöglicht.

So und so oft erreicht diese typische menschliche Zwiespältigkeit aber auch Grade, die als quälend empfunden werden. Daher auch die Redeweise: „Wer die Wahl hat, hat die Qual". Hier klingt etwas von jener anthropologischen Wahrheit an. Menschen von bestimmter Struktur, wie wir heute wissen, erleben dieses Quälende ihrer Zwiespältigkeit in besonders hohem Maße. In einzelnen Fällen führt solche Qual sogar zur Flucht aus dem Leben. Damit wird dann ein solcher Mensch zum Prototyp einer wesenhaften menschlichen Eigentümlichkeit überhaupt. Ein Einzelschicksal illustriert dann „den" Menschen. Hiermit wird aber, wie wohl ersichtlich, ausdrücklich gesagt, daß der „mittlere" Mensch, der Mensch im allgemeinen seine Zwiespältigkeit nicht als Qual empfindet. Andrerseits aber ist zu betonen, daß der mittlere Mensch seiner Zwiespältigkeit gegenüber immerhin so hilflos zu sein pflegt, daß er dazu neigt, sie zu bagatellisieren. Hierin liegt wieder einer der Gründe, die dafür sorgten, daß die Psychologie diese Zwiespältigkeit der menschlichen Natur nicht mit der Unbefangenheit und dem — notwendigen — Grad an Interesse behandelte, der der Bedeutsamkeit dieses anthropologischen Tatbestandes angemessen ist. Die Beschäftigung mit dem Traumerleben der Menschen zwingt nun aber eindeutig dazu, diese Seite des Menschlichen ins Auge zu fassen und zunehmend klarere Auffassungen hierüber zu entwickeln.

So lange es sich im Einzelfall darum handelt, daß animalische Antriebsarten miteinander konkurrieren, hat es der Mensch noch mit einer verhältnismäßig einfachen Problemlage zu tun. Schwierig und belastend dagegen pflegt es für ihn zu sein, wenn Bedürfnisse, die etwa in Richtung auf geistige Bereiche liegen, wie das Bedürfnis nach Ordnung, Frieden und Geborgenheit z. B., in Konkurrenz mit heftigem, leidenschaftlichem Sexualdrang geraten. Ähnlich kann es liegen, wenn der lebhaft empfundene Antrieb, sich an Besitz zu erfreuen und diesen — retentiv — zu konservieren, in Konkurrenz mit dem Bedürfnis, eigene Zeit und eigenes Interesse für das Glück reiner Anschauung zu verwenden, tritt. Der „reiche Jüngling" ist nicht umsonst zum Muster solchen Zwiespaltes geworden.

Hier nun erhebt sich eine neue anthropologische Frage. Eine zukünftige Psychologie wird die Kriterien dafür angeben müssen, weshalb der Mensch nicht nur so und so oft zwiespältig zwischen miteinander konkurrierenden animalischen Antrieben steht, weshalb in ihm nicht nur geistige mit animalischen Antrieben zu konkurrieren pflegen, sondern woher es rührt, daß er darüber hinaus noch mit einer seltsamen Unsicherheit zwischen „niederen" und „höheren" Antrieben unterscheidet. Denn wenn dieses Gebiet schwierig ist, wenn diese merkwürdige Unsicherheit Leid bedeutet, so erhöht sich naturgemäß die eventuelle Leidhaftigkeit des sonstigen Zwiespältigseins noch um die Grade dieses Neuen. Es mag hier einiges Hinweisende und Einleitende zu diesem Thema gesagt sein. Es muß dabei aber wiederholt werden, daß zwar von philosophischer Seite und auch von dogmatisch-religiöser bereits unendlich viel darüber gesagt worden ist, das Gesamt dieser Aussagen aber zweifellos als ungenügend erachtet werden muß, wenn es darum geht, den träumenden Menschen korrekt psychologisch zu erfassen. Das bisher Erreichte scheitert mit voller Eindeutigkeit am Bilde des Menschen, wie es die psychotherapeutischen Bemühungen und daher auch die um den Traum auf mikropsychologischem Wege ergeben. Ein neuer Ansatz muß gewagt werden, so tastend und unzulänglich dieser auch sein mag.

2. Die „höheren" und die „niederen" Bedürfnisse

Wenn es sich für den Menschen darum handelt, zwischen gleich intensiven Bedürfnissen zu wählen, z. B. zwischen einem animalischen und einem sogenannten geistigen, zwischen einer Speise und einem Buch, so spielt für ihn regelmäßig eine Auffassung hierbei eine Rolle, die ihm trotz gleicher Intensität nahelegt, einen Wertunterschied zu machen. Im allgemeinen erlebt der Mensch diese „Auffassung" als so selbstverständlich und notwendig, daß er sie als völlig ursprünglich hinnimmt. Viele Menschen, auch dann, wenn sie Haltung und Tätigkeit des Forschers haben, wehren sich mit Entschlossenheit gegen jede Zumutung, hier überhaupt Fragen aufzuwerfen. Sie stimmen ihrem instinktiven Reagieren, das hier Wertakzente setzt, zumindest diese, wenn nicht gar ausgesprochene Wertgegensätze, naiv und heftig zu. Dennoch handelt es sich hier natürlich u. a. auch um etwas Frag-würdiges.

Der unmittelbare Eindruck, daß hier „Niederes" mit „Höherem" oder „Höchstem" gar verglichen wird, zeigt ja bereits durch seine bildhafte, metaphorische Formulierung, daß zunächst nur ein Hinweis vorliegt, wenn er auch oft sehr prägnant und zwingend erlebt ist. Es fragt sich also, wodurch sich eigentlich die niederen von den höheren Wertbereichen unterscheiden. Nähere Untersuchung zeigt dann, daß es sich hier um die Frage der Dauer, der Nachhaltigkeit handelt. Sämtliche animalischen, niederen Befriedigungen von entsprechenden Antrieben und Bedürfnissen haben zunächst einmal den Charakter, daß sie vergleichsweise flüchtig sind. Es konkurriert also zunächst die längere Dauer einer Befriedigung der geistigen Einzelbedürfnisse mit der im allgemeinen größeren Heftigkeit animalischer Bedürfnisse. Auch können diese nur schwer rückerinnert und daher kaum nachgenossen werden. Geistige Bedürfnisse dagegen werden außerordentlich weitgehend im sofortigen und späteren Rückerinnern genossen. Schon aus diesem Grunde sind sie von materiellen Bedingungen unabhängiger als die animalischen Bedürfnisse. Man könnte fast sagen: Eine Erinnerung kostet nichts, sie kann jederzeit hervorgeholt werden, steht jederzeit zur Verfügung. Materielle Güter zerfallen, auch die Reize eines menschlichen Körpers zerfallen mit diesem. Erinnerungen dagegen, Vorstellungen verlieren sehr viel langsamer ihre Leuchtkraft. Und nun besteht eben die entscheidende Tatsache, daß der Mensch nach Dauer strebt, daß er vom Ganzen des Lebens „weiß", sich instinktiv auf dieses Ganze entwirft und hierin eindeutiger wurzelt, als ihm im Augenblick stets bewußt ist. Also zieht er die Welt der geistigen Güter, die Befriedigung geistiger Bedürfnisse „im Grunde" vor. Gerade weil er unter diesem ständig lebendigen Bedürfnis nach Dauer steht, läßt er sich von der Intensität eines animalischen Reizes immer wieder vorspiegeln, dieser werde länger dauern, als er es dann wirklich tut. Die übliche Intensität animalischer Bedürfnisse trübt, wenn man sich so ausdrücken will, die sonst durchgängig auf Dauer gerichtete Bewußtseinsatmosphäre oft so weit, daß über der Intensität von Bedürfnissen und besonders auch über der Intensität der Unlustgefühle, die eintreten, wenn das betreffende animalische Bedürfnis nicht sofort befriedigt wird, die sicher kurze Dauer von dessen Befriedigung vergessen wird. Hier handelt es sich um ein elementares anthropologisches Faktum. Der Mensch ist so geartet, daß er im Grunde ebenso eindeutig nach Dauer strebt, wie daß er faktisch dem Augenblick verfällt. Die Wahl zwischen niederen und höheren Bedürfnissen ist für ihn wesensmäßiges, „existenzielles" Problem.

Eine andere Frage aber ist, ob mit der Bejahung, daß dieses qualitativ so ist, gleichzeitig bejaht wird, daß der Mensch auch wesensmäßig unter diesem Zwiespalt leiden müsse. Hier gerade zeigt die genaueste Analyse, und insbesondere auch die Entwicklungsgeschichte der Menschen, daß solches Problematischsein nicht notwendig zum Leiden zu führen braucht, sondern dies nur faktisch häufig tut! Wie im Erleben der wachen Phantasie, so spielt dieses Problem regelmäßig mittönend auch im Traum eine Rolle.

Die eben dargestellte menschliche Zwiespältigkeit hat, wenn sie nicht in Kürze und „leicht" von irgendeiner Form der Bewältigung abgelöst wird, regelmäßig eine ganz bestimmte psycho-logische Konsequenz. Der Mensch beginnt unter dem Gesichtspunkt derjenigen Bedürfnisart, die ihm die bedeutsamere, wertvollere zu sein scheint, die konkurrierende Bedürfnisart als störend zu empfinden und zu fürchten. Zutiefst reagiert der Mensch auf das Ganze der Welt und des Lebens mit dem ausgesprochenen Bedürfnis, daß seine wesentlichen Bedürfnisbefriedigungen Dauer haben sollen. Er ist also beunruhigt, wenn ihn im Gegensatz hierzu Bedürfnisse bedrängen, die solche Dauerhaftigkeit zu untergraben drohen. Er beginnt die störenden Antriebe zu fürchten. Das ist das eine.

Hinzu kommt aber, und zwar in der Regel dramatischer erlebt, die unmittelbare Furcht, wenn es sich darum handelt, daß Bedürfnisse in ihm auftauchen, deren Befriedigung zu feindseliger Haltung der andern Menschen ihm gegenüber führen wird. Auch feindselige Handlungen der andern können gefürchtet werden. Aber auch der bloße Liebesentzug von seiten der andern genügt bereits regelmäßig, ihn nunmehr die eigenen, seinem Liebesbedürfnis widersprechenden Antriebe fürchten zu lassen. Diese besondere Furcht vor dem Liebesverlust ist es, die einen sehr wesentlichen Teil all der kondensierten Furchterlebnisse ausmacht, die wir dann Schuldgefühle zu nennen pflegen.

3. Furcht und Schuld

Aber auch seinem eigenen Bedürfnis nach Stetigkeit, Konstanz gegenüber pflegt sich der Mensch zunächst einmal im positiven Sinn „schuldig" zu fühlen. D. h. er hat das Empfinden, sich selbst, dem Ganzen seines instinktiv geplanten Lebens gegenüber Rück-sicht zu schulden. Er hat das Empfinden, diesem Ganzen seines Lebens schuldig zu sein, nur bedingte Rücksicht auf augenblickliche, wenn auch noch so heftige Antriebe zu nehmen.

Diese eben skizzierte Beziehung zwischen bestimmten Furchterlebnissen, die dem Auftreten eigener Bedürftigkeit gelten und dem, was uns als konkretes Erlebnis der Schuld imponiert, wird in künftiger Anthropologie einen breiten Raum einnehmen. Wie aus dem hier Dargestellten folgt, befinden wir uns mit solcher Untersuchung ständig im Erlebnisbereich des Einzelwesens. Von ihm aus wird die gesamte Problematik gesehen. Es handelt sich um das, was wir „autonom" zu nennen pflegen. Hier handelt es sich wirklich um Psychologie und nicht mehr um heteronomes, sogenanntes „objektives" gesolltes Soll, um entsprechende „objektive" Werte. Es ist fraglos, daß eine einfach feststellende anthropologische Psychologie hiermit die Aufgabe hat, in das Zentrum einer Problematik und Problemlösung zu treten, die, wie man bisher meinte, der Philosophie, insbesondere der Wertphilosophie, vorbehalten war.

VI. DIE ZWISCHENMENSCHLICHE ANTINOMIK

Unter den antwortenden Bedürfnissen des Menschen spielen diejenigen eine hervorragende Rolle, die man unter der Gesamtüberschrift „Liebesgefühle, Liebesempfindungen" zusammenfassen könnte. Der Mensch hat für den anderen Menschen ein instinktives Gefühl von angenehmer, lustvoller Zugewandtheit, von Sympathie. Als Bedürfnis erlebt er bei seiner Begegnung mit dem anderen Menschen, antwortend auf die Begegnung, den instinktiven Drang, sich dem andern zu nähern, dessen Nähe aufzusuchen und in dessen Nähe zu bleiben. Der Mensch ist ein zoon politicon, wie man das ausdrückte. Er erlebt in voller Ursprünglichkeit soziale Gefühle, — eine andere Redeweise. Diese Gefühle bedeuten für ihn nicht nur Lust sondern unter entsprechenden Umständen auch eindeutiges Glück, und zwar unabdingbares. „Es ist nicht gut, daß der Mensch allein sei". Der Mensch kann zugrunde gehen, und zwar sogar im wörtlichen Sinn, physisch, wenn er im Gegensatz zu diesem Drang nach Kontakt, nach Mitmenschlichkeit, nach sozialer Gemeinschaft davon abgehalten wird, dieses Bedürfnis zu befriedigen. In weiten Bereichen seines Daseins hängt der Mensch mit ganzem Herzen an der Befriedigung dieses sozialen Bedürfnisses, an seiner Betätigung als sozialem Antrieb. Diese Betätigung besteht, wie schon gesagt, zunächst im Sichnähern, im Sprechen mit dem andern, in der Mitteilung eigener Freude, eigenen Leides, in der Teilnahme an gemeinsamem Werk, an gemeinsamem Aufbau. Es besteht kein Grund dagegen, hier von Bedürfnis zu sprechen. Sogar die Charakterisierung dieses Bedürfnisses als animalisch wäre nicht verfehlt. Ebenso wenig verfehlt ist es, hier von Lust am sozialen Dasein zu sprechen und das Glück solchen Daseins in allernächster Nähe dieser Lust zu sehen. Sehr ähnlich wie hinsichtlich der allgemeinsten, relativ verborgenen Bedürfnisse nach Ordnung, Frieden und Geborgenheit und auch nach Schönheit und reiner Anschauung ist das soziale Bedürfnis des Menschen vielfach Angelegenheit seines „Hintergrunderlebens". Wenn der Mensch mit seinem Herzen auch zäh und unabdingbar am sozialen Kontakt hängt, so hat dieses Bedürfnis und seine Befriedigung im allgemeinen mehr intensiven als leidenschaftlich extensiven Charakter. Innerlichkeit und Innigkeit sind meist an ihm deutlicher als lebhafte, dramatische Bewegtheit. Gewiß, es wird noch vielfach zu erörtern sein, inwieweit das, was man Hingabebedürfnis nennt oder auch Zärtlichkeit des Herzens, identisch ist mit dem, was andere besser mit der Bezeichnung „soziales Empfinden" zu treffen meinen, wieder andere mit „Liebe". Aber man sollte an solchen Worten doch nicht allzu sehr hängen. Eine kommende wissenschaftliche Anthropologie wird diese Beziehungen zwischen vielleicht doch in Tönungen und Färbungen des Gefühls voneinander abweichenden Bedürfniserlebnissen schon klären. Beobachtet man die Menschen mikropsychologisch, so erweist sich, daß jene aus sehr verschiedenen Interessensphären herstammenden Worte doch sehr weitgehend auf breit Gemeinsames hinweisen. Ja, es ist so, daß das Bewußtsein eines „objektiven Wertes", eines Soll, eines Pflichthaften, das am Erleben sozialen Empfindens zu hängen pflegt, zwanglos auf den Charakter, und zwar den psychologischen, des Wesensmäßigen, Unabdingbaren, des unabdingbaren Bedürfnisses reduziert werden kann.

Offensichtlich erlebt nicht nur der Mensch diese Form der Sympathie, aber zweifellos ist der Mensch durch die Möglichkeit ausgezeichnet, und wie eben schon gesagt, nicht nur durch die Möglichkeit, sondern durch den unabdingbaren Drang, hieraus einen weiten Bereich seiner Existenz zu formen.

Nun aber erweist sich als eine Tragik des menschlichen Daseins und Soseins, daß der andere Mensch nicht nur Sympathiegefühle erweckt, nicht nur Bruder, Genosse des Daseins ist, sondern ebenfalls ein begehrendes Wesen, ein Wesen, das nach eigenem Gesetz lebt. Das Gesetz (nomos, **νομοσ** des einen, nach dem er angetreten, widerspricht so und so oft dem Gesetz des andern. Das Gesetz des einen steht immer wieder einmal im Widerspruch zum Resultat der Auseinandersetzung der anderen untereinander, zu der von den anderen geschaffenen Ordnung. Zum Erleben des Menschen gehört die zwischenmenschliche Anti-nomik hinzu. Auch heute noch bestehen unter den Menschen in der verschiedensten Weise antinomische Gegensätze, Antinomien z. B. hinsichtlich des Besitzes. Was der eine haben will, glaubt auch der andere für seine Existenz notwendig zu brauchen. Was der eine besitzt, meint der andere, ihm durchaus entreißen zu müssen. Ein Ausmaß an Freiheit, Beherrschung der Welt, Geltung unter den Menschen, wie es den einen erfüllt und beglückt, widerstreitet so und so oft den als „existenziell", als unabdingbar erlebten Bedürfnissen des anderen oder der anderen. Das intensive, not-wendige Bedürfnis nach Aufhebung der Einsamkeit, nach Zärtlichkeit, Geliebtwerden und Gelegenheit zu lieben, darüber hinaus nach Befriedigung elementarer sexueller Bedürfnisse steht zu einem Teil im unaufhebbaren Gegensatz zu den tatsächlich und wenigstens im Augenblick erlebten Bedürfnissen der nächsten oder ferneren Umgebung des einzelnen. Sogenannte Temperamentsunterschiede bedingen nicht so selten, daß, wenn der eine den Bedürfnissen seines Temperaments folgt, der andere darunter leidet. Die Freiheit des einen ist dann die Unfreiheit des anderen. Der andere erlebt als Willkür und vielleicht als Brutalität, was den einen als Freiheit beglückt. „Wat dem eenen sin Uhl is dem annern sin Nachtigall!"

Zwar ist der „Charakter des Lebens" keineswegs vollständig durch diese Antinomien bestimmt, aber es gehört zum Charakter des Lebens, daß in ihm dauernd antinomische Gegensätze lebendig sind.

In ungeheuer langen Zeiträumen hat die Menschheit wenigstens ein begrenztes Maß an friedlicher Ordnung in dieser Hinsicht entwickelt. Was mit Mord begann, Mord des einzelnen am einzelnen, Mord des Sohnes sogar am Vater und Mord der Tochter an der Mutter, — das antike Drama enthält noch den Nachklang davon, — endete schließlich im heutigen Zustand, in dem der Mord des einzelnen am einzelnen selten geworden ist, aber noch Massen gegen Massen stehen. Und auch zwischen den Allernächsten schwebt heute noch oft genug heftigste leidenschaftliche Gegensätzlichkeit, die dem Impuls zum Mord gar nicht so fern steht.

Ein Vorspiel davon von noch harmlosem Charakter im allgemeinen, aber doch oft sehr leidvollem und fast immer dramatischem, erlebt der Mensch als Kleinkind in den ersten Jahren seines Lebens. Das Kleinkind ist zwar nicht nur der wilde Berserker, als der es uns unter neurosenpsychologischem Aspekt erscheinen könnte, es ist auch ein sehr zartes und zärtliches, liebevolles Wesen; aber, es ist zum Teil auch dieser Berserker, der wild gegen die Bedürfnisse und Ordnungen seiner Mitmenschen anstürmt. In den ersten fünf Lebensjahren erlebt der Mensch die Antinomien des Lebens regelmäßig in der für dieses Alter charakteristischen Form. Schon in dieser Zeit versucht er, die zwischenmenschliche Antinomik zu bewältigen. Bis zu einem gewissen Grade scheitert er an dieser Aufgabe, scheitert jeder Mensch daran. Wie sich noch zeigen wird, steht ihm dann der Mechanismus der Hemmung zur Verfügung, mit all dem, was zu ihr gehört und ihr folgt (s. S. 59 ff.). In dieser Antinomik wurzelt zentral auch der Traum.

VII. DIE ANTINOMIE ZWISCHEN DEM MENSCHEN UND DER WELT

Der Mensch, so könnte man das ausdrücken. steht nicht nur zwischen seinen konkurrierenden Bedürfnissen, die nicht so selten antinomischen Charakter annehmen, er steht nicht nur in der zwischenmenschlichen Antinomik, die im Grunde nur Ausdruck einer inneren Antinomik ist, er steht auch in einem antinomischen Verhältnis zur Welt überhaupt. Nicht nur befindet sich der einzelne gegenüber seinen menschlichen Partnern, nicht nur gegenüber Gruppen von menschlichen Partnern in wesensmäßig antinomischer Lage sondern auch in einem übergreifend antinomischen Verhältnis zur Welt. Der Mensch „will" leben. Er fürchtet instinktiv und letztlich unaufhebbar gegenüber der Helle, die die Welt ihm bietet, und gegenüber der Freiheit des motorisch Lebendigseins, das End-gültige des Todes und die absolute motorische Ruhe in ihm. Auch hier handelt es sich um ein grundsätzlich antinomisches Verhältnis. Die Welt, anthropomorph gesehen, als

Subjekt dem Menschen gegenübertretend, „fordert" von ihm, da der Mensch ja vom Tode weiß, zwingt ihn unabänderlich zum Aufgeben seines Willens zum Leben. Nur das im Menschen auch wesenhaft vorhandene Bedürfnis nach Ruhe und Frieden, nach Erlöstheit vom Erlebenmüssen innerer antinomischer Konflikthaftigkeit macht den Menschen ganz von fern dem Tod gegenüber in Spuren versöhnlich. Diese Spuren, Tönungen des Gefühls, heben naturgemäß den voluminösen Charakter der antinomischen Befindlichkeit des Menschen zwischen Leben und Tod nicht auf. Im Verhältnis zur Welt „spiegelt" sich das engere Verhältnis zur Menschenwelt, das engste Verhältnis zu sich selbst. Das ist der Grund, warum der Mensch auch im Traum so erlebt. Auch dort hinein spielt die zwischenmenschliche antinomische Problematik. Auch dort wird ein Lösungsversuch gemacht. Aber auch der Selbsterlösungsversuch des Menschen im Hinblick auf seine antinomische Existenz in der Welt überhaupt klingt in den Traum hinüber. Recht verstanden ist auch diese durchaus korrekt religiös genannte Problematik im Traume wieder und wieder sichtbar. Daß der Traum dann auch von daher „interpretiert" wird, steht nicht in einem Widerspruch zu den sonstigen hier im ersten Hinweis schon angedeuteten „Aspekten" des Traumerlebens. Daß unter Umständen eine engherzige Dogmatik, — gegenüber einem „Psychologismus", wie sie dann manchmal behauptet, — die Bezeichnung „religiös" für den eben charakterisierten Bereich menschlichen Erlebens ablehnt, wird eine künftige verbindliche Psychologie als ungerechtfertigtes Vorurteil erweisen.

VIII. DIE BEWÄLTIGUNGSFORMEN DER ZWIESPÄLTIGKEIT

Der Mensch ist ein antriebhaftes, primär von Bedürfnissen erfülltes Lebewesen. Diese Bedürfnisse konkurrieren miteinander. Die zwischenmenschliche Antinomik ist eine Plattform dieses Konkurrierens, die Antinomie zwischen dem Menschen und der Welt die übergreifende Plattform. Der Drang des Menschen nach ruhiger Bewegtheit, nach bewegter Ruhe, ihm ebenfalls wesenhaft zu eigen, erstrebt naturgemäß die Lösung der Zwiespältigkeit. In bestimmten Zusammenhängen des Erlebens hinsichtlich bestimmter Grade antinomischer Erschüttertheit macht der Mensch nicht nur instinktive oder auch voll absichtliche Lösungsversuche, sondern erlebt sich ausgesprochen als erlösungsbedürftig; womit n i c h t gesagt sein soll, daß zu des Menschen Wesen und Natur eine eigentliche Erlösungssehnsucht hinzugehört.

Da der Traum, wie sich zeigen wird, einen Spiegel der menschlichen Existenz darstellt und in prägnantester Weise an der Zwiespältigkeit des Menschen, an seinem antinomischen Erleben teil hat, muß es von größter Wichtigkeit sein, will man ihn verstehen, zu wissen, welche Bewältigungsformen der Zwiespältigkeit dem Menschen zur Verfügung stehen. Im Traume vollzieht sich solch ein Erleben vorwiegend in dunklen Formen. Vielleicht vermag aber auch heute schon, was wir darüber auf Grund breiter Erfahrung wissen, in einigermaßen gültige anthropologische Aussage umgegossen zu werden. Dies soll nunmehr versucht werden.

Der Mensch ist also insofern ein zwiespältiges, problematisches Lebewesen, Erlebniswesen, als in ihm regelmäßig, auch wenn er „völlig gesund" ist, animalische Bedürfnisse mit animalischen, Bedürfnisse nach Dauer, Ordnung usw. mit animalischen und dann auch die eigentlich geistigen mit animalischen konkurrieren. Das gehört zu seinem Wesen. Im Einzelfall kann z. B. ein intensives Bedürfnis nach reiner Anschauung, „interesseloser" Zuwendung, „reiner" Ergriffenheit von der Schönheit eines anderen Menschen mit heftigsten animalischen Drängen konkurrieren. So erweist sich, daß der Zwiespalt zwischen „niederen" und „höheren" Antrieben nur einen Spezialfall der Zwiespältigkeit des Menschen überhaupt darstellt. Aus den von den verschiedensten Seiten her beleuchteten Gründen ist besonders der Zwiespalt zwischen den „höheren" und den „niederen" Bedürfnissen bedeutsam. Hier erlebt der Mensch im eigentlichen Sinn eine Konkurrenz seiner Antriebe. Daher auch hat er immer wieder die Tendenz, dieser Problematik so oder so auszuweichen. Es wird sich zeigen, welche Bewältigungsformen ihm hierfür zur Verfügung stehen.

Hier ist es aber doch wohl angezeigt, sich noch einmal auf den bildhaften, metaphorischen Charakter der Kennzeichnung durch die beiden Worte „nieder" und „höher" zu besinnen. Was heißen diese Metaphern eigentlich? Woher stammen sie? Warum wird so zäh an ihnen als Wertmaßstab festgehalten? Es soll versucht werden, hierauf eine Antwort zu geben:

Der Mensch ist ein aufrecht gehendes und aufrecht stehendes Lebewesen. Diese mutative Eigentümlichkeit kennzeichnete wohl den ersten Hominiden, den ersten Menschen gegenüber Affenmensch und Menschenaffe. Ob nun dieser aufrechte Gang Folge des Erwerbs einer geistigen mutativen Eigentümlichkeit war oder umgekehrt, soll hier nicht erörtert werden. Vielleicht ging der „Erwerb" der einen Eigentümlichkeitsgruppe der anderen voraus. Aber als aufrecht gehendes, seine Umwelt sichernd überschauendes Lebewesen, erfüllt von „Sorge", lag im Wesen dieses Entwicklungsfortschritts auch ein antriebhaftes Bedürfnis, das nach S o u v e r ä n i t ä t. Tatsächliche Schwere war überwunden und bewältigt worden. Von der physischen Schwere war der Mensch zu einem Teil f r e i geworden. Das Aufrechtgehen und -stehen wurde zum mühelosen Vollzuge. Jedenfalls wurde die Mühe als Akt nicht ständig gespürt. Ein Teil der harten Dinge im Raum, der Dinge unmittelbar über dem Erdboden, stand nur noch bedingt im Wege. Überblick wurde als beglückend erlebt, bejaht und nun auch ersehnt. Erhobenheit bedingte den Sinn für das Erhabene. Eine wenigstens teilweise neue Sicherheit war erreicht. Der Raum war überschaubarer geworden. Das Kommende konnte besser vorausgesehen werden. So war dem Augenblick ein Stück D a u e r hinzuverliehen. Das Nächstliegende war nicht sofort wieder vergangen. Ein Stückchen der Vergänglichkeit war überwunden. Dies alles zusammen war also abhängig davon, daß der Mensch ohne ständig wiederholte Kraftanstrengung aufrecht stand, stehen blieb und frei gehen konnte. Der hocherhobene Kopf war das Zeichen solcher Haltung der Welt gegenüber. Alles, was an Bedürfnissen, Antrieben, Sehnsüchten und Erfüllungen um dieses zentrale Geschehen kreiste, war nunmehr zu entscheidendem biologischem Wert geworden. Eine Welt höherer Bedürfnisse hatte sich aufgetan. Von nun an stand diese Seite des menschlichen Erlebens in Konkurrenz zum niederen Erleben.

Es sei hier ruhig am Rande vermerkt, daß man sich sehr wohl eine weitere Mutation des Menschen vorstellen könnte, in der jenes höhere Antriebserleben besser auf das niedere eingespielt wäre. Kein Zufall, daß hier das Wort „Spiel" auftaucht.

1. Die Nacheinanderbefriedigung der Bedürfnisse

Glücklicherweise, nämlich im Hinblick auf seine Zwiespältigkeit, ist der mittlere Mensch, die „gute Norm" des Menschen, „der Bürger dieser wohlgegründeten Erde" durch eine ausreichende Plastizität seines Erlebens ausgezeichnet. Obgleich er zwiespältig erlebt, konkurrieren seine Bedürfnisse, auch die einander widersprechenden, antagonistischen, nicht immer gleichzeitig miteinander. Sie geraten keineswegs stets in eigentliches Gedränge. Die sich aus solchem ergebende Unruhe und subjektive Gestörtheit bis zur Gequältheit ist nicht das Los des mittleren Menschen, obgleich auch dieser stets von einem Hauch solcher Problematik gestreift wird. Im allgemeinen sorgt die eben so genannte Plastizität der mittleren menschlichen Natur dafür, daß nur eine Bedürfnisrichtung das jeweilige Erleben erfüllt und beschäftigt, daß die antithetischen zwar anklingen aber nicht aufbegehren. In der Regel finden diese dann zu anderer Zeit, am anderen Ort, unter neuen Umständen ihre Befriedigung. Dieses Nacheinander der Bedürfnisbefriedigung ist für den Menschen im allgemeinen typisch. Auf diese Weise verläßt er bedrohte Zielsetzungen und wendet sich neuen zu. Gemessen z. B. an der starren Gebundenheit des neurotischen Menschen an die vergleichsweise wenigen Lebensinhalte, die diesem offen sind, ist der mittlere Mensch ausgesprochen plastisch.

Er erinnert in seinem Verhalten an den einen Anthropoiden, dem er stammesgeschichtlich am nächsten steht, den Schimpansen. Dieser zeichnet sich ja durch eine ausgesprochene Plastizität seiner Bedürfnisse aus. Wird er am Fahren mit einem Roller verhindert, so holt er sich was zum Fressen. Hat er zu Futter keinen Zugang, so sucht er Zärtlichkeit, etwa beim Menschen. Bis auf vorübergehende Wutanfälle und Anfälle fürchterlichen Unglücklichseins bewahrt er auf diesem Wege eine im allgemeinen heitere Grundstimmung. Er ist auch ganz besonders dazu bereit, Scherze zu machen, zu hopsen, Kobolz zu schießen u. ä., weil er weiß, daß die Menschen, insbesondere Kinder, mit denen er zu tun hat, dann lachen und vergnügt sind. Ihm liegt schließlich mehr daran, daß überhaupt in der Welt etwas Erfreuliches geschieht, an dem er beteiligt ist, als daß er seinem speziellen Bedürfnis nachrennt oder nachtrauert.

Eine sogenannte „glückliche Natur", nunmehr beim Menschen, zeichnet sich durch jene Plastizität besonders aus. In solchem Fall kann man sogar kaum mehr von Zwiespältigkeit des Erlebens sprechen. Der mittlere, gesunde Mensch, der sogenannte Normale, hat, so sonderbar das klingen mag, viele Züge gerade mit jenem Anthropoiden gemein. Moebius hat diese durchschnittlich-heitere Gemütslage des Normalen in seinen Ausführungen über die „Norm des Mannes" einst gut charakterisiert. In gewissem Sinn stellt diese Plastizität ein menschliches Ideal dar. In der idealen Forderung der „harmonischen Persönlichkeit" hat all dies u. a. seinen Niederschlag gefunden.

Mit einiger Berechtigung kann dem eben Gesagten hinzugefügt werden, daß der Mensch nicht zu träumen brauchte und nicht träumen würde, wenn er wesensmäßig, wenn er stets in der Lage wäre, einander widersprechende, zwiespältige Bedürfnisse so im Nacheinander zu befriedigen.

Der eben erörterte Zusammenhang ist von solcher Wichtigkeit, daß man die auch von Möbius als heiter bezeichnete Gemütslage des Normalen neuerdings besser „homophorisch" (von homoi - gleich, phorein - tragen hergeleitet) nennen sollte. Dann würde jene übliche, nicht ganz glückliche Gegenüberstellung von dysphorisch und euphorisch fortfallen. Diese Zweigeteiltheit der Bezeichnung, diese „polare Auffassung", ist überholt wie so manche vereinfachende Dichotomie sonst. Der Dysphorische leidet ja. Der Euphorische erlebt dem wörtlichen Wortsinn nach mehr als Heiterkeit, sofern man hierunter serenitas, unbekümmerte Ausgeglichenheit versteht. Daher wird das Wort euphorisch auch häufig genug in Richtung auf das Hypomanische hin verstanden. Dann aber fehlt gerade ein spezieller Ausdruck für die Norm. Es ist fast so, als wiese die bisherige Beschränkung auf den Gegensatz dysphorisch-euphorisch auf eine Art allgemein verbreiteter „existenzialistischer" Auffassung hin. Es ist fast so, als meinte man, der Mensch habe gewissermaßen keine andere Wahl als die zwischen polaren Gegensätzen, so, als sei das Mittlere für ihn nicht nur in Vollendung unerreichbar, sondern auch in jeder seiner Formen. Demgegenüber hat besonders Bollnow in seinem Buch über die „Stimmungen" auf die zumindest Auch-Möglichkeit einer „ausgeglichenen" Stimmungslage für den Menschen hingewiesen. Diese Homophorie nun bedeutet einen gelungenen Lösungsversuch zunächst einmal „irdischer" Art gegenüber der Bedrohtheit von speziellen Bedürfnissen. Statt daß diese, wie wir später sehen werden, gehemmt, verdrängt werden, erfolgt in der Regel, im günstigen Fall, ein Hinübergleiten in andere, auch lustvolle Bereiche. Und gerade dieses Hinübergleiten bedeutet Glück. Unerreichbarkeit von Besitz, Verlust von Besitz kann weitgehend durch desto intensivere Hingabe an Menschen ausgeglichen werden. Genuß der eigenen Freiheit in der Beherrschung des Lebens durch Aufbauen, Konstruktivsein, auch z. B. indem Menschen organisiert werden, vermag auch erhebliche sexuelle Enttäuschtheit auszugleichen. Vollerfülltes animalisches Genießen in körperlich-sinnlicher Hinsicht kann so beglückendes Lebendigsein bedeuten, daß auch heftiges Sich-Stoßen an den harten Dingen der Welt ohne allzu schwere Bekümmertheit ertragen wird. Entscheidend ist, daß ein leichtes, wie man einst gesagt hat, „gefälliges" Hinübergleiten von einem zum anderen Antriebserleben vollzogen wird und das eben auch in Fällen von durchaus heftigem Antriebserleben, von ausgesprochener Intensität des ursprünglichen Bedürfnisses. Hier wird das Leben in Freiheit dann zum Spiel.

Auftauchende, aufquellende, dann andrängende Bedürfnisse, die bedroht sind, wurden zum Problem, das den Kern all der hier behandelten Erlebnisformen darstellt. Je deutlicher einem Untersucher all die Versuche und Möglichkeiten des Menschen, hiermit „fertig zu werden", vorschweben, auch dieser eben behandelte Grenzfall der Freiheit, der Souveränität, der Leichtigkeit der Akzentverschiebung, der Unbekümmertheit des Neu-Wählens, desto klarer werden sich ihm dann die Varianten menschlichen Erlebens herausheben, in denen gerade solches Gleiten n i c h t stattfindet sondern ein plötzliches, „ruckartiges", oft „blitzartiges" Abdrosseln des bisherigen Antriebserlebens und ein Neubeginn auf der Basis von Gehemmtheit und Verdrängung. Auch die Klarheit hinsichtlich der Struktur des zunächst dunklen Traumerlebens ist weitgehend abhängig von der Möglichkeit, das Dunkle auf jenes helle Geschehen und Vollziehen zu projizieren.

Der Mensch ist glücklicherweise weitgehend in der Lage, eine Fülle von Bedürfnisbefriedigungen durch andersartige zu ersetzen. Die vorsichtige Verwendung des Wortes „weitgehend" aber zeigt schon an, daß solche E r s a t z b e f r i e d i g u n g nur in Grenzen vollzogen wird, bzw. vollzogen werden kann. Uns allen pflegen sehr konkrete Maßstäbe davon vorzuschweben, welcher Grad von speziellem Bedürfnis, z. B. an Hunger, an Sexualität, an Bedürfnis, allein zu sein, umgekehrt an Bedürfnis nach Aufhebung der Einsamkeit usw. im allgemeinen befriedigt werden muß, damit der Mensch nicht kränkelt oder gar krankt; aber die Form verbindlicher Aussage hat all dies praktische Wissen noch nicht gewonnen. Hier sind wir vorläufig noch auf den ganz konkreten Austausch von Erfahrung und Meinung unter den Interessierten hinsichtlich ganz bestimmter individueller Einzelfälle angewiesen: Aber man muß eben wissen und zu berücksichtigen geneigt sein, daß es diese menschliche Möglichkeit des Nacheinander der Befriedigung auch von lebhaften Bedürfnissen grundsätzlich gibt und daher auch das Thema der Ersatzbefriedigung seinen Gültigkeitsbereich hat. Es wird Aufgabe der Zukunft sein, hier vielleicht sogar durch Experiment die betreffenden allgemeineren und spezielleren Konstanten der menschlichen Natur herauszuarbeiten. Vielleicht wird es möglich sein, diese Verhältnisse auch rein psychologisch zu beschreiben, aber es ist wohl nicht ausgeschlossen, daß man hier zunächst einmal den Weg der Physiologie wird gehen müssen. Doch wissen wir auch hierüber noch sehr wenig Konkretes.

Aus dem Wogen der Bedürfnisse und Antriebe hebt sich jeweilig der eine oder der andere hervor und drängt auf Befriedigung. Findet er diese dann auch nur einigermaßen, so treten neue Bedürfnisse auf. Oft aber findet zunächst keine Befriedigung von auftretenden Bedürfnissen statt oder nur eine deutlich unzureichende. Es bleibt dann ein Drang nach Bedürfnisbefriedigung überhaupt übrig. Das ist dann das, was als Drang zu „Mehr-Leben", zu Leben überhaupt bezeichnet worden ist. Es wird wieder Aufgabe künftiger Forschung sein, hier genauer zu sichten, zu differenzieren und zu bezeichnen. Meldet sich nun im Zustande solchen allgemeinsten Dranges ein neues Bedürfnis deutlicher, so ist es oft intensiver, als es nach Lage der Umstände bei einfach spontanem Auftreten gewesen wäre. Wird dieses intensive Bedürfnis nunmehr befriedigt, so ist wiederum der Grad der Befriedigtheit vielfach seinerseits höher als die Befriedigtheit, die diesem Bedürfnis sonst gefolgt wäre. Man kann das auch so ausdrücken: Die zweite Bedürfnisbefriedigung hat in gewissem Grade die Rolle der ersten übernommen. Oder noch anders ausgedrückt: Die zweite Bedürfnisbefriedigung stellt bis zu einem gewissen Grade eine Kompensation für die nicht völlig ausreichende erste dar. Diese kompensatorischen Vorgänge sind von allergrößter Wichtigkeit innerhalb der zwiespältigen Bereiche menschlichen Erlebens. Daher spielen sie auch eine bedeutsame Rolle im Traumerleben (s. S. 80). Hier handelt es sich also um ein allgemeines anthropologisches Vorkommnis, dessen spezielle Variante dann im Traum durch dessen kompensatorische Seite und Bedeutung dargestellt wird.

2. Die Sublimierung

Der Mensch ist dauernd von Antrieben erfüllt. Er erlebt diese als Bedürfnisse. Wird er an deren Befriedigung verhindert, so empfindet er das als sehr quälend. Das heißt dann: andere Antriebe als die behinderten treten auf und nehmen zuweilen drängenden Charakter an. Werden diese als nunmehriges Bedürfnis auch nicht befriedigt, dann wächst solcher Drang in Form sich steigernder Gequältheit an. Es besteht, wie oben dargestellt, in gewissen Grenzen dauernd die Möglichkeit, sich dann von bedrohten Antrieben ab und wenigstens im Augenblick nicht bedrohten zuzuwenden. U. a. erfolgt eine solche Zuwendung von den häufig und bevorzugt bedrohten „animalischen" Antrieben, also von den oben erörterten „niederen" Bedürfnissen, zu den nicht-animalischen „geistigen" hin. Grundsätzlich ist dies stets möglich. Eine solche Verschiebung von der Animalität zur Geistigkeit hin wird daher, wohl verständlich, oft als „Sublimierung" bezeichnet. Im Sinne der Unterscheidung von niederen und höheren Bedürfnissen (s. S. 22) ist ja das Wort „sublim" nahezu synonym mit dem Wort „höher".

Es muß aber hinzugefügt werden, daß solche Sublimierung doch stets nur grundsätzlich möglich ist. Die Grenzen, in denen sich dies vollziehen kann, ohne daß schwere Gequältheit oder gar eine neurotische Symptomatik auftritt, sind faktisch recht bestimmt; aber ihre Fassung ist bisher nicht mit wissenschaftlicher Genauigkeit gelungen. Es gibt zwar praktisch erfahrbare Regeln, aber auch hier muß, wie auf unserem Gebiet sonst noch vielfach, auf die neuerlich sogenannte „breite Erfahrung" zurückgegriffen werden. Es ist hier nicht der Ort für eine ausgedehntere Darstellung. So mag es genügen, darauf hinzuweisen, daß auch extreme Zuwendung zu höheren, geistigen Erlebnisbereichen unter exzessiver Vernachlässigung der animalischen Bedürfnisse im Grenzfall ohne neurotische Symptomatik und sogar ohne erhebliche Gequältheit vor sich gehen kann. So weit unsere Erfahrung hier heute reicht, muß aber ausdrücklich die Seltenheit solcher Vorkommnisse, ihr Grenzfallcharakter betont werden. Kaum je wird Erfülltheit mit noch so begeistert ausgeübter „praktischer" Tätigkeit alltäglicher Art einer Sublimierung dienen. Jene seltenen Fälle werden höchstwahrscheinlich nur dann gegeben sein, wenn ein Mensch völlig spontan, — also auf keinen Fall „gewollt", „beabsichtigt", „dazugeführt", „aus Liebe" oder ähnlich motiviert, — an religiöse Idealität, oder auch vielleicht einmal politische, hingegeben ist. Für den „gewöhnlichen" Menschen, für den mittleren Menschen besteht eine solche anthropologische Möglichkeit also nicht.

Dieser verhältnismäßigen Unbestimmtheit wegen hat man vielfach dazu geneigt, sich hiervon in energetischer Metaphorik genauere Vorstellungen zu machen. Auf Grund unserer medizinischen Kenntnisse über den menschlichen Körper hat man immer wieder einmal den Versuch unternommen, die materiellen Korrelate des sublimierenden Erlebens genauer zu fassen. Eine wirkliche, korrekte Präzisierung ist aber auch in dieser Richtung nicht gelungen. Es handelt sich da offenbar um physiologische Vorgänge, die sich ihres äußerst feinen und höchst komplexen Charakters wegen dem wissenschaftlichen Zugriff bisher entzogen haben. Drüsenvorgänge, Innervationsvorgänge und solche der glatten und quergestreiften Muskulatur müssen hier im einzelnen in noch unbekannten Qualitäten und Verflechtungen eine Rolle spielen.

Im heutigen Stande der Diskussion ist es zunächst von Wichtigkeit, festzustellen, daß man vielfach die Möglichkeiten der Sublimierung überschätzt hat, und zwar im wesentlichen aus soziologischen Gründen. Aber auf solche Überschätzung hin sind im Laufe der geschichtlichen Entwicklung auch immer wieder Reaktionen erfolgt im Sinne der Unterschätzung der Möglichkeiten. Daher wird man heute immer wieder den Einzelfall überprüfen müssen dahin, wie viel er etwa an Sublimierung „vertragen" würde, wie weit er sich aber auch vielleicht hinsichtlich seiner tatsächlichen Möglichkeiten zu sublimieren „übernommen" hat. In diesem Bereich ist wissenschaftlich noch sehr vieles zu klären. Hier aber kommt es zunächst einmal darauf an, daß es die Tatsache des Sublimierens überhaupt gibt, daß es sich da keineswegs um bloßes „Gerede" handelt, daß aber auch die scheinbar „naive" „Setzung", als ob der Mensch unbegrenzt sublimieren könne, verfehlt ist. Wertsetzungen, also sogenannte weltanschauliche Fragen, spielen hier sofort eine wesentliche Rolle, wenn von der nüchternen Feststellung von Tatsachen zu irgendeiner Tönung des „Soll" übergegangen wird.

3. Der „Ausgleich" zwischen zwiespältigen Antrieben, Bedürfnissen

Wenn es zutreffend gesehen ist, daß weite, wichtige, ja entscheidende Bereiche des menschlichen Erlebens von der oben geschilderten Zwiespältigkeit erfüllt sind, wenn es zutrifft, daß Furchterlebnisse ganz bestimmten Inhalts und Schuldgefühle zugehöriger Art psycho-logische Folgeerscheinungen solcher Zwiespältigkeit zu sein pflegen, ergibt sich weiterhin die „logische"

Konsequenz, daß der Mensch hier instinktiv nach Lösung sucht. Er wäre als Lebewesen längst zugrunde gegangen, wenn ihm nicht bereits im instinktiven Erleben Bewältigungsformen seiner Zwiespältigkeit zur Verfügung ständen. Und nun handelt es sich nicht mehr um die Frage der Nacheinanderbefriedigung, der Ersatzbefriedigung sondern um den „ins Gedränge" seiner Zwiespältigkeit geratenen Menschen, der zu einem Nacheinander, zu einem Ersatz entweder keine Zeit hat oder aus irgendwelchen sonstigen Gründen dringend daran interessiert ist, s o f o r t den Versuch einer Aufhebung seiner Zwiespältigkeit zu machen. Solcher Versuch wird vom Menschen instinktiv fortwährend, und zwar „blitzartig", in winzigen Zeiträumen beim Auftauchen irgendeiner Zwiespältigkeit des Antriebs- und Bedürfniserlebens unternommen. Es geht aus dem Gesagten hervor, daß man sich durch die Verwendung des Wortes „Versuch" nicht dazu verführen lassen darf zu übersehen, daß die Kennzeichnung des hier ins Auge gefaßten Vorgangs „instinktiv" lautet. Im gleichen Sinn soll verstanden werden, wenn von einem „Ausgleich" zwischen zwiespältigen Antrieben, Bedürfnissen die Rede ist. Wir haben zunächst einfach festzustellen, daß der Mensch solche instinktiven Ausgleichsversuche fortwährend unternimmt. Das heißt aber wiederum nicht, daß er dies auch dauernd bemerkt, registriert. Im Gegenteil! Auch hier handelt es sich um Mikropsychologisches, um Vorgänge im „Schattenbereich der Seele". Und wiederum muß betont werden, daß das, was da im „Schatten" erlebt wird, das Leben des Betreffenden letztlich mitbestimmt. Will man hier das Bild, die Metapher der „Tiefe" vermeiden — und es besteht Grund genug dazu, ständig dafür Sorge zu tragen, daß Metaphern möglichst vermieden werden —, so hat man durchaus die Möglichkeit, davon zu sprechen, daß diese Ausgleichsvorgänge mikropsychologischer, meist nichtregistrierter Art, demnach unabhängige Variable gegenüber den vielen abhängigen Variablen sind. Jedenfalls gilt das für entscheidende Anteile dieser Ausgleichsvorgänge. Da sie auch höchste Bedeutsamkeit für das Traumerleben besitzen, ganz ebenso wie die Themen Zwiespältigkeit, Furcht und Schuld im obigen Sinn, gehören auch sie in das Gebiet anthropologischer Vorbereitung auf das Verstehen der Träume hinein.

a) Die Steuerung

Jeder Mensch erlebt die Zwiespältigkeit seiner Antriebe und Bedürfnisse. Es wäre zwar falsch, den Menschen nur von daher zu charakterisieren, aber er ist eben a u c h ein zwiespältiges Wesen. Eben ist ein antithetisches Antriebspaar aufgetreten im Erleben, und schon reagiert der Mensch „blitzartig", wie das mehrfach ausgedrückt wurde, mit Beunruhigung. Mag diese auch noch so „unbemerkt", unregistriert verlaufen, sie ist da und entfaltet unaufhebbar, unabdingbar ihre Wirkung. Der Mensch ist so lange beunruhigt, u. U. sogar gequält, bis ein Ausgleich erreicht ist. Es ist als Faktum festzustellen, daß die als Unlust empfundene Unruhe sehr wahrscheinlich identisch mit dem blitzartig wechselnden Auftreten der miteinander konkurrierenden Antriebe bezw. Bedürfnisse ist. Das Faktum, daß dieses „Hin und Her" regelmäßig eine gewisse Zeit, die man einst sogar wird messen können, andauert, ist das, was zum Bilde: Steuerungsvorgang geführt hat. Es handelt sich hier wiederum um ein Bild aus der sichtbar mechanischen Welt. Ein Etwas tritt auf und will sich ausbreiten, will sich durchsetzen, will da sein, da bleiben und dauern. Ein anderes Etwas tritt auf, das denselben „Raum" beansprucht, im gleichen Raum an gleicher Stelle wirken will. Ein Steuern liegt dann vor, wenn solche Zwiespältigkeit in der Regel, nach Regel, durch Ausgleich aufgehoben wird. Sofern nämlich z. B. das höhere Bedürfnis nach Dauer, nach Integrität der Ganzheit des Lebens mit feiner, aber desto unerschütterlicherer Wucht das zwiespältige Anfangsgebilde zu bestimmen sucht, desto eher darf dann davon gesprochen werden, daß höhere Bedürfnisse die niederen zu steuern pflegen. Da sich hier das höhere, geistige Bedürfnis auf Zukunft und vorschwebendes Ganzes des Lebens richtet, ist dieses dann also das Steuernde, Ausgleichende. Dem Menschen steht zunächst einmal und für gewöhnlich im Interesse solchen Ausgleichs zwiespältiger Antriebe und Bedürfnisse ein solcher Steuerungs-„mechanismus" zur Verfügung. Der Mensch „hat" ihn einfach. Er ist im Menschen wirksam, und zwar unterscheidet sich der Mensch vom Tier sehr wahrscheinlich dadurch, daß er in dieser Weise überhaupt Zukunft erlebt, das Ganze seines Lebens vorschweben hat. Und dieses Vorschwebende tritt in Auseinandersetzung mit jeweiligen kürzer oder länger dauernden, schwächeren oder intensiveren Antriebserlebnissen über ausgedehntere Zeiträume hinweg in Beziehung. Allein diese zeitliche Ausdehnung der Steuerungserlebnisse kennzeichnet den Menschen wahrscheinlich in entscheidender Weise gegenüber dem Tier. Es genügt ja völlig, festzustellen, daß der Mensch das in Masse erlebt, was für das Tier nur in Spuren vorhanden ist. Weitgehend glückt dieses Steuern.

b) Das Steuernde: die Vernunft

Der Mensch will sich entfalten. Sein animalisches Antriebserleben führt zu äußeren und auch inneren Konflikten. Diese sind emotionaler, gefühlshafter Natur. Wie oben geschildert, vollzieht sich in ihm dauernd ein instinktiver, „blitzartiger" Ausgleich dieser gefühlshaften Ansätze zu Antriebs- und Bedürfniserleben. Es wäre also möglich, in solchem Zusammenhang stets vom Faktum des ausgleichenden Steuerns zu sprechen. Das Bemühen, hier Klarheit zu schaffen, hat es aber mit sich gebracht, daß solche Worte wie Ausgleich und Steuern nicht oder doch sehr spät zur Charakterisierung herangezogen wurden. Eine Fülle von weiteren Begriffen sind seit je hierfür verwandt worden. U. a. gilt dies für den Begriff Vernunft. Auch er besitzt die Eigentümlichkeit anthropomorphen Charakters. D. h. er wurde so entwickelt, als gäbe es eine „Instanz" in Analogie zu realen menschlichen Instanzen, die auf dieser Erde die Aufgabe haben, unter den Menschen Ordnung zu schaffen, auch im Erleben, innerhalb der Gefühlswelt. Daher lautete die Redeweise: Die Vernunft entscheidet. Eigentlich also ist auch diese Ausdrucksweise überholt. Aber es wäre wohl falsch, dem Stande sprachlicher und begrifflicher Entwicklung, wie er heute gegeben ist, einfach voranzueilen und solche illegitimen Begriffe fallen zu lassen. Daher wird man sich zumindest vorläufig immer auch wieder des Begriffs „der" Vernunft bedienen. Nur wird man sich stets daran erinnern müssen, daß es sich um eine Redeweise handelt.

Die Vernunft ordnet das Gefühlserleben des Menschen, seinen emotionalen Bereich. Sofern es nun weiterhin so ist, daß positive Gefühle, angenehme, lustvolle auf Gegenstände der Welt antworten, und diese damit wertvoll werden, ist die Vernunft auch Ordnerin innerhalb des Werterlebens des Menschen. Auf jeden Fall tut sie eines nicht: Sie stellt nicht fest. Sie macht keine Aussagen, wenn man darunter versteht, daß von einem Gegenstand gesagt wird, er sei vorhanden, er sei so und so beschaffen, und er habe die und die Beziehung zu anderen Gegenständen. Solches festzustellen, ist Aufgabe des Verstandes, wie sich noch zeigen wird. In einem seiner Gespräche mit Eckermann hat Goethe diese Unterscheidung in vorbildlicher Weise vorgenommen.

Da, wie entwickelt, der Mensch ein zwiespältiges Wesen ist, da er sogar ständig in antinomischen Konflikten lebt, ist die Vernunft auch entscheidende Instanz im Bereich der zwischenmenschlichen Antinomik. Und es sei noch einmal betont, daß es sich hier um ein ausgleichendes, steuerndes Entscheiden innerhalb des menschlichen Gefühlserlebens handelt.

c) Der Verstand und seine Grenzen

Als eben vom Verstand die Rede war, wird wohl schon deutlich geworden sein, daß auch dieser Begriff eigentlich illegitim ist. Auch er ist anthropomorph gebildet. Auch er wird so verwandt, als handle es sich um eine „Instanz", als handle es sich um eine Person. Aber wir sind nun einmal daran gewöhnt, so zu formulieren. Eines aber können wir auf jeden Fall feststellen: Der Verstand hat konstatierenden Charakter. Er stellt fest, was ist, was so und so ist, was diese und diese Beziehung zu andrem hat. Er kann z. B. auch feststellen, daß jemand dies oder jenes Gefühl diesem oder jenem Gegenstand gegenüber erlebt. Er kann feststellen, daß der betreffende Erlebende sich in einem zwiespältigen Zustand befindet, er kann feststellen, daß die Vernunft in dem Betreffenden um eine Entscheidung ringt. Schließlich kann er feststellen, daß ein vernünftiger Ausgleich zustande gekommen ist, daß die Vernunft entschieden hat, oder daß ihr das mißlang. Wozu er aber nicht in der Lage ist, das ist, selbst abzuwägen, selbst Gefühle zu ordnen. Und damit unterscheidet sich der Verstand in seiner Funktion genau so scharf von der Vernunft wie die beiden Worte selbst. Wenn wir in der deutschen Sprache zwei so gut voneinander unterscheidbare Worte besitzen, sollte man sie nicht synonym, als ob sie gleichbedeutend wären, verwenden. Wir sollten dankbar dafür sein, daß wir für zwei so deutlich voneinander unterschiedene Möglichkeiten und Notwendigkeiten menschlichen Daseins zwei verschiedene Worte haben. Wir sollten in unseren Überlegungen also eindeutig und endgültig davon ausgehen, daß der Verstand nur zu konstatieren vermag, daß die ratio = Verstand nur Seinsurteile zu fällen vermag. Daraus ergibt sich dann auch, z. B. wenn wir Psychotherapie treiben, weil wir dabei mit dem menschlichen antinomischen Erleben zu tun haben, daß nicht der Verstand es ist, an den wir appellieren, sondern die Vernunft. Zunächst wenden wir uns an das Gefühl, das, kurz formuliert, zu den Dingen und Vorgängen der Welt Ja oder Nein sagt, sie positiv oder negativ wertet. Und dann lassen wir die Vernunft ein so entstandenes Gefühlserleben ordnen. Der, mit dem wir dann reden, z. B. ein Patient, sollte mit voller Deutlichkeit erfahren und daher dann auch verbindlich wissen, daß er hier vernünftige Gefühlsentscheidungen zu fällen hat. Und er sollte genau wissen, daß solche Bewegtheit seines Innern, solch ein tastendes Suchen und „Überlegen" etwas völlig anderes ist als das, was man gewöhnlich Überlegen-Denken nennt, daß es so etwas wie Verstandesentscheidungen in diesem Gebiet nicht gibt, nicht geben kann.

Hat der Verstand innerhalb dieses Erlebnisbereichs nun aber überhaupt keine Funktion, überhaupt keine Bedeutung? Gewiß, er hat sie. Aber er vermag lediglich zu dienen. Er vermag ja festzustellen, was ist, wie beschaffen die Dinge und Vorgänge der Welt sind. So vermag er z. B. darüber zu urteilen, welches die Folgen bestimmter Handlungen sein werden. Ob diese Folgen dann bejaht werden oder nicht, entscheidet das Gefühl. Ob diese an sich bejahten Folgen vielleicht dann doch verneint werden müssen, weil sie in Konkurrenz mit anderen Bedürfnisbefriedigungen stehen, entscheidet dann die Vernunft. Ein Beispiel: Daß ein bestimmter Gegenstand ein Apfel ist und nicht eine Birne, entscheidet der Verstand, indem er sich der Wahrnehmung bedient. Ob dieser Gegenstand, falls er ein Apfel ist, süß oder sauer ist, wird ebenso entschieden. Daß das Essen eines Apfels ihn zum Verschwinden bringt, also auch, daß ein Essen des Apfels ihn späterer Verwendung mit Sicherheit entzieht, das zu entscheiden ist Aufgabe des Verstandes. Ob die Süße oder Säure des Apfels angenehm ist oder nicht, bejaht wird oder nicht, positiven Wert darstellt oder nicht, „entscheidet" das Gefühl, das Werterleben. Auch ob der Apfel schön „aussieht", „entscheidet" das Gefühl. Das Gefühl bekennt sich auch zu seiner eignen unmittelbaren Intensität, nur nachträglich kann der Verstand konstatieren, daß solche Intensität vorliegt. Die Intensität des Gefühls liegt also v o r. Der Verstand entscheidet dann z. B. weiter, ob der Apfel nach einem Tage noch frisch und schön aussehen wird oder nicht. Er urteilt also über das Folgende, nämlich die Folgen davon, daß man den Apfel eventuell liegen läßt. Aber die Vernunft „entscheidet" unter der Voraussetzung, daß der Verstand richtig entschieden hat, ob das Essen oder Liegenlassen des Apfels vorzugswürdig ist. Die Vernunft „entscheidet" also zwischen einander widerstreitenden Gefühlen. Besser wäre es, wenn wir aus sprachlich historischen Gründen nicht gezwungen wären, hier dauernd von entscheiden zu sprechen, sondern für das „Entscheiden" der Vernunft einen besonderen Ausdruck hätten.

Damit also ist der Verstand, den man häufig mit der Vernunft verwechselt, in ganz bestimmte Grenzen zurückverwiesen worden. Wiederum anthropomorph ausgedrückt: Er kann ja gar nicht all das entscheiden, was man von ihm erwartet oder befürchtet. Es sind also keine intellektuellen, rationalen Vorgänge, die hier bevorzugt eine Rolle spielen, hier, d. h. im Bereich der zwischenmenschlichen Antinomik z. B. Wenn hier ein Meditieren, ein Nachsinnen, ein Nach„denken", ein „Überlegen" stattfindet, so handelt es sich also nicht um einen intellektuellen Vorgang. Wenn dann das Erleben „analysiert" wird, so handelt es sich nur scheinbar um ein einfaches, scharfes Hinsehen und Konstatieren. In Wirklichkeit werden Gefühle lebendiger und deutlicher als sie es bisher waren. Die Vernunft erhält die Möglichkeit, Ungeordnetes zu ordnen.

Es wird sich zeigen, daß die eben erfolgten Erörterungen für die Traumanalyse von allergrößter Bedeutung sind. Das Analysieren der Träume erfolgt im Gespräch. Dieses Gespräch, späterhin unter dem Titel „Deuten" erörtert (s. S. 154), besteht zu wesentlichen Teilen aus einem Appell an die Vernunft des Analysierten. Und da muß derjenige, der die Traumanalyse anwenden will, genauestens wissen, was er tut. Auch, wenn er wie manche, mit dem „Instinkt" arbeitet, wird er zumindest in der Lage sein müssen, unberechtigte Kritik an seinem Verfahren abzuwehren. Dazu aber gehört wenigstens ein ausreichendes apologetisches Wissen. Er muß in der Lage sein, auch dem Patienten gegenüber, sein analysierendes Verhalten zu verteidigen. Er muß in der Lage sein, verbindlich zu erläutern, daß er an die Vernunft des Patienten appelliert, und daß der Appell an den Verstand hier lediglich eine zusätzliche, dienende Rolle spielt.

Genaueste Betrachtung des menschlichen Erlebens zeigt nun aber, daß die Vernunft von noch größerer Bedeutung ist, als bisher erörtert wurde. Gerade weil hier als Ansatz zunächst mit voller Entschiedenheit die Zwiespältigkeit des Menschen, die zwischenmenschliche Antinomik zum Ausgangspunkt gewählt wurde, gerade weil dem animalischen Bereich menschlichen Antriebserlebens so viel Gewicht beigemessen wurde, muß wieder und wieder alles weiterhin Mitspielende, Mitbestimmende in voller Deutlichkeit klargestellt werden. Der Mensch setzt sich nicht nur im Interesse seines Friedens mit der Welt mit seinen dieser und daher auch ihm selbst bedrohlichen Antrieben auseinander. Er flüchtet sich nicht nur ins Sublime, sondern er hat von vornherein auch dort seinen Standort. Der Mensch reagiert zwar heftig und entschieden auf die einzelnen Gegenstände der Welt, er begehrt, liebt und haßt. Aber ebenso reagiert er auch auf die Welt überhaupt, auf das Leben um ihn und in ihm. Macht man sich einmal bereitwillig unabhängig davon, daß er so heftig und unabdinglich, wie es zunächst scheint, auf einzelnes reagiert, macht man sich sogar einmal davon unabhängig, daß auch ohne die Reize, die die Welt aussendet, ursprüngliches Antriebserleben, z. B. Hunger, motorischer Entladungsdrang, unruhiger sexueller Drang in ihm aus dunkler Tiefe auftaucht, läßt man sich also durch die Unvermitteltheit und Heftigkeit dieser Begegnungen des Menschen mit sich selbst nicht irre machen, so kann es auf einmal fraglich werden, was wem eigentlich vorangeht, was wirklich das Unmittelbare ist. Von solcher Sicht her betrachtet, erscheint der Mensch dann etwa als das weltbezogene Wesen, als das auf die Welt als Ganzes gerichtete, und zwar primär. Von daher gesehen, erscheint das antinomien-bedingte Antriebserleben der Menschen als heftig aufleuchtende Bewegtheit innerhalb eines vorher vorhandenen von ruhigerer, umfassenderer und alles durchdringender Bewegtheit. Von daher gesehen, liegt die eigentliche Wahrheit des Menschen, sein zentralstes Bedürfnis zunächst im Ganzen und nicht im Teil. Das Ordnende, die Vernunft, gewinnt noch einmal an Bedeutung. Der nur dienende Charakter des Verstandes wird noch einmal unterstrichen.

„Von daher gesehen", wurde gesagt. Das soll heißen, ein Urteil etwa über die „wahre" Existenz des Menschen soll damit doch nicht gefällt sein. Solch Mißverständnis gilt es zu vermeiden, denn es kann auf keinen Fall bestritten werden, daß vergangene und besonders jüngstvergangene Zeitalter und Auffassungen die höheren, die sublimen Anteile menschlichen Erlebens aus sehr groben animalischen Motiven und daher stammenden politisch-ökonomischen Gründen tendenziös überwertet haben. Solcher Überwertung darf also nicht Vorschub geleistet werden. Vielmehr gilt es, sie zurückzunehmen, damit das Animalische in der Sicht des Menschen wieder rechten Ort und rechtes Gewicht erhält. Als dialektische Antithese zum jüngst vergangenen Zeitalter, zur zweiten Hälfte des 19. Jahrhunderts insbesondere, ist die Hervorhebung der animalischen Seite des Menschen, so wie sie durch die Wahl des animalisch-antinomischen Ansatzes hier erfolgte, das im historischen Augenblick Notwendige. Das gilt dann auch für den Traum.

d) Das Ich als Bewegtes

Wieder und wieder ergibt sich, daß das menschliche Erleben an zweierlei teilhat: mit heftiger Intensität an allem Dranghaften, Triebhaften, an konkreter Lust und Furcht; und auf der anderen Seite mit geringerer oder ganz geringer Heftigkeit des Augenblicks aber desto dauernderer, stetiger, zäher, unabdingbarer an allgemeinsten gefühlshaften Beziehungen zu Welt und Dasein. Als menschliches I c h kann dann dieses In-der-Zeit-Strömende, Mannigfaltige bezeichnet werden, wobei sich erweist, daß der körperliche Anteil dieses Ich vielfachen, sehr deutlichen Wandlungen unterliegt, das Gefühls-Ich dagegen eine überraschende Konstanz aufweist. Daher rührt es, daß man sehr natürlicherweise oft zögert, das Wort Ich auf den Körper zu beziehen oder auch nur mitzubeziehen. Die dann bleibende auffallende Unbestimmtheit dessen, worauf man mit dem Wort Ich eigentlich hinweisen will, ergibt sich einerseits hieraus, andererseits aber aus der Schwerfixierbarkeit und der Schwierigkeit sprachlichen Erfassens der Gefühlswelt. Aber auch wenn man das Ich wesentlich durch d i e s e charakterisiert, den Begriff Ich wesentlich auf den qualitativ verhältnismäßig konstant bleibenden Gefühlsstrom bezieht, hat dieser Strom zunächst doch den Zug des Chaotischen. Das Ich hat diesen Zug des Chaotischen aber nur zunächst, — eben wenn man das Wort Ich durch den durch die Zeit dahinfließenden Erlebnisstrom hinsichtlich seines Gefühlsgehaltes definiert sein läßt.

Dann aber wäre das Ich Gesteuertes, nicht Steuerndes. Es wäre keine „Instanz", es wäre gewissermaßen mit einiger Selbständigkeit begabter Werkstoff. Da solche definitorische Abgrenzung aber keineswegs verbindlich ist, (denn, wie oben schon gesagt, gibt es auf unserem Gebiet noch keine Verbindlichkeit solcher Art), wäre es, wie oft schon geschehen, durchaus möglich, anders zu charakterisieren. Wenn Freud z. B. das Ich als Instanz der „Realitätsprüfung" bezeichnete, so wäre es damit zum Träger des Verstandes erhoben. Es ergibt sich also auf jeden Fall, daß man nicht fragen kann, was das Ich „ist", sondern nur mitteilen kann, was man geneigt ist, so zu bezeichnen. Für die Zwecke der Traumanalyse ist es auf jeden Fall von Wichtigkeit zu wissen, daß es im Erlebnisstrom des Menschen einen differenzierten Gefühlsanteil gibt, der ein Leben lang relativ konstant bleibt, das soll heißen, seine Eigenart beibehält. Erinnert sich der Mensch an früheres, vergangenes Erleben, so erkennt er dieses Gleichartige, Gleichgebliebene, merkwürdig Vertraute im allgemeinen sofort wieder. Es hebt sich aus dem übrigen, sich bis zur Chaotik Wandelnden deutlich heraus. Es erscheint ihm daher wichtig. Es sollte einen Namen dafür geben. Hier wird der des Ich dafür empfohlen.

e) Das Selbst als Steuerndes

Das menschliche Gefühlserleben hat einen vergleichsweise so undeutlichen Charakter, daß es der Wissenschaft erst sehr spät gelang, sich ihm zu nähern. Daher sind auch alle Begriffe, die ihm gelten, oft noch vieldeutig. Es mangelt an verbindlichen Bezeichnungen. Auf der andern Seite aber bedarf derjenige, der Psychotherapie treibt oder auch nur sich um den Sinn der Träume bemüht, einer ausreichenden begrifflichen Klarheit auf diesem Gebiet. Ein praktisches spezielles und auch wissenschaftliches Bedürfnis zwingt uns also heute bereits, wenigstens eine vorläufige begriffliche Ordnung zu schaffen. Die oben vorgeschlagene Unterscheidung von Vernunft und Verstand war ein Schritt in dieser Richtung. Die eben erfolgte Abhebung dessen, was man „Ich" nennen sollte, was also Bewegtes und nicht etwa Steuerndes ist, bedeutete einen weiteren Schritt. Angesichts einer mangelnden Tradition aber wird es mit Rücksicht auf alle diejenigen, die innerhalb dieses Bereichs andere und weitere Worte zu verwenden gewöhnt sind, notwendig und wünschenswert sein, auch dieser hier Erwähnung zu tun. Die hier vorschwebende Problematik hat die Menschen schon früh beschäftigt und vielerlei Worte sind geprägt worden, um jene höchst wichtige „Instanz", die da steuert, zu bezeichnen. Eine dieser sehr alten Bezeichnungen ist das Wort „Selbst". Dieses ist so häufig, so eindringlich und so bedeutsam in den hier erörterten Zusammenhängen verwandt worden, daß es wohl sicher falsch wäre, es nun einfach beiseite zu stellen. Es empfiehlt sich vielmehr, lieber eine gewisse Unschärfe noch eine Zeitlang weiter in Kauf zu nehmen. So sei der Versuch unternommen, das Selbst dem Ich gegenüberzustellen und dann auch etwa eine Abgrenzung der Vernunft gegenüber in die Wege zu leiten.

Für den Betrachtenden hat der Erlebnisstrom den Zug des Chaotischen, auch die Konstanz bestimmter Gefühlsbereiche ist nur relativ. Stimmungsschwankungen gehören zum Leben. In der Rückerinnerung kann immer wieder festgestellt werden, daß die „Farbe" der Welt, ihr Gefühlston einst anders war als heute. Ein Rest von Bleibendem schwebt vor, wenn gesagt wird: Ich, der eben betrachtet und urteilt und zurückblickt, bin der, derselbe, der einst so erlebte, wie ich nunmehr erinnere. Eines aber ist heute wie je dasselbe, nämlich ein jeweilig Ordnendes. Der Strom des Erlebens wird doch nicht als völlig chaotisch registriert sondern als irgendwie geordnet, gesteuert. Dieses Steuernde, erlebt als sehr bestimmt gearteter beunruhigter Protest gegen jede Bewegtheit, die wirklich chaotisch zu werden droht, erlebt als befriedetes In-sich-Ruhen, wenn nur ruhige Bewegtheit das Bewußtsein erfüllt, ist so prägnant, eine so „diskrete" Größe, daß es durchaus gerechtfertigt ist, sie auch gegenüber dem Ich mit eigener Bezeichnung zu versehen nämlich mit dem Wort Selbst. Es mag zugegeben werden, daß solche Gegenüberstellung der beiden Begriffsinhalte Ich und Selbst bisher keinen verbindlichen Charakter erhalten hat. Insbesondere hat die denkpsychologische, intellektuelle, rationale Interpretation menschlichen Erlebens, die sich aus der relativen Leichtzugänglichkeit der hellen, scharfen Denkakte ergab, dazu geführt, daß das Wort Ich als Steuerndes der Denkabläufe „angesehen", d. h. so definiert wurde. In dieser Weise hat etwa F r e u d , wie schon gesagt, seinen Begriff des Ich aufgefaßt. Aber es ist anzunehmen, daß sich allmählich als notwendig erweisen wird, wie dem V e r s t a n d die V e r n u n f t , so dem I c h das S e l b s t gegenüberzustellen. Dieses Selbst wäre dann das o b e r s t e Steuernde im Erleben überhaupt, das, „was dafür sorgt", daß dieses nicht zerfällt, was dafür sorgt, daß seine Teile immer wieder aufeinander bezogen werden. Dann wäre das Selbst, verglichen mit der Vernunft, das n o c h A l l g e m e i n e r e. Das Selbst ist dann das Ordnende, Steuernde überhaupt, die Vernunft Ordnerin des Gefühls, der Gefühlsseite des Erlebens. Gerade, wenn es sich darum handelt, das Antriebserleben des Menschen, sein Verhältnis zu den Antinomien der Mitmenschlichkeit, seine „Existenz", auch die n e u r o t o i d e (s. S. 77), auch die Neurosenstruktur u n d a u c h den Traum als Gefüge und Gestalt erhellend zu erfassen, wird es sich als notwendig ergeben, mehrere, deutlich voneinander abgehobene Begriffe zur Verfügung zu haben. Solche Notwendigkeit ist ja schon s e h r früh erkannt worden.

Der Begriff des Selbst hatte sehr früh genau den gleichen Sinn, der hier gemeint ist und als beizubehalten vorgeschlagen wird. Er wurde einst in G l e i c h n i s s e n zu erfassen und mitzuteilen gesucht. Es wird berichtet, daß in alten Zeiten der Schüler den Meister fragte, was das Selbst sei, und dieser antwortet, er wisse das nicht, er könne das nicht sagen. Aber er gab dem Drängen des Schülers nach und meinte, das Selbst sei etwa wie ein Baum, auf dem zwei Adler säßen. Der eine fräße dauernd, der andere schaue dauernd in die Ferne. Diesem Bild braucht eigentlich nichts hinzugefügt zu werden. Es ist für den, der überhaupt zu einer präzisen Frage gelangt ist, sofort verständlich. Und für den, der die Antriebsstruktur des Menschen so sehen gelernt hat, wie sie hier dargestellt wird, bedeutet es tiefe Befriedigung, in jenem alten Bilde den primitivsten menschlichen Antrieb, den oralen der „reinen", „interesselosen" „Anschauung" gegenübergestellt zu sehen. Und dann geht die Verwendung des Adlers ja darauf zurück, daß er es ist, der, wie heute objektiv nachgewiesen, tatsächlich mit einer Schärfe in die Ferne zu schauen vermag, wie sie dem Menschen nicht gegeben ist. Der Wanderfalke z. B. kann auf 1½ km Entfernung mit Bestimmtheit differenzieren und so erkennen, was der Mensch kaum in dunkler Andeutung zu sehen vermag. Dabei ist es höchst interessant festzustellen, daß Kopf, Sitz des Auges, und insbesondere Umgebung des Auges beim Adler den Vergleich mit menschlicher Mimik, diese besondere Beziehung zur Ferne ausdrücklich zu formulieren scheinen. Man kann sehr wohl sagen, daß der Adler sich unter allen Tieren am ausgesprochendsten „sorgend" auf die Ferne entwirft. In Grenzen darf diese Ferne des Adlers dann für das Ganze der Welt stehen. Jenes alte Gleichnis trifft das Entscheidende sogar in Einzelheiten. Auch daß die Adler auf einem Baum sitzen, ja daß auf diesen zunächst hingewiesen wird, hat seinen Sinn. Der Baum nämlich überwindet in sichtbarer Weise die Schwere. Es gelingt ihm, in stabiler, sogar Jahrtausende überwindender Unerschüttertheit die niederziehende Kraft der Erde aufzuheben. Als in der Tierreihe der erste Hominide auftrat, und die Grenze, die bis dahin durch den Anthropoiden gesetzt war, überschritt, tat er dies wesentlich durch seinen aufrechten Gang. Dies erlaubte ihm, zur Selbstverständlichkeit werdend, selb-ständig werdend in Freiheit weiten Raum zu überblicken.

Die Legende lautet, daß der Schüler damals durch jenes Bild nicht befriedigt wurde und daher weiter fragte. Der Meister antwortete ihm wiederum, er wisse nicht, was das Selbst sei. Aber er gab dem Drängen des Schülers noch einmal nach und meinte, das Selbst sei wie ein Schwan, der über das Weltmeer fliege. Er fliege dauernd, aber sein einer Fuß bleibe dauernd im Wasser. Hier wird das Selbst wiederum mit einem Vogel in Verbindung gebracht. Der Vogel ist gegenüber den übrigen Tieren vergleichsweise sublim. Er ist „oben", in Leichtigkeit und Freiheit oben. Aber er fliegt so verläßlich, so sicher, daß er über das Meer dahingleitet und doch einen Fuß stets in den Wellen zu halten vermag. Er fliegt so sicher, mit so sicherem Gefühl für das rechte Maß, „dü mâze", daß er sich in der Vertikalen auf und ab nie mehr als ein Weniges bewegt. Auch dieses Bild charakterisiert in unübertrefflicher Weise das Gemeinte. Wiederum ist es kein Zufall, daß ein Schwan gewählt wurde, daß der Flug über das Weltmeer geht, daß nicht von einer Unterbrechung des Fluges die Rede ist, und daß der Fuß das Wasser dauernd berührt. Auch dieses Bild weist, je mehr es in all seinen Teilen aufleuchtet, auf weitere Bereiche menschlicher Existenz hin.

Aber auch dieses Bild vom Schwan vermochte, wie die Legende erzählt, den Schüler noch nicht zu befriedigen. Der Meister wählte daher noch ein drittes Bild, er sagte: Das Selbst ist wie das buddhistische Mönchsgewand, es ist nicht rot, es ist nicht gelb, aber beides zugleich. Damit wird der Farbe orange die Funktion des Mittleren, Verbindenden zuerteilt. Das Gelb ist expansive Fanfare, wie ein sehr hoher Ton, das Rot dagegen ist bloße Intensität. Das Selbst ist beides zugleich und keines von beiden. Vom Selbst her gesehen, *kompensiert* das Gelb das Rot und das Rot das Gelb.

f) Das Subjekt und das Selbst

Als das letztlich übergeordnet Ordnende wurde das Selbst bezeichnet. Seine seelische Repräsentanz ist eine gefühlsartige Gegebenheit. Sie hat wahrscheinlich Gefügecharakter. Jede deutlichere Abänderung bedeutet höchst bestimmtes, aber nicht immer heftiges Unlusterleben. Die Nachhaltigkeit eines unlustvollen Gestörtheitsgefühles ist das Charakteristische. Nun wiederum in anthropomorph-substanziierender Ausdrucksweise: Das Selbst ist in sich lustvoll, beglückt, zufrieden, wenn antagonistisches Gefühls- oder Antriebserleben konsonant, homogen ist. Jede Störung wird mit nachhaltiger, immer wieder deutlich und doch nicht heftig erlebter Beunruhigung beantwortet. Physisches Korrelat des Selbst-Erlebnisses ist mit hoher Wahrscheinkeit ein bestimmter hormonaler Zustand mit dem dazu gehörigen spezifischen Funktionieren, und zwar multilokulären Funktionieren des Nervensystems und des Vasomotoriums. Mehr können wir im Augenblick wohl nicht sagen. Jedenfalls „existiert" das Selbst in dieser Weise. Wir haben durchaus die Wahl, anthropomorph, psychologisch, chemisch, physiologisch, neurologisch usw. davon zu sprechen. Sobald wir einmal sicher sind, wovon da die Rede ist, daß es diesen Gegenstand Selbst wirklich gibt, daß es von höchster Bedeutung ist, besteht von da an die Freiheit, es in beliebigen Hinsichten zu charakterisieren. U. a. ergibt sich als selbstverständliche Notwendigkeit, dies im Bereich der Traumanalyse wieder und wieder zu tun. Wenn das Selbst als spezielles Phänomen im Traume auch wohl keine allzu deutliche und ausgedehnte Rolle spielt, ist der Traum ja doch, wie später (s. S. 68) erörtert werden wird, als „Teil" des Phantasieerlebens in das Gesamterleben des Menschen einzuordnen. Nur so kann er im allgemeinen überhaupt verstanden und seiner anfänglichen Dunkelheit und „Sinnlosigkeit" entkleidet werden. Da nun aber das Gesamterleben des Menschen, insbesondere auch sein Phantasieerleben, in entscheidender Weise, ganz besonders aber hinsichtlich des antinomischen Antriebserlebens vom Selbst her gesteuert wird, gilt dies eben auch für den Traum. Sichtbar ist dies zwar immer nur am Rande, bedeutsam aber durchaus zentral.

Daher ist es von Wichtigkeit, weitere üblich gewordene Formulierungen auf das eben Dargestellte und die hier vertretene Auffassung zu beziehen. In bestimmten wissenschaftlichen Äußerungen (etwa Künkel) ist der hier interessierende Gegenstand, manchmal allerdings metaphysisch gefaßt, „Subjekt" genannt worden. Das Subjekt, sub-jectum ist das, was darunter geworfen ist, was man dem unmittelbar Beobachtbaren, einer unmittelbar beobachteten Wirkung unterlegt, unterstellt. Es ist das, was in bestimmten, sogenannten primitiven Bereichen, im melanesisch-polynesischen Raum als „Mana" bezeichnet wird. Dieses wurde von ethnologischer Seite als das auf wunderbare Weise letztlich Wirkende charakterisiert. In der Künkelschen Sprache ist dann und daher u. a. die Rede vom „Subjekthaft"-sein. Damit wird ein Zustand der erlebenden Persönlichkeit bezeichnet, in dem das Subjekt dominiert. In der hier verwandten Terminologie würde von einer Herrschaft des Selbst zu sprechen sein. Daß diese von Künkel und anderen, auch schon von Adler vorher, häufig „gefordert" wird, auch in der Praxis den Patienten gegenüber, ist im Grunde eine überflüssige „moralisierende", nomothetische Haltung. Wir sind auch nicht mit den gefeiltesten psychologischen Kniffen, geschweige denn mit Gewaltanwendung in der Lage, mehr aus dem Menschen herauszuholen als letztlich in ihm ist. Gerade, wenn es sich um das handelt, was als Letztes das menschliche Erleben ordnet, haben wir gar keine andere Wahl, als mit dessen „Macht" zu rechnen. Wir haben keine andere Wahl, als vertrauend vorauszusetzen, daß sich dieses Zentrale in einer für den Träger und die Gemeinschaft letztlich erwünschten Form durchsetzen wird. Wenn dieses, das Subjekt, das Selbst, eine Eigentümlichkeit hat, die es tatsächlich besitzt, nämlich die, nicht ständig „laut", hell zu sein, sondern infolge seiner Feinheit im Gedränge des Augenblickserlebens immer wieder ein „fading" zu erleiden, so werden wir höchstens mit dem Einverständnis des Einzelnen und der Gemeinschaft darüber nachsinnen dürfen, wie es wohl möglich sei, es jeweilig „lauter", heller „erklingen" zu lassen. Hierin wird das zu bestehen haben, was der Pädagoge, und auch der Psychotherapeut in Form einer „Psychagogik", wie Kronfeld dieses Unternehmen genannt hat, allein tun kann. Sobald ein moralisierender Ton mitschwingt, etwa auch unter dem Titel der „Verkündung", vollzieht sich im Falle des Gelingens in Wirklichkeit doch ein letztlich unfruchtbarer Gewaltakt. Dieser löst auf dialektischem Wege notwendigerweise eine Antithese aus, die ihrerseits dann wieder durch das synthetische Vermögen des Betroffenen der Thesis angeglichen werden muß. Aber, — es soll zugegeben sein, daß, im Bilde gesprochen, ein ahnungslos am Flußufer spielendes Kleinkind u. U. auch mit Gewalt und äußerst rasch vorm Absturz in die Fluten bewahrt und zurückgerissen werden muß.

g) Das Gewissen und das Selbst

Der Mensch sucht einen Ausgleich seiner zwiespältigen Antriebe. Er tut dies nicht nur aus Furcht vor Liebesverlust, Strafe usw. (s. S. 78), sondern ganz ursprünglich auch um der Stetigkeit, der Konstanz, der Einheitlichkeit, der Ordnung seines Erlebens willen unter der Führung seines Selbst. Es ist ein Urbedürfnis des Menschen, auch diese zentralste Antinomik seines Daseins, diese ganz innerliche Antinomik, die nichts mit Rücksichtnahme auf den anderen Menschen oder gar mit Furcht vor ihm zu tun hat, aufzulösen. Innerhalb von kulturellen Bereichen, die menschlich wohl etwas andere sind als die, in denen der Begriff des Selbst entwickelt wurde, ist früh der des Gewissens geprägt worden. Wieder handelt es sich dabei um die Namengebung für eine „Instanz", anthropomorph ausgedrückt, die schon durch das Wort selbst auf die Funktion der Instanz hinweist. Diese Wortbildung leitet sich ja her von „das Gewisse", das, was man sicher weiß. Das Gewissen wäre dann das Subjekt quasi, das bestimmter Wahrheiten gewiß ist, das auf jeden Fall in der Lage ist, völlig sichere Entscheidungen zu treffen. Das, worüber es entscheidet, ist in der Regel „Gut" und „Böse" genannt worden. Solange man zwischen rationalen, logischen und Seinswahrheiten auf der einen Seite und Wertwahrheiten auf der anderen Seite noch nicht unterschied, also auch nicht zwischen Verstand und Vernunft, meinte man mit den gleichen Mitteln wie auf rationalem Gebiet auch auf moralischem etwa entscheiden zu können. Dieser Selbstklärungsprozeß hinsichtlich des Gewissens ist noch keineswegs abgeschlossen. Sprachliche Unbestimmtheit oder gar Wirrheit hinsichtlich dieser Problematik ist noch die Regel. Daß einige Philosophen und Nichtphilosophen hier vielleicht Letztgültiges formuliert haben, fällt heute noch kaum praktisch ins Gewicht. Auf keinen Fall sind diese Vorfragen hinsichtlich des Gewissens heute bereits so weitgehend verbindlich geklärt worden und allgemein bekannt und geläufig, daß die Psychologie und auch eine Lehre etwa vom Traum in der Lage wäre, sich solcher Vorgeklärtheit zu bedienen. Daher kann es auch nicht Absicht der vorliegenden Arbeit sein, was bisher von der Wissenschaft versäumt wurde, in voller Gänze und Verbindlichkeit nachzuholen. Es muß hier genügen, darauf hinzuweisen, daß eine moderne Psycho-physio-pathologie und Psychotherapie das Problem kennt, das u. a. auch ihr aufgegeben ist. Es muß genügen, zunächst einmal festzustellen, und zwar mit solcher Ausdrücklichkeit, daß nicht darüber weggelesen werden kann, daß der Tatbestand der Bewältigung „böser" Antriebe und Bedürfnisse durch Furcht vor dem Außen keineswegs das einzige Vorkommnis dieser Art ist. Auf jeden Fall, gibt es auch die ganz ursprüngliche, originäre, „primäre" Furcht vor Unordnung, Chaos, grober Widersprüchlichkeit, Verlust der Homogeneität, Erschütterung oder Aufhebung der Individuiertheit (Jung) der eigenen Person.

Solche Unordnung im eigenen Innern kann u. a. dadurch entstehen, daß der Betreffende, unter dem augenblicklichen Ansturm von leidenschaftlichen animalischen Bedürfnissen stehend, die zu seiner Person „eigentlich" „im Grunde" gehörenden Gefühle der Rücksicht auf einen oder mehrere andere Menschen „vergißt". Dann hat er sich, wiederum metaphorisch ausgedrückt, von seiner Totalperson „entfernt", er hat sich von seinem Ganzen „gesondert". Und wenn es zutreffend ist, daß das Wort Sünde stammverwandt mit Sonderung ist, befände sich dieser an den Augenblick Hingegebene im Zustande der Sünde. Die Tatsache, daß leidenschaftliche sexuelle Augenblicksimpulse besonders leicht und in ganz besonderer Form dazu verführen, die Ganzheit der Person zu „verlassen", ist wohl sicher der Hauptgrund dafür, daß die Sexualität zum Repräsentanten der Sünde wurde.

Aus dem eben Dargestellten ergibt sich, daß es im Einzelfall jederzeit der Abwägung bedarf, wie weit ein Vorbehalt gegenüber animalischen Antrieben oder gar deren „Verurteilung", wie Freud sich z. B. ausdrückte, auf heteronome Furcht, wie weit sie auf autonome Berücksichtigung des Gewissens zurückgeht. Die Sorgfalt mikropsychologisch analysierender Psychotherapie rührt zu einem Teil daher, daß der Prozeß der Selbst-Findung, der Gewissensentscheidung aus Gründen jener not-wendigen und doch schwierigen Abwägung regelmäßig längerer Zeiträume bedarf. Die unaufhebbare und unabdingbare Begrenztheit des Entwicklungstempos menschlichen Erlebens fordert jeweilig einen bestimmten Grad der Geduld, des Gewährenlassens, des Anklingens, des Aufklingens und Ausklingens.

Aber es muß an dieser Stelle doch wohl daran erinnert werden, daß jedes psychotherapeutische Verfahren zunächst einmal seine Rechtfertigung dadurch erhält, daß der Betreffende leidet oder zumindest andere leiden macht. Vom Werte des Nichtleidens her, der allerdings keineswegs einen absoluten Wert darstellt, sondern an anderen Werten gemessen werden muß, ergibt sich erst im allgemeinen eine Rechtfertigung solchen Aufwandes, der Verwendung solcher Zeiträume, wie sie der Prozeß des Entscheidens zwischen Gewissen und Furcht u. a. erfordert. All dies sind komplizierte Zusammenhänge, sonst wären sie ja auch schon längst in verbindlicher Form aufgehellt. Alles darin ist nur bedingt, aber doch wieder in sehr bestimmter Bedingtheit, so, wie der erste, geradlinige Eindruck es nahelegt. Es ist fraglos, daß innerhalb einer kommenden anthropologischen Psychologie das korrekt gefaßte Thema des Gewissens noch eine erhebliche Rolle spielen wird.

h) Das Tao, das Dau, und das Selbst

Die genauere Bemühung um das Selbst hat gezeigt, welch zentrale Bedeutung ihm innerhalb des menschlichen Erlebens und auch für den Traum zukommt. Daher sollen noch weitere Äußerungen von Denkern erwähnt werden, die sich einst oder auch jetzt noch im vorwissenschaftlichen Sinn um den gleichen Gegenstand bemüht haben. Außerordentlich früh, schon ein halbes Jahrtausend vor Christus hat der chinesische Philosoph und Dichter Lao-tse den Begriff des Tao zu veranschaulichen und dem Erleben seiner Schüler lebendig zu machen gesucht. Ihm ist das in seinen Schriften, im Tao-te-king etwa, und später dann auch seinem Zeitgenossen Dschuang-Tsi in seinen Gleichnissen in ungeheuer eindrucksvoller Vollkommenheit gelungen. Auch wenn wir heute annehmen dürfen, daß Lao-tse damals an überkommene Mythen anknüpfte, in denen Dau als Tiergöttin, als Magna Mater, eine ähnliche Rolle spielte wie die „Mütter" der urgriechischen Mythen, von denen Goethe las, und auf die sich seine Stellen im Faust beziehen, bleibt, wie all das hier unter dem Titel Antinomien Entwickelte (s. S. 25) zeigt, die Großartigkeit der anthropologischen Konzeption Lao-tses durchaus bestehen. Er hat tatsächlich so früh schon die hier entwickelten Zusammenhänge „existenzieller" Art mit voller Deutlichkeit erlebt, gesehen und vorbildlich formuliert.

i) Das „Fünklein" und das Selbst

Überläßt man sich aufmerksam den Äußerungen Meister Ekkehards, in denen er im Gegensatz zu erstarrter Dogmatik, also durchaus revolutionär zu verdeutlichen sucht, welches das eigentliche religiös-sittliche Anliegen der Menschen sei, so findet man, daß das, was er beschreibt, eine wiederum großartige Illustration des Selbst und seiner Funktionen darstellt. Er weist seine Schüler und die ihn um Rat fragenden Gläubigen in immer neuen Bildern und aus dem sehr konkreten Leben entnommenen Geschehnisschilderungen auf deren Erlebniszentrum zurück; ganz abgesehen davon, daß die Bezeichnung „Fünklein" allein schon eine sprachschöpferische Leistung darstellt. Würde man sich darauf beschränken, dieses Erleben des Fünkleins, des Selbst, als Ziel jeder M y s t i k zu nennen, so ginge dies mit dem hier Dargestellten, mit der hier entwickelten Anthropologie völlig in eins. Es handelt sich ja wirklich so weit um ein „Geheimnis", als das Selbst nur wenigen Menschen ausdrücklich bekannt ist. Gerade das Selbst kommt im „Gerede" des Tages nicht vor. Das Selbst ist quasi zeitlos, denn es ist dem Augenblick nicht verfallen. Es kann zwar im stürmischen Augenblickserleben für das Erleben nahezu untergehen, aber doch nie vollständig verschwinden. Es handelt sich nicht um ein Ereignis der Tageshelle sondern vergleichsweise um eines aus dem Dämmerungsbereich des Bewußtseins. Das Selbst liegt im Schattenbereich der Seele und ist insofern ein Geheimnis. Daher auch bedarf es besonderer Bemühung nicht etwa nur, es wirksam werden zu lassen, denn es wirkt ja mit ungeheurer Zähigkeit und Unablässig keit, vielmehr bedarf es schon der besonderen Bemühung, es wenigstens in gewissen Abständen, die Unruhe des Alltagserlebens aufhebend, mit voller Deutlichkeit zu erfassen und durch Hingabe aufleuchten zu lassen. Was dann im einzelnen als psychische Maßnahme empfohlen wird, gehört in das Gebiet der M e d i t a t i o n. Wenn „Exerzitien" dies gleiche zum Ziel haben, auch wenn sie im einzelnen etwa das besondere Thema der Vergänglichkeit und des gleichzeitigen Sieges über die Vergänglichkeit in Form des Leidensweges Christi zum Gegenstand machen, gehören auch sie in den meditativen Bereich der Hinwendung auf das Selbst. Sie können diese Bedeutung jedenfalls haben.

Das Wort: können im letzten Satz hatte den Sinn eines beginnenden Hinweisens auf Gesichtspunkte, die zu bestimmten Abwandlungen der Anthropologie von frag-würdigem Charakter führen. Die Mitteilungen über das Selbst können zwar, wie oben entwickelt, sehr formal und doch psychologisch bestimmt gehalten werden. Im allgemeinen werden aber die darum bemühten Menschen einer sehr weitgehenden Konkretisierung bedürfen, um nicht nur ahnend und entfernt intellektuell sondern wirklich anschaulich verstehen zu können. Es handelt sich da um eine Notwendigkeit für die allermeisten Menschen, entweder wahr-zu-nehmen, oder wenn das nicht möglich ist, bezw. nur schwer möglich ist, wie in unserem Fall, doch wenigstens lebendig, d. h. schließlich immer mit dramatischer Gefühlsbewegtheit vor-zu-stellen. Auch feine, „leise" Gefühlsergriffenheit reicht gewöhnlich zur Verdeutlichung nicht aus, jedenfalls nicht bei all denen, und es handelt sich da um die Mehrzahl der Menschen, die nicht aus inneren Gründen, aus konstitutionellen Gründen, meta-physisch ausgedrückt: aus Gnade, von sich aus ur-sprüng-lich, autoch-thon, originär, nicht nur ahnen, sondern mit Erfülltheit so erleben. Solche Konkretisierung aber, solche Bezugnahme auf reale oder auch legendäre Vorkommnisse wird nun ihrerseits stets „weltanschaulich" bestimmt sein. Es wird da Unterschiede geben ähnlich wie die Unterschiede des endothymen Grundes oder der sogenannten Temperamente. Eine oft sehr bestimmte und manchmal sogar sehr enge, besondere G e s t i m m t h e i t wird die Auswahl der konkreten Geschehnisse und Bilder führen. Da kann die oben erwähnte Homophorie, die serenitas, Ausdruck der erstrebten „Existenz" sein, aber auch eine Gefühlshaltung etwa, die im Grunde pessimistischen Charakter hat, und nur, wenn ihr Flucht vor der Welt und dem Leben der Menschen gelingt, gelungen ist, optimistische Tönung annimmt. Solche Gestimmtheit kann dazu neigen, weniger den Sieg über die Vergänglichkeit, soweit ein solcher Sieg überhaupt menschen-möglich ist, zum Attribut des Selbst zu machen als die mit der Vergänglichkeit verbundenen Gefühle von Trauer und Leid. Und hier pflegen sich die Menschen unter dem Aspekt ihrer persönlichen angeborenen oder erworbenen Gestimmtheit in Gruppen zusammen und dann voneinander abzuschließen. Damit verwandelt sich dann aber auch die wissenschaftliche Frage: Was ist der Mensch? notgedrungen für den Fragenden selbst in die, zu welcher Gestimmtheit er sich bekennt, und welche Variante der Spezies Mensch er aufsucht, um unter ihr zu leben. Damit hat die Wissenschaft dann die nur noch relativ bedeutsame Aufgabe anzugeben, welche Varianten menschlicher Existenz es in der Hauptsache, also typischerweise, gibt, welche Variante etwa am häufigsten ist, also als positiv erlebt, die mittlere oder gute Norm charakterisiert. Und dann obliegt der Wissenschaft weiterhin festzustellen, welche abartigen Entwicklungen zu besonders charakterisierten Gestimmtheiten zu führen pflegen und wie häufig diese etwa innerhalb einer und derselben Gestimmtheitsgruppe sind. So muß auch hier eine zu Anfang erreichte beglückende Konsonanz des Sinnes von Selbst, Subjekt, Tao und Fünklein nunmehr doch durch mitklingende Dissonanzen relativiert werden. Es soll genügen, wenn die Hinweise hierauf abgewogenen Grad erreicht haben.

Das Wort: können am Ende des vorletzten Absatzes hatte die Aufgabe, noch auf einen weiteren Bereich hinzuweisen: die meditative Hinwendung auf das Selbst, auf die voll erlebte Gegenständlichkeit etwa des Tao und des Fünkleins, schließt, so wie die Natur des Menschen einmal ist, keineswegs aus, daß tatsächlich erlebte Phantasiegebilde, „Bilder", als „Mächte" aufgefaßt werden und sich dann sogar rationale, metaphysische Reflexionen anschließen. Es ist sogar nicht nur so, daß solches Weitererleben nicht nur durch die Natur des Menschen nicht ausgeschlossen wird, sondern daß ein erheblicher Teil der Suchenden in diesem Sinn sehr rasch und auch nur dann vollbefriedigt, zu metaphysischen Spekulationen übergeht. So lange das gnothi seauton (*γνωϑι σεαυτον*), das „Erkenne Dich selbst!", zentral auf das Selbst abzielt und nur dieses erkannt, d. h. richtiger ausgedrückt, voll und erfüllt erlebt werden soll, wird der Bereich des hier zustimmend Vertretenen nicht überschritten. Solche Form der Gnosis, der Gnostik, verdient diesen Namen im eindeutig menschenwesentlichen Sinn. Der Mensch blüht und blüht schöner und fruchtbarer, wenn er ein Gnostiker in diesem Sinn ist.

Frag-würdig zumindest aber ist etwa das „Tibetanische Totenbuch". In ihm ist zwar noch ein Anklang an Bemühen um Erfahren des Selbst enthalten, überwiegend aber stellt es die Beschreibung von Erlebnissen und Riten dar, die der allzu natürlichen Bedürftigkeit des den Tod fürchtenden Sterbenden gelten. Daß darin außerdem höchst lebendige, traumgleiche

Wacherlebnisse als „Formulierungen" unbewußten Daseins enthalten sind, hat zwar durchaus wissenschaftliches Interesse, stellt aber abergläubischen Abweg für den das Selbst Suchenden dar. Daß die dort geschilderten Riten praktisch in so und so vielen Fällen wirklich zu trösten vermögen, ist dann wiederum etwas Weiteres. In Abhebung vom sehr realistischen ägyptischen Totenbuch, in das Metaphysik noch ganz unreligiös als einfach geglaubte rationale Vorwissenschaft hineinragt, bedeutet das tibetanische Totenbuch einen Schritt zum Humanen, zum Menschen als erlebendem Wesen hin.

Einen ähnlichen, aber doch nicht gleichen Weg beschreitet in der Meditation derjenige, der das Selbst, das Tao, das Fünklein oder auch das Nirwana so hochgradig beglückend, und zwar ausgedehnt beglückend, „bis in die Fingerspitzen hinein" erlebt, daß er damit einem vorgestellten Gott zumindest sehr nahe zu sein glaubt, göttlich zu erleben glaubt oder gar die Gnade einer Verschmelzung mit Gott selbst zu erleben meint. Eine Gnosis dieser Art, eine Gnostik, die dies sucht, dies ganz Bestimmte, Höchste und Letzte, hat damit das Erleben des Selbst zur „Existenz", zum Dasein, zum Welterleben überhaupt ausgeweitet. Welt ist aber Gegenstand. Es ist höchstwahrscheinlich, in Ansätzen bereits nachweisbar, und wird fürderhin wieder und wieder nachweisbar sein, daß ein Mensch nur auf Wegen eigener Entwicklung und Strukturierung, die allgemein als schwer abartig angesehen werden, zu solcher Form gnostischen Erlebens zu gelangen vermag. Aber wir dürfen solchen Nachweis, solche Verwandlung von Höchstwahrscheinlichkeit in Sicherheit kommenden Generationen überlassen.

4. Der Verzicht

a) Der Verzicht im Wahrnehmungs- und Vorstellungserleben

Der Mensch ist zu einem Teil ein zwiespältiges Lebewesen. Ein und demselben Gegenstand oder Vorgang gegenüber erlebt er Bedürfnisse, die ihn drängen, verschieden, ja gegensätzlich mit dem betreffenden Gegenstand oder Vorgang umzugehen. Für diese zwiespältige Lage steht ihm ein steuerndes Etwas zur Verfügung, dessen er seit je mit letzter Bestimmtheit inne wurde. Darüber hat er während seiner gesamten Geschichte ständig nachgedacht. Der mikropsychologische Charakter dieses Steuernden, dieses Steuerungsvorganges, verhinderte eine rasche und vollständige Klärung. Der Mensch erlebte dieses Bestimmte, Gewisse, aber er war gleichzeitig auch immer wieder ungewiß. Das gerade charakterisiert ihn. Er hatte seit je das intensive Bedürfnis, im Gefühl erlebte, anklingende Gewißheit in ausdrückliches Wissen über dieses Gewisse zu verwandeln. Lange Zeit hielt er den Verstand für das Entscheidende. Jedoch fand er den Begriff der Vernunft in Abhebung vom Verstand. Wie wir sahen, ist diese Klärung aber noch keineswegs ins allgemeine Bewußtsein eingedrungen. So erfolgte geschichtlich immer wieder ein Zurücktasten auf frühere Versuche, zu wissen. Schon vor zweitausend Jahren und früher wurde versucht, jenes Steuernde unter den Worten „Selbst" und „Tao" zu beschreiben. Vor einem halben Jahrtausend etwa spielte das „Fünklein" eine Rolle. Neuerlich war von „Ich" und „Subjekt" die Rede. Immer wieder handelt es sich um das Bemühen, erlebte Gewißheit in wissende Gewißheit zu verwandeln. Dieser Prozeß des Suchens ist noch völlig im Gange. Erst allmählich wagt sich die Psychologie hervor, um hier mitzusprechen. Verbindlichkeit ist aber noch keineswegs erreicht. Dennoch ist der Psychotherapeut und auch derjenige, der bestrebt ist, das Traumerleben der Menschen zu verstehen, verstehend in das Gesamterleben der Träumer einzuordnen, darauf angewiesen, vom Steuernden her zu zentrieren. Vorläufig muß er also seine eigene psychologische Anthropologie entwickeln. Der Ansatz zu einem Versuch hierzu wurde im Vorangehenden unternommen.

Wir stellten fest, vielfach gelinge dem Steuernden erwünschter oder gar ersehnter Ausgleich. D. h. einfach, daß eine erhebliche Zahl der hier behandelten Zwiespältigkeitserlebnisse nach kurz dauernder Beunruhigung in beruhigtes Zusammenklingen des bis dahin Gegensätzlichen übergehen. Das positive, lustvolle oder gar beglückende Erleben neuer Ordnung löst die Unruhe der Zwiespältigkeit in solchem Falle ab. Häufig ist es so, daß voraustastende Phantasie einen Ausgleich zwischen denjenigen Handlungen ermöglicht, die Konsequenz je eines der beiden Antriebe wären. Dann schwebt dem Betreffenden ein künftiger Ablauf seines Handelns vor, der nunmehr einheitlichen Charakter trägt. Stets aber handelt es sich dann um die Einschränkung eines oder beider Handlungsgefüge. Anders ausgedrückt: eines der Bedürfnisse „tritt zurück", nicht vollständig aber in irgendeinem Grade, das andere tritt in den Vordergrund, und zwar ohne daß noch ein unruhiges Hin und Her bleibt. Oder auch beide Bedürfnisse werden entsprechend eingeschränkt. Auch an dieser Stelle sei wiederum betont, daß hier der Versuch gemacht wird, im Hinblick auf das Verständnis der Träume eine Seite menschlichen Erlebens zu fassen, die sich dem wissenden Zugriff bisher immer wieder entzogen hat. Es kann sich hier also nur um ein Tasten und hinsichtlich der Formulierung um ein Stammeln handeln.

Versenkt man sich einmal eindringlich in diese Erlebnisbereiche der Zwiespältigkeit, der sie begleitenden Unruhe und der dann eintretenden Ruhe und Ordnung, sucht man zu fixieren, was aus den andrängenden Bedürfnissen während dieses Vorganges wird, wie sie anfänglich aussehen und wie nachher, so drängt sich ein Wort der Bezeichnung dieses Ganzen auf, das gewöhnlich gröberes Erleben meint, das Wort „Verzicht". Tatsächlich kann das was bisher als steuernde Bewältigung zwiespältigen Antriebserlebens geschildert wurde, unter dem Begriff des Verzichts gesehen werden. Man könnte sehr wohl von der Leistung der Vernunft als der Bewerkstelligung eines Mikro-Verzichtes sprechen. Sachlich handelt es sich hierum. Der Mikrocharakter des steuernden Verzichtes besteht im wesentlichen darin, daß sich dieser Prozeß sehr rasch vollzieht, man könnte sagen, ohne viel Aufhebens, ohne eigentliche Anstrengung. Eben dann ist das der Fall, wenn das Steuern gelingt, „glückt", wenn die Vernunft „siegt", wenn das Selbst „herrscht", wenn das Gewissen „gehört wird", wenn der rechte Weg, das Tao, gefunden ist, wenn das „Fünklein" hell leuchtet. „W e n n" all dies so vor sich geht, erfolgt der Ausgleich durch Steuerung.

Das tatsächliche menschliche Erleben zeigt aber, daß solch ein Steuern so und so oft nicht gelingt. Die einander entgegengesetzten Antriebe, Bedürfnisse wogen in dramatischerer Form im Erleben hin und her. Die Unruhe ist intensiver. Das Bedürfnis nach Ruhe, nach Ordnung ist damit aber nicht etwa aufgehoben. Es ist ja unabdingbar. Es „fordert sein Recht". Der Mensch „sucht" dann nach weiteren Möglichkeiten der Bewältigung seiner Zwiespältigkeit. Dieser Prozeß nimmt Makro-charakter an. Eine der weiteren möglichen Bewältigungsformen, die dem Menschen dann zur Verfügung stehen, ist der Verzicht im üblichen Wortsinn. Entweder vollzieht sich dieser dann im Wahrnehmungserleben, d. h. ganz aktuell, oder vorwegnehmend im Vorstellungserleben. Oder es wechseln auch beide Verzichtsversuche untereinander ab, so daß das Verzichten längere Zeit in Anspruch nimmt und sich in lebhafterer Bewegtheit vollzieht.

Es soll hier nicht diskutiert werden, ob überhaupt ein Verzichten zustandekommen kann, dem keine andersartige Befriedigung nachfolgt. Im allgemeinen besteht im Falle des Verzichtens eine Nacheinanderbefriedigung, wie sie oben (s. S. 30 ff.) geschildert wurde. Nur fehlt hier dann jener „leichte", „gefällige" Übergang, der besonders die „glücklichen Naturen" unter den Menschen auszeichnet. Es wird sich später zeigen, daß die Mehrzahl aller Träume cäsuriert ist, d. h., daß sie sich aus einer Folge von Kurzträumen zusammensetzen (s. S. 230). Dort tritt ein Nacheinander von sehr ähnlichem Sinn wieder auf. In übertragener Weise kann man auch dort von einem Verzichten innerhalb des Traumerlebens sprechen. Wie sich zeigen wird, nimmt der Träumer mehrmals einen Anlauf zur Befriedigung eines auftauchenden Bedürfnisses. Furcht- und Schuldreaktionen lassen den betreffenden Antrieb versiegen. Neues Antriebserleben tritt auf. Wer sich in das Verzichten des Wachbewußtseins eindringlich vertieft hat, wird von daher auch unter diesem Aspekt einen Zugang zum Verständnis des Traumerlebens finden. Daher ist es von Wichtigkeit, gerade im Hinblick auf den Traum noch eine Reihe von Varianten menschlichen Erlebens kennen zu lernen, die alle mit Verzichten zu tun haben. Aber auch deren Darstellung wird natürlich ebenfalls nur tastende Skizze sein können.

b) Das Vermeiden des Begehrens

Es wurden bereits mehrfach Formulierungen gewählt, und zwar absichtlich, die in ähnlicher Weise innerhalb der buddhistischen Gedankengänge eine hervorragende Rolle spielen. Auch wird einmal ausdrücklich auf Buddha hingewiesen (s. S. 90). All dies geschah deshalb, weil die seelische Problemlage des buddhistisch Empfindenden mit der des Traumes sehr nahe verwandt ist. Dieses Verwandtsein bedeutet aber natürlich nicht Identität, vielmehr ist das Mittlere hier die neurotoide Struktur (s. S. 77). Gegenüber Krankheit, Alter und Tod, den drei auffälligsten Zeichen der Vergänglichkeit des Menschen, sucht dieser seit je eine Form der Bewältigung, die wenigstens einen Rest von Glück offen läßt. Glück zu suchen, gehört zum Wesen des Menschen, und zwar unabdingbar. Aber welcher Art des Glücks, der Beglückung er im Augenblick und auch sub specie aeternitatis zustrebt, hängt von vielerlei Faktoren ab, die insgesamt das Problem der „Existenz" des Menschen u. a. auch der neurotoiden, der neurotischen und der Traumstruktur ausmachen. Eine der menschlichen Möglichkeiten besteht nun darin, daß er alle animalische Glückssuche, also das, was im allgemeinen Luststreben genannt wird, vermeidet. Dafür ergab sich die Ausdrucksweise: Vermeidung des Begehrens. Vielerlei Übungen wurden entwickelt, um das Gelingen eines solchen Vermeidens zu garantieren. Im vorliegenden Zusammenhang ist es offensichtlich, daß die Wahl des Wortes Begehren weitgehend unter dem Gesichtspunkt des Oralen und Kaptativen (s. S. 16) erfolgt sein muß. Aber auch der Zugriff durch Auge und Hand und dann auch der des bloßen Gefühls war jeweilig mitgemeint.

Es kann nicht überraschen, daß solch ein Bemühen, die Existenz des Menschen durch diese besondere Form des Verzichtens dennoch fruchtbar, dennoch irgendwie glückhaft zu machen, sich als über die ganze Erde hin verbreitet erwies. Nur so lange westeuropäische Christlichkeit weitgehend aus Unkenntnis noch ganz allgemein in prägnanter Form von fremdem Heidentum sprechen konnte, war es immer wieder ein neuer Entdeckungsschritt, wenn Missionare feststellen mußten, daß wieder einmal ein neuerlich bekanntgewordener Kulturkreis in seiner religiösen Auffassung Anklänge ans Christentum aufwies. Sobald aber für die Forschung diese Konsonanz der religiösen Grundhaltung auch sehr verschieden gefärbter Menschenrassen deutlich wurde, war es dann allmählich nicht mehr erstaunlich, daß die gleiche Problemlage und einander äußerst ähnliche Lösungsversuche über die ganze Erde verteilt sind. Wolfram von Eschenbachs Roman „Willehalm" ist wohl einer der ersten, der dieses Thema behandelt. Der Sarazene erscheint in ihm dem wirklich echt idealistischen Kreuzritter näher verwandt als die nur äußerlichen Bannerträger des Christentums. Die Menschen erwiesen sich als einander ähnlicher, als man je angenommen hatte. So gab es auch seit je und überall in der Welt Anachoreten, Menschen, die in die Wüste und damit allem Begehren aus dem Wege gingen, — wie sie meinten und hofften. Hierher gehört auch die für manche Beobachter zunächst erstaunliche Tatsache einer überraschend großen Zahl von Unverheirateten in primitiven Stämmen der Südsee. Wer sich deren Inseln als menschliches Paradies vorgestellt hatte, etwa auch in Form naiv-unbekümmerten Sexualerlebens, mußte solches Vorurteil erheblich korrigieren. Auch jene unverheiratet Gebliebenen dort sind alles andere eher als unbekümmert. Auch sie scheiterten an der Antinomik menschlichen Zusammenlebens, auch sie entschieden sich nicht frei für die Ehelosigkeit, sondern leisteten einen Verzicht auf vollmenschliches Sich-Entfalten.

All dies kann und soll aber nicht mehr als Andeutung sein. Diese soll hinweisen auf die Lebendigkeit der hier erörterten Problematik unter allen Menschen und auf die Gleichartigkeit der unternommenen Lösungsversuche. Einer davon ist das Vermeiden des Begehrens. Man schließt das Bewußtsein möglichst von der Außenwelt ab, jedenfalls von der verführerischen. Man vermeidet Versuchungen durch Abwendung von den Menschen und durch Hinwendung zur eigenen Innenwelt. Man versagt sich freiwillig. d. h. vollabsichtlich den Anblick des Begehrten, die Berührung, den Umgang mit ihm. Es werden die verschiedensten Versuche zu verzichten gemacht. Diese unterscheiden sich durch ihre Helligkeit, Wachheit, „Bewußtheit" von der später zu erörternden Hemmung (s. S. 59). Was im Zusammenhang der neurotoiden und der Neurosenstruktur als Hemmung und Gehemmtheit die entscheidende Rolle spielt, ist, mit jenem „Hemmen" durch Verzicht verglichen, ein Automatismus, ein Mechanismus, ein Reflex, anders ausgedrückt: ein Erleben von minimaler Zeitdauer aber trotzdem größter Nachhaltigkeit der Wirkung.

c) Das Nicht-Hinsehen

Die einfachste Form, das Begehren zu vermeiden, ist die, daß das Begehrte vermieden wird. Man geht ihm aus dem Wege. Tatsächlich aber kann man das nur selten und dann auch nur begrenzt. So „erfand" der Mensch das Nicht-Hinsehen bezw. das Verhüllen des Begehrten. Die hierher gehörigen Tatsachen und Gepflogenheiten sind ja allgemein bekannt. Wichtig im hier erörterten Zusammenhang ist, daß dieses Nicht-Hinsehen, schon in der frühesten Kindheit eine Rolle spielen kann. Es kann so sein, aber es wird verhältnismäßig selten so sein, wenn, dann auch repräsentativ, daß ein strenges, einschüchterndes Verbot, auf Nacktheit hinzuschauen etwa der Eltern, zu einer Einschränkung der K a t e g o r i e des Hinschauens überhaupt führt. Wenn das, was nicht erblickt werden darf, in diesem Sinne nicht begehrt werden darf, begehrt von der Lust des Anschauens her, von der existenziellen, menschenwesentlichen Lust der N e u g i e r her, farbig ist, kann es dazu kommen, daß nicht nur die Welt zumindest farbschwach gesehen wird, sondern auch die Träume des Betreffenden farblos werden. Der so Erlebende und so Träumende weiß aber naturgemäß zunächst nichts davon, denn er ist ja gewissermaßen der Blinde, der die Farbe nicht kennt. Wird er späterhin auf grund irgend einer neurotischen Symptomatik einer Psychotherapie unterworfen, und gelingt diese dann, so erlebt er eines Tages überrascht die Farbigkeit der Welt, vielleicht auch das plötzliche Auftreten farbiger Träume. Dieses Vorkommnis wird immer wieder einmal berichtet. Der Betreffende vergleicht dann, was er nunmehr erlebt, mit seinen Erinnerungsbildern und weiß verständlicherweise von da ab erst, daß er bisher weitgehend farblos sah und träumte. Ein Nicht-Hinsehen stand am Beginn solcher Entwicklung. Die totale psychogene Erblindung ist ihr Grenzfall. Meditierende Abwendung von der Außenwelt ist ebenfalls ein Versuch, jene Problematik der Existenz aufzuheben. Der Verzicht nimmt wieder und wieder neue Formen an.

Die Frage, warum in all jenen Fällen nicht hingesehen wird, könnte mit dem Hinweis auf ein „Verbot" beantwortet werden, so als sei da „jemand", wiederum eine „Instanz", der verböte. In ähnlicher Weise hat F r e u d hier unter Verwendung des Bildes einer „dramatischen", höchst auffälligen menschlichen Einrichtung den Begriff der „ Z e n s u r " verwandt. Dieses Bild enthält alle Vorzüge des Einleuchtenden, aber auch alle Nachteile, die sich sofort ergeben, wenn wissenschaftlich exakt differenziert und formuliert werden soll. Das Bild der „Zensur" wird hier daher möglichst durch Vielfältigkeit genaueren Beschreibens ersetzt.

d) Das Verharmlosen

Eine besondere Form des Nicht-Hinsehens kann darin bestehen, daß der Mensch die Gegenstände der Welt, die Gegenstände seines Begehrens, das Erleben seines Begehrens, die Bedrohungen und die Bedroher seines Begehrens zwar mit voller Deutlichkeit wahrnimmt, aber all dies seines eigentlichen Sinnes beraubt. Es gibt keinen Gegenstand in der Welt, der nur in einer Richtung interessant und begehrenswert wäre. Es gibt keine Art des Begehrens, die, in Handlung übergehend, nicht eine vielfältige Wirkung entfaltete. Es gibt nichts Drohendes in der Welt, das nicht auch noch eine andere, eine nicht-drohende Seite hätte. Ein Apfel interessiert auch seiner Farbe wegen. Ein erregtes Betasten kann wie ein Stoß wirken. Eine gefürchtete Person wird regelmäßig ihrer Überlegenheit wegen verehrt. Aus dem Bündel von Antriebsqualitäten oder Handlungsfolgen, das stets im Spiele ist, kann „jederzeit" ein Teil, eine Seite herausgegriffen und dadurch das Übrige bagatellisiert werden. Das kann so weit gehen, daß das ursprüngliche Interesse nur noch in Spuren anklingt. Jeder S e l b s t b e t r u g hat diesen Charakter. Nur allzu häufig geht der Betrug des anderen Menschen auf blitzartig vollzogenen Selbstbetrug zurück. Der Betrüger in diesem Fall hat ja, falls er gefragt würde, sofort die Möglichkeit, aus dem Bündel seiner Interessen, seiner Antriebe, seiner Motive, seiner Gründe jeweils den aus äußeren Gründen passenden auszuwählen und in den Vordergrund zu stellen. Die Wesenseigentümlichkeit des Menschen, u. a. auch blitzartig auftauchende Antriebsqualitäten abdrosseln zu können, dient dann einem bestimmten Zweck, der Täuschung des anderen.

Von daher gesehen, ist es nicht verwunderlich, daß die Menschen einst mit den sie bedrohenden Dämonen, dann mit ihren Göttern ebenso umgingen. Es ist nicht verwunderlich, daß Euphemismen das Anreden der Dämonen und Götter durchsetzten. So erklärt sich auf sehr natürlichem, d. h. den Wesenseigentümlichkeiten des Menschen entsprechendem Wege der „Doppelsinn der Urworte" (F r e u d). Sacer bedeutet heilig und verrucht zugleich. Eine häufige anfängliche Unbestimmtheit derjenigen Worte, die Mengen bezeichneten, ein Mehr oder Weniger, ein Sehr-viel oder Ganz-wenig kam dem entgegen. Für hoch und niedrig stand oft einst e i n Wort. Tonfall, Tonhöhe o. ä. mußten dann den prägnanten Sinn vermitteln. Aber diese Eigentümlichkeit anfänglicher Unbestimmtheit erleichterte lediglich das Weitere. Dieses war dann u. a. der Euphemismus. Das Verharmlosen war dann Verzicht auf geäußerte Kritik, auf diese Form der Aggression. Oder es war auch Verzicht auf Hingabe an Furcht und daraus etwa notwendig folgender Flucht. Im Traum finden wir eine Fülle von Vorgängen, die genau diesen Verlauf und Sinn haben.

e) Der Humor

Die Existenz des Menschen in der Welt ist n i c h t un-bekümmert. Positive, glückhafte, liebende Zuwendung zu Welt und Menschen ist zwar ebenso ursprünglich wie die „Sorge", aber diese tönt jene dauernd. Daher der auch-problematische Charakter des Lebens, daher der Versuch des Menschen, Glück, Lust, die „tiefe, tiefe Ewigkeit will", so weit immer möglich zu vermehren. Das Ver-g-essen ist ein Mittel hierzu, das Beiseiteschieben das mildere Mittel. Wird aus dem Gesamterleben des Menschen der negative Anteil durch Herabtönung mehr oder weniger ausgeschaltet, so bleibt zunächst einmal das Positive, nun vergleichsweise das Positivere, übrig. Die später (s. S. 59) erörterte Hemmung stellt den Extremfall des Beiseiteschiebens dar. Eine Bereitschaft zu Hemmungsreflexen steht dem Menschen hierfür von Natur zur Verfügung. Die Ausschaltung der Trauer und des Weinens bedeutet einen Übergang zu Freude und Lachen. Was an vitaler Kraft bis dahin vom Erleben des Trauerns verbraucht wurde, wird zu einem Teile frei. Ein anderer Teil davon geht in die Leistung des Herabtönens der Trauer und im Grenzfall in die Leistung des Hemmens über. Aber ein Teil wird eben frei und verstärkt nunmehr die Intensität des Positiven.

Es besteht eigentlich kein Anlaß, hier eine bildliche Formulierung zu vermeiden, nämlich eine energetische, eine „in Energiebeträgen". Das, was zunächst merkwürdig erscheint, aber durchaus als auffällig beobachtet werden kann, ist regelmäßig, daß das Negative nicht einfach nur ausfällt und dann das bisherige Positive übrigbleibt, sondern daß dieses eine Intensivierung, Verstärkung erfährt. Trauer wird dann nicht von Lächeln sondern von Lachen abgelöst.

Auch das Lachen spielt in den Träumen eine ausgezeichnete Rolle. Es deutet sehr oft hinter ihm stehende Trauer, Gedrücktheit, Furcht und Schuldgefühle an. Solch Lachen hat häufig re-aktiven Charakter. Man muß das wissen, will man nicht Hintergründiges, das bedeutsam ist, übersehen.

Da die Träume aber zunächst weitgehend dunklen Charakter haben, und fast immer nur vom Wacherleben her verstehbar sind, wendet sich auch hier im Falle der Trauer und der sie oft verdeckenden Heiterkeit das forschende Bemühen an das Wacherleben. Dieses ist unmittelbar fixierbar, beobachtbar. Seine Eigentümlichkeiten sind der unmittelbaren Registrierung, sprachlichen Formulierung und Mitteilung zugänglich, u. a. auch der eben erörterte Vorgang des reflektorischen Überganges von Trauer zur Heiterkeit. Tritt an die Stelle des Weinens das Lachen, so handelt es sich zunächst um Überschwang. Tönt die Trauer die aufsteigende Freude auch weiterhin, so ergibt sich das, was man im alten Sinn einst unter Heiterkeit verstand, das, was lateinisch serenitas genannt wurde. Diese ist das wahrhaft Mittlere, das, was die faktische Existenz des Menschen am vollkommensten ausdrückt. Begnadeterweise hat der Mensch die Möglichkeit, sein Dasein auch so zu erleben. Das Trotzdem-Lachen, wodurch man den H u m o r hat kennzeichnen wollen, ist eine leicht vergröberte Formulierung des hier Gemeinten. Tatsächlich steht der Humor der serenitas näher als der Affektlage.

deren Ausdruck das Lachen ist. Der Traum hat eine sehr enge strukturelle Verwandtschaft mit dem eben Geschilderten. Wer verstehenden Zugang zu ihm finden will, hat u. a. die Möglichkeit, sich in das Erleben dessen zu vertiefen, was man Humor, Heiterkeit, serenitas nennt. Hier im Wacherleben wird er meditativ diejenigen Elemente und Zusammenhänge zunehmend deutlich feststellen lernen, die dann auch in der Struktur der Träume auffindbar sind. Das humorvolle Erleben bildet eine Brücke des Verständnisses zwischen der Helligkeit des Wacherlebens und der Dunkelheit des Traumes.

An dieser Stelle ist es wohl zweckdienlich, noch einmal darauf Bezug zu nehmen, daß der Humor hier unter dem Titel des Verzichts behandelt wird. Die Zwiespältigkeit des Menschen, die Gegensätzlichkeit seiner Bedürfnisse ist hier zentrales Problem. Das Verzichten erwies sich als eine seiner möglichen Lösungen. Das humorvolle Erleben enthält diesen Verzicht. Zumindest enthält es den Verzicht auf einen besonderen Ausdruck der Trauer, die Klage. Der Humorvolle klagt eben gerade nicht.

Im humorvollen Erleben vermeidet der Mensch den Weg der Resignation. Diese enthält ihrem Wortsinn nach ein Stück Bitterkeit. Sie bedeutet kein völliges Gelingen des Verzichts. Sie bedeutet Müdigkeit als Reaktion auf noch verbleibende hilflose Empörung. In ihr ist die Klage zwar stumm geworden aber doch noch enthalten. Reift die Resignation aber zur Entsagung, so ist dies die dem Menschen mögliche Vollendung. Entsagung und Humor entsprechen einander darin, daß das angebahnte Verzichten in menschenmöglichen Grenzen gelungen ist.

f) Der Scherz

Der Mensch, wahrscheinlich aber nicht er allein, sondern auch zumindest ein Anthropoide, der Schimpanse, hat die Fähigkeit zu lachen. U. a. lacht der Mensch in folgender Situation: Eine Gefahr droht ihm. Etwas, wie er wenigstens im Augenblick meint, Großes, Überwältigendes, eben als bedrohlich Empfundenes begegnet ihm. Er reagiert mit dem Gefühl der Bedrohtheit, der Furcht. In sehr viel mehr Situationen, als man das gewöhnlich registriert, reagiert der Mensch wesensmäßig so. Das, was man gewöhnlich Gefahr nennt, ist nur die große Extremvariante dessen, was hier eben zur Erörterung gestellt ist. Alles deutlich Große, Mächtige, sehr Dunkle oder sehr Helle, sehr Laute oder sehr Leise, sehr Gegensätzliche oder sehr Unbestimmte, sehr Hohe oder sehr Tiefe, sehr Scharfe oder völlig Unscharfe erweckt, wie alle Temperaturen über 22° und unter 18° etwa ein unmittelbares Unbehagen. Unlust droht. Und wenn es sich wie bei all den eben genannten Beispielen auch nur um Mikro-Vorkommnisse handelt, sind diese deshalb doch nicht weniger prägnant. So wie der Mensch winzigste räumliche Unterschiede mit erstaunlicher Sicherheit wahrnimmt, wird von all dem Genannten auch eine Andeutung schon lebhaft mit Gefühl beantwortet. Sogar äußerlich ist das zu beobachten. Der Atem stockt, wenn auch minimal so doch bemühter Beobachtung deutlich faßbar. Der Herzschlag verändert sich, das pulsierende Leben als Ganzes. Unendlich viele Begegnungen mit der Welt rufen lediglich in prägnanter Andeutung Bekümmertheit und Sorge hervor, für das Kleinkind z. B. die Begegnung mit dem nur ernsten, ruhigen Gesichtsausdruck seiner Mutter oder eines anderen Menschen. Die eintretende Gefühlsqualität fragt den begegnenden Gegen-stand, einen Menschen z. B., besorgt, ob er Gutes oder Böses meine, Lust oder Unlust, Glück oder Unglück bringe. Es ist hier also von den Vorkommnissen die Rede, die in ausgesprochener Weise noch nicht Schreck, Bestürzung, eigentliche Sorge und Trauer sind, sondern all das im Kleinen. Daher eben handelt es sich hier um Gestimmtheiten und nicht um Affekte. Zeigt nun — und das ist das Merkwürdige — das Begegnende unerwartet und plötzlich ein anderes Gesicht, ein harmloses „Gesicht", so geht die gespannte Ernsthaftigkeit bei Kind und Erwachsenem in die besondere Form der Gelöstheit, die das Lächeln und das Lachen darstellt, über.

Diese Merkwürdigkeit des Menschen haben wir als Naturgegebenheit wie manche andere hinzunehmen. Aber wir können uns sehr wohl fragen, welche biologische Bedeutung sie wohl hat. D. h. wir können uns sehr wohl fragen, was aus dem Menschen als Lebewesen wohl geworden wäre, wenn er nicht, wie wir heute wohl annehmen müssen, das Lachen in Form einer Mutation erworben hätte. Wir können uns fragen, welche Funktion das Lachen im Leben des Menschen hat; anders ausgedrückt: inwiefern sich der Mensch auf dieser Erde, dadurch daß er das Lachen „erlernte", wohl eher so erhalten und ausgebreitet hat, wie er es tat, als wenn er jenes nicht erlernt hätte. Die Antwort muß wahrscheinlich lauten: Diese Höchstdifferenzierung, unter ähnlichem anderen, die das Lachen darstellt, besonders aber das Lächeln, hat die Möglichkeiten des Menschen mit andern gemeinsam zu handeln, wesentlich erweitert. Daß er die Bereitschaft „entwickelte", den andern Menschen zwar sofort, blitzartig als gefährlichen Gegner zu registrieren, aber dessen Harmlosigkeit im gegebenen Fall dann ebenso rasch, gab ihm eine Plastizität des Reagierens, mit der verglichen jedes Tier doppelt starr und instinktgebunden erscheint.

Das wiederum Höherdifferenzierte des Menschen bestand dann darin, daß er formal, ganz allgemein, die Bereitschaft erwarb, auf Gefahrdrohendes schon im leisesten Ansatz zu reagieren, in dieser Lage dann keine Bestürzung, geschweige denn panisches Erschrecken sondern im Gegenteil eine ganz besondere Form gespannter, leicht sorgenvoller Aufmerksamkeit zu erleben. Das einzelne davon wurde oben angegeben. Erweist sich die Begegnung dann sehr rasch als harmlos, so erfolgt ein Gefüge von körperlichen und korrespondierenden seelischen Vorgängen, das, von außen gesehen, Lächeln und Lachen ist.

Alles Komische hat diesen Charakter, nämlich, daß bedrohlich Erscheinendes sich plötzlich als harmlos erweist. Nur ist dieses Bedrohliche sehr oft nicht ohne weiteres als solches zu erkennen. Es handelt sich auch hier vielfach um Vorkommnisse, die in den „Schattenbereich der Seele" gehören, anders ausgedrückt, in ihre urtümlich-instinktiven Bereiche. „Entdeckt" der Mensch dann die tatsächliche Harmlosigkeit des eben noch Gefürchteten, so reagiert er auf das nunmehr Komische mit Lachen. Der Humor nimmt die

Welt, als ob sie komisch wäre. Der Humor sucht das Komische in der Welt mit Bevorzugung auf. Oder er geht auch mit den Gegenständen und Vorgängen der Welt, sie gestaltend, so um, daß sie komisch wirken. So neigt der Mensch von seiner Natur aus zum Scherzen. Er stellt z. B. einen kleinen Mann auf die Bühne, läßt ihn sich dort ein riesiges Blechinstrument holen und mit Macht hineinblasen. Überraschenderweise wird dann aber ein hoher, feiner Ton hörbar. Das Publikum lacht. Der kleine Mann behält seinen Ernst. Es geschieht nichts Schlimmes. Das Publikum lacht noch einmal.

So erfand der Mensch u. a. auch die Operette. Das Tragische, das Antinomische wird in ihr behandelt, als sei es komisch.

Freud hat sich mit diesen Problemen sehr früh beschäftigt, er sprach u. a. von der Beziehung des Witzes zum Unbewußten.

Worauf verzichtet der Mensch im Scherz? — Auf die Sorge, auf das dauernde Bewußtsein der Gefährlichkeit des Lebens, u. a. seines antinomischen Charakters wegen. Hierin liegt die Verwandtschaft des Scherzes mit dem Traum.

5. Die Hemmung

Der Mensch ist ein zwiespältiges Wesen. Was dieser Satz besagen soll, wurde in immer neuen Ansätzen erläutert. Ihm stehen eine Reihe von Bewältigungsformen für diese Zwiespältigkeit zur Verfügung. Aber auch dieser Satz muß recht verstanden werden. Die eben verwandte Ausdrucksweise ist eigentlich noch zu anthropomorph. Jener Satz klingt so, als handele es sich da um ein äußeres Werkzeug gewissermaßen, das daliegt, und das der Mensch verwenden kann, wenn er will. Tatsächlich soll dieser Satz aber besagen, daß eine Anthropologie als Wissenschaft vom Sein des Menschen feststellen kann, der Mensch pflege sein zwiespältiges Antriebs- und Bedürfniserleben in mehreren Formen zu „bewältigen". Zwiespältigkeit kann ausgeglichen werden, pflegt so und so oft ausgeglichen zu werden. Vernunft vollzieht das. Vernunft steuert. Zwiespältigkeit kann aber auch Schwierigkeit bringen. Sie kann dramatischer verlaufen. Soll es zur Ruhe kommen, zu Befriedetheit in sich selbst, so besteht die Möglichkeit des Verzichtens. Und nun ist das Eigentümliche, daß dem Menschen außerdem eine weitere Bewältigungsform zur Verfügung steht, die der Hemmung. Einst werden mit großer Genauigkeit und in breitesten Ausführungen die Bedingungen und Umstände geschildert werden, die dafür sorgen, daß im Einzelfall Vernunft rasch entscheidet, im andern Fall „dramatisch" verzichtet wird, im dritten Fall Hemmung vollzogen wird. Einiges Andeutende aber kann schon hier gesagt werden: So und so oft erlebt der Mensch Überraschungen innerhalb dieses Bereiches. So und so oft erschreckt ihn z. B. das plötzliche Erkennen drohenden Liebesentzuges, drohender Feindseligkeit der andern, — falls er im Sinne eines aufgetretenen Bedürfnisses handeln würde. In solcher Situation der Überraschung oder gar des Erschreckens, des plötzlichen Auftretens von Furcht oder lebhaften Schuldgefühls hat Vernunft, obgleich sie eigentlich nur sehr wenig Zeit zum Vollzuge braucht, nicht genug Zeit. Es kann übrigens auch so sein, daß für den Erlebenden unerwarteter, überraschender Weise ein heftiges Bedürfnis auftritt. Dann ist das Überraschende nicht das Auftauchen der drohenden Gefahr sondern umgekehrt die Intensität des Antriebes, des Bedürfnisses. Auch in solchem Fall vermag die Vernunft oft nicht zu funktionieren. Man könnte hier geradezu vom Erleben panischer Zwiespältigkeit sprechen. Dann hat nicht nur die Vernunft keine Zeit, in Wirksamkeit zu treten, auch ein Verzichten ist natürlich nicht, nicht mehr möglich. Stünde dem Menschen in solcher Lage nicht eine weitere Bewältigungsform, nämlich die Hemmung, zur Verfügung, so würde er von unerträglicher Gequältheit erfüllt werden und zunächst auch bleiben. Tatsächlich aber steht ihm diese Bewältigungsform, die ebenfalls instinktiven, reflektorischen Charakter hat, zur Verfügung. Sie tritt so und so oft ohne vor-zuschweben, ohne beabsichtigt, gewollt zu sein, ohne beabsichtigt und gewollt werden zu können, im von panischem Entsetzen bedrohten Erleben auf. Dies ist einfach festzustellen. So etwas wie diesen Hemmungsvorgang gibt es als Naturtatsache, könnte man sagen. Im groben Schema sieht dieser Vorgang folgendermaßen aus: Einer der beiden entgegengesetzten Antriebe, eines der beiden antagonistischen Bedürfnisse hört plötzlich, „automatisch" auf. Im Grenzfall verschwindet es vollständig aus dem Erleben. Gegenüber dem vorherigen Zustand entsteht eine L ü c k e. Und nun das weitere Eigentümliche: Diese Lücke im Erleben bleibt auch fürderhin häufig bestehen. Sie wird nicht wieder vom ehemaligen Bedürfnis oder Antrieb ausgefüllt.

Aber das war grenzfallmäßig charakterisiert. Im Mittel ergibt sich keine vollständige Lücke sondern lediglich eine so erhebliche Einschränkung eines Bedürfnisses, daß demgegenüber jenes Zurücktreten eines Bedürfnisses infolge der Vernunft oder ein Zurücktreten des Bedürfnisses, wie es im Prozeß des Verzichtens eine Rolle spielt, vergleichsweise noch volles Erleben bedeutet. Vernunft läßt auch den Gegenantrieb bestehen. Verzicht bezieht sich bei vorhandenem Antrieb auf das entsprechende Verhalten und Handeln. Die Hemmung eines Antriebes besteht zumindest in einer Einschränkung so, daß nur „Spuren" übrigbleiben. Diese werden in neurosenpsychologischem Zusammenhang „H a l t u n g e n" genannt (s. auch „Der gehemmte Mensch" S. 61). Ist mit dem Entstehen einer Hemmung, einer Gehemmtheit, gleichzeitig verbunden, daß die Erinnerung an das nunmehr gehemmte Antriebserleben und die Umstände der Hemmung erschwert wird, so nennt man diesen Gesamtvorgang V e r d r ä n g u n g.

Hemmung und Verdrängung charakterisieren als Auch-Vorkommnisse, aber immerhin als mit-entscheidende, das Erleben auch der normalen Menschen. Unter normal sei hier derjenige Mensch verstanden, der keine neurotische Symptomatik entwickelt, der, in diesem Sinn vom Arzt her gesehen, gesund ist. Die Gehemmtheit des Normalen nennt man „neurotoid" (s. S. 77) im Gegensatz zur „neurotischen" des Symptomträgers (s. S. 72).

Es ergibt sich also, daß die immer wieder einmal auftauchende These, der neurotische Hemmungs- und Verdrängungsvorgang sei ja „doch bloß" ein „bewußter", wohl registrierbarer, im wesentlichen einen sachlichen Irrtum darstellt (neuerdings H e l l p a c h). In Wirklichkeit handelt es sich um eine durch fließende Übergänge charakterisierte Phänomenreihe, an deren einem Ende vollabsichtliches Vermeiden des Begehrens steht und am andern Ende ein auch bei geschultester Selbstbeobachtung kaum registrierbarer reflektorischer Vorgang. Dieser allein ist Prototyp dessen, was man neurosenpsychologisch heute unter Hemmung versteht. Dieser allein bietet in gewissen Grenzen die Gewähr dafür, daß die Begleitumstände des primären Hemmungsvorganges späterhin bevorzugt und betont schwer-erinnerlich sind. Und das zeichnet die Verdrängung im eigentlichen Wortsinn aus. Diese ganz besonderen Phänomene lassen Neurosenstruktur, Entstehung neurotischer Symptomatik und noch viele ähnliche Phänomene, darunter manches psychotische Erleben, verstehbar werden. Wer dagegen daran gewöhnt ist, nicht mikro- sondern makropsychologisch mit diesem Bereich umzugehen, wird natürlich nur Gröberes zu erkennen vermögen und daher nur wenig vom Rätselhaften verstehbar und erklärbar finden.

Als weitere Bewältigungsform zwiespältigen Erlebens ergab sich also die Hemmung mit dem Resultat, daß Antriebserleben bis auf Spuren, und zwar bis auf feinste Spuren verschwindet. Jedenfalls gilt das dann für das Wacherleben. Der ehemals erlebte Antriebsanteil tritt also nicht mehr auf. Bleibt es aber bei diesem ja sehr einfachen Faktum? Nein, keineswegs, und das ist das höchst Merkwürdige: Unter besonderen Umständen wird das Gehemmte wieder lebendig. Es erfüllt neuerlich das Bewußtsein, nur für gewöhnlich tut es das nicht mehr. Unter besonderen Umständen kann es wieder voll da sein. Unter anderen Umständen tritt es in veränderter Gestalt oder bruchstückweise auf. Das bedeutet aber, daß das nunmehr gehemmte Antriebserleben *bereit* liegt, wieder erlebt zu werden. Bevor es aus der dunklen Tiefe menschlichen Daseins aufleuchtete, wie wir das etwa bei Hunger und Sexualität sahen, bevor es auf Wahrnehmungen oder Vorstellungen, die so zum „Reiz" wurden, antwortete, war es als Möglichkeit bereits da. Die *Bereitschaft* zum Antriebserleben ist dem Menschen, seiner psycho-physischen Existenz, mitgegeben. Solche Bereitschaft, solche Möglichkeit antriebshaft zu erleben, liegt im Menschen ständig *vor*. Und auch im Fall der Hemmung erlischt diese Bereitschaft grundsätzlich *nicht*. Man ist also durchaus dazu berechtigt, nachdem eine Hemmung von Antriebserleben vor sich gegangen ist, vom Gehemmten zu sprechen.

Da man das erlebte Antriebserleben mit guter Bezeichnung, wenn erforderlich *„manifest"* nennt, ergibt sich die sprachlich-begriffliche Möglichkeit, das gehemmte, bereitliegende, „mögliche" Antriebserleben *„latent"* zu nennen. So also kann man statt vom „Gehemmten" auch vom „Latenten" sprechen. Es handelt sich da also um ein ganz korrektes Aussagen und Urteilen. Man meint etwas ganz Bestimmtes. Man spricht vom Ergebnis eines Vorganges, der sich durchaus schildern läßt.

Sobald man den Begriff der Bereitschaft als Hilfsbegriff eingeführt hat, ist klar, was gemeint ist. Man meint eine psycho-physische Gegebenheit besonderer Art. Aber diese Gegebenheit ist, vom Gesichtspunkt der bloßen Bereitschaft her gesehen, also vom Gesichtspunkt kommender Möglichkeit, irgendwie-gradiger Wahrscheinlichkeit her, im Augenblick jedenfalls, *nicht* durch das Merkmal des Erlebtseins charakterisiert. Ist man nun geneigt, solches Erlebtsein oder -werden durch das Beiwort „bewußt" zu kennzeichnen, so ergibt sich die Notwendigkeit und Erlaubtheit, jenes Bereitliegende, jenes Gehemmte, jenes Latente als unbewußt zu bezeichnen. Geht man in dieser Weise sprachlich begrifflich vor, weiß man also, was man methodologisch tut, so stehen die verwandten Begriffe in keiner Weise für etwas, was man häufig „mystisch" nennt. Mit diesem Beiwort will man in der Regel in solchem Zusammenhang etwas Negatives sagen. Beinahe verächtlich soll dieses Wort auf wissenschaftlich Unerlaubtes hinweisen. Aber gerade dann, wenn man sich den Vorgang der Hemmung, ausgehend vom Antriebserleben, genau vorstellt und die Tatsache der Bereitschaft ins Auge faßt und im Auge behält, erweisen sich alle weiteren, abgeleiteten Begriffe als durchaus legitim. Es bleibt also, daß die Hemmung Kernvorgang ist, daß die Verdrängung eine spezielle Abart der Hemmung darstellt und daß das gehemmte Antriebserleben, — anthropomorph ausgedrückt: Der gehemmte Antrieb, — als „das" Gehemmte, „das" Latente, „das" Unbewußte bezeichnet werden darf. Es ist eben nur darauf zu achten, daß unter diesen Worten, die dasselbe unter verschiedenen Gesichtspunkten meinen, wirklich nur der Tatbestand, und nur der, verstanden wird, der vorher charakterisiert wurde.

6. Zusammenfassung — und Ausblick auf den Traum

Zentrum menschlichen Erlebens sind seine Bedürfnisse, seine Antriebe. Ein Teil dieser Antriebe steigt aus den dunklen Tiefen auf. Er ist originär. Ein anderer Teil der Antriebe antwortet auf das wahrnehmende Erleben der Welt. Dabei lassen sich in deutlicher Weise animalische, niedere, von den seelisch-geistigen, höheren Antrieben unterscheiden. Eine wesentliche Eigentümlichkeit des Menschen ist sein zwiespältiges Erleben, der Zwiespalt seiner Antriebe. Dieser kann rein innerlichen Charakter haben. Aber besonders in der zwischenmenschlichen Antinomik gelangt er oft zu äußerer und dann nach innen verlegter Dramatik. Übergreifend ist demgegenüber die Antinomie zwischen dem Menschen und der Welt. Der Mensch ist ein zwiespältiges Lebewesen. Der Mensch sucht diesen Zwiespalt zu bewältigen, zu überwinden. Der mittlere Mensch hat die glückliche Eigentümlichkeit, verhältnismäßig „leicht" von der Befriedigung eines Bedürfnisses zu der eines anderen auch dann überzugehen, wenn der als erster sich meldende Antrieb nicht zum Zuge kommt. U. a. ist er in der Lage zu sublimieren. Aber auch gleichzeitig ihn bedrängende Antriebe haben oft zwiespältigen Charakter. Er vermag sie steuernd auszugleichen. Eines der hauptsächlichen menschlichen Probleme war seit je, dieses Steuernde deutlich zu erleben, es scharf zu sehen, es sprachlich mitteilen und wiederholen zu können. Fehlgreifenderweise wurde lange Zeit und immer wieder der Verstand als das letztlich Steuernde angesehen, das Ich als Träger des Verstandes. Aber schon die Urzeiten menschlicher Selbstbesinnung prägten das Selbst, das Tao, später das „Fünklein" und das Gewissen. Es war das Zeichen einer neuen Wachheit, als der Begriff der Vernunft dem des Verstandes gegenübergestellt wurde. So wurde allmählich das Steuernde im zwiespältigen Erleben deutlicher. Im gröberen, dramatischeren Erleben vollzieht der Mensch eine Bewältigung seiner Zwiespältigkeit wieder und wieder im Verzicht. Höchst mannigfaltig sind dessen Formen. Aber auch auf diesem Wege gelingt dem Menschen die Bewältigung seiner Zwiespältigkeit nicht ausreichend. Weder das Nacheinander der Befriedigung, noch die Sublimierung, noch das Vernünftigsein, noch das Verzichten vermag dem Menschen jene innere Sicherheit und Ruhe zu vermitteln, deren er dringend bedarf. Glücklicherweise steht ihm noch ein weiterer „Mechanismus" zur Verfügung, der der Hemmung, der Verdrängung.

Dies ist derjenige Rahmen menschlichen Erlebens, in den, wie sich später zeigen wird, auch der Traum hineingehört. Aber bevor nun dessen Einordnung vollzogen wird, soll noch darauf hingewiesen werden, daß die Tatsache der Hemmung menschlicher Antriebe, so wie sie normalerweise, in j e d e r menschlichen Entwicklung erfolgt, eine Reihe von weiteren Erscheinungen im menschlichen Erleben hervorruft, deren Erörterung hier aber nicht weiter durchgeführt werden soll. Einmal deshalb, weil diese merkwürdigen Tatsachen innerhalb der Pathologie menschlichen Erlebens, auf neurosenpsychologischem Gebiet so viel deutlicher und besser zu erfassen sind, zum andern deshalb, weil sie im Zusammenhang mit der Erörterung der Träume und ihrer Struktur ihren Platz finden sollen. Es konnte hier zunächst nur daran liegen, einen anthropologischen Rahmen abzustecken, der lediglich Vorbereitung ist. Viele der Erscheinungen, die sonst auch in einer Anthropologie allgemeinerer Art hätten abgehandelt werden können und dort einst auch in breitester Form zur Erörterung stehen werden, sollen nunmehr nach flüchtiger Skizzierung unter dem Gesichtspunkt des Traumerlebens und innerhalb dessen Aufhellung ihre Einordnung finden.

Nun also jene flüchtige Skizze des anthropologisch weiterhin Zugehörigen: Es wurde oben schon kurz gestreift, daß Hemmungen nie „glatt" vollzogen werden. Das Gehemmte, Latente tönt wieder und wieder in das Bewußtsein hinein. Gefühlshafte Erlebnisqualitäten, die „Haltungen" (s. o.), vertreten im wachen Erleben regelmäßig die gehemmte Antriebs- und Bedürfniswelt. Sie spielen im neurotischen Erleben eine bedeutsame Rolle. Denn sie neigen dazu, in sogenannte T a g t r ä u m e überzugehen. Sie sind der charakteristische Bestandteil der neurosenpsychologisch so bedeutsamen „Riesenansprüche". Vergröbern sich die Haltungen in ihrer Isoliertheit, durchbricht das Gehemmte, Latente die Gehemmtheits„decke" so entsteht das neurotische Symptom als Torso, als „Sprengstück" ehemaligen vollständigen Antriebserlebens. Aber all das kann nur in einer Neurosenlehre ausreichend breit und deutlich erörtert werden. Nur vom Pathologischen her sind die betreffenden Grundeinsichten heute zu erwerben (s. „Der gehemmte Mensch", Georg Thieme, Stuttgart, 2. Auflage 1947).

All dies eben Erwähnte wird jedoch, soweit zugehörig, bei Erörterung des Traumerlebens mit dargestellt werden. Aber es sei doch noch kurz auf ein spezielles Thema eingegangen, auf das der Sublimierung, so weit sie sich an Gehemmtheiten anschließt. Es soll wenigstens hervorgehoben werden, daß der Mensch nicht nur die Möglichkeit in sich trägt, im Nacheinander von animalischen Antrieben zu seelisch-geistigen überzugehen, daß er nicht nur in der Lage ist, auf Animalisches zu verzichten und sich der Beglückung „höheren", geistigen Erlebens zu überlassen, sondern daß auch durch Hemmung gestautes, latentes, unbewußtes Bedürfen animalischer Natur in voll bewußt erlebter Geistigkeit sublimierte, sublime Erfüllung finden kann. Was oben über die Sublimierung gesagt wurde, gilt auch für diesen Fall (s. S. 33).

Es wird sich zeigen, daß dieser besondere Vorgang der Sublimierung auch im Traumerleben eine hervorragende Rolle spielt. Aber es erschien zweckmäßig, wenigstens bis zu dem Grad der mit seiner bisherigen Erörterung gegebenen Differenzierung das Allgemein-Anthropologische unabhängig vom Traumerleben, wie schon gesagt rahmenhaft, vorbereitend darzustellen. Und das, obgleich im Bereich des menschlichen Wacherlebens noch eine Reihe weiterer hierher gehöriger Erscheinungen eine höchst bedeutsame Rolle spielen, also auch als anthropologische Fakten Geltung haben. Von hoher Bedeutung erweist sich das Sublime im menschlichen Erleben für den Mythos. Und auch der hat seine Beziehung zum Traum. Auch im Wacherleben des Menschen spielt das Symbol eine Rolle, das Symbol in mehrererlei Hinsicht, in mehrererlei Form und Art. So ergeben sich eine Fülle von „Parallelen" zwischen Wach- und Traumerleben. Eine Fülle von Erscheinungen höchst charakteristischer Art gehören beiden Bereichen an. Nachdem aber der allgemeine anthropologische Rahmen, in den der Traum hineingehört, abgesteckt worden ist, soll die Fülle weiterer Erlebnis- und Vollzugsarten, die hierzu innigste Beziehung haben, unter Traumaspekt erörtert werden.

B. DER TRAUM ALS „SPIEGEL" DES WACHERLEBENS

Gegenstand der Traumanalyse sind die menschlichen Träume. Es soll Verbindliches über sie ausgesagt werden. So wird der Traum zum Gegenstand der Wissenschaft und in diese eingeordnet. Was üblicherweise zur Wissenschaft gehört, gilt damit auch für die Wissenschaft vom Traum. Das Anliegen der Wissenschaft besteht in Verschiedenem. Ohne daß dies hier im einzelnen, methodologisch, erörtert werden. kann, läßt sich doch sagen, daß jenes Anliegen in eine Reihe von wissenschaftlichen Akten zerfällt.

1) Fixieren des Gegenstandes und seiner Eigenheiten, seiner Teile, seiner Merkmale, der Beziehungen zwischen den Teilen, der Zusammenschau des Ganzen.

   Diese Zusammenschau vollzieht sich sehr häufig, auch hinsichtlich des Traumes war das so, und ist es teilweise noch immer so, als erstes und quasi instinktiv. Die Fixierung der Teile, der Einzelmerkmale folgt dann nach.

2) Benennen, Bezeichnen, Mitteilen der Bezeichnungen und des Bezeichneten.
3) Aufweisen des Benannten für andere.
4) Sammeln der verschiedenen Gegenstände gleicher Art.
5) Ordnen des Gesammelten.
6) Differenzieren des Fixierten.
7) Feststellen von Aufeinanderfolgen, von Chronologischem.
8) Feststellen von Regeln, besonders der Aufeinanderfolge.
9) Voraussagen.
10) Verifizierung.

Diese Aufgaben der Wissenschaft gelten selbstverständlich auch für die vom Traumerleben. Die sogenannte Traumanalyse befindet sich auf dem Wege dahin, eine solche Wissenschaft zu werden. Die folgende Darstellung wird sich bemühen, jenen Forderungen der Wissenschaft so weit irgend möglich gerecht zu werden. Jedenfalls schwebt jenes Gesamt von Einzelaufgaben dauernd als wissenschaftliches Programm vor. Aber es wird sich zeigen, daß das Interesse dem Gegenstand Traum gegenüber besondere Akzente besitzt, nur teilweise, sektorenweise in gleicher Richtung geht. Auf diese Weise ist es ja dazu gekommen, daß bisher häufig von einem „Deuten" der Träume gesprochen wurde. Es wird sich zeigen, inwiefern dies inkorrekt war. Man hätte besser von Interpretieren spechen sollen. Aber auch das wäre nur korrekter gewesen.

Es wird sich zeigen, daß die Träume nur weniger auffällig voneinander verschieden sind als etwa Pflanzenarten. Ihre verbindenden Merkmale sind weniger offensichtlich. Aber schließlich ergibt sich doch die Möglichkeit einer Systematik (s. S. 161), eine Typik gibt es nur scheinbar (s. S. 164).

In einer Traumanalyse als Wissenschaft werden die Träume natürlich fixiert. Sie werden beschrieben und hinsichtlich ihrer Teile und Zusammenhänge benannt. Sie werden Anderen mitgeteilt. Sie werden zwar zusammengestellt und in gewisser Weise auch geordnet, aber nicht im eigentlichen Sinn gesammelt. Die Beschreibung der Träume erfolgt ausgesprochen differenziert, sie geht aufs Detail. Von größter Wichtigkeit ist das Wacherleben zeitlich vor dem Traum. Der Traum wird auf dieses bezogen. Hier ergeben sich wesentliche Regeln, regelhafte Zusammenhänge. So wird der Traum in das Erleben des Träumers eingeordnet. Prinzip dieser Einordnung ist deren sinnvoller Charakter. Wesentliches Merkmal des Sinnvollen ist die Verstehbarkeit. Diese liegt dann vor, wenn Teile und Details des Traumes üblichen Charakter haben oder vom Üblichen her verstehbar sind. Das Übliche ist hier das ubiquitäre menschliche Erleben mit seinen Regeln der Zuordnung, der Aufeinanderfolge, seiner Psychologik (s. S. 80). Aus der Feststellung solcher Regeln in Bezug auf die Verstehbarkeit der Träume, d. h. ihre sinnvolle Einordnung in das Gesamterleben des Träumers, ergibt sich die Möglichkeit der Voraussage, bzw. die Möglichkeit, vergangenes Erleben auf grund des gegebenen Traumes korrekt anzugeben. Hier liegt innerhalb der Traumanalyse als Wissenschaft also eine besondere Form der Verifikation vor, nämlich die, voraussagen zu können, was der genaue Kenner des Erlebens eines Träumers zu bestimmten Bereichen dieses Erlebens wird berichten müssen, wenn er gefragt wird.

Das soll heißen: Der genaue Kenner des Erlebens des Träumers fixiert schriftlich sein Wissen. Derjenige, der den Traum interpretiert, macht von diesem her Aussagen über den Träumer. Und nun erweist sich, daß unter Voraussetzung der Könnerschaft bei beiden Untersuchern heute schon eine außerordentlich weitgehende Übereinstimmung zu erreichen ist. Selbstverständlich ist dabei Voraussetzung, daß beide Untersucher völlig unabhängig voneinander gearbeitet haben.

Aus dem eben Festgestellten ergibt sich also als Hauptfrage an den Traum die, in welchen Erlebniszusammenhang er gehört. Der Traum erweist sich als ein sehr weitgehend individuelles Gebilde. Für ihn gilt nicht nur, daß er sich von jedem anderen wie die verschiedenen Individuen einer Tierspezies unterscheidet, sondern die Unterschiedlichkeit der Träume ist wesentlich deutlicher, der individuelle Charakter der Träume also auch. Fast immer haben die Träume hochkomplexen Charakter. Dies bedingt ihre relativ lockere Einfügung in den Strom des Erlebens. Dies bedingt weiterhin, daß stets nur ganz ernst gemeint von Regeln der Zuordnung, Einordnung und

Aufeinanderfolge hinsichtlich des Verhältnisses Traum — Wacherleben gesprochen werden kann, nicht von Gesetzen.

Dabei ist hier schon hinzuzufügen, daß die bisher entwickelte Terminologie hinsichtlich des Traumgeschehens und auch des menschlichen Erlebens überhaupt „versöhnlich" behandelt werden sollte. Es gibt hier keine Verbindlichkeit bisher, noch nicht. Es gibt bisher nur miteinander konkurrierende Terminologien. Und man sollte sich stets daran erinnern, daß alle Bezeichnungen, besonders aber auf dem hier dargestellten Gebiet, konventionellen Charakter haben. D. h. es kann sinnvoller Weise immer nur gefragt werden, welchen Sinn ein Terminus habe, und dann auch, ob er zweckmäßig sei. Nie aber kann sinnvoller Weise gefragt werden, ob ein Terminus berechtigt, wahr oder ähnliches sei.

Unter anderem hat sich im historischen Prozeß der Bemühung auf dem Gebiet der Traumanalyse noch nicht herausgestellt, welche Teile, welche Merkmale, welche ‚Seiten" des Gegenstandes zweckmäßigerweise, (also nicht richtigerweise), eine besondere Bezeichnung erfordern. Es hat sich noch keine eigentliche Hierarchie der Interessen am Gegenstand Traum herausgebildet, noch keine allgemein übliche Rangordnung der Fragen. All dies liegt noch vor uns.

Der Traum ist ein Teil des menschlichen Erlebens. Er ist ein sehr besonderer Teil darin. Es soll hier hinsichtlich des Traumes alles gefragt und im Ansatz beantwortet werden, was im oben gekennzeichneten Rahmen überhaupt gefragt werden kann.

Aber es soll auch kritisch dargestellt werden, was Fehlfrage, „sinnlose" Frage ist. Ist es z. B. sinnvoll zu fragen, was der Traum „eigentlich" „ist"? Dies wäre wissenschaftlich eine sinnlose Frage. Korrekt dagegen ist es zu fragen: Welchen Gebilden im menschlichen Erleben ähnelt er am meisten? Wem ist der Traum am meisten verwandt? Aber wenn wir diese Frage stellen, müßten wir uns eigentlich auf eine systematische Darstellung des menschlichen Wacherlebens beziehen können. Diese gibt es in einer für unsere Zwecke brauchbaren Gereiftheit aber noch nicht. Also mußten wir, die wir uns für den Traum als Gegenstand der Wissenschaft interessierten, notgedrungen eine eigene Theorie des menschlichen Wacherlebens wenigstens in der Skizze entwickeln. So ergab sich eine anthropologische Vorbereitung. Mit einigem Recht vergleicht man das menschliche Erleben mit einem Strom. Aber da handelt es sich um ein Bild. Eine vollständig exakte, wirklich zureichende, d. h. unbildhafte Formulierung hierfür fehlt uns noch. Das Leibnizsche Ideal der Anwendung eines logischen Kalküls auf den Gegenstand Traumerleben und auch auf den des menschlichen Wacherlebens liegt, wie es scheint, noch in weiter Ferne. Nur tastend können wir uns zwischen bildhafter Charakterisierung und wenigen Elementarbegriffen und Begriffen der Zusammengehörigkeit hindurchbewegen.

Wir wissen, daß das Wacherleben Wahrnehmungen enthält und können das Traumerleben damit vergleichen. Bei genauem Hinsehen können wir feststellen, daß auch das Traumerleben Wahrnehmungen enthält, aber doch fast immer nur in Spuren. Das Traumerleben ähnelt also in dieser Hinsicht qualitativ dem Wacherleben, quantitativ aber auf jeden Fall nicht. Es könnte also gefragt werden, welche das Wacherleben charakterisierenden Bestandteile auch im Traum vorkommen. Eines Tages wird die Bemühung um eine Antwort hierauf in extenso vollzogen werden. Im Interesse der hier vorliegenden Darstellung liegt ein solches Unternehmen noch nicht.

Häufig wird die Formel verwandt: Der Traum „als" das und das. In der Regel dient diese Formel dazu, vorgreifend, und zwar unzulässigerweise, mehr über den Traum auszusagen, als man behutsamer- und systematischerweise eigentlich dürfte. Auf jeden Fall läßt sich aber aussagen: der Traum ist ein zusammengesetztes Gebilde. Dabei ist er kein additives Gebilde. Es bestehen also Beziehungen zwischen seinen Teilen. Er stellt ein Gefüge dar, und er ist eine Gestalt. Außerdem aber steht er nicht isoliert da. Er hat also Beziehung zu seiner „Umgebung". Wenn wir dennoch hin und wieder statt solcher Einzelfeststellungen die Formel verwenden: Der Traum „als" das und das, soll damit nicht der Anspruch angemeldet werden, der Traum sei auf diese Weise also „erfaßt". Vielmehr soll solche Formel lediglich auf das Interesse hinweisen, das dem Traum dann gilt.

1. Der Traum als erlebte Erinnerung

Der Traum ist ein sehr besonderer Teil des menschlichen Erlebens. Es lassen sich eine Reihe allgemeinster Aussagen über ihn machen, aber „erfassen" läßt er sich durch diese oder ähnliche nicht. Er ist uns in einer ganz besonderen Form gegeben, nämlich, abgesehen von allerseltensten Fällen, lediglich als Erinnerung. Wir erinnern, geträumt zu haben. Wir haben nicht die Möglichkeit, weil wir uns unserer Träume erinnern, uns nun vorzunehmen, den Traum gewissermaßen in flagranti zu erwischen. Das mißlingt gewöhnlich. Und wenn wir uns z. B. mit den Träumen von Patienten beschäftigen, eine sogenannte Traumanalyse vornehmen, dann haben wir es stets, (eben bis auf jene seltenen Ausnahmen), mit erlebten und uns nun mitgeteilten Erinnerungen zu tun. Diese Tatsache ist von mancherlei Bedeutung und sollte als Tatsache daher stets gegenwärtig sein.

2. Der Traum als aktuell registriertes Erlebnis

In seltensten Fällen erlebt man einen Traum annähernd ähnlich wie das übliche Wacherleben sonst, mit dem Charakter der aktuellen Gegebenheit. Häufig zeigen die so registrierten Träume gegenüber den wie üblich erinnerten eine Reihe von auffälligen Zügen, die später behandelt werden sollen (s. S. 134). Wer ein besonderes Interesse daran hat, kann sich auch darin üben, Träume im Entstehen und im Gerade-eben-Abklingen zu registrieren, wie das Silberer wohl als erster getan hat.

3. Der Traum als Phantasie

Sucht man im menschlichen Wacherleben nach eigentümlichen Bestandteilen, denen der Traum am ehesten ähnelt, so ergibt sich eine nächste Verwandtschaft zum Phantasieerleben. Dessen Merkmale sind auch weitgehend die des Traumes. Sie haben nicht Wahrnehmungs- sondern Vorstellungscharakter. Einige, die das übrige Wacherleben charakterisieren, und die in der verschiedensten Weise zu bezeichnen, mitteilbar zu machen und aufzuweisen versucht worden ist, fehlen dem Traum gewöhnlich. Aber es ist noch nicht gelungen, sie so zu fixieren und mitteilbar zu machen, daß man jederzeit und beliebig mit ihnen umgehen könnte. Auch sind sie für den Zweck der Traumanalyse nicht entscheidend bedeutungsvoll. Will man den Traum einordnen, so genügt es zunächst, ihn mit dem Phantasieerleben zu vergleichen und eine Reihe von Zügen, die man erlebend an diesem registriert hat, auf den Traum zu übertragen. Das nennt man dann: Man behandelt den Traum einmal so, „als ob" er eine Phantasie wäre. Dann würden nämlich die Regeln des Phantasieerlebens auf ihn übertragbar sein. Und wenn dieser Vergleich mit einigem Recht vollzogen wurde, so wird die spätere Einordnung des Traumes in das Gesamterleben des Träumers die Berechtigung einer solchen Übertragung erweisen. Hier wird der Standpunkt vertreten, daß es sich tatsächlich um eine berechtigte Übertragung handelt.

4. Der Traum als Antriebserleben

Sofern sich nachweisen läßt, daß Kern des menschlichen Phantasieerlebens das Antriebserleben ist, gilt dies also auch für den Traum. Nähere Betrachtung des menschlichen Phantasieerlebens zeigt, daß sein Einsetzen an das Auftauchen von Antriebserlebnissen geknüpft ist. Diese tauchen aus dem Dunkel des Nichterlebens unvermittelt, spontan auf, oder es gehen auch Wahrnehmungen oder Vorstellungen oder auch nur faktische Reize voraus, auf die das Antriebserleben eine Antwort, eine Reaktion darstellt. Antriebe stoßen, treiben das Phantasieerleben vorwärts. Das können wir im Wacherleben bei genauem Zusehen ausreichend sicher feststellen. Hinsichtlich des Traumerlebens ist dies nicht der Fall. Erinnern wir Träume, so ist ihre „Bestimmtheit" durch Antriebe nicht von vornherein deutlich. Es ist das Charakteristische dieses Erinnerungserlebens, das „Erinnern an Träume" heißt, daß die bezeichnenden Folgen vorhergehenden Antriebserlebens am Traume ablesbar sind, Folgeerscheinungen, wie wir sie vom Phantasieerleben her kennen. Das Antriebserleben selbst aber bleibt im Traume noch weitgehender verborgen, als das beim Phantasieerleben schon der Fall ist. Wir können sagen, daß die Schwerzugänglichkeit der Träume für das erkennende und gar wissenschaftliche Bemühen der Menschen in dieser eben dargestellten Eigentümlichkeit des Traumerlebens seinen wesentlichen Grund hat. Die Hauptschwierigkeit, verbindliche Aussagen über den Traum zu formulieren, hatte hierin ihre Quelle. Auch für denjenigen, der sich heute, im gereifteren Stande wissenschaftlicher Bemühung um den Traum, diesem nähert, also sich etwa um die Erlernung der Traumanalyse bemüht, besteht die gleiche Schwierigkeit noch jetzt. D. h. also: Jeder, der einen Zugang zum Verstehen und sinnvollen Einordnen der Träume sucht, wird sich in ausdrücklicher

Bemühung um diesen Antriebscharakter der Phantasie und des Traumes bekümmern müssen. Beim bloßen erstmaligen Anhören solcher Aussage über den Traum fällt ihm das Behauptete also nicht etwa als evident zu, sondern es bedarf des Aufwandes von Zeit und Mühe, der inneren Betrachtung, um in sich diesen Charakter des Traumes und der Phantasie lebendig werden zu lassen. Wenn man so will, kann man die Methode solcher Zuwendung zu Phantasie und Traum als Meditation bezeichnen. Verbindet man mit diesem Ausdruck nicht mehr als für diesen Zweck notwendig ist, so steht dem nichts im Wege.

5. Die Antriebsarten des Traumerlebens

Ein verbindliches System der menschlichen Antriebe besitzen wir nicht. Das wurde unter den Titeln: „Die originären Antriebe" und „Die antwortenden Antriebe" bereits eingehender erörtert (s. S. 9 u. s. S. 14). Daher mußte die spezielle Wissenschaft vom Traum, auf diesen selbst bezogen, den Versuch machen, etwas über die Antriebsarten des Traumerlebens auszusagen. Diese Bemühung stößt dabei auf die oben (s. S. 9) behandelte Schwierigkeit. Daher war es historisch nicht zu verwundern, daß der erste Versuch dieser Art das sich bis zum Sensationellen aufdrängende Antriebserleben des Traumes, das sexuelle nämlich, herausgriff und heuristisch allein verantwortlich machte. Es war keineswegs von vornherein verfehlt, so vorzugehen, denn nähere Untersuchung, Analyse, der Träume zeigt, daß sie, verglichen mit dem Wacherleben, in auffallender Weise sexuelles Erleben enthalten. Im Laufe der wissenschaftlichen Bemühungen ergab sich aber, daß eine Reihe weiterer Antriebsarten im Traumerleben von höchster Bedeutsamkeit sind. Es ergab sich, daß die im Traum eine Rolle spielenden wesentlichen Antriebsarten, ohne die alleinigen zu sein, mit denen übereinstimmen, die innerhalb der neurotischen Struktur, innerhalb „der" Neurose ebenfalls die entscheidenden sind. Da das neurotische Erleben nun zum Wacherleben gehört und dieses größere „Helligkeit" besitzt, also für das erkennende Bemühen leichter zugänglich ist, ergab sich zwangsläufig eine Sicht vom neurotischen Erleben her auf das Traumerleben, zunächst einmal wenigstens. Dies besagt dann nicht etwa, daß die Regeln des neurotischen Erlebens nunmehr auf den Traum einfach „übertragen" werden dürfen. Dies besagt nicht etwa, daß die Verifikation von Aussagen über den Traum durch „Übertragen" vom neurotischen Erleben her erfolgt. Vielmehr erleichtert die relative Übereinstimmung des neurotischen Erlebens und des Traumerlebens die Erhellung der Träume lediglich.

6. Der Traum und die Neurosenstruktur

Es gibt sehr viele Arten neurotischer Symptome. Aber das, worauf sie aufruhen, ist nicht entsprechend mannigfaltig. Da handelt es sich um „die" Neurosenstruktur. „Kern" dieser Neurosenstruktur ist die Gehemmtheit. Häufig ist es so, daß die Erinnerung an diejenigen Situationen, in denen die Gehemmtheit entstand, besonders schwer zugänglich ist. Dann besteht

Gehemmtheit und Schwererinnerlichkeit vereinigt. Dieser Tatbestand wird als Verdrängung bezeichnet. Gehemmt werden in den ersten fünf Lebensjahren, jedenfalls auffällig bevorzugt in dieser Zeit, drei menschliche Antriebsgebiete: Das Besitzstreben, die sogenannten oralen und kaptativen, die sogenannten analen und retentiven Tendenzen; das Geltungsstreben, die „Aggression"; das Liebesstreben, darin u. a. autochthone Zärtlichkeit und ebenso autochthone Sexualität. Alfred Adler akzentuierte in seinen Darstellungen das Geltungsstreben. Die mönchischen Gebote, genauer „die 3 evangelischen Räte": Armut, Gehorsam und Keuschheit vertreten in anderen aber ähnlichen Zusammenhängen die entsprechende Dreiheit und Zuordnung. Weitere Folgeerscheinungen der Gehemmtheit, die als Bequemlichkeit und Riesenansprüche bezeichnet werden können, bilden mit ursprünglicher Gehemmtheit zusammen späterhin ein hochdifferenziertes Ganzes. Die neurotische Symptomatik entsteht in sogenannten Versuchungs- und Versagungssituationen. Diese wurden häufig als causa efficiens angesehen. Da sie dies angesichts der Tatbestände aber nicht sein konnten, wurde oft die Gesamtkonzeption fallen gelassen. Tatsächlich handelt es sich bei Versuchung und Versagung um „auslösende Ursachen". Ebenso sind als begünstigend die genotypisch-konstitutionellen Faktoren der Hypersensibilität, der Hypermotorik und der Hypersexualität anzusehen. (s. „Der gehemmte Mensch"; Georg Thieme, Stuttgart, 1947.)

Wenn das eben kurz charakterisierte Bild der Neurosenstruktur als die Wahrheit treffend angesehen werden kann, besteht zwischen ihr und der des Traumes folgende Beziehung:

Die Neurosenstruktur stellt einen fehlgelungenen Versuch dar, und zwar des Kleinkindes zunächst, mit Antriebsbereichen innerhalb seines Erlebens fertig zu werden, die mit den Bedürfnissen und Ordnungen der übrigen Menschen in erheblichen Konflikt geraten. Der Traum, als nächtliches Phantasieerleben aufgefaßt, stellt dann gewissermaßen einen Versuch dar, die gehemmte Antriebswelt immer wieder lebendig werden zu lassen und neuerlich zu formen. Daher enthalten die Träume der Menschen, von der Antriebsseite her gesehen, in bevorzugter Weise die gleichen Antriebsarten, nämlich solche aus dem Gebiet des Besitzstrebens, des Geltungsstrebens und des Sexualstrebens.

Es ist schon hier darauf hinzuweisen, daß die eben erwähnten Antriebserlebnisse nur verhältnismäßig selten ebenso offensichtlich im Traum erscheinen, wie wir sie im Wacherleben an uns und anderen beobachten können. Wem diese Antriebsarten als anthropologisches Faktum auf grund wissenschaftlicher Bemühung völlig geläufig geworden sind, wer also im Traum nach ihnen zu suchen vermag, wird sie in der ihm bekannten Art und Weise also dennoch nicht vorfinden. Es ergeben sich eine Reihe weiterer Probleme, die im folgenden mit zunehmender Deutlichkeit ihre Erörterung finden. Es wird sich dann schließlich zeigen, in welcher Form die betreffenden Antriebe in den Träumen sichtbar zu werden pflegen, „manifest", wie man das nennt.

Und es wird sich weiterhin zeigen, wie und auf welchem Wege es zu „Verhüllungen", zum Charakter der „Dunkelheit" kommt (s. Modelltafel der Träume, S. 160).

Nur im Sinne eines weiteren, deutlicheren Hinweises, der keineswegs die Lektüre sonstiger Literatur, z. B. der entsprechenden Kapitel im „Gehemmten Menschen" zu ersetzen vermag, sei hier noch einiges Weitere (s. o. bereits S. 9 ff.) über die eben verwendeten Begriffe gesagt *):

Der Mensch hat eine Fülle von höchst verschiedenartigen Bedürfnissen Damit er diese befriedigen kann, müssen ihm in der Regel Gegenstände, Dinge, zur Verfügung stehen. Die Dinge kommen aber nicht auf ihn zugelaufen, er muß vielmehr von ihnen Besitz ergreifen. Er erlebt daher der Gesamtheit all dieser Dinge gegenüber einen sehr allgemeinen Antrieb, eben den, Besitz zu ergreifen. Er will diese Dinge haben. Umständlich könnte man von einem habenwollenden Bedürfnis sprechen. Dieses ist allgemein, nicht speziell. Es handelt sich um eine Kategorie und nicht um etwas einzelnes. Man kann also von einem kategorialen Bedürfnis sprechen, eben dem des Habenwollens. Es regt sich immer dann, wenn ein Gegenstand, ein Ding, das irgendeins der tausend menschlichen Bedürfnisse zu befriedigen vermag, in den Erlebnisbereich eines Menschen tritt. Diese Kategorie ist es, die u. a. in den ersten fünf Lebensjahren, bevorzugt im ersten, gehemmt zu werden pflegt. Der „Verzicht" auf uneingeschränkte Befriedigung dieses kategorialen Bedürfnisses bedeutet die Bereitschaft, im Grenzfall sogar die Armut zu bejahen

Nun hätte man also die Möglichkeit, einen Antrieb des Habenwollens durch diese Bezeichnung hervorzuheben. Sobald man aber das Beiwort habenwollend daraus ableitet und dann natürlich auch die Wendung „habenwollendes Bedürfnis" gebrauchen müßte, zeigt sich eine sprachliche Schwierigkeit. Es klingt einfach ungeschickt, von „habenwollend" zu sprechen. Außerdem aber ist es wissenschaftlicher Brauch, an solchen Stellen lateinische oder griechische Worte zu verwenden. Die Wichtigkeit der hier behandelten Erlebniskategorie läßt es daher empfehlenswert erscheinen, wie oben S. 16 schon gesagt, ein Fremdwort einzuführen, nämlich das Wort kaptativ als Beiwort, abgeleitet von dem lateinischen capere. In dem bekannten Kapern eines Schiffes ist dieses Wort ja bereits verwandt worden.

Überlegt man sich einmal, welche Körperfunktionen, welche Organe des Körpers im Dienste des Habenwollens stehen, so wird die eben erfolgte Darstellung dazu angeregt haben, zunächst einmal an die Hände dabei zu denken, vielleicht dann aber auch an den gesamten Körper, z. B. in der Form, daß dieser sich auf ein Ding, auf einen Gegenstand setzt. Der Ausdruck „Besitz" ist ein Hinweis auf diese spezielle Eigentümlichkeit.

Verfolgt man nun aber das hier erörterte Besitzstreben als subjektives, habenwollendes Bedürfnis bis in die früheste Kindheit zurück, so stößt man

*) Anm.: Einige Wiederholung läßt sich hier kaum vermeiden. Aber sie wird wohl meist dankbar empfunden werden, insbesondere, da infolge abgeänderter Formulierung neue Seiten aufleuchten.

beim Säugling auf eine Variante dieses Bedürfnisses, in dessen Dienst nicht die Hand oder der ganze Körper sondern zunächst einmal der Mund steht. Der Mund heißt auf lateinisch os. Als Freud die hohe Bedeutung dieses speziellen Antriebes, nämlich von Teilen der Welt mit dem Munde Besitz zu ergreifen, deutlich wurde, prägte er den Begriff „oral" und den der „Oralität". Auch derjenige, der geneigt sein sollte, weil es sich hier zu einem Teil um Mikroerlebnisse, Mikrobedürfnisse handelt, — der Mund wird zwar offensichtlich betätigt, aber das erlebte Bedürfnis ist nicht so einfach zu fixieren, — den anfänglichen dunklen Begriff „oral" nicht allzu gern zu akzeptieren, wird sich zumindest als Psychotherapeut davon überzeugen müssen, daß das Eßthema, im Einzelfall das Freßthema, nicht nur in den Träumen sondern auch in der neurotischen Symptomatik, hier direkt am Munde oder zumindest im vorderen Intestinaltraktus, im Ösophagus, im Magen und in deren Funktionsstörungen, weiterhin aber in der Phantastik vieler Psychosen eine höchst bedeutsame Rolle spielt. Daher werden die Worte oral und Oralität ihre Bedeutung behalten und in die wissenschaftliche Terminologie aufgenommen werden müssen. In der Modelltafel der Träume wird an Beispielen deutlich werden, worum es sich im einzelnen handelt.

Das Lebewesen Mensch hat aber hinsichtlich seiner mannigfaltigen Bedürfnisse an den Dingen der Welt noch ein weiteres oben (s. S. 15) schon kurz geschildertes, allgemeinstes Interesse. Es will sie nicht nur er-greifen, es will sie nicht nur ver-schlingen oder auch be-sitzen, sondern es will sie auch be-halten. Im Interesse seiner speziellen Bedürfnisbefriedigungen hat der Mensch ein unmittelbares vitales Interesse daran, das, was durch Zugriff sein Besitz geworden ist, zumindest so lange zu behalten, bis sein Bedürfnis voll befriedigt ist. Aber er hat auch ein Interesse daran, sich einen wiederholten Zugriff dadurch zu ersparen, daß er einen Besitz festhält, nicht hergibt, aufbewahrt, konserviert. Sobald die Welt, z. B. der andere Mensch auf ihn eindringt, ihm den Besitz zu entreißen droht, reagiert er wiederum mit der allgemeinen Antriebskategorie: nicht herzugeben, zu behalten, zurückzuhalten. Der lateinische Ausdruck retinere soll, als Beiwort verwandt, diese Kategorie, dieses wiederum allgemeinste menschliche Bedürfnis bezeichnen. Das Beiwort selbst heißt retentiv. In der Wendung etwa: „Hier erlebt ein Mensch eine retentive Tendenz, hier verhält er sich dann auch retentiv", kommt dieses Beiwort zur Anwendung.

Das Wort retentiv kennzeichnet also einen „allerallgemeinsten" Antrieb, ein allgemeinstes Bedürfnis, eine Antriebskategorie, die in sämtlichen Lebensaltern Gültigkeit besitzt und den Menschen dauernd und höchst bedeutsam charakterisiert. Fragt man sich nun aber, wie diese Kategorie und unter welchen Umständen sie erstmalig in der frühesten Kindheit erlebt wird, so stößt man auf einen sehr merkwürdigen Tatbestand. Es wurde oben entwickelt, daß der Mensch besonders dann retentiv erlebt, wenn die Welt, der andere Mensch auf ihn eindringt, um ihn seines Besitzes zu berauben. Dann „will" er diesen nicht hergeben, d. h. er reagiert instinktiv mit retentivem Bedürfnis. Nun kann das aber auch so geschehen, daß andere Menschen irgend etwas von dem Betreffenden fordern, z. B. eine Leistung. So wäre also auch zu fragen, welche Leistung denn die ist, die vom Kleinstkind als erste gefordert wird. Und zwar ist hier an eine ausgesprochene Forderung im wörtlichen Sinn gedacht. Jeder, der nicht allzu fern dem Leben des Kleinkindes steht, wird sofort wissen, daß die erste Forderung sich auf die Sauberkeit bezieht. Zwar wird es dem kleinen Kind über recht lange Zeit hinweg nicht übel genommen, wenn es einnäßt. Das trocknet wieder oder läßt sich leicht auswaschen. Seinen Kot, seinen Stuhl aber (auf Stuhl sitzt man, s. oben!) soll das Kleinkind möglichst bald hergeben; möglichst bald, das soll heißen, sobald es innerlich dazu reif geworden ist. Nicht etwa soll das heißen: Sobald nur irgend möglich. Vom Kleinkind wird also eines Tages verlangt, daß es seinen Stuhl nicht zurückhält. Im Gegensatz zum Urin aber kann es gerade den Kot „endlos" zurückhalten, wenn es will. Oder es wird ihn auch einfach zurückhalten, und zwar instinktiv, wenn es böse auf den Fordernden ist, z. B., wenn dieser lieblos gewesen ist. Das Organ, mit dem es zurückhält, ist der After, der Anus. Auf diesem Wege hat Freud für den eben charakterisierten Erlebnisbereich das Wort „anal" geprägt. Dieses hat seinen ebenso guten Sinn wie das Wort „oral". Für das Wort „Analität" gilt das gleiche wie für die „Oralität". In den Träumen spielen Kot und Defäkation eine höchst merkwürdige und bedeutsame Rolle, eben als Vertreter retentiver Antriebe. Und wiederum enthält das Gebiet der neurotischen Symptomatik ebenso wie das der psychotischen Phantasmen eine große Fülle von analen Bestandteilen im eigentlichen Wortsinn, deren Herkunft ohne das hier Erörterte völlig unverständlich bleiben mußte.

Wie über die hier verwandten Ausdrücke Oralität und Analität soll nun über den Begriff des Geltungsstrebens weiter einiges Erläuternde gesagt werden. Dabei muß zunächst immer wieder betont werden, daß es sich um einen übergeordneten, einen Sammelbegriff handelt. Dieser Ausdruck darf also nicht wörtlich im gewöhnlichen Sinn genommen werden, vielmehr als fachliche Bezeichnung für ein ganzes Gebiet. In diesem spielt wieder eine Kategorie eine Rolle, ein allgemeinster Antrieb. Oben (s. S. 10) wurde bereits vom motorischen Entladungsdrang des Menschen gesprochen. Nun könnte man einfach fortfahren: Der Mensch will sich also aufrichten, er will mit den Armen und Händen tätig sein, auch mit dem Mund, wie wir sahen, und dann will er an die Welt herangehen. Dafür steht das lateinische Wort ad-gredi, d. h. herangehen. Davon abgeleitet ist das Wort Aggression. In diesem allgemeinen Sinn genommen, sind die Worte Aggression und Aggressivität also die speziellen Varianten einer allgemeineren Tätigkeit bezw. eines allgemeinen Antriebes. Dieser hat den Sinn, mit der Welt um-zu-gehen, sie durch Handlungen zu ver-ändern. Es besteht ein lebhaftes, allgemeinstes Bedürfnis des Menschen, dies zu tun, — eben im Interesse mannigfaltiger Bedürfnisbefriedigung. Zwar gibt es den allgemeinen motorischen Entladungsdrang des Menschen, aber es gibt auch diesen gerichteten. Wird er betätigt, so wird die Welt verändert. U. a. ist das Veränderte ein anderer Mensch oder eine Gruppe von Menschen. Wer diesen Drang als Kleinstkind betätigt, zerstört zunächst. Er zertrümmert Dinge, er zerreißt sie, er wirft sie um, er schiebt sie beiseite, er zertrampelt sie, er klettert auf sie hinauf usw. usw. So hat die Betätigung dieses Bedürfnisses zunächst einmal destruktiven Charakter. Erst allmählich verwandelt es sich ins Konstruktive. Dann ist es also nicht mehr zerstörerisch. Dann bewältigt das Kind die Dinge und überwältigt sie nicht nur. Dann beherrscht es sie. So beherrscht es u. U. auch die anderen Menschen. Das Ziel eines allgemeinen Geltungsstrebens kann zu einem Teil auch auf diesem Wege erreicht werden. Auf diese Weise ergibt sich eine Beziehung zwischen primitivstem motorischem Entladungsdrang, der etwas primitiveren Aggression überhaupt und demjenigen Bedürfnis, dessen Bezeichnung hier als Gebietsbegriff gewählt und eingeführt wurde. Dieser in sich höchst mannigfaltige und weite Bereich menschlichen Antriebserlebens und menschlicher Handlungen ist also gemeint, wenn hier das einfache Wort Geltungsstreben fällt. Manchmal wird auch direkt von Aggression gesprochen. Aber es darf nicht vergessen werden, daß es sich dabei nicht nur um etwas negativ Wirkendes handeln soll, sondern daß so und so oft auch an den positiven Erfolg solcher Handlungen gedacht wird.

Und nun sei auch noch hinzugefügt, daß auch das Wort „Sexualstreben" hier als Gebietsbezeichnung gemeint ist. Man hätte auch von Liebesstreben sprechen können. Aber es ist nun einmal auch heute noch so, daß dieser Sammelbegriff Liebesstreben mit Sicherheit dazu führen würde, daß, wenn er verwandt wird, an das so wichtige Teilgebiet in ihm, das Sexualstreben, nicht sofort und ausreichend gedacht werden würde. Das muß im Interesse der sachgerechten wissenschaftlichen Erarbeitung besonders auch eines Verstehens des menschlichen Traumerlebens, — aber auch im Interesse der Therapie, — verhindert werden. Die folgenden Darstellungen werden die große Bedeutung des sexuellen Erlebens, der hierher gehörigen Antriebe und Bedürfnisse erweisen. Dann wird auch voll verständlich werden, warum hier der Terminus Sexualstreben steht, wenn im Einzelfall ganz ursprünglich einfach zärtliche, liebe- und hingabevolle und sogar erotische Antriebsqualitäten gemeint sind. Wiederum soll die Modelltafel der Träume an praktischen Beispielen die Einzeltatbestände und ihre Beziehungen zueinander erläutern (s. S. 160 ff.).

Schließlich sei noch darauf hingewiesen, daß in einer Darstellung, wie der vorliegenden, die ja immer noch Skizze bleiben muß und auf engem Raume gar nicht mehr sein kann, vereinfacht werden muß. Daher sollen zwei weitere Antriebsgebiete des Menschen, das sogenannte intentionale und auch das sogenannte urethrale nur beiläufig miterörtert werden. Im ersteren Fall handelt es sich um allgemeinsten Antrieb auf Welt hin überhaupt, nämlich auf den, sich im Gefühl der Welt zuzuwenden (s. S. 19). Im zweiten Fall geht es um einen Bedürfnisbereich, der wiederum in der Sauberkeitsgewöhnung eine Rolle spielt, um den, in propulsiver Form Urin zu entleeren. Organ dieses Dranges ist die Blase, aber auch die Niere, der Harnleiter, als End- und Ausführungsorgan die Harnröhre, die Urethra. Daher das Beiwort urethral. Es wird Aufgabe ergänzender Darstellung sein, auch diese beiden ebenfalls höchst bedeutsamen Gebiete menschlichen Antriebserlebens in den hier notwendigerweise schematisch erörterten menschlichen Erlebnisbereich einzuführen.

Exkurs: Die Libidotheorie

Jede schwerere Neurosenstruktur bereits kreist quantitativ bedeutsam um die „Existenz" ihres Trägers. Jede leichte Neurosenstruktur tut das wenigstens qualitativ. Jede spezielle Gehemmtheit kann daher angesehen werden als individuelle Formulierung, als Ausdruck der existenziellen Lage des Gehemmten. Jedes neurotische Symptom hat, so gesehen, wesenhaft existenzielle Bedeutung. Die sogenannte „Daseinsanalyse" (Ludwig Binswanger) bezieht von hier aus ihre grundsätzliche Rechtfertigung. Und in der vorliegenden Darstellung erklärt sich die Breite der Erörterung all der verschiedenen Manifestationen jener Beziehung zwischen dem Allgemeinsten der menschlichen Zuwendung zur Welt, seiner „Existenz", und dem Problem der frühgenetischen Antriebsgehemmtheit daraus, daß diese per se in jener, als ihrem Rahmen, „hängt".

Daher erübrigt es sich nicht, nun auch auf die libidotheoretische Interpretation der Neurosenstruktur und damit auch des Traumerlebens einzugehen, denn diese erhob und erhebt ebenfalls den Anspruch, ein Allgemeinstes gültig formuliert zu haben. Die Libidotheorie Freuds ist eine Extremformulierung, eine Formulierung vom Grenzfall her. Wäre sie als das von vornherein gesehen worden, und würde sie heute wenigstens überwiegend von ihren Vertretern so gesehen, so könnte sie als wesensbestimmend und daher allumfassend auch heute noch den Kern der grandiosen Konzeption Freuds darstellen. Jung hat ihr bereits einen existenziellen Aspekt zu verleihen gesucht. Die denkerische Methode der Jahrhundertwende führte ihn aber dazu, u. a. von einer „Wandlung der Libido" selbst zu sprechen und auch von den „Symbolen der Libido". Die Libido, substanziell gefaßt, wurde also als in bestimmten Symbolen inkarniert betrachtet. Heute werden wir lediglich dazu geneigt sein, die positive, liebevolle Gefühlserfülltheit zu Mensch, eigener Person und Welt als ungeheuer wesentliches Movens für alle „Existenz" überhaupt anzusehen. Läßt man den Begriff Libido durch diese besondere, ursprüngliche Gefühlsqualität bestimmt sein, so kreist zumindest alles übrige menschliche Erleben dauernd um diese glückhafte, deshalb nicht weniger lustvolle, allgemeinste Beziehung zum Leben, zum Dasein. So wird Besitz ja geliebt. Und weil er geliebt wird, wird er erstrebt. Weil er geliebt wird, wird um seine Erhaltung gekämpft. Sich unbekümmert hingebungsvoll ins eigene Dasein, in die eigene Selbstentfaltung, in die Welt hinein zu verströmen, sich verströmen zu dürfen, bedeutet ebenfalls Glück im Sinne des Liebendürfens.

Nur wenn die Welt das nicht erlaubt, nicht zu erlauben scheint, nicht zu erlauben droht, regt sich der Impuls zur Flucht. Oder es sammelt sich auch der vorhandene Lebenswille, der elan vital ballt sich zusammen, strömt in die Motorik und wird zu bloß erlebter, sich entladender oder dann auch etwa gehemmter Aggression.

Der Mensch als expansives Lebewesen kann so auch von der Aggression, von der Motorik her, die ja das orale und das kaptative, das anale und retentive und ebenso das zärtliche und sexuelle Erleben oft sofort, oft schon in statu nascendi, begleitet, gelesen werden.

Es ist eine Frage der Akzentuierung, der Zentrierung, des perspektivischen Ausgangspunktes der Betrachtung und der Erörterung, ob man diese oder jene allgemeinste Theorie entwickelt. Wie hier entwickelt wurde, ergibt die vollständige Registrierung und Darstellung der gesamten Mannigfaltigkeit der hierher gehörigen Tatbestände die Möglichkeit einer Reihe von Aspekten. Zu übersehen, daß der einzelne, als Theorie mit besonderer Bezeichnung versehen und apodiktisch vertreten, notwendig zum Dogma führen muß, war in der Jahrhundertwende noch übliches methodologisches Fehlgreifen. Wer die Begriffserweiterung des Wortes „sexuell" als unzulässig fallen gelassen hat, steht in Gefahr, den Aspekt der menschlichen „Existenz" als primär liebendes Verhältnis zur Welt, als Weltfrömmigkeit (Spranger) seinerseits dogmatisch zu überwerten. Wer dies nicht vermeidet, muß auch heute noch unter dem Titel, Freud habe mit seiner Libidotheorie doch „Recht" gehabt, an von ihm vernachlässigte Tatbestände erinnert werden. Was aber, wie schon gesagt, nicht aufhebt, daß die Libidotheorie vom heute erreichten Stand wissenschaftlicher Exaktheit her gesehen eben doch „falsch" ist, weil sie entweder zu Allgemeines aussagt oder Spezielles überwertet.

7. Die neurotoide Struktur

Nicht nur Neurotiker träumen, bezw. erinnern ihre Träume. Neurotiker träumen nicht einmal häufiger oder deutlicher als Symptomlose, Gesunde. Es ist also die Frage, mit welchem Recht auch die üblichen Träume Gesunder auf die Neurosenstruktur bezogen werden dürfen. Es handelt sich da im wesentlichen um die bevorzugte Beteiligung dreier Antriebsgebiete aus dem menschlichen Antriebserleben überhaupt an der Neurosenstruktur sowohl wie an der des Traumes. Die Antwort auf diese Frage muß lauten: Jeder Mensch enthält eine Gehemmtheitsstruktur. Diese hat qualitativ alle Eigentümlichkeiten, Merkmale der neurotischen Struktur. Daher schien manchen Untersuchern die These nahezuliegen, „im Grunde" sei jener Behauptung nach also jeder normale Mensch ein Neurotiker. Dies war ein Trugschluß. Denn die Betreffenden berücksichtigten nicht, daß es innerhalb des Lebendigen für sämtliche Eigentümlichkeiten eine erhebliche Streuung gibt, d. h. man hat stets neben der speziellen Qualität, dem So-und-So-Sein, auch Quantität und Intensität zu berücksichtigen. Es können also jeweilig erhebliche oder unerhebliche Antriebsmengen bezw. Intensitäten gehemmt sein. Sind in der frühen Kindheit nur solche Antriebsquantitäten gehemmt worden, wie sie der mittleren oder guten Norm entsprechen, also dem, was man gewöhnlich, üblich nennt, so ist die Wahrscheinlichkeit des Auftretens späterer neurotischer Symptomatik gering. Praktisch ist der Träger einer solchen neurotoiden Struktur also gesund. Das Enthalten einer qualitativ neurotischen Struktur bedeutet also nicht, daß der Betreffende ein

Neurotiker ist. Er ist ein gesunder, normaler Mensch mit der üblichen neurotoiden Struktur. Diese Unterscheidung zwischen neurotisch und neurotoid, (die letztere Bezeichnung wurde für diesen besonderen Zweck neu eingeführt), bereitet dem Anfänger in der Regel Schwierigkeiten, muß also wie viele Bereiche innerhalb der vorliegenden Fragestellungen ausdrücklich durchdacht, besser ausgedrückt: anschaulich meditiert werden.

Da es im vorliegenden Zusammenhang zunächst einmal darauf ankommt, das Wacherleben des Menschen, und zwar das neurotische und neurotoide, hinsichtlich der bevorzugten Antriebsarten mit dem Traumerleben zu vergleichen, muß sich nach dem eben Erläuterten eine der Parallele: Neurosenstruktur — Traumstruktur entsprechende Parallele: neurotoide Struktur — Traumstruktur ergeben.

Aber es wird sich zeigen, daß sich unter besonderen Bedingungen, im sogenannten „Dösen", im dösenden Phantasieren ebenfalls eine Bevorzugtheit der drei oben genannten Antriebsgebiete feststellen läßt (s. S. 134).

8. Der Traum als Furchterlebnis

Wie später an praktischen Beispielen dargestellt werden wird, (s. S. 169), gibt es zwar Träume, die reines Antriebserleben enthalten, anders ausgedrückt: erfülltes Antriebserleben, erfüllte „Wünsche", darstellen. Im allgemeinen aber ist der Traum, wie man sagen könnte, zweiteilig. Der Mensch ist ein Lebewesen, in dem aus den Untergründen des Lebendigseins spontane Antriebe auftauchen; oder dies geschieht auf das Erleben von Außenweltreizen hin. Aber er ist seinem Wesen nach auch f u r c h t s a m. Er reagiert auf die Welt mit Furcht. Wenn diese auf die Welt als Ganzes, auf das Leben als Ganzes hin diffus, also in gewisser Unbestimmtheit erlebt wird, hat sie quasi gegenstandslosen Charakter und wird damit zu dem, was man dann, dann erst A n g s t nennen sollte. Daß der Tagesjorgon die beiden Worte Furcht und Angst häufig synonym, d. h. gleichsinnig verwendet, ist vom Standpuhkt wissenschaftlicher, differenzierender Bemühungen her zu bedauern. Hier liegt zum Teil die Quelle dafür, daß das Anliegen der sogenannten Existenzphilosophie seit K i e r k e g a a r d so weitgehend dunkel blieb, wie es tatsächlich der Fall ist. Der Mensch also, aber natürlich nicht nur der Mensch, ist u. a. ein exquisit furchtsames Wesen. Er sucht die Welt, und er flieht sie gleichzeitig. A n s ä t z e z u r F l u c h t s t e u e r n s e i n A n t r i e b s e r l e b e n, s e i n e I m p u l s e. Häufig erfolgt dieses Steuern bereits dann, wenn Antriebserlebnisse sich eben erst in Spuren melden. Es gibt nur im seltenen Grenzfall ein Wachphantasieerleben, das völlig furchtlos ist. In der Regel „antwortet" der Mensch auf das Auftreten von Antrieben in seinem Erleben blitzschnell mit zugehörigen Furcht-re-aktionen, bezw. Ansätzen dazu. Diese sind Vertreter von Urangst, Lebensangst, Lebensfurcht, Menschenfurcht und Schuldgefühlen. Und diese wiederum beziehen sich zu einem Teil auf die „Forderungen" der Vernunft, des Selbst (s. S. 41). Also ist es auch nicht erstaunlich, daß die Träume der Menschen in der Regel Furchtkomponenten enthalten. Aber ebenso wie die Antriebserlebnisse im

Traum nur verhältnismäßig selten in voller Reinheit und Deutlichkeit auftreten, ist das für die Furchterlebnisse der Fall. Auch dies wird später an Hand praktischer Beispiele verdeutlicht werden, (s. S. 214).

9. Der Traum als Antriebs- und Furchterlebnis

Es wurde oben darauf hingewiesen, daß der Mensch, sogar überwiegend, das Auftreten von Antriebserlebnissen „blitzschnell" mit Furchterlebnissen beantwortet. Natürlich können auch Reize von der Welt her einmal primär Furchterlebnisse auslösen. Damit ist folgendes gesagt: Im menschlichen Erleben treten Antriebe in „Stärkegraden" von minimalen bis zu maximalen, von schwächsten bis zu intensivsten, von eben nur angedeuteten bis zu heftigsten usw. auf. Das Gleiche gilt für die Furcht. Daher auch können Träume, wenigstens scheinbar, ganz von Antrieb erfüllt sein oder auch ganz von Furcht. Im allgemeinen aber handelt es sich um ein „Hin-und-Her", ein „Auf-und-Ab", eine steigende und fallende Kurve von Antrieb und Furcht. Da es sich zum erheblichen Teil um blitzschnellen Wechsel handelt, ist häufig am Antrieb gleich Furcht „daran" und umgekehrt. Man könnte hier ruhig von einem Gemenge von Antriebs- und Furchtanteilen sprechen.

Es wurde im vergangenen Jahrzehnt zweifellos zuviel Wert darauf gelegt, in solchem Zusammenhang, also z. B. im Hinblick auf das lebendige Etwas Traum, von „Gestalt" zu sprechen. Das war zweifellos tendenziös. Weniger tendenziös war dann der Hinweis auf das Gemeinte mit dem Wort „Gefüge". Übertrieben waren diese Hinweise deshalb, sehr häufig wenigstens, weil auch ein Gemenge ja mindestens infolge des örtlichen Zusammenseins der Teile eine minimale funktionale Bezogenheit der Teile enthält. Sobald die funktionale Abhängigkeit prägnanter ist, vielfältiger, etwa so, daß jeder Teil wenigstens zu einer Reihe weiterer Teile, in funktionaler Abhängigkeit steht, ergibt sich ein Gefügecharakter. Der Grenzfall allein, daß alle Teile eines Gemenges von allen anderen in dauernder und „sofortiger" funktionaler Abhängigkeit sind, sollte eigentlich erlauben, im ganz strengen Sinn von Gestalt zu sprechen. Dies als kurze Rechtfertigung des Wortes „Gemenge" hier.

Um nun noch einmal ein Bild zu verwenden: Ein Traum kann in dieser Hinsicht ein grobkörniges, aber auch ein höchst feinkörniges Gebilde darstellen. Der letzte Fall überwiegt an Häufigkeit. Und da Feinkörniges dem Menschen üblicherweise schwerer zugänglich ist und als unklar und „dunkel" erscheint, ist es nunmehr sehr verständlich, daß allein schon von dieser Seite her „die" Träume so lange dunkel blieben.

10. Zusammenfassung: Traum und Phantasie

Beim Bemühen, das Traumerleben in den Erlebnisstrom des Menschen überhaupt einzuordnen, ergibt die nähere Untersuchung, daß der Traum dem Phantasieerleben am nächsten verwandt ist. Dieses wiederum erweist sich als eine spezielle Art des Antriebserlebens. Bereits im phantasierenden Wacherleben läßt sich eine Bevorzugung einer begrenzten Zahl von Antriebsarten feststellen. Der Traum zeigt diese Eigentümlichkeit noch einmal betont. Die Antriebsbereiche des Besitzstrebens, des Geltungsstrebens und des Sexualstrebens haben eindeutig dominierenden Charakter. Wie später zu zeigen sein wird, tritt im Traum innerhalb dieser drei Antriebsbereiche das Sexuelle im eigentlichen Sinn noch einmal hervor. Es kann, und wird später genauestens begründet werden, warum das so ist (s. S. 100 ff.). Die Struktur des Traumerlebens, sobald man das Allgemeinste daran, das es dem Phantasieerleben verwandt macht, beiseite stellt, läßt nächste Verwandtschaft zur Neurosenstruktur erkennen. Als neurotoide Struktur kommt diese in jedem normalen Menschen vor. Zu ihr gehört außer den unmittelbaren vorletztlich auf Lust, letztlich auf Glück gehenden Antriebserlebnissen und solchen des Bedürfens stets auch das dem widersprechende, steuernde Furchterleben hinzu. Vom Traum her gesehen, nimmt das Wachphantasieerleben des Menschen lediglich erheblich mehr Rücksicht auf die tatsächlichen Gegebenheiten der Welt, die der Mensch dauernd, wenn auch oft nur instinktiv, registriert. Unter diesem Gesamtaspekt sollte das Traumerleben von der kommenden wissenschaftlichen Generation zunächst einmal betrachtet werden. Eine Methode der Überprüfung, die im Folgenden in verschiedenen Ansätzen (s. S. 66, 125 ff.) entwickelt werden wird, mag dann schließlich zeigen, wie weit die hier dargelegte Theorie ergänzt, eingeschränkt oder gar unter ganz neuen Gesichtspunkten wird entwickelt werden müssen. Auf jeden Fall hat sich erweisen lassen, daß die eben charakterisierte zusammengefaßte Theorie des Traumerlebens für praktisch therapeutische Zwecke völlig ausreicht. Sie erlaubt die Aufhellung bis dahin dunkler neurotischer Strukturbestandteile im Erleben von Patienten und daher auch das unmittelbare Angehen dann der die Symptomatik tragenden neurotischen Persönlichkeitsbereiche.

11. Der Traum als kompensatorisches Erlebnis

Wie schon mehrfach festgestellt und erläutert, ist ein Verstehen des Traumerlebens im allgemeinen nur möglich, indem man es in das Gesamterleben des Träumers einordnet. Man bedient sich dabei der Erfahrungen, die man an sich und an anderen gemacht hat und mit deren Hilfe man so lebt und sich verhält, daß man nicht durch Fehlverhalten zugrunde geht oder zumindest schweren Schaden erleidet. Man bedient sich also dessen, was oben (s. S. 4) „breite Erfahrung" genannt wurde. Man unterstellt dabei als gesichert, was Watson schon als Psycho-logik bezeichnet hat (s. S. 1). Diese Psychologik, die psycho-logischen Zusammenhänge, die man in breiter Erfahrung gesammelt und mit vorwissenschaftlichen Mitteln überprüft hat, sind das eigentlich Verstandene und Verstehbare am eigenen und insbesondere auch fremden Erleben. Die üblichen, immer wiederkehrenden, regelhaften Erlebnisfolgen, daher vertrauter Art, sind es, die uns die Entwicklung eines anthropologischen Rahmens ermöglicht haben, in den die Träume „sinnvoll", „logisch" hineingehören. Wir haben gar keine andere Wahl, als uns auf dieses subjektive Vertrauen zu verlassen. Wir müssen und dürfen voraussetzen, daß hier nicht immer alles anders ist, sondern sich Regelhaftes wiederholt. Instinktiv und berechtigt reagieren wir mit einem Gefühl der Dankbarkeit dafür, daß wir in dieser hellen und doch dunklen Welt nicht mit uns selbst und mit den anderen verloren sind. Auch auf den Traum wenden wir Psychologik und breite Erfahrung mit vollem Recht an.

Ordnet man das Traumerleben nun tatsächlich unter den bisher entwickelten Gesichtspunkten in den Erlebnisstrom des Menschen überhaupt ein, versteht man dessen Psychologik im eben erörterten Sinn, so ergibt sich in weiten Grenzen, daß der Traum kompensatorischen Charakter hat. Jeder Mensch, auch derjenige, der keine neurotischen Symptome produziert, ist zu einem Teil seiner Persönlichkeit ein gehemmter Mensch. Man sollte ihn, von daher gesehen, nicht etwa neurotisch nennen (s. S. 77) sondern neurotoid. Will man die betreffenden Bestandteile bezeichnen, so sind diese natürlich qualitativ neurotisch. Jeder Mensch enthält also in diesem Sinne Unbewußtes (s. S. 60 ff.), Latentes (s. S. 61). Kein Mensch erlebt sich also im Strom seines „Bewußtseins", seiner Phänomene, seiner Gignomene (Ziehen) vollständig so, wie er ist. Gehemmte Antriebe, Bedürfnisse, Tendenzen sind in ihm bereit, aber nicht bewußt erlebt. Unter anderm ist das auch so. Es ist keinesfalls in der Hauptsache so, geschweige denn nur so. Es war also z. B. falsch, als jemand den Titel „Der gehemmte Mench" ins Englische als „man the inhibited" übersetzen wollte. Faßt man diesen Tatbestand nun in üblicher biographischer Sprache, so kann man ihn etwa folgendermaßen formulieren: Jeder Mensch erlebt im Laufe des Tages in gegebenen Situationen so und so oft weniger, als „eigentlich" zu seiner Person gehört. Aber es wäre natürlich wiederum falsch zu sagen: Wenn der Mensch sein Unbewußtes, Latentes erleben würde, erst dann wäre das der eigentliche Mensch. So zu formulieren, wäre eine unzulässige Überspitzung. Jeder Mensch erlebt nur jeweilig weniger als unter unseren Gesichtspunkten hier zu seiner Totalperson gehört. Rücksichtnahme auf die Welt, wie sie ist, insbesondere aber wie sie dem Betreffenden im erworbenen Instinkt unter dem Aspekt seiner frühkindlichen Erfahrungen erscheint, bewirkt das Immer-Wieder-Ausgeschaltetbleiben, Nicht-Erlebtwerden des „eigentlich" ursprünglich Möglichen. Diese unabsichtliche, quasi reflektorische Rücksichtnahme auf dunkel vorschwebende Gefahren in Form von Bedrohung durch Strafe oder Liebesverlust sorgt für das lückenhafte Erleben, das hier und dort und immer wieder im Laufe des Tages auftritt. Im Schlaf dagegen, während dessen die Welt nur noch sehr unvollständig und unvollkommen registriert wird, ist die Furcht des Menschen vor der Welt entsprechend geringer, entsprechend reduziert. So holt er im Traum gewissermaßen einen Teil des Versäumten nach. Er füllt die Lücken des Wacherlebens wenigstens nachträglich und versuchsweise aus. Er kompensiert. So kommt es zum kompensatorischen Charakter der Träume. Dieser Zug an ihnen tritt jedenfalls entscheidend hervor und spielt auch tatsächlich die entscheidende Rolle. Jedes Traumgeschehen, ja das Auftreten allein eines Traumgegenstandes, — sogar ganz zu Beginn! — darf als kompensatorisch „gelesen" werden.

12. Der Traum als Lösungsversuch zwischenmenschlicher Antinomik

An dieser Stelle muß berücksichtigt werden, was oben (s. S. 68) über die allgemeine Formel: Der Traum als .... gesagt wurde. Wenn der Traum hier als Lösungsversuch bezeichnet wird, so bedeutet das, daß man ihn, ein unwillkürliches, unabsichtliches Erleben, so ansieht, so beschreibt, als ob er beabsichtigt wäre. Fügt man zum Worte Absicht das Beiwort instinktiv hinzu oder auch reflektorisch, hält man es für zulässig, auch von erworbenen Instinkten zu sprechen, statt immer ausdrücklich auf die lediglich nahe Verwandtschaft dieser Reaktionsart mit den ererbten, „echten" Instinkten hinzuweisen, so darf man in unserem Zusammenhang ruhig von einem instinktiven Versuch sprechen. Besonders, wenn man den oben behandelten kompensatorischen Charakter des Traumes einsetzt, stellt das Traumerleben den Versuch dar, latent gewordene Antriebe neuerlich wenigstens traumhaft zu erleben. Da diese Antriebe aber „in die Latenz geschickt" wurden, weil sie in einem antinomischen Verhältnis zur Bedürfniswelt der anderen Menschen standen, versucht der Träumer also gewissermaßen im Traum ein spezielles antinomisches Problem zu lösen. So rechtfertigt sich eine Kennzeichnung des Traumes von einer bestimmten Seite her unter Verwendung von Begriffen, die zunächst neuartig erscheinen. Wenn die Aussage, der Traum habe kompensatorischen Charakter zu Recht bestehen soll, dann wird die andere Aussage, er sei ein Lösungsversuch zwischenmenschlicher Antinomik, demjenigen, der an die erste „Formel" gewöhnt ist, nachdem er sie verstanden hat, manchmal zuerst befremdlich erscheinen. Aber es hat sich ja ergeben, daß beide Formeln, beide Aussagen, recht verstanden, einander nicht einmal nur im eigentlichen Sinn ergänzen sondern von der Sache her sogar fordern. Es wäre also völlig verfehlt, die beiden Aussagen als Formeln gegeneinander auszuspielen.

13. Konflikt und Antinomien

Wenn es so läge, daß eine sehr formale Aussage über die Traumstruktur, nämlich daß es sich in ihr um das Anklingen latenter Antriebe aber auch um das korrespondierender Furcht handelt, im allgemeinen ausreichen würde, dem um das Verständnis der Träume Bemühten einen leichten Zugang zu der Fülle von Erscheinungen zu eröffnen, zur Fülle der Facetten, die den Kristall Traum auszeichnen, würde sich eine Reihe von weiteren Überlegungen erübrigen. Wie die Gegenüberstellung der Aussage: Lösungsversuch antinomischer Beziehungen und kompensatorisches Erleben wohl gezeigt hat, ist hier aber doch ausdrückliche Erörterung am Platze. Daher soll auch die häufig verwendete Formel betrachtet werden, der Traum weise auf einen Konflikt hin, er weise auf eine Konfliktsituation des Träumers hin, er stelle einen Versuch dar, verborgene unbewußte Konflikte zu lösen. Eigentlich ist nun aber schon Ausreichendes hierüber gesagt. Denn, wenn die These zu recht besteht, daß der Mensch in seinen zwischenmenschlichen Beziehungen (relationships) notwendig antinomisch erlebt, so ist mit dem

Wort Antinomie ja gesagt, daß es sich um grundsätzlich unlösbare Konflikte dabei handelt. Der Konflikt besteht ja im Grunde vom einzelnen her gesehen in einem Konflikt von eigenen Bedürfnissen. Er „will" nach Besitz, Geltung, Liebe und Sexualität hin leben, sich ent-falten, also expansiv sein. Instinktiv ist ihm das seiner Natur gemäß, not-wendig. Aber, er „will" ganz genau ebenso, wenn auch im Augenblick nicht immer gleich intensiv, gleich stark, geliebt werden, nicht isoliert, nicht einsam sein. Im Grunde verehrt der einzelne wesensgemäß auch immer Ordnung überhaupt und damit Dauer, Stetigkeit. Mit Ordnung und Dauer ist aber wesentlich Ruhe und Frieden verbunden. Der Mensch will also wesensmäßig gleichzeitig Selbstentfaltung, „Selbsterhaltung" zum mindesten, und auch „Selbsthingabe" (Klages). Er ersehnt in gleicher Weise, nur nicht immer gleichzeitig und gleich intensiv, das Glück strömender Lebendigkeit, erfüllter Expansion und das Glück ruhiger, eigentlich nicht mehr strömender sondern vibrierender Innerlichkeit, quasi statischer Lebendigkeit, also der Befriedetheit, der ruhigen Erfülltheit. Die Welt, das Schicksal spendet dem Menschen dieses doppelseitige Glück nur in seltenen Momenten des Lebens gleichzeitig und kampflos. Tiefe Ergriffenheit, auch in der besonderen Form tiefer Verliebtheit, be deutet unter anderm dieses Glück. Alles Übrige ist konflikthaft, könnte man sagen, und hat man oft gesagt. Daher ist der Mensch zu einem Teil das konflikthafte Lebewesen kat' exochen. Allein aus der Tatsache, daß der Mensch wesensmäßig über weite Zeitstrecken zurück- und vorauszublicken pflegt, also retrospektiv und prospektiv ein historisches Wesen ist, folgt für ihn der Konflikt zwischen Augenblick und Dauer. Seine eigenen existenziellen Bedürfnisse also liegen zu einem Teil unlösbar miteinander in Konflikt. Von daher gesehen, darf man mit entsprechender sprachlicher Vorsicht, und Vorsicht des Verständnisses, die zwischenmenschlichen Antinomien als Objektivierungen eigener Konflikthaftigkeit ansehen. Gerät im Schlaf, im Traumerleben, diese Seite der menschlichen Existenz in lebhaftere Bewegung, so erlaubt dies das antinomische Verhältnis des Menschen zur Menschenwelt in ausgezeichneter Weise als Konflikterleben zu lesen und zu bezeichnen. Die Kurzformel, der Traum stelle einen Konflikt dar, er weise auf einen Konflikt hin, ist also, recht verstanden, zutreffend. Auch diese Formel steht keineswegs etwa im Gegensatz zu den schon behandelten, vielmehr wird allen um den Traum Bemühten zu empfehlen sein, sich der verschiedenen Formeln und Aussagen über den Traum lebendig, plastisch und wechselnd zu bedienen, sie in anschaulicher Gestalt vorschweben zu haben, um im Falle der therapeutischen Aufgabe der ganzen Mannigfaltigkeit menschlicher Fehlentwicklung gegenüber gerüstet zu sein.

14. Der Traum als „Begegnung" mit dem Transzendenten, Metaphysischen

Unter der Voraussetzung, daß der Traum, so wie er im Erleben erscheint, nun u. a. „Darstellung" latenter Tendenzen, latent gewordener Auseinandersetzung zwischen Träumer und Welt, insbesondere Menschenwelt ist, kann ein so verstandener unbewußter Gehalt in Anlehnung an mythologische Ausdrucksweise als „Schatten" bezeichnet werden. Jung neigt zu dieser Bezeichnung, die daher, wie er selbst meint, dasselbe treffen soll, was als „persönliches" Unbewußtes von Freud und auch hier dargestellt wurde. Es handelt sich um ehemals bewußt Erlebtes und dann Gehemmtes bezw. Verdrängtes. U. a. sieht Jung also im Traum das gleiche, wie es hier erörtert wurde, aber eben nur u. a.

Jung und ihm zustimmende Autoren halten eine weitere Auffassung, nämlich die folgende, nicht nur für „denkbar", — wie wir lediglich meinen würden, — sondern für sachlich zutreffend: Das Unbewußte ist unbestimmt und „Alles". Es ist die letzte sich offenbarende Substanz überhaupt. Es ist die Repräsentanz der transzendenten Substanz. Dann sind auch die im Traum auftretenden Personen als deren Repräsentanten aufzufassen, als Figuren, als Gestalten, als „Mächte", die, aus der Transzendenz herkommend, dem Menschen im Traum „begegnen". Nicht ein alter Mann etwa als Repräsentant des wirklichen Vaters des Träumers oder als Repräsentant der älteren Männer, als Repräsentant der von den Männern geschaffenen Ordnungen tritt im Traume auf, sondern „der alte Mann" meldet sich, weil er vom Transzendenten her dem Träumer gegenüber ein Anliegen hat, etwa das, ihm zu raten, ihn zu führen, aber auch vielleicht ihn zu bedrohen, ihm gegenüber das Dunkel des Welthintergrundes zu manifestieren. Und ebenso können dann Dinge, Gegenstände der Alltagswirklichkeit, die oft aber durch merkwürdige Attribute ausgezeichnet sind, jenen Welthintergrund ankündigen. Aber es können auch banale Figuren und Gegenstände in merkwürdigen Zusammenhängen und Geschehnissen auftreten. Und diese Geschehnisse, diese Vorgänge können ihrerseits dann sakralen Charakter haben.

Was man von all dem auf jeden Fall bei einigem Bemühen feststellen kann, ist, daß auffallende Eigentümlichkeiten in den Handlungen von Traumfiguren, dargestellt etwa durch ganz gewöhnliche Menschen, oft mit merkwürdigen Einzelheiten, die wir von sakralen Mythen und Riten der Völker her kennen, identisch sind. Über solche Riten haben die heute noch Lebenden uns vielleicht einen heute noch gültigen Sinn mitgeteilt, der auf vergangenes Sakrales wenigstens hinweist. Ein bis dahin unverständliches Detail eines Traumes erhält so auf einmal einen prägnanten, nicht nur verständlichen sondern höchst bedeutsamen Sinn. Es bleibt dann eigentlich nur die Frage, ob jene Mythen und sakralen Handlungen ganz allein nur auf eine Auseinandersetzung der Menschen mit dem Weltganzen, mit seinen hintergründigen und rätselhaften Bestandteilen bezogen werden müssen, oder ob bei ihrer Entstehung nicht genau so wie bei der der entsprechenden Traumbilder die hier erörterten Antinomien die entscheidende Rolle gespielt haben. Uns scheint alles, was wir vom Menschen wissen, für diesen Zusammenhang zu sprechen. Wir sind ja, wie immer wieder festgestellt wurde, wenn wir den Sinn der Träume verstehen wollen, auf die „breite Erfahrung" angewiesen. Auch die Riten und Mythen der Völker können nur auf diesem Wege verstanden werden. Jeder, der sich um sie bemüht, mag er über den Charakter dieses Bemühens denken, was er will, bedient sich tatsächlich dieser „breiten Erfahrung", wenn er urteilt. Was diese uns aber lehrt, ist das, was in unseren vorbereitenden anthropologischen Überlegungen dargestellt wurde. Das ist das, was wir über den Menschen und insbesondere über die „dunklen" Bestandteile seines Erlebens und Verhaltens in Erfahrung bringen können. Die hier vorgetragene Strukturauffassung der Träume erlaubt es, auch deren rätselhafte Bilder zwanglos auf jenes unmittelbar Erfahrbare zu beziehen. Eine metaphysische Interpretation erübrigt sich.

Diese skeptische Meinung steht aber keineswegs im Widerspruch dazu, jene merkwürdigen, mit den Mythen und Riten der Völker übereinstimmenden Traumbestandteile für sehr bedeutsam zu halten. Und wenn von Jung für ein Einzelvorkommnis ein spezieller Terminus geprägt worden ist, so mag dieser ruhig zunächst unter metaphysischem Aspekt eingeführt werden. Die hier vertretene Auffassung mag sich dann anschließen.

Jenes Transzendente, jene metaphysische Allmacht erscheint nach jener Auffassung im Traum sehr häufig in weiblicher Gestalt, als Anima (Jung). Folgerichtigerweise vertritt diese Anima dann das Unbewußte. Sie erscheint besonders den männlichen Träumern. Und nun darf von der hier erörterten Auffassung aus wohl hinzugefügt werden: Jene Anima erscheint besonders dann, wenn latente orale Tendenzen den Träumer erfüllen und ihn ewig unbefriedigt nach schenkender Mütterlichkeit, Weiblichkeit suchen lassen. Dann zeichnet sich solch ein Träumer, wie sich immer wieder beobachten läßt, in seinem Wacherleben dadurch aus, daß er auch in der irdischen Frau extreme, „riesige" Mütterlichkeit sucht; und weiter dasselbe auch in der Welt als ganzer. Da er sie dort und dort aber nicht findet, sucht er sie u. a. auch in denjenigen Bereichen seiner eigenen Person, die quasi mütterlichen, weiblichen Charakter haben. So erklärt es sich, daß der Tıaum, auch wenn man von einer metaphysischen, transzendenten Bedeutung absieht, immer noch Dreierlei darstellt. Dies scheint zunächst völlig hetero-gen, d. h. völlig verschiedener Herkunft zu sein. Der Träumer sucht unendliche Fülle von Mütterlichkeit in der realen Frau, in der Welt und in den Tiefen der eigenen Person. Damit aber ist schon gesagt, daß es nur auf den ersten Anblick so erschien, als sei jenes Dreierlei heterogen. Tatsächlich „fordert" die eine „Sicht" die andere. Ein zentraler seelischer Tatbestand, nämlich orale Sehnsucht im weitesten Sinn, allgemeinste kaptative Sehnsucht hat infolge der Vielfältigkeit des Lebens und der Welt notwendiger Weise drei verschiedene Möglichkeiten, sich zu äußern. Ein allgemeinstes Bedürfnis bedient sich wechselnd dieser Möglichkeiten, so und so oft aber auch im Zusammenklang. Der Traum stellt ein solches konsonierendes Gebilde dar.

Ebenso erscheint der Träumerin im Traume häufig eine männliche Figur, der sogenannte Animus (Jung). Auch diese Figur, die oft durch eine beliebige banale Figur „dargestellt" wird, vertritt die Welt als Ganzes, den irdischen Mann und die Männerwelt, die Welt überhaupt und die männliche „Potenz" in der Träumerin selbst. Nähere Betrachtung zeigt ohne weiteres auch hier, daß dieser Zusammenhang vom Aspekt der Gehemmtheit, deren frühkindlicher Entstehung und der betreffenden Antinomie her durchaus verstanden und gelesen werden kann. Auch hier fragt sich dann lediglich, welche Gründe für die auchmetaphysische Bedeutung solcher Animus-Figur sprechen. Es kann ruhig kommender wissenschaftlicher Bemühung überlassen werden, hier Aussage und Urteil zu sichern. Es kann den kommenden Generationen sogar überlassen bleiben, sich, wenn ihre Befindlichkeit in der Welt das fordert, gegen das zu stellen, was Wissenschaft heißt, was also verbindliche Aussage, verifizierbare Thesen fordert. Davon, ob kommende Generationen so oder anders entscheiden werden, wird es dann auch abhängig sein, ob die wenigstens teilweise metaphysisch gemeinten Termini „Anima" und „Animus" gebräuchlich werden oder bleiben werden oder nicht.

Hier kann nur wiederholt werden, daß die vorliegende Darstellung verbindliche Aussage, verifizierbare Thesen erstrebt. Diese sind hinsichtlich einer metaphysisch-transzendenten Trauminterpretation nicht möglich.

Welche Gültigkeit der Terminus „Archetypus", der die Vertreter jener metaphysischen Mächte meint, erwerben bezw. behalten wird, ist wohl ebenfalls von dieser kommenden Entwicklung abhängig.

15. Der Traum und die Gefühlswelt des Menschen

Zu den zwischenmenschlichen Antinomien gehören u. a. die sogenannten Temperamentsverschiedenheiten, wie sie insbesondere Leopold von Wiese in seiner Anthropologie „Homo sum" dargestellt hat. Unterscheiden sich Menschen, die als Partner miteinander leben, erheblich durch diese Eigentümlichkeiten, an die sie in der Regel sehr weitgehend gebunden sind, so ergeben sich häufig allerschwerste Konflikte, die auch bei sogenanntem guten Willen in Jahrzehnten nicht bewältigt werden können. In solchem Fall sind also nicht die Bedürfnisse der beiden insofern antinomisch, als, wenn der eine das seine befriedigt, der andere leer ausgeht, sondern beide stören sich durch die Art ihres Verhaltens.

Genau so können sich die Menschen hinsichtlich der in ihnen lebendigen, zu ihrer Individualität gehörigen Gefühlswelt unterscheiden. Nicht nur die Stimmungslage, ein Teil des sogenannten endothymen Grundes (Lersch) ist in der Regel für den Einzelmenschen bezeichnend und meist ein Leben lang durchhaltend, also weitgehend genotypisch-konstitutionell, sondern noch eine weitere Seite des Gefühlslebens ist von erheblicher, unterscheidender Wichtigkeit. Den Menschen gemeinsam ist eine erhebliche Zahl von Gefühlsarten, — Qualitäten, — Tönungen. Aber es gibt Gefühlsqualitäten, die nur eine beschränkte Zahl von Menschen gewohnheitsmäßig und deutlich erlebt. Diese unterscheiden sich dann von anderen durch das, was man sich im Bilde des „Gefühlsspektrums" vergegenwärtigen kann. Insbesondere sind die Gefühlsspektren der Menschen von außerordentlich verschiedengradiger Mannigfaltigkeit. Daher kommt es dann, daß auch Lebenspartner einander sehr häufig „nicht verstehen". Gibt der eine sich an bestimmte Seiten seines Gefühlslebens, seines Gefühlsspektrums hin, ist es ihm vielleicht in einem längeren Leben sogar zur Gewohnheit geworden, dies zu tun, hat er ein entsprechendes lebhaftes Bedürfnis entwickelt, so stößt er beim andren, dessen Gefühlsspektrum diese Seite gerade nicht aufweist, auf völlige

Verständnislosigkeit. Beharrt er auf der Befriedigung seines so gearteten Gefühlsbedürfnisses, so pflegt der andere oft mit schwerer Erschüttertheit zu reagieren. Auch wenn dieser noch so guten Willens ist, bedeutet eine solche menschliche Verschiedenartigkeit, auch wenn sie „bloß" das Gefühlsleben betrifft, eine drohende oder tatsächliche Vereinsamung. Das allein schon kann zur Grundlage einer schwerwiegend antinomischen Beziehung der beiden zueinander werden.

Nur weil wir erst um die Jahrhundertwende herum (Krüger-Schule) in die Lage kamen, die Gefühlswelt des Menschen deutlicher und nun auch wissenschaftlich zu fassen, war es bisher üblich, in sehr unbestimmter, unsicherer Weise von den u. U. antinomischen Gefühlsgegensätzen der Menschen zu sprechen. Descartes sagte ja noch: „Cogito" ich denke, obgleich er das menschliche Gesamterleben meinte. Leibniz betitelte eine Arbeit als „Abhandlung über den menschlichen Verstand", obgleich er darin ebenfalls mit größter Präzision Gefühlsbereiche beschrieb und sogar die Phänomene der Gehemmtheit und der Verdrängung. Heute dagegen sind wir in der Lage, wenigstens im Ansatz alle möglichen Erscheinungen, die wesentlich vom Gefühlsbereich her bestimmt sind, als solche zu fassen statt etwa als „Verschiedenheit des Denkens" oder auch als Gegensatz zwischen Denken und Fühlen überhaupt. So gewinnt die Welt der Gefühle und hinsichtlich antinomischer Möglichkeiten die Verschiedenartigkeit der Gefühlsspektren der Menschen auch ihre Bedeutung für das Traumerleben. Wiederum ist es möglich, die Problematik des Traumes unter einem besonderen Aspekt, dem des Gefühlserlebens, zu untersuchen und entsprechende Aussagen über ihn zu machen. Dann läßt sich sogar das Antriebserleben und das Bedürfniserleben der Menschen von der emotionalen, der Gefühlsseite, her aufrollen. Dann ist es fast nur noch eine definitorische, terminologische Angelegenheit, ob man es als erlaubt ansehen will, u. a. auch das Traumerleben wesentlich als Ablauf von Gefühlen zu sehen, und das Antriebs- und Bedürfniserleben darin jenem ein- und unterzuordnen.

Auf jeden Fall ist es von Wichtigkeit, ausdrücklich zu bemerken, daß jedes Erleben von Antriebs- oder Bedürfnischarakter Aggregate von sehr bestimmten Gefühlen und Gefühlstönen zu enthalten pflegt. Man wird diese emotionalen Elementarqualitäten eines Tages sammeln und ordnen müssen, ganz gleich, ob man da, wie es zunächst scheint, und in gewisser Weise auch ist, auf eine unübersehbare Mannigfaltigkeit stößt oder sich mehr durch den Eindruck regelhafter emotionaler Vorkommnisse bestimmen läßt. Auch rein praktisch, also auch therapeutisch ist es von entscheidender Bedeutung, daß dieser emotionale „Gesichtspunkt", wie man dann sagt, ständig lebendig ist. Auf der einen Seite zeichnen sich die Menschen, „der" Mensch, durch das Erleben sehr gleichartiger Gefühle aus, auf der anderen Seite aber können, nunmehr wieder im Bilde gesprochen, nicht nur völlig abartige sondern durchaus noch in der normalen Breite liegende Menschen infrarot und ultraviolett „sehen". Oder es ist ihnen auch möglich, höchst differenzierte Farbabstufungen innerhalb des übrigen Spektrums zu registrieren und dauernd lebhaft zu berücksichtigen.

Die allgemeinste Reaktion des Menschen auf das Erleben der Welt ist eine gefühlshafte, emotionale. Er erlebt Wahrnehmungen, er erlebt Sensationen, Empfindungen, im Erinnern treten Wahrnehmungen auf. Er hat daher Vorstellungen und beantwortet dieses Gesamt von Erleben mit Gefühlstönungen, die sich zunächst also einfach dadurch auszeichnen, daß sie Erlebtheiten sind, die weder Wahrnehmungen, noch Vorstellungen, noch Empfindungen (Sensationen) sind. Lusterleben ist ein emotionales Erleben, ebenso Unlust, ebenso Glück, um nur einige prägnante Gefühlserlebnisse zu nennen, bzw. auf Gefühlsbereiche hinzuweisen. Von gefühlshafter Natur sind die wesentlichen Bestandteile des Bedürfniserlebens. Ein Zuschuß von motorischem Drang macht das einfache Gefühlsbedürfnis zum Antrieb.

Hier steht das Erleben antinomischer Bedürfnisse im Mittelpunkt des Interesses. Bestimmte Gefühle, bestimmte Seiten des eigenen Gefühlsspektrums bejahend oder gar beglückt zu erleben, kann Ausgangspunkt antinomischer Beziehungen zu anderen Menschen sein. Ein bedeutsames anthropologisches Faktum, nämlich der entscheidende Unterschied zwischen Mann und Frau, hat hier seine Quelle. Die beiden „denken" nicht verschieden, wie man das oft ausgedrückt hat, es ist auch nicht so, daß der eine denkt und der andere fühlt, wenn auch nur vorwiegend, sondern beide unterscheiden sich wesentlich durch die Verschiedenartigkeit bestimmter Seiten ihrer Gefühlsspektren. In dieser Weise besteht heute die Möglichkeit, von den seelischen Geschlechtsunterschieden bestimmter und sicherer zu sprechen, als das bisher möglich war. Hier soll das nun nicht in breit systematischer Form geschehen; auch das wird wohl kaum heute jemand möglich sein. Aber im Hinblick auf Zusammenhänge, wie sie in den Träumen immer wieder auftreten, und wie sie auch neurosenstrukturell bedeutsam sind, soll eine Seite des Ganzen kurz im Beispiel charakterisiert werden: Sofern der Mann Gefühlsqualitäten enthält, erlebt, die wesentlich deutlicher, betonter im Erleben der Frau sichtbar werden, empfindet er das Leben in rein männlicher Gesellschaft als Vereinsamung. „Es ist nicht gut, daß der Mensch allein sei", heißt es zu Anfang der Bibel. So sucht der Mann u. a. auch aus jenem Grunde Aufhebung der Einsamkeit, Konsonanz des Gefühls in Form der Begegnung mit der Vollentwickeltheit weiblicher Qualitäten. Ist der Mann aber bereits als Kleinkind in schwere antinomische Beziehungen zu realen Frauen geraten, z. B. zur eigenen Mutter oder Schwester oder etwa auch einer Pflegemutter oder Stiefmutter, so hat er in der Regel eine Bereitschaft erworben, sich enttäuscht, instinkthaft, reflektorisch von der Frau abzuwenden. Findet er dann erstmalig eine Freundin, verlobt er sich etwa, so wird er überempfindlich schon durch geringfügigste Signale enttäuscht werden. Gerade die Aufhebung jener Einsamkeit hinsichtlich bestimmter Gefühlsbedürfnisse ist ihm dann nicht möglich. Und nun sucht er nach Auswegen. Seine Sehnsucht nach Konsonanz des Gefühls verweist ihn dann u. U. auf sich selbst und sein eigenes Innenleben. Geschieht dies mit liebender Bejahung, so ergibt sich das Bild dessen, was man in Anlehnung an das antike Vorbild „Narzißmus" nennt. Dieser ist dann wesentlich eine Folge schwerer Erschüttertheit im zwischenmenschlichen Gefühlsbereich, ein Lösungsversuch antinomischer Konflikte durch Flucht zu sich selbst, ins eigene Innere. Je tiefer das ursprüngliche Bedürfnis nach Konsonanz zwischen dem eigenen und dem fremden Gefühlserleben, hier dem weiblichen, verankert ist, desto drängender das Bedürfnis, solche aus der Latenz auftauchende Gefühlssehnsüchte zu befriedigen.

Eine weitere Möglichkeit für denjenigen Mann, der die ersehnte Gefühlskonsonanz mit der Frau aus Gründen frühkindlicher Erschüttertheit des Vertrauens nicht zuwege bringt, besteht darin, daß der Betreffende sich mit seinem Gefühlsanspruch an die Männerwelt wendet. Da diese aber in der Regel die entsprechende Gefühlskonsonanz eben gerade nicht erlaubt, wendet sich jener Suchende bevorzugt an Knaben überhaupt oder an Knaben, die die bei den Männern vermißte Gefühlsqualität besonders deutlich zeigen. Dabei handelt es sich vorwiegend um w e i c h e oder z a r t e Gefühlstönungen. Eine Abart hiervon, d. h. des so gearteten Bewältigungsversuches einer Antinomie ist dann die H o m o s e x u a l i t ä t. Dabei darf man sich natürlich durch das äußere Gewand nicht täuschen lassen, denn das weiche und zarte Gefühlserleben, das hier im Zentrum steht, kann sehr wohl durch „männliche", „stramme", „drahtige" Haltung verdeckt sein. Entscheidend ist dann, daß solche Männlichkeit, Strammheit, Drahtigkeit enthusiastisch, d. h. wiederum äußerst gefühlserfüllt von den betreffenden Knaben bejaht wird, und hierin Konsonanz erlebt werden kann. So ergibt sich eine Variationsbreite vom ausgeprägt Heterosexuellen her über das narzistisch Heterosexuelle und narzistisch Homosexuelle hinweg zum ausgeprägt Homosexuellen. D e r Faktor, der hier variiert, ist entscheidend zur Gefühlswelt des Menschen gehörig. Diese wird in ihrer Sonderart zum Schicksal. Diese bestimmt die Partnerwahl dann auch für das sexuelle Bedürfnis. Der Mensch ist im Gegensatz zum Tier qua Richtung außerordentlich weitgehend unbestimmt, frei. Nur das amorphe sexuelle Bedürfnis drängt zum Erleben, die besondere Gefühlsart, die im Partner gesucht wird, variiert.

Daher rührt es auch, daß wir im faktischen Erleben der Menschen auf immer neue, sehr spezielle Varianten stoßen. So kann sich ein Mann auf dem oben angedeuteten Wege seiner Entwicklung zunächst einmal von der Frauenwelt abwenden, dann aber auch von der Männerwelt einschließlich der Knaben. Das erfolgt u. U. dann, wenn er ursprünglich sehr stark zu Weichheit und Hingabe neigte und nun dem Männlichen gegenüber, wo und wie es ihm auch begegnet, eine instinktive Furcht entwickelt, ausgeliefert zu sein. Auf diese Weise entsteht dann im Grenzfall eine extreme mitmenschliche Isolierung. Das oft völlig latent gewordene Gefühlsbedürfnis sehr spezieller Art schweigt aber nicht. Es sucht vielmehr in Form von „Haltungen" (s. „Der gehemmte Mensch" S. 61) von flottierenden, aber der Qualität nach sehr bestimmten Gefühlstönen nach Konsonanz und Partnerschaft. Es gibt da einen Partner in der Welt, der hierzu paßt: das unreife kleine Mädchen. Diesem wendet sich also primär ein ganz spezielles Gefühlsbedürfnis zu, dessen manchmal „infernalische" Intensität der „Hölle" antinomiebedingter zwischenmenschlicher Isolierung entspringt. Die „Existenz", die wirkliche Existenz eines solchen Menschen hängt daher wohlverständlicher Weise am Faden der Befriedigung solchen zum Zentrum gewordenen Bedürfnisses. Für dessen Befriedigung das Leben zu opfern, ist dann also nicht mehr sinnlos, das Risiko allerschwerster Bestrafung einzugehen noch viel weniger. Liegt in solchem Fall nicht zufällig eine Totalhemmung der Sexualität im eigentlichen Sinn vor, so koppelt sich diese notwendig mit jener Gefühlssehnsucht nach vergleichsweise extremer Zartheit und wird zum perversen Bedürfnis. Ist aber auch die Sexualität als solche schwer gehemmt, so erfolgt u. U. ein explosiver Durchbruch der Sexualität gerade dann, wenn jene Gefühlssehnsucht nach extremer Weichheit und Zartheit in Gestalt der Begegnung mit einem unreifen kleinen Mädchen Erfüllung findet. So kann es im Einzelfall zu einem gewalttätigen Sexualakt — sogar mit tötlichem Ausgang — kommen, der, wie die Umgebung dann feststellt, zur Person des Täters nicht im geringsten „gehört".

Die eben entwickelten Skizzen stellen sehr spezielle Ausschnitte dar. Das ist wohl deutlich geworden. Ausdrücke wie, „u. a.", „häufig", „u. U.", „vorwiegend", „in der Regel", „bevorzugt" usw. sollten darauf hinweisen. Hier kam es zunächst einmal darauf an zu zeigen, inwiefern die Gefühlswelt des Menschen in den antinomischen Bereichen eine entscheidende Rolle spielt, so daß auch von daher eine Aufhellung sonst dunkler Träume erfolgen kann.

16. Die „Existenz" als Konfliktserlebnis

Es besteht ein ursprünglich antinomisches Verhältnis zwischen Mensch und Welt. Die vom Menschen gewußte Tatsache des Sterbenmüssens, des Todes, repräsentiert dieses antinomische Verhältnis. Jede Form der Vergänglichkeit, auch die von Gefühlen, insbesondere der Verliebtheit und des sexuellen Begehrens erinnert daher an den Tod. In krasser Weise mahnen Krankheit und Altern hieran. Es hat immer Menschen gegeben, die in diese Antinomie mehr verstrickt waren, als das gewöhnlich der Fall ist. Ein Mensch braucht ja nur genotypisch-konstitutionell hypersensibel zu sein, und er muß dieses innere und dann auch oft genug ein entsprechendes äußeres Schicksal haben; er wird bevorzugt durch diese Antinomie erschüttert werden (Buddha). Er erlebt die Vergänglichkeit des Liebesgefühls beim Liebespartner mit erhöhter Empfindlichkeit. Er bemerkt dessen Gefühlszuwendung zu einem neuen Partner, verstrickt sich in die Qualen der Eifersucht und scheitert u. U. dann zentral an diesem vergleichsweise peripheren Problem (der hl. Augustinus in seinen Bekenntnissen).

Selbstverständlich aber fließen, wie hier dauernd erörtert, aus den tatsächlichen Erfahrungen der frühesten Kindheit bereits wesentliche Beiträge in das ursprüngliche Erleben hinein. So ergeben sich eine Fülle von circulus vitiosi, von „Teufelskreisen", wie Künkel das genannt hat. Der Bruch des „Wir" (Künkel) kennzeichnet dann das Extrem solcher Erschütterung. Die ursprüngliche Erfülltheit von naiver, positiver Lebensbejahung, von liebend vertrauender Zuwendung zur Menschenwelt, zur eigenen Person und zur Welt überhaupt wird durchsetzt von Furcht. Vorwegnehmende Furcht wird zu Mißtrauen. Aus unerträglichem, weil dauerndem Mißtrauen wird gehemmtes, latentes Mißtrauen. Eine Atmosphäre von instinktiv reflektorischem Mißtrauen erfüllt das Bewußtsein des Betreffenden dann bereits im ersten Augenblick des Erscheinens eines anderen Menschen. Ja, das Erwachen aus dem Schlaf, das Öffnen der Augen, das erste dämmerhafte Wiederwahrnehmen der Welt wird bereits mit solcher Gefühlsatmosphäre beantwortet. Damit aber ist dann das Totalerleben dieses Menschen, seine „Existenz" in entscheidender Weise bestimmt. Zu solchem Erleben, — und jeder Mensch steht ununterbrochen unter einem Hauch davon, — gehört das ebenso existenzielle Bedürfnis nach Ruhe, nach Geborgenheit, extrem formuliert nach dem Tod. So wird der „Todestrieb" zum existenziellen Bedürfnis „des" Menschen. „Existenz" „ist" so gesehen Konflikt und zwar zwischen Wille zum Leben und Wille zum Tod, beides ursprünglich und erworben in inniger Verflechtung.

17. Der sublime Traum

Ein erheblicher Teil der menschlichen Träume zeigt, daß nicht nur im Wacherleben sondern auch in ihnen animalische Antriebe abgelöst werden durch Zuwendung zu Höherem oder Höchstem. Antriebe auf Besitz, Geltung und Sexualität, orale, kaptative, anale, retentive, aggressive, grob-zärtliche und sexuelle wechseln so und so oft über in geistigen Bereich. Schönheit und Erhabenheit der Natur, Schönheit der menschlichen Gestalt, ehrfurchtgebietende Großheit menschlichen Daseins, Tiefe und Erhabenheit menschlichen Fühlens bieten auch im Traumerleben die Möglichkeit, sich von bedrohten animalischen Tendenzen abzulösen und doch zu leben. Dabei können diese seelischen, seelisch-geistigen und geistigen Tendenzen an sich durchaus zu den völlig unneurotischen und nicht einmal neurotoiden Erlebensbestandteilen des Träumers gehören. Nur im Einzelfall läßt sich dann zeigen, inwieweit sie im Sinne einer Antriebsverschiebung eine Sublimierung darstellen. Nur im Einzelfall läßt sich dann zeigen, wie weit eine neurotische Symptomatik z. B. getragen wird von einem Sublimierungsversuch, der infolge seines hohen Gehaltes an Gehemmtheit mißlang. Das Mißlingen äußert sich dann darin, daß das Auftreten neurotischer Symptomatik ein Vollerleben sublimer Bedürfnisse untergräbt. Aber auch dann noch ist es Sache der Abwägung nach dem Maßstabe mittlerer Norm oder von gesetzten Werten, wenn entschieden werden soll, ob das Vorhandensein neurotischer Symptomatik für das sublime Erleben des Träumers nicht belanglos ist. Auch für die Betrachtung der Träume gilt, daß es sich hier um eine Thematik handelt, die heute noch nicht einmal in voller Gänze und Klarheit aufgerollt worden ist, nicht einmal im Kreise allerengstens daran Interessierter. Es besteht hier also die Aufgabe, wieder und wieder zu überprüfen, um allmählich der Lösung dieser komplizierten Problematik näher zu kommen. Faktum ist jedenfalls, daß auch in den Träumen sublime Antriebe und Bedürfnisse erlebt werden, daß diese im Grenzfall nach Qualität und Intensität unabgeleitet, originär, autochthon sein können. Aber der

Traumstruktur entsprechend werden sie es in der Regel doch nicht sein. Sehr individuelle Betrachtung der Gesamtheit der Persönlichkeit des Träumers allein kann dann mit einiger Bestimmtheit erweisen, wie weit der Betreffende in dieser Hinsicht eine autochthone Abweichung von der Regel darstellt. Es zeigt sich, daß die Träume ganz entsprechend dem Wacherleben eine Fülle immer neuer „Seiten“ aufweisen.

18. Das Sublime und der Mythos

Antriebe und Bedürfnisse des nicht-animalischen Bereichs, sogenannte seelische, gefühlshafte und geistige, im oben erörterten Sinn „höhere“, sublime, spielen in der mannigfachsten Form in das Traumerleben hinein. So kann es manchmal scheinen, als läge in ihnen der eigentliche Motor des Traumerlebens. So kann es scheinen, als sei der Traum eigentlich von hier aus zu lesen, und dann auch, als sei es daher fehlerhaft gewesen, den Traum zunächst einmal von den Grundkonflikten zwischen animalischer Antriebswelt und den menschlichen Ordnungen her zu lesen. Aber es ist nun wohl schon deutlich geworden, wo und in welchem Außmaß hier noch Problematisches vorliegt, in welcher Richtung sich heute Erwägungen und Abwägungen zu bewegen haben. Diese Rahmenauffassung muß dann auch eine Reihe von Erörterungen spezieller Vorkommnisse im Traum bestimmen.

Mit deutlicher Häufigkeit treten in den Träumen, wie schon gezeigt, Personen und Vorgänge auf, die in ihren Einzelheiten zunächst einmal stark an bekannte Mythen erinnern. Die Veröffentlichungen Jungs und seiner Schule enthalten hiervon außerordentlich reiches Material. Zum Versuch einer systematischen Ordnung ist es jedoch bisher nicht gekommen. Aber auch von psychoanalytischer Seite her hat sich Otto Rank z. B. schon sehr früh, nach Freud übrigens, der allem voranging, für diese Bereiche interessiert.

Hier soll es zunächst einmal darauf ankommen, den Versuch zu einer grundsätzlichen Klärung der Beziehung des Mythos zum Traum zu machen. Hauptfrage wird dabei die sein, wie nahe das Mythische dem Animalischen steht, wie weit das Mythische einen „sublimen“ Anteil des Traumes darstellt. Aus dem oben Erörterten wird schon jetzt hervorgehen, daß hier Vielerlei wird abgewogen werden müssen. Auf keinen Fall ist die Frage apodiktisch so oder so zu beantworten. Ein erster, kritischer Ansatz im Hinblick auf eine metaphysische Auffassung wurde bereits oben (s. S. 84) gemacht.

Der Mensch strebt nach Schönheit, Erhabenheit, Vollkommenheit. Er erlebt dies als Bedürfnis zunächst einmal genau so wie das nach animalischer Selbstentfaltung, nach Besitz, Geltung und Sexualität. Die ihn umgebende Natur zeigte ihm von Beginn seines Menschseins an eine vielfache Realisierung des Schönen, Erhabenen und Vollkommenen, wie sie offensichtlich weit über die Grenzen seiner eigenen Möglichkeiten hinausgeht. Es war daher sehr naheliegend für ihn, ihm gleichende Wesenheiten hinter jenen Erscheinungen zu vermuten. Er mußte sie sogar als bestimmt vorhanden annehmen. Er suchte mit jenen Mächten in Verbindung zu treten, aber es war von vornherein auch offensichtlich, daß das Schöne leidenschaftlich verzerrt sein kann und so zum infernalisch Häßlichen wird. Dann leuchtet Schönheit trotzdem hindurch. Das Erhabene wird zum Fürchterlichen, das Vollkommene zum riesig Drohenden, dem kein Gefühl hingebender Sehnsucht mehr gelten kann sondern nur Furcht. So erscheint hinter dem Schönen, Erhabenen und Vollkommenen das Bild der Vernichtung. Jene vermuteten Mächte erwarben die Züge der Besitzgier, eigentlicher Oralität, harten retentiven Neinsagens, zerstörerischen Machthungers, wilder maßloser sexueller Begehrlichkeit. Im Hintergrund der Welt schienen zwischen den transzendenten Mächten, und von ihnen auch zum Menschen hin, die gleichen Antinomien zu herrschen, die der Mensch in seinen zwischenmenschlichen Beziehungen dauernd erlebt. Aber, so wie er diesen zu einem Teil durch Antriebshemmung zu entfliehen sucht, zum Teil die nicht gefährdeten sublimen Bereiche geistiger Erfülltheit aufsuchend, erscheint auch das Sehnsuchtsbild „reiner", von Begierde freier Erhabenheit als Möglichkeit des Transzendenten, als Realisierung jener Hintergrundsmächte. So erscheinen u. a. Götterfiguren wie die des Apoll und der Athene mit ihren Zügen reiner Erhabenheit. Die mythischen Bilder der Wachphantasie und auch des Traumerlebens haben u. a. auch *diesen* Charakter des rein Geistigen. Nicht nur Dämonen als Vertreter „niederer" Bedürfnisse und Antriebe sondern Götter, zumindest *auch* als Vertreter sublimer Geistigkeit, bevölkerten von früh an die bildhafte Wachphantasie der Menschen, treten auch heute noch in den Träumen der Menschen als Möglichkeiten seiner selbst auf. Es wird einer kommenden vollständigen Anthropologie einst gelingen, das heute kaum mehr als eindrucksmäßig Erfaßbare und Vermutbare, im großen Überblick dargestellt, zu bewältigen. Dann wird in voller Klarheit deutlich werden, daß von der Gerechtfertigtheit antagonistischer, antithetischer Positionen innerhalb dieses Bereichs nicht die Rede sein kann. Alles nur scheinbar Widerspruchsvolle ist hier möglich und auch realisiert. Aber es wird sich dann auch zeigen, daß es doch recht bestimmte Maße gibt, die für den mittleren Menschen wenigstens gelten. Und von dieser Gesamtschau her wird dann mit größerer Sicherheit, als uns das heute schon möglich ist, abwägbar sein, wann mythisches Erleben im Traum überwiegend Repräsentant animalischer Konfliktslösungen, wann und wie weit es geistiges, sublimes Erleben in Freiheit ist. Ein einzelner vorliegender Traum sollte stets unter Berücksichtigung beider menschlicher Möglichkeiten gelesen werden. Das heutige und ehemalige reale Erleben des Träumers, und zwar das vollständig erfaßte, liefert dann die konkreten Maßstäbe für die Abwägung.

Exkurs: Realistische und mythische „Wahrheit"

Es wurde oben immer wieder erörtert, daß das Wesen des menschlichen Erlebens z. T. konflikthaft ist. Der Mensch muß nach der Lösung dieser Konflikte dauernd suchen. Er muß sich seinen animalischen Bedürfnissen und Antrieben zuwenden und deren ursprüngliche Intensität zu erfassen suchen. Er muß den für seine Bedürfnisse bedrohlichen Gehalt der Welt klaren und wachen Sinnes fixieren und dann abwägen. Aber gerade diese erforderliche Klarheit ist dem Menschen nicht von vornherein und in unbekümmerter Freiheit gegeben. Daher bleiben seine realistischen Konfliktslösungen stets unvollkommen. Je schärfer, umrissener, leuchtender und farbkräftiger er seine Antriebe und die Welt erlebt, desto präziser wird das Resultat seiner wachen Abwägung sein. Desto eher wird es aber auch vorkommen, daß die Leuchtkraft bestimmter Einzelheiten das gewissermaßen Nur-Glimmen anderer, aber auf die Dauer ebenso wichtiger, überstrahlt. Das geschieht im Wachen, in der Tageshelle. Das Geistige, Sublime tritt dort zurück. Im Schlafe, im Traume dann drängt das Vernachlässigte, „minderwertige“ (Jung) vor. Daher enthalten die ins Riesige vergrößerten, vom Animalisch-Irdischen weitgehend abgelösten sublimen, schwebenden Phantasiegebilde der Mythen und der entsprechenden Traumvorgänge häufig „höhere Wahrheit“. Jene sind ja auch durch Jahrtausende, ja vielleicht auch durch Jahrzehntausende tradiert worden. Ihnen drohte Zersetzung, Zerfall infolge der natürlichen Erinnerungsschwäche der Menschen, infolge des chaotischen widerstrebenden Antriebserlebens. Sie haben standhalten müssen. Sie enthalten daher oft in einer Reinheit, die dem aktuellen antriebs- und bedürfnisbedrängten Wacherleben des Menschen nicht jeweils möglich ist, diejenigen geistigen Bestandteile, die allein eine letztliche Konsonanz des Widerstrebenden zu gewährleisten vermögen. Daher ist die Wahrheit der Mythen der realistischen zwar nicht absolut und selbstverständlich überlegen; aber der Realist wird sich im eigenen wohlverstandenen Interesse jener Mythen immer wieder bedienen und sich damit auf die Tradition beziehen, wenn er seine im Ansatz völlig richtigen Lösungen abrunden will. Unterwerfung unter das Tradierte, das Mythische ist etwas anderes, als bereitwillig aufzuhorchen, es zu berücksichtigen, wenn es in menschlicher Mitteilung oder auch im Traume erscheint.

Exkurs: Physische und metaphysische Frömmigkeit

Der Mensch setzt sich dauernd mit seinen Antrieben auseinander. Besonders lebhaft tut er das mit den animalischen, allein deshalb, weil diese mit hoher Wahrscheinlichkeit in Konflikt mit den Ordnungen geraten, die seine Mitmenschen für gültig erklären. Alle expansiven Tendenzen in ihm, die nach Besitz, Geltung und Sexualität, bestimmen den Inhalt dieser Konflikte. Der Mensch fürchtet dauernd seine Mitwelt, nicht nur und ständig, aber auch. Er fürchtet daher auch seine eigenen Hingabetendenzen. Er strebt nach Befriedigung seiner Bedürfnisse, nach einer Ordnung unter diesen, nach Dauer und Aufbau und nach einer Einordnung solcher Befriedigung in das, was seine Mitwelt als Befriedigung erlebt. Richtet sich solch ein Streben auf die Dauer des ganzen Lebens, ist das Bedürfnis einer solchen übergeordneten, auf das ganze Leben gerichteten Ordnung intensiv und ständig vorhanden, ständiger gefühlshafter Begleiter des Betreffenden, so kann man sehr wohl von einer realistischen, irdischen, „physischen“ Frömmigkeit sprechen. Die Unabwendbarkeit konflikthaften Erlebens wird in ihr anerkannt. Der vergängliche Augenblick wird zu überwinden gesucht. Das „wahre Interesse" (L. Nelson), dessen Vertretung nie Reue nach sich zieht, findet in „Weltfrömmigkeit" (Spranger) seinen Ausdruck. Auch diese „irdische" „Sorge" muß nicht den Charakter subjektiver Bekümmertheit oder gar Gequältheit tragen, sondern kann lediglich in weitausschauendem, vorsorgendem, schwingendem Gefühl bestehen, wie es einst als Haupteigenschaft des Gottes Apollo angenommen wurde. Eine bezeichnende Eigentümlichkeit hieran ist der „Realismus", die Bezogenheit auf gegenwärtige Zukunft. Aber der Mensch ist als Lebewesen, als biologisches Faktum dadurch ausgezeichnet, daß er wesensmäßig — unabdingbar, völlig unabhängig davon, ob er „will" oder nicht, instinktiv, ja sogar reflektorisch im strengen Wortsinn, d. h. unaufhebbar reizbeantwortend — im Gefühl auf das Ganze der Welt gerichtet ist. Das Ganze der Welt, repräsentiert durch die volle Mannigfaltigkeit aller Gegenstände und Vorgänge, insofern diese nicht nur Reiz für animalische Bedürfnisse sind, fordert ständig ein Antworten menschlichen Gefühls heraus. Dieses Ganze der Welt ist mehr als das, was vorhin Leben genannt wurde, bedürftiges Leben in bedürftiger Mitwelt. Das Ganze der Welt ist mehr als solche Mutualität, als solche Zwischenmenschlichkeit, als solche relationship. Richtet sich das geordnete, konsonierende Gefühlsleben des Menschen, sein Lebensgefühl (s. a. „Der gehemmte Mensch" S. 87) auf die Welt als Ganzes, so erweckt diese bei aller Erhabenheit des Eindruckes, den sie macht, auch stets und ständig das Gefühl einer dunklen Tönung von Furcht. Dunkle Furcht ist Angst, Angst, bezogen auf das Ganze der Welt, ist Urangst. Diese Tönung von Beunruhigtheit, von Unruhe, verläßt den Menschen nie. Sie ist unaufhebbar, zum Menschen gehörig. Aber sie braucht wiederum doch nicht dauernd den Charakter des Quälenden oder gar Erschütternden zu besitzen. Der mittlere Mensch erlebt sie zwar ständig, aber doch nur am Rand, in all sein Erleben hineintönend, aber doch nur wie einen Farbschimmer vom Horizont seines Daseins her. Dennoch hat diese Unruhe, in christlicher Formulierung „die Unruhe zu Gott", ständig den Charakter des Suchens, einer beständigen Sehnsucht nach Überwindung der Grenzen des Daseins, so als ob es jenseits der Welt die Möglichkeit völliger Angstlosigkeit, völliger, aber doch lebensvoller Ruhe, un-eingeschränkter Bejahung solchen Daseins, völliger Geborgenheit gäbe. Bleibt dieses sehnsüchtig getönte Sich-Entwerfen auf die Welt bloße Angelegenheit des Gefühls, so ist es durchaus erlaubt, es noch zum Bereich „physischen", „irdischen", „realistischen" Erlebens hinzuzurechnen. Gesellen sich nun Bilder hinzu, Bilder der Phantasie oder gar Vorstellungen des Verstandes mit dem Anspruch auf gültige rationale Aussage, so kann das Gefühl noch völlig mit sich selbst identisch bleiben. Die Art des Lebensgefühls, jenes Gefüges von Gefühlstönen, bleibt dann die gleiche. Aber der transzendierende, die Grenzen des Diesseits überschreitende, ein Jenseitiges „fordernde" Charakter solchen Erlebens läßt dieses zu metaphysischer Frömmigkeit werden.

Die Entwicklung der Menschheit zeigt, daß die anfängliche tiefe Beunruhigtheit des Menschen allmählich ruhigere Formen angenommen hat. Daher ist es nicht mehr selbstverständlich, daß Frömmigkeit metaphysischen Charakter hat, geschweige denn in echter, rationaler Metaphysik gipfelt. Sie nimmt vielmehr allmählich die Formen „physischer", realistischer Weltfrömmigkeit an. Es darf wohl die Aussage gemacht werden, daß das Glück der Menschen in diesem Leben von hier aus gesehen potentiell im Wachsen begriffen ist. Dieser Aussage scheint uns letztlich nicht zu widersprechen, daß der Mensch in anderer Richtung, wie man sagen könnte, „dafür gesorgt hat", immer unglücklicher zu werden. Es ist übrigens sehr schwer zu entscheiden, ob diese Feststellung durch die Brille des Pessimismus gesehen ist oder den Tatsachen entspricht. Die Menschen haben, quasi-zoologisch gesehen, also doch anthropologisch, als Lebewesen tierähnlicher Art die Erde bevölkert und sind zuletzt gewissermaßen zu Kohle- und Eisenparasiten geworden. Das haben sie gut bewerkstelligt. Aber sie haben es noch nicht fertig gebracht, die ökonomische Seite ihres Daseins, also auch die Besitzseite, so zu bewältigen, daß Geltungsstreben und Aggression nicht mehr zu Gewalttat und Vernichtung führen. Das haben sie nicht fertig gebracht. Aber auch hier muß wieder gefragt werden, ob die Quelle dieses Mißlingens nicht eine Fehlbewältigung jener Beunruhigung durch Urangst, Furcht und Schuldgefühle ist. Genaueste Analyse menschlichen Erlebens spricht s e h r dafür, daß beträchtliche Anteile unbewältigter Antinomik innerer und äußerer Art das Erhaltenbleiben von Unruhe und Unglück bedingten. Trotz alledem — die Fähigkeit realistischer Weltfrömmigkeit ist wohl im Wachsen begriffen und wird ihrerseits zur ökonomischen Ordnung und dem Aufbau dieser Art beitragen.

Auch dieser äußerste Rahmen menschlichen Erlebens spielt ständig in die Träume hinein, spielt grundsätzlich in jeden Traum hinein. Denn der Traum stellt ja den Versuch dar, auch die bis dahin gehemmten expansiven Tendenzen des Menschen doch noch zu ent-wickeln, d. h. ihnen Rang im Ganzen des In-dividuums zu geben.

19. Das Symbol

Der Mensch besitzt, verglichen mit dem Tier, nur sehr wenige Instinkte. Er ist vergleichsweise frei. Was er tatsächlich an Instinkten besitzt, ist der mikro-psychischen Feinheit seiner Einzelzüge wegen bisher weder vollständig noch in Ordnung feststellbar geworden. Aus diesem Grunde allein schon ist der Mensch sich selbst noch weitgehend unbekannt. Er ist frei, aber er befindet sich im „Abgrund seiner Freiheit", er ist „geworfen". Er ist also nicht jeweils für den Augenblick „bestimmt" sondern „offen". Insbesondere aber ist er jeweils im Augenblick nur selten auf das Ganze des Lebens, auf das Ganze der Welt entworfen. Er wird regelmäßig durch den Augenblick überrascht. Seine aus der Tiefe aufdämmernden Antriebe und Bedürfnisse, seine triebhaften, bedürftigen Antworten auf die augenblicklichen Reize, die die Welt ihm „zusendet", bedeuten für ihn stets zu einem Teil eine „Heimsuchung". Die Mehrzahl seiner einzelnen augenblicklichen Lebensakte entspricht nur bedingt oder gar sehr bedingt seinem „wahren Interesse". Das bedeutet noch lange nicht subjektive Gequältheit, aber es bedeutet doch „eigentlich" voraussehbare Ernüchterung z. B., voraussehbaren Zweifel am Wert augenblicklicher Bedürfnisbefriedigungen, sobald eben Befriedigung eingetreten ist. Auf sexuellem Gebiet z. B. enthält der Satz: post coitum omne animal triste, — also auch der Mensch, — einen Ton von Wahrheit, von korrekter Aussage über das Wirkliche. Zwar handelt es sich im Gegensatz zur Meinung der Gestörten, der Pessimisten, nur um einen Ton. Aber der Ton ist doch da. Dieser Ton verschafft sich Gehör, auch wenn der Mensch nicht will. Nicht heute, vielleicht auch nicht morgen, aber sicher eines Tages. Nur ist „eines Tages" dann oft ein ganzes „späteres Leben". Eine den Menschen charakterisierende Seite seines Daseins ist die Dranghaftigkeit, Unüberschaubarkeit seines Augenblickserlebens. Im Drange seiner animalischen Bedürfnisse besonders vergißt der Mensch bisherige „Entwürfe" auf das Ganze seines Lebens. Daher hat er M a h n m a l e errichtet, in seiner Phantasie zunächst in Bildform und dann objektivierend auch in äußerer physischer Gestalt. Sind diese Mahnmale erst einmal „inkarniert", „Fleisch", physisch geworden, z. B. als Gebilde aus Holz oder Stein, so besitzt der Mensch oder eigentlich immer nur die Menschengemeinschaft, — denn nur im Zusammenklang Vieler, gleichartig Erlebender kommen solche Verdichtungen schließlich zustande, — förderhin eine besondere Erlaubnis zur Freiheit. „Furcht vor der Freiheit" ist dann nicht mehr in dem Sinn vonnöten, daß Furcht vor kommender Reue dafür sorgen muß, daß das Augenblickserleben „im Ganzen" bleibt. Objektivierter Geist, sichtbar gewordene „Distanz" des Erlebens, „Hiatus", (G e h l e n) hat die Form greifbaren S y m b o l s angenommen. Nunmehr darf sich der Mensch innerhalb solcher Gemeinschaft schon ein Stück mehr seiner natürlichen Natur, die dranghaft ist und augenblicksgebunden, überlassen. Die Symbole als W ä c h t e r sorgen dafür, daß er, so weit er sich nicht völlig verliert, immer wieder an das Übergreifende erinnert wird. Dieses Übergreifende ist dann zwar das Augenblicksbewußtsein transzendierend aber noch keineswegs metaphysisch Transzendentes. So wurde das Kreuz zum Symbol für die Versöhnung zwischen dem wesenhaften Liebesbedürfnis der Menschen und allem dranghaften, die ersehnte Liebesgemeinschaft zu stören oder gar zu zerstören drohenden Antriebserleben. So wurde die Göttin der Freiheit zum Symbol für die Entfaltungsnotwendigkeit des Einzelmenschen gegenüber blind sich massierendem Drang von Ordnungen, die letztlich der Integration feudalen Besitz- und Geltungsdranges entsprangen. Hammer und Sichel wurden Symbol für den Selbstentfaltungsdrang aller und nicht nur einzelner Expansiver im Interesse einer Neuordnung irdischen, realistischen Gesamterlebens.

All diese Symbole als Vertreter des Ganzen gegenüber dem Einzelnen, der Welt gegenüber ihren Teilen, der gesamten Lebensdauer gegenüber dem Augenblick, des In-dividuums gegenüber der Zerteiltheit in ein Bündel auseinanderfallender Antriebe und Bedürfnisse, klingen auch in den Träumen der Menschen an. Auch dort sind sie Mahnmale gegenüber den aus der Latenz sich hervorwagenden chaotisch-infantilen, magmatischen, daher „blinden" Tendenzen.

Wenn ein Tatbestand so bedeutsam ist, wie der des Symbols in diesem Sinn, ergibt sich das verständliche und durchaus gerechtfertigte Bedürfnis, die betreffende Bezeichnung nur für ihn zu reservieren. Es ist daher immer, vom Interesse klarer Wissenschaftlichkeit her gesehen, gefährlich, solch einem Wort einen weiteren oder auch andersartigen Sinn zu verleihen. Selbst dann bleibt das gefährlich, wenn ein spezialisierter und erweiterter Sinn mit dem ursprünglich gemeinten eine deutlichere innere Verbindung aufweist. So aber ist es mit dem Wort Symbol gegangen. Sein allgemeinster Wortsinn leitet sich von symballein her, bedeutet also zunächst ganz formal das Zusammengeworfene, das Verdichtete. Damit rückt das Symbol in die Nähe des Bereichs der „Dichtung" überhaupt. Der Fall, daß ein realer Gegenstand oder Vorgang zum Ausdruck der zusammengeballten Ganzheit a l l e r möglichen Gefühlstönungen wird, wäre dann Spezialfall. Symbol wäre dann Ausdruck dessen was R o m a i n R o l l a n d im Gespräch mit F r e u d mit dem Wort „ozeanisches" Gefühl bezeichnet hat. F r e u d meinte bekanntlich, er kenne dieses nicht. Er war nur eine Generation älter und daher nicht in der Lage zu bemerken, daß der gesamte Ton seiner fragenden und polemischen eigenen Darstellung mit voller Deutlichkeit als ozeanisch zu erkennen ist, wie er den 90. Psalm etwa durchklingt. Dieser Ton ist deutlich ein anderer als der des Predigers Salomo. Hier wird der Mensch in seiner Qual gesehen, dort leuchtet die Möglichkeit der serenitas auf. Hiervon abgehoben aber, sind noch weitere ebenfalls spezielle Fälle des Geschehnisses Symbol mit gleichem Wort bezeichnet worden. Es wird sich zeigen, wo hier sprachliche Gefahren liegen und damit auch der Mitteilung und des Verständnisses..

Das Kreuz, die ruhige Gestalt einer Frau, die Zusammenfügung zweier Werkzeuge deuten durch die Stille, die sie zunächst umgibt, durch ihren statischen Charakter, der zunächst nichts Wirkendes anzeigt, auf etwas Hintergründiges, Schwerfaßbares hin, nämlich dann, wenn sie an exponierter Stelle den Augen vieler Menschen dargeboten werden. Handelt es sich dagegen nicht mehr nur um Dinge sondern etwa um Personen und nicht um eine statische Beziehung sondern um den unmittelbaren Hinweis auf Bewegtes, so gerät ein solches Symbol, sofern es eines ist, in Gefahr, mit den Realitäten, die es verwendet, verwechselt zu werden. Finden wir z. B. die indischen Götter Wischnu und Schakti in „ewiger Umarmung", d. h. im sexuellen congressus vereinigt als Symbol vor, hat z. B. auch ein Traumbild deutliche Züge solcher sakralen Bedeutung eines Coitusvorganges zwischen menschlichen Figuren, so wird es schwerer fallen, hierin das Thema der Fruchtbarkeit, des Fruchtbarwerdens durch Vereinigung des Männlichen und Weiblichen zu sehen. Ähnlich verhält es sich mit dem ebenfalls indischen Linga, einer meist stilisierten Darstellung von vereinigten Phallus und Vulva. Der sakrale Charakter dieses Symbols ist offensichtlich, aber sein natürlicher Charakter klingt wohl am Rande immer mit. Gemessen an einem Ausdruck des Gefühlsganzen gegenüber der Welt und dem Leben als Schicksal ist der hervorgehobene Ausdruck für die eine Seite des Lebens, nämlich fruchtbar zu sein, bereits Vereinzelung, d. h. Aufhebung des Ganzen. Damit aber ist der Weg vom Geistigen zum Animalischen, vom „Übernatürlichen" zum

„Natürlichen" beschritten. Zunehmend wird das Symbol von nun an, statt Repräsentant des Umfassendsten zu sein und in diesem Sinn des Unfaßbaren, zum Vertreter des aus irgendeinem Grunde nicht mehr Unfaßbaren sondern Nicht-zu-Fassenden.

Das, was nicht gefaßt werden s o l l, z. B. weil es v e r b o t e n ist, oder nicht gefaßt werden „kann", weil es l a t e n t ist, findet ebenfalls seine Vertretung durch Ding oder Gegenstand. Nur ganz im Hintergrunde spielt dann noch die Bezogenheit des betreffenden Antriebes auf Welt und Leben als Ganzes eine Rolle. Sie tut dies durchaus auch im oben breit erörterten Sinn aber doch nur noch wie aus der Ferne. Sehr natürliche, sehr irdische Faktoren spielen hier dann hinein, z. B. ganz konkrete Bedrohungen frühkindlichen Erlebens. Erst daß diese Drohungen wiederum Ausfluß zwischenmenschlicher Antinomien sind und deren Lösung nur sub specie aeternitatis erfolgen kann, schließt den Kreis vom „banalen" animalischen Symbol zum „höheren", „geistigen". Dieser Bereich „natürlicher" Symbole, der Symbolisierung des Natürlichen von „anstößigen" Dingen und Vorgängen, erfüllt nun seinerseits w e i t e Strecken des Traumerlebens. Es war gefährlich, wenn F r e u d den vorgeprägten Begriff des zunächst einmal sakralen Symbols mit dem neuen Inhalt einer animalischen Symbolik füllte. So lange jener gerundete Kreis, der all die hierher gehörigen Geschehnisse im menschlichen Dasein umgreifen muß, dem Bewußtsein aller Beteiligten noch nicht völlig geläufig geworden ist, besteht auch weiterhin noch die Gefahr, das über dem einen das andere vergessen wird. Es besteht ebenso die Gefahr eines unfrommen Realismus und „Biologismus" wie auf der anderen Seite die eines spirituellen, geistsüchtigen Irrealismus. Im Stande einer in dieser Hinsicht noch völlig unausgereiften historischen Situation ist es auch dem sehr bemühten einzelnen Forscher und Therapeuten verständlicherweise immer nur selten möglich, im Einzelakt des Umganges mit einem Traum die weite Spanne zwischen Symbol und Symbol in eins zu fassen. Das wird, wie sich späterhin zeigen wird, notgedrungen auch das Schicksal der hier vorgelegten Bemühungen sein. Es wird dann genügen müssen, das Umfassendste wieder und wieder anklingen zu lassen und dadurch zu zeigen, daß es nicht nur da ist, sondern auch ständig bewußt ist. Dann aber wird es auch erlaubt sein, umso entschiedener und unbefangener realistisch im Animalischen zu sein. Dann wird es desto erlaubter sein, gleich Anthäus immer wieder die Erde zu berühren, damit das Leben, das Erleben von Träumen ständig von der animalischen Antriebswelt her durchpulst werde. Das jede neurotische Symptomatik tragende Latentsein ehemals voll erlebter Antriebe und Bedürfnisse bleibt auch dann ein Faktum, wenn existenzielle Lösungen für den Nicht-Symptomträger Gültigkeit haben.

Es bleibt also, daß das Wort Symbol in den oben gekennzeichneten Grenzen mit Recht auch für das Banal-Natürliche gilt. Es wäre also zu fragen, welche realen Gegenstände und Vorgänge der Welt, die im Leben des Menschen eine Rolle spielen, es denn sind, die es „nötig haben", symbolisiert zu werden. Anders ausgedrückt: Welche Dinge und Vorgänge der Welt bedürfen in der Phantasie des Menschen und besonders auch in der Traumphantasie einer Vertretung durch andere Dinge und Vorgänge, weil sie harm-loser erscheinen sollen, als sie es sind? Davon abgehoben soll aber gleich eine weitere Frage ausgesprochen werden, und zwar vorausgreifend, nämlich: Woher rührt die symbolische Vertretung von harmvollen Dingen und Vorgängen durch harmlose in der auffälligen Häufigkeit, mit der im Traum das tatsächlich geschieht? Bei der Betrachtung einer Vielzahl von konkreten Träumen zeigt sich nämlich, daß zweierlei Unerwartetes vorliegt: Zunächst einmal das Faktum der Symbolisierung, des Symbols überhaupt; dann aber zweitens die erstaunliche Häufigkeit spezieller Symbolarten.

Es wird nun also das Wort Symbol im „banalen" Sinn verstanden. Wenn das Beiwort sakral nicht auch nur einen zu speziellen Sinn hätte, wie die oben erfolgten Darlegungen gezeigt haben, könnte nunmehr einmal die Rede vom Symbol überhaupt sein und bei entsprechender Gelegenheit die vom sakralen Symbol. Dann hätte der Bemühte lediglich die Aufgabe, in den Fällen, in denen nur das einfache Wort Symbol vorkommen wird, vom banalen Sinn auf den sakralen zu transponieren. Da sich das Beiwort sakral aber seines zu engen Sinnes wegen sicher nicht empfiehlt, möge es bei der einfachen Verwendung des Wortes Symbol ohne Beiwort bleiben. Es wird genügen, ständig vorschweben zu haben, daß da, wo tatsächlich dann banaler Sinn diskutiert wird, auch der umfassendste mitgemeint ist. Allerdings wird, wie gesagt, nicht in jedem Einzelfall Wachheit, Erfülltheit und Sprachfertigkeit des Darstellenden ausreichen, das vorschwebende Gesamte auch adäquat in Worte zu fassen. Häufig wird es beim Stammeln bleiben. Im Grunde ist damit aber eigentlich nichts anderes gesagt, als daß auch der Verfasser des Vorliegenden nicht dem Gesetz der begrenzten menschlichen Kapazität entfliehen kann, das sich u. a. darin ausdrückt, daß die Intensität augenblicklicher Zuwendung zu einem Gegenstand des Erlebens, z. B. einem als Symbol erkannten Traumgegenstand, die gleichzeitige Vollbezogenheit auf Leben und Welt als Ganzes nicht so selten aufhebt.

20. Das animalische Symbol

Der Mensch ist ein Lebewesen, das auf die Welt reagiert. Er „beantwortet" die Reize, die die Welt aussendet. Er greift dann in die Welt, ins Leben im wörtlichen oder weniger wörtlichen Sinn hinein. Der Mensch ist ein expansives Lebewesen; auch mit seinen Hingabegefühlen und -bedürfnissen ist er dies. Aber bevor er in dieser Weise expansiv ist, lebt er zunächst einmal intensiv. Aus der Tiefe seines Lebendigseins, seiner Vitalität steigen physische Vorgänge und korrespondierende Erlebnisse in ihm auf, die zum Teil stimmungshafter, gefühlshafter Natur sind, zum Teil in Sensationen bestehen, die oft auch „lokalisiert" werden können, zum Teil den Charakter dranghafter Bedürfnisse haben. Bevor der Mensch expansiv wird, „sammelt" er sich in sich, „innert" er, ist er lediglich intensiv statt extensiv lebendig. Und nach allen Akten der Expansion nimmt er sich immer wieder zurück, so als ob er erneut Kräfte sammeln müsse, um, sich selbstentfaltend, in die Welt vorzustoßen. Diesen Vorgang könnte man auch so formulieren:

Der Mensch sucht immer wieder Geborgenheit in sich selbst, Ruhen, Ruhe in sich selbst. Die Welt bietet ihm diese, nachdem er geboren ist, nicht mehr. Wie all dies eben Charakterisierte im einzelnen physiologisch aussieht, wissen wir heute erst in Andeutungen. Von der Erlebnisseite her dagegen kann das Gemeinte deutlich registriert und auch in einigen Hinweisen sprachlich gefaßt und mitgeteilt werden. Der Zustand ruhigen Insichseins, Sich-In-Sich-Sammelns ist wohltuend. Der eigene Körper wird gewissermaßen zur Welt. Die gespürten Teile des Körpers werden zu Schauplätzen erfüllten Sich-Ausruhens. Der eigene Körper ist ja, genau gesehen, nicht weniger Außenwelt als das, was sich, mit gröberen Maßstäben gemessen, zunächst einmal als Außenwelt aufdrängt. Wohlig empfundene Körperlichkeit mit den dazu gehörigen, insbesondere die Blutverteilung betreffenden Eigentümlichkeiten ist es, aus der sich animalisches Erleben in statu nascendi hervorhebt. Sättigung ist dieser Zustand zunächst, und Hunger klingt erst an. Haben und das Gehabte behalten, ist dieser Zustand zunächst; das Entlassen, Hergeben wird allmählich zum Bedürfnis. Sicheres Gefühl eines Beherrschens des körperlichen Bereichs dominiert und wartet dann auf den Augenblick, die Gefährlichkeit expansiven Erlebens zu riskieren. Jener Zustand ist Liebesbereitschaft zu allem, erfüllte Zärtlichkeit sich selbst gegenüber, potentielle Zärtlichkeit zur Welt hin. Und in all dies hinein klingt, so als ob eine Rückbesinnung auf das Einzellenstadium erfolge, eine Besinnung darauf, daß das vielzellige Wesen sich ursprünglich um die Keimzelle herum anordnete. Von daher „lebt" in solchem Zustand sexuelles Dasein „auf", je vollkommener dieser Zustand des Insichruhens, desto ausgeprägter und alles einzelne Lebendigsein tönend. Im Schlaf erfolgt ein solcher Rückzug von der Welt, vom Reizbeantworten, vom Expansivsein, regelmäßig in deutlichster Form. Im Schlaf wacht ursprüngliche innerste Animalität auf und tönt das ganze emotionale, gefühlshaft-empfindungshafte Dasein. Daher rührt es, daß neben den expansiven Antriebsarten im Traume die besondere Form menschlichen Erlebens, die sexuelle Erregtheit heißt, eine ausgebreitetere Rolle spielt, als das vom Beobachten des Wacherlebens her zu erwarten gewesen wäre. Aber dieser Zustand im Schlaf hebt die kommende und daher auch im Augenblick potentielle Entworfenheit des Menschen auf die Welt nicht auf. Daher muß der Schlafende gewissermaßen das Überflutetwerden durch archaische Animalität, u. a. auch durch die sexuelle Antriebswelt, besonders fürchten. Der Schläfer wird im Sinne unserer obigen Ausführungen (s. S. 78) zu Abwehrhaltungen gegenüber diesem Andrängenden neigen. Auch im Schlaf sich vollziehendes, reflektorisch-instinktives Geschehen wird dafür sorgen, daß keine Überflutung stattfindet, daß auch aus der Latenz Andrängendes nicht dominiert. U. a. wird die restierende Phantasie des Schlafenden, sein Traumerleben, Akzente verschieben, Ersatz wählen, sei es durch Ding oder Vorgang, „verharmlosen". Es fragt sich dann, welche Mittel dem Träumer hierfür zur Verfügung stehen. All dies ist weitgehend anthropomorph ausgedrückt, so als ob der Träumer Voraussicht, Absicht habe und sich entscheide. Es wird wohl in nicht allzu ferner Zeit gelingen, die gleichen Vorgänge nicht-mehr-anthropomorph, bildärmer, unmetaphorisch, in wirklich

„exakter", mathematischer Sprache zu schildern. Dann wird sich die praktische Frage ergeben, ob die notwendige Kompliziertheit solcher exakter Sprache für die übliche Verwendung nicht Nachteile enthält, denen gegenüber die Nachteile metaphorischer Formulierung geringfügiger sind. Es fragt sich also, wodurch der Mensch eventuell tatsächlich darauf vorbereitet ist, solche Verharmlosung nun auch wirklich vornehmen zu können:

In der Säuglingszeit beschäftigt sich der Mensch während einer vergleichsweise ungeheuren Zeitdauer mit seinem eigenen Körper. Die während dieser Zeit gesammelten Eindrücke sind zweifellos außerordentlich mannigfaltig und zahlreich. Eine ganze Welt von visuellen, taktilen, z. T. auch auditiven Wahrnehmungen wird der geinnerten emotionalen Erlebniswelt in buchstäblich tausendfacher Wiederholung zugeordnet. Auf diesem Wege entsteht eine innige Beziehung verschiedenster Körperteile über die Brücke von gleichen Gefühlsqualitäten hinweg. Dann wird diese ganze Welt automatisiert und so zum Engramm für spätere Verwendung. In der Regel ekphoriert der Mensch diese Vorstellungswelt nicht. Er ist späterhin so überwiegend der sogenannten Außenwelt zugewendet, er reagiert so weitgehend auf diese als Reiz, daß er die Erfahrungen mit seinem eigenen Körper zwar dauernd reflexhaft, als ihm zur Verfügung stehenden Mechanismus verwendet, aber ohne das, was man gewöhnlich „Bewußtsein" nennt. Andererseits aber steht ihm diese Welt von aufeinander bezogenen Vorstellungen des eigenen Körpers bleibend zur Verfügung, so daß er in besonderen Zuständen, z. B. im Schlaf eine Wiederverlebendigung vornehmen kann. Klingen in dieser Situation, wie oben entwickelt, mannigfache Körpersensationen und Gefühle, etwa auch vom Charakter sexuellen Erlebens an, so formuliert dieses sich weitgehend in vorstellungshafter „Körpersprache". Von daher gesehen ist es also nicht erstaunlich, daß der Mensch im Traum u. a. mit allen möglichen Körperteilen zu tun hat, die, verharmlosend, das „gefährliche" Gebiet der genitalen Sexualität vertreten. Sofern der eigene Körper auch Außenwelt ist, — und als das kann er ja, vom Gefühlserleben her gesehen, durchaus betrachtet werden, — liegt in dieser besonderen, dann mit Recht symbolisch genannten Verarbeitung von Innenzuständen ein erster Schritt zu deren Veräußerlichung und Verharmlosung zugleich.

Hinzu kommt, daß eine erhebliche Intensivierung des Innerns in Gestalt von Gefühls- und Erregungserlebnissen auch dadurch zustande kommt, daß im Schlaf die bedrohende Außenwelt weitgehend ausgeschaltet ist und sich infolgedessen das Bedrohte unbekümmert im Erleben ausbreiten kann. Wüchsen dem Menschen im realen Leben die Früchte in den Mund, läge die Außentemperatur bei 25° etwa, sodaß Bekleidung nicht nötig wäre, gäbe es wegen Überfülle an allem keinen Kampf und keine Sorge in diesem Sinn, auch keine Sorge und Furcht gegenüber Feinden, so würde der Mensch u. a. auch im Wachen sehr viel sexueller sein, als er es tatsächlich unter den gegebenen Weltumständen ist. All dies erklärt immer wieder in ausreichender Weise die im Vergleich zum Wacherleben wesentlich häufigere und betontere Erfülltheit des Traumes mit Sexuellem.

Darf das Bisherige nunmehr als korrekt gesehen unterstellt werden, so ist es keineswegs erstaunlich, daß die Dinge und Vorgänge der üblichen Außenwelt ebenfalls auf dem Wege des taktilen, sehr viel weitergehend aber noch des visuellen „Vergleichs" als Vertreter eigentlich gemeinter sexueller Dinge und Vorgänge herangezogen werden.

Von daher gesehen schwebt dem Träumenden in vermehrter Fülle nicht nur die eigene sexuelle Körperlichkeit vor, sondern auch die der anderen Menschen. Die primären und sekundären Sexualmerkmale von Frau und Mann werden weitgehend zu Repräsentanten der Männer und Frauen. Was am Manne Möglichkeit des Schutzes, Macht, Kraft bedeutet, erscheint unter dem Bilde des männlichen Genitales, des Phallus. Was an der Frau Möglichkeit des Bergens, umhüllende Fülle, spendende Fülle bedeutet, erscheint unter dem Bilde des weiblichen Cavums, der Vulva, der Vagina und dann der Brüste. Hinzukommt ja doch, daß das Kleinkind gerade von dieser intimen Sphäre der Erwachsenen frühzeitig mit aller Deutlichkeit ferngehalten wurde, auch als es selbst noch nicht das geringste sexuelle Interesse spürte. Da allgemeinste Aufmerksamkeit und Neugier die ganze Fülle der Welt zu erfassen drängten, hätte sich sein naives Interesse natürlich auch auf die verhüllte und daher doppelt interessante Welt intimer Körperlichkeit des anderen gerichtet. Gerade das aber blieb verboten. So war es selbstverständlich, daß sich um diesen Bereich herum eine phantastische, spekulative, antagonistische Vorstellungswelt aufbaute, die im Zusammenklang mit der oben geschilderten ein enges Geflecht stets zur Verfügung stehender Körpersymbolik ergeben mußte.

Die Welt solcher sexueller Symbolik ist außerordentlich reichhaltig. Das sprachliche Wacherleben der Menschen enthält ja bereits eine Menge davon. Die bildhaften Bezeichnungen für die primären und sekundären Geschlechtsmerkmale beider Geschlechter sind höchst verschiedenartig. In einer Sammlung von oberbayerischen Schnaderhüpferln z. B. findet sich eine gedrängte Fülle solcher sexueller Symbolik, wie sie in der betreffenden Gegend von allen, die sie hören dürfen und sollen, verstanden wird. Gesänge der Gunantuna auf den Neu-Hebriden, von Windhuis gesammelt, und von den Bewohnern dort, insbesondere von Frauen und Kindern interpretiert, enthalten das gleiche zahlreiche Material. Ganze Stöße von Literatur lassen sich hiermit füllen und sind auch hiermit angefüllt worden. Das gesellschaftliche Tabu der Sexualität hat aber dafür gesorgt, daß dieses Material, als pornographisch angesehen, weitgehend geheim blieb.

Die Frage einer Berechtigung solcher Geheimhaltung wird hiermit in keiner Weise berührt. Es wird lediglich das Faktum festgestellt. Und wie entwickelt, wird auf das weitere Faktum hingewiesen, das in der Weitverbreitetheit der sexuellen Symbolik besteht.

Wer bis hierher mit einiger Bereitwilligkeit gefolgt ist, also geneigt ist, im weiten Rahmen menschlichen symbolischen Erlebens auch die sexuelle Symbolik als höchst bedeutsam anzuerkennen, wird nun in der Regel die Frage stellen, warum es dann nicht zumindest für den Neurosenpsychologen und Psychotherapeuten ein ausführliches Symbollexikon gibt. In einigen Ansätzen ist dieses u. a. von Stekel entworfen worden. Zu einer der Vielfältigkeit des Gegenstandes entsprechenden, breiten und systematischen Darstellung ist es bisher aber nicht gekommen. Der Grund hierfür ist einfach; er liegt darin, daß die Ordnungen der Menschen eine öffentliche Diskussion dieses Bereichs bisher verboten haben. Man hat sich bestenfalls damit begnügt, die Verbreitetheit der sexuellen Symbolik im Traum für unwahrscheinlich zu erklären und daher auf eine ausführliche Darstellung dieser umstrittenen Tatbestände verzichtet. Hinzukam allerdings, daß die These von der ausgesprochenen Häufigkeit von Sexualsymbolen im Traum vom Sensationellen her mitgeteilt und diskutiert wurde, offenbar ohne daß es gelang, eine ausreichend einleuchtende Erklärung für diese Merkwürdigkeit menschlichen Erlebens zu finden, bzw. sorgfältig darzustellen. So kommt es, daß nicht nur das Kama Sutram bisher auch für den Wissenschaftler nur in lateinischer Übersetzung zugänglich ist, jedenfalls in seinen als „pornographisch" empfundenen Teilen, sondern auch ein ausführliches Symbollexikon der Träume nicht entwickelt wurde. Auch in der vorliegenden Darstellung wird dies nicht geschehen. Aber es braucht auch nicht zu geschehen, denn derjenige, der ernsthaft daran interessiert ist, die in Frage kommende Symbolik kennen zu lernen, — und was für die Psychotherapie äußerst wichtig ist: geläufig zu beherrschen! — kann sich mit einem Aufwand von nur drei Tagen etwa jederzeit ein solches Symbollexikon selbst herstellen. Er braucht nur folgendes zu tun, (als Mediziner wird ihm das sofort gelingen): Er stellt sich sämtliche sichtbaren Sexualmerkmale der Menschen zusammen, er beschreibt sie sich in allen Details nach Gestalt, Form, Farbe usw. Entscheidend ist, daß er das hinsichtlich sämtlicher Details tut, d. h. diese ganz ausdrücklich fixiert, sammelt und ordnet. Es ergibt sich dann also eine Sammlung von Größen, Formen, Farben, Lagen usw. Entsprechend geht er mit den sexuellen Vorgängen um, u. a. auch mit all denen, die sich an und mit Körperteilen abspielen, die vielleicht in der Hauptsache nicht-sexuelle Bedeutung haben. All diese Details und Teile und auch natürlich ganzen Gegenstände schreibt er in einer Kolumne untereinander. Dann überläßt er sich folgendem Phantasiespiel: Er sucht in seiner Erfahrungs- und Vorstellungswelt nach all denjenigen Dingen und Vorgängen, die als Merkmal die besitzen, die in jener Kolumne zusammengestellt sind. Mit einiger Wahrscheinlichkeit können dann alle die ihm vorschwebenden Dinge und Vorgänge aus nichtsexuellem Bereich die sexuellen Dinge und Vorgänge der Träume als Symbol vertreten. Wie schon gesagt, ad hoc, im Augenblick der Betrachtung eines Traumes läßt sich die Symbolik oft nicht entdecken. Es gehört schon die eben geschilderte Vorbereitungsarbeit dazu, drei Tage reichen dazu etwa aus, eine Tafel der Symbole zu entwickeln, die dann jederzeit erlaubt, den Einzelfall zu entziffern.

Aber es sei hier mit voller Eindeutigkeit ausgesprochen, daß mit all diesen Feststellungen in keiner Weise behauptet wird, jeder Gegenstand und Vorgang im Traum „sei also" sexuell. Woran sich dann häufig die mehr naive als präzise Frage anschließt, ob denn nun also jedes Ding und jeder Vorgang im Traum unbedingt ein Sexualsymbol „sein müsse". Es „muß" nicht so sein! Es ist vielmehr gewöhnlich so: Jeder Gegenstand oder

Vorgang im Traum kann selbstverständlich sich selbst vertreten! Aber: Jeder Gegenstand und Vorgang im Traum kann auch Symbol sein und ist es tatsächlich außerordentlich häufig. Von daher leitet sich das Recht ab, im noch dunklen Einzelfall probeweise, vermutungsweise zu erwägen, ob hier nicht ein Sexualsymbol vorliegen könne. Selbst in Träumen, die auf Anhieb hin keineswegs dunkel und sinnlos erscheinen, so wie sie eben erlebt worden sind, ist die Wahrscheinlichkeit des sexuellen Symbolcharakters von „neutralen" Dingen und Vorgängen sehr groß. Zumindest können diese Dinge und Vorgänge auch eine sexuelle Nebenbedeutung haben. In solchem Fall wirft die sexuelle „Lesart" des betreffenden Traumes, wie sich immer deutlicher zeigen wird, regelmäßig ein helles Licht auf die nichtsexuellen Bestandteile und Erlebnisweisen des Träumers.

Wer sich gründlich genug mit der anthropologischen Psychologie des antinomischen und darauf bezüglichen Antriebserlebens der Menschen beschäftigt hat und den obigen Darlegungen, — vielleicht erst nach dreioder vierfacher Lektüre, — glatt und vorstellungserfüllt gefolgt ist, wird jetzt sofort wissen, was gemeint war, als eben vom hellen Licht gesprochen wurde, das von der sexualsymbolischen Seite menschlichen Erlebens her auf sein Gesamterleben, einschließlich seiner allgemeinsten Beziehung zu Welt- und Lebensganzem, fällt. Jetzt erst wird voll deutlich werden, warum, obgleich die Traumthematik zu Beginn eindeutig auf drei sehr spezielle Antriebsbereiche. zentriert wurde, dennoch, wie es manchmal sicher schien, in die Ferne des Geistigen und Religiösen abgeschweift wurde. Angesichts der lebendigen Fülle und Vielschichtigkeit des Traumerlebens, angesichts seiner erstaunlichen und großartigen Architektur, angesichts der grandiosen Verdichtungsleistung von zunächst sehr heterogenen Bestandteilen bedeutete es eine unabdingbare Notwendigkeit, den Traum so animalisch und so geistig wie nur irgend möglich zugleich darzustellen. Vom animalisch primitivsten Antriebserleben her über die weiteste Weite menschlicher Existenz hinweg muß der Versuch, das vieldimensionale Gebilde Traum sachgerecht zu erfassen, u. a. zur sehr handfesten, primitiven und konkreten Sexualsymbolik zurückkehren. Der Traum ist eben dies alles zusammen und zugleich. Das Großartige und Erstaunliche ist, daß ein vergleichsweise so einfaches Gebilde eine so unerhört vielspältige Mannigfaltigkeit von Erleben in kondensiertester Konsonanz aufzufangen vermag. In einem doch relativ kurzen Erlebnisakt enthält ein oft scheinbar dunkles, sinnloses Etwas die an höchst vollkommene Gebilde der Kunst erinnernde Vereinigung grob diesseitiger und eindringlichst „jenseitiger" menschlicher Bezogenheiten. Es wäre sehr einfach gewesen zu simplifizieren und den Traum als primitiv-animalisches oder auch gar nur sexuelles Erlebnisgefüge darzustellen. Es wäre annähernd ebenso einfach gewesen, ihn als sublime Gestaltung rein geistiger Erlebnisbezirke darzustellen und den daran Interessierten womöglich auf kürzestem Wege zu erbauen. Der Traum ist aber, im Bilde gesprochen, ein mehrdimensionales Gefüge, und zwar kein additives. Die verschiedenen Dimensionen, die er umgreift, haben sehr wohl etwas miteinander zu tun, sogar Entscheidendes.

Eine Kurzformel mag das erläutern: Die Beziehung des Menschen zu seinem allerengsten grobsexuellen Bereich enthält erstaunlich weitgehend das gleiche „Gesetz", das auch sein übriges Leben bestimmt, seine Beziehungen zu Mann und Frau, seine Beziehung zu seiner Arbeit, zum Beruf, — und auch die zum Lebens- und Weltganzen. Was diese so weit auseinanderliegenden „Welten" miteinander verbindet, ist im wesentlichen der für den Träumer charakteristische Ablauf seiner Gefühle, seine ihm zugehörige Gefühlsdynamik. Denn diese enthält ja all die zurückhaltenden, zurücknehmenden, zögernden, hemmenden Momente, die oben in breiter Dramatik als Auseinandersetzung zwischen Antrieb und Antrieb, zwischen Bedürfnis und Bedürfnis, zwischen bedürfniserfülltem Mensch und Mitmensch geschildert wurden. Die Darstellung noch vieler weiterer Seiten ein- und desselben Zusammenhanges wird das bisher Gesagte zu erläutern und zu ergänzen haben.

So ausgesprochen es sich im Traumerleben jeweilig um eine Totalauseinandersetzung des Menschen mit der Welt und dem Leben als Ganzem handelt, so sicher der Ausschnitt darin, der von den Ordnungen der Menschen, von den Antinomien ihrer Mitmenschlichkeit handelt, daraus hervorgehoben ist, so sicher drei Antriebsbereiche mit den dazu gehörigen Befürchtungen eine weitere Konkretisierung darstellen, ebenso sicher ist es, daß der Mensch wie Anthäus dauernd Berührung mit der Erde sucht, im Schlaf die Tiefenschichten seiner Animalität aufsucht. Daher dann u. a. die sehr ausgebreitete animalische Symbolik.

Zu dieser gehört außer der sexuellen zumindest noch eine weitere hinzu, die anale. Wie aus den S. 74 ff. und den entsprechenden Kapiteln im „Gehemmten Menschen" hervorgeht, erfolgt in der frühen Kindheit während der Sauberkeitsgewöhnung eine lebhafte Auseinandersetzung des Menschen mit den Körperexkreten, mit Kot und Urin. Die dazu gehörigen Körperteile, Körperöffnungen und -vorgänge mit den zu ihnen gehörigen Farben, Formen, Empfindungen (Temperatur, Getast, Geruch usw.) spielen natürlich ebenfalls eine höchst bedeutsame Rolle. An den angeführten Stellen ist dann im einzelnen angegeben worden, in welchem Ausmaß etwa die Thematik der Leistung, des Leistensollens, des Hergebenmüssens, des Nicht-Hergebenwollens (retentive Kategorie) eine Rolle spielen und in welchem Ausmaß dagegen dennoch die Gegenstände, Körperteile und Vorgänge als solche. Im Schlaf, d. h. auch im Traum, zieht sich der Mensch zu erheblichem Teil auf die animalischen Bereiche zurück. Im Vergleich zum Wachen lebt er im Traum auffallend betont in der Welt seiner exkretorischen Funktionen. Der visuelle Charakter des Traumes sorgt dafür, daß Sensationen zurücktreten, ebenso Gefühle, und eine anschauliche Dramatik an deren Stelle tritt. Gehemmtheiten sorgen dafür, daß die entsprechenden Gegenstände und Vorgänge weitgehend und häufig symbolisiert werden. Also hat auch hier der Mediziner besonders Gelegenheit, sich eine Art Symbollexikon auf dem Gebiet der Sauberkeitsgewöhnung herzustellen. Damit wird also das anale Gebiet erweitert durch das urethrale. Sehr viele sonst dunkle Gegenstände und Vorgänge im Traum sind Symbole für Anales und Urethrales. Der Kot in seinen verschiedenen Formen und Auffälligkeiten ebenso der Urin, der

After und die Urethralöffnung, die Defäkation und das Urinieren werden durch, man könnte, wenn man so will, einfach Analoges sagen, vertreten. Als Beispiel sei nur genannt die häufige Symbolisierung des Kotes durch ein Stück Borke, des Urinstrahls durch einen Wasserstrahl, des Afters durch einen Eingang in eine dunkle Höhle, der Urethralöffnung durch einen Spalt in irgendeinem Gegenstand, des Defäzierens durch das Heraustreten dunkler, etwa schwarzer Massen aus irgendeiner Öffnung, des Urinierens in entsprechender Weise. Auch hier gilt natürlich, daß ein noch so hinweisender Gegenstand oder Vorgang keineswegs etwa in jedem Fall Symbol für Anales oder Urethrales sein muß. Aber: Je bereiter man ist, in jedem solchen Fall die Möglichkeit einer analen oder urethralen Symbolik zu unterstellen, desto entschlossener wird man sich dann der allgemeineren, charakterologischen, „weltanschaulichen" Bedeutung all dieser merkwürdigen Vorgänge zuwenden können. Und dann wiederum wird man auch die Bedeutsamkeit ganz eindeutiger grober Organ erlebnisse an After und Urethra, die merkwürdige Bedeutsamkeit von Kot und Urin für das Erleben mancher Menschen nicht mehr verkennen. Ein ausgesprochen dialektisches Verhalten wird dem Beobachter hier von der Dialektik der Tatbestände nahegelegt.

Hier reiht sich dann eine besondere Form des Ersatzes von Gegenständen und Vorgängen durch andere Gegenstände und Vorgänge an, die man sicher im allgemeinen zögern wird, symbolisch zu nennen. Es handelt sich um das Gebiet der Aggressivität und zwar der sehr handgreiflichen, groben. Extremfall ist die mörderische Aggressivität, u. a. die orale. Deren Verwirklichung besteht in Raubmord aber auch z. B. im Akt des Totalverschlingens, etwa des Kannibalismus. Die Psychologie des Traumerlebens, einmal in ihren Grundzügen wirklich verstanden, ergibt schon als theoretische „Forderung", daß ein erheblicher Teil der hierher gehörigen Vorgänge und Gegenstände im Traum durch harmlosere ersetzt sein wird. Es sei hier als Beispiel der Ersatz eines Messers durch ein Holzstäbchen genannt. So etwas kann vorkommen. Oder ein anderes Beispiel: Der betreffende menschliche Partner, um den es sich handelt, auf den sich heftige aggressive, aber latent gebliebene orale Tendenzen richten, wird durch ein Tier ersetzt. In all solchen Fällen wird man nur noch bedingt von Symbolik sprechen, eher dagegen von Ersatzvorgängen und Ersatzgegenständen. Aber es bleibt dem Einzelnen natürlich durchaus unbenommen, hier mit Rücksicht auf die beteiligten Gefühle von Symbolen zu sprechen. Daß man hier im allgemeinen zögert, so zu formulieren, rührt wohl daher, daß zwar Gefühle beteiligt sind, aber doch solche von vergleichsweise plumper, grober, heftiger Art. Es handelt sich um grob dramatische Affekte. Und gerade dieses Merkmal gehört ja nicht eigentlich zu denjenigen, die zunächst einmal den Begriff Symbol charakterisieren. Fällt einem die heftige Leidenschaftlichkeit der sexuellen Thematik ein, die ja besonders häufig symbolisiert werden soll, wie entwickelt wurde, so ist doch daran zu denken, daß die Sexualität im allgemeinen menschenwesentlich in Zärtlichkeitsempfindungen und Liebesgefühle eingebettet zu sein pflegt, während das Entsprechende für die plumpe aggresive Motorik nicht gilt. Daher ergibt sich ein allmählicher fließender

Übergang vom Allgemeinsten zum sehr Besonderen im Erleben und dann auch vom „eigentlichen" Symbol zum bloßen Ersatzbild.

21. Die Allegorie

Das menschliche Erleben zeichnet sich durch große Mannigfaltigkeit aus. Glaubt man Typisches, einige Regeln, einige Möglichkeiten des Überblicks gefunden zu haben, so erweist sich fast immer, daß für den gesetzten Zweck die Reichhaltigkeit des Inbetrachtgezogenen nicht genügt. Dann scheint oft sehr rasch völlige Unübersehbarkeit zu gelten. Und doch erweist sich bei erneutem, genauerem Hinschauen, daß Gleiches wiederkehrt, und daß nur der sehr junge Stand wissenschaftlicher Bemühung hinsichtlich einer gesamten Anthropologie es ist, der den Schein drohender Unübersehbarkeit hervorruft. So ergibt sich für den Bemühten leicht eine ganz bestimmte praktische Schwierigkeit, nämlich die, daß eine Reihe von sehr offensichtlichen Ersatzgegenständen und Vorgängen den Betrachter in eine Auffassungsrichtung drängen, so als ob dahinter die „grobe" Symbolik auf sexuellem oder analem Gebiet etwa zurücktreten müsse. Es wird hier an all die Erscheinungen gedacht, die man gewöhnlich a l l e g o r i s c h , A l l e g o r i e , nennt. Wäre der Unterschied zwischen Allegorie und Symbol von der Wissenschaft her nicht nur an verhältnismäßig verborgenen Orten einigermaßen verbindlich diskutiert worden, sondern Allgemeinbesitz der daran Interessierten, so würde es hier möglich sein, darauf zurückzugreifen. So aber wird nun darauf verzichtet werden müssen, verbindliche definitorische Bestimmtheit zu erreichen. Es muß vielmehr genügen, in erster Linie auf jene praktische Schwierigkeit hinzuweisen, um einiges Charakterisierende über das Allegorische zu sagen. Der Charakter des Einleuchtenden, Offensichtlichen haftet der Allegorie im Gegensatz zum Symbol an. Die Statue einer repräsentativen Frau, die eine Waage in der Hand hält, und deren Augen verbunden sind, weist überaus deutlich auf das Gemeinte hin: Wer abwägt und nicht hinsieht auf das, was er abwägt, muß ein irgendwie geheimnisvolles Organ haben, was ihm Sicherheit des Abwägens erlaubt. Handelt es sich um einen Menschen, der in dieser Weise gewogen wird, also „ohne Ansehen der Person", so bedeutet das Bild einen sehr wahrscheinlichen Hinweis auf das Problem der „gerechten" Abwägung. Aber es muß immerhin hinzugefügt werden, daß nicht ganz einfach abzuschätzen ist, wie weit derjenige, für den diese Allegorie nicht Tradition ist, hier unmittelbar oder doch sehr bald verstehen würde. Auf jeden Fall wird durch die Merkmale der Allegorie auf die gemeinten geistig-seelischen sehr deutlich hingewiesen. Und da das Seelisch-Geistige auch sprachlich sehr häufig in Bildern formuliert wird, ist unser ganzes Erleben hinsichtlich seiner Formulierung durchsetzt mit bildlichen Redewendungen. Man spricht z. B. davon, jemand verleihe einem anderen Schutz und Schirm. In diesem Fall geht das Wort Schutz auf eine Art der Beziehung. Das Wort Schirm dagegen bezeichnet einen Gegenstand, der sehr konkret, sehr bekannt ist und einen bestimmten Zweck erfüllt. Von daher gesehen besteht also sehr wohl die Möglichkeit, durch ein gemaltes oder gezeichnetes Bild darauf hinzuweisen, wenn man den Tatbestand auch eines nur geistig-seelischen Schutz- und Schirmverleihens meint. Es wird also gar nicht so selten vorkommen, daß im visuellen Traumerleben ein Schirm, und zwar ein „richtiger", also solcher konkret sichtbarer, allegorische Bedeutung hat. In solchem Fall konkurriert also, bevor das Gesamterleben des Träumers eine Entscheidung hierüber fällt, die Auffassung des Schirms als Allegorie mit einer Auffassung des Schirms etwa als Phallussymbol. Da die Allegorie in diesem Fall „harmlos" ist, wird der unvorbereitete Betrachter dazu neigen, sich einer allegorischen Interpretation „naiv" zu überlassen. Der „harmvolle" Charakter der Phallusthematik im menschlichen Erleben wird dafür sorgen, daß der Betreffende diese übersieht oder mindestens dazu neigt, sie zu vernachlässigen. Er wird dies aber zunehmend weniger tun, wenn ihm durch differenzierende und ausgedehnte Bemühung deutlich geworden ist, daß das Symbol des Phallus neben seiner animalischen Bedeutung im Traum auch regelmäßig eine allgemeinere hat, eine geistige, weltanschauliche, — wie nun schon mehrfach erörtert (s. z. B. S. 105). Dann auch wird er finden, daß diese „allgemein-menschliche" Bedeutung des Phallus etwa die des „Machtträgers" ist. Und der Machtträger ist ja derjenige, der in besonderer Betontheit zu schützen vermag, was dann etwa als „Schutz und Schirm verleihen" bezeichnet wird. Der Schirm, erhoben gegen den strahlenden oder regnenden Himmel, ist ja Werkzeug einer Machtausübung des Menschen, so wie der Phallus die Macht hat, ein menschliches, weibliches Lebewesen mit totaler Erregtheit zu erfüllen, den Orgasmus bei ihm auszulösen und sogar neues Leben in Form des Kindes in ihm zu erwecken. Ein meditatives Sich-Vertiefen in diese und alle ähnlichen Zusammenhänge läßt eine ganze Welt von Beziehungen aufleuchten, die der Mensch zwar dauernd erlebt und infolge der Traditionsgesättigtheit der Sprache dauernd ohne sich viel zu besinnen formuliert aber im allgemeinen nur sehr selten nach-denklich, besinnlich und damit ausdrücklich registriert. Auch in dieser Hinsicht hat jeder, der einmal auf diese Tatbestände menschlichen Erlebens aufmerksam geworden ist und ihre Bedeutung erkannt hat, die Möglichkeit, sich im Verstehen und Überblicken dieses Bereiches zu üben; so, daß ihm dann allmählich eine große Fülle von hinzugehörigen Erscheinungen geläufig wird. Dann werden dem Betreffenden im Einzelfall des dunkel und sinnlos erscheinenden Traumes auch die möglicherweise zugehörigen Allegorien und Symbole wie selbstverständlich gegenwärtig sein. Dann wird er eine Haltung erreicht haben, deren Schwerpunkt z w i s c h e n symbolischer und allegorischer Auffassung liegt. Je deutlicher die im wirklichen Erleben der Menschen vorhandenen Beziehungen zwischen dem quasi geistigen Allegorischen und dem animalischen Symbolischen geworden sind, desto weniger verrückbar wird der Schwerpunkt erwägender Auffassung gegenüber dunkel-sinnlosen Traumstellen bleiben.

Eine bereitwillige Vertiefung in diese Seite menschlichen Erlebens, eines reinsten, urtümlichen Umganges mit der Welt, ergibt nun etwas Weiteres: ein Verständnis für die Tatsache, daß der Mensch im Traume nicht nur tradierte, überkommene Allegorien und allegorische Redeweisen verwendet, sondern als Teilhaftiger dieses menschlichen Erlebnisbereiches auch selbständig allegorische Gebilde „erfindet“. Die Aussage, jemand habe eine bestimmte Entwicklungsstufe erreicht, enthält ja das Wort „Stufe“. Es ist unwahrscheinlich, daß der wortbildende Urmensch das Wort Stufe erfand, als er Geistig-Seelisches meinte. Mit diesem Wort wird er die konkrete Stufe aus dem taktil-visuellen Bereich bezeichnet haben. Das „Innenerlebnis“ des Gefühlsablaufs, der da mitspielte, wird zunächst nicht registriert worden sein. Aber er war deshalb doch da. Er wurde späterhin deutlicher, als es galt, Phänomene wie die stufenartige Entwicklung der menschlichen Persönlichkeit mitteilbar zu machen und daher zu bezeichnen. Das Wort „Stufe“ stellte sich dann für übertragene Bedeutung zur Verfügung. So kann auch derjenige, dessen Sprachschatz das bildlich gemeinte Wort der „Stufe“ nicht aufgenommen hat, der aber das Wort „Stufe“ für die taktil-visuelle Stufe kennt und natürlich auch den begleitenden Gefühlsablauf zumindest im Traum das allegorische Bild einer Stufenfolge, also einer Treppe produzieren.

Darüber hinaus besteht aber die Tatsache, daß der Betreffende einen entsprechenden Gefühlsablauf von höchster Bedeutung auf animalischem Gebiet, auf sexuellem Gebiet kennt, nämlich den, der die sexuelle Erregung von ihrem ersten Auftreten bis zum Orgasmus begleitet. Auch hier handelt es sich um ein Auf und Ab, ein An- und Abschwellen, wie es außerdem dann auch noch den Sexualakt selbst charakterisiert. Auch dieser ent-wickelt sich. So besteht gleichzeitig die Möglichkeit, den Gefühlsablauf des grob-sexuellen Erlebens durch eine Treppe zu symbolisieren, den Sexualakt durch das Aufwärtssteigen auf einer Treppe. Auch hier im freisteigenden Phantasieakt des Traumes ist die allegorische Möglichkeit mit der animalisch-symbolischen durch Gleichartigkeit des Gefühlsablaufs verbunden. Wer sich auch nur in diesen speziellen Zusammenhang vertieft, wird sofort bemerken, daß im Augenblick des deutlichen Vorschwebens solchen Erlebnisgefüges am Rande eine Fülle weiterer Berührungspunkte auftauchen. Auch deren Zahl erscheint zunächst unbestimmt, kaum übersehbar, aber es ergibt sich dann doch nach gar nicht so lang dauernder Bemühung ein Sättigungsgrad der Konzeption, der dem entspricht, was der Mensch vertrauend und beruhigt als lebendige Erfülltheit kennt.

22. Die menschliche Reifung im Traum
Metaphern der Reife

Es läßt sich beobachten, daß die Lebewesen, auch der Mensch, einen Werdegang durchlaufen, der nach verhältnismäßig konstanter Dauer einen Grad der Ausgeprägtheit erreicht, den man Reife nennt. Eigentümlichkeiten, Merkmale, die zumeist schon von Beginn an im Ansatz vorhanden sind, erlangen eine vergleichsweise endgültige Geprägtheit. Für alles, was Reifen heißt, hat sich der Mensch daher stets lebhaft interessiert, auch für seine eigene Reifung. Ein Spezialfall solchen Reifens ist dann u. a. die Erlangung der sexuellen Reife, die Vollausbildung der sexuellen Erlebnis- und Handlungsmöglichkeiten. Eingebettet in die an Antinomien reichen Ordnungen der Menschen, ist für alle diejenigen, die Ordnung bejahen und vertreten, von großer Wichtigkeit, auch solches Reifen der menschlichen Persönlichkeit zu beobachten, zu verfolgen und der Gereiftheit einen Ort im Gesamtordnungsgefüge zu verleihen. Die Reifungsriten der „Primitiven" sind ja allgemein und schon sehr früh von ihrer sensationellen Seite her bekannt geworden.

Wenn es richtig gesehen ist, daß das Traumerleben einen Lösungsversuch antinomischer Konflikte in einer besonderen Form der Phantasie darstellt, so muß natürlich auch das Reifen des Menschen in verschiedensten Abwandlungen dort hineinspielen. Tatsächlich ist damit ein Gesichtspunkt gewonnen, der den Tatbestand vieler Träume korrekt trifft. Immer wieder lassen sich Parallelen feststellen zwischen höchst eigenartigen Traumvorgängen und den uns bekannten Reifungsriten der Primitiven. So wie diese rituelle oder auch sakrale Lösungsversuche gegenüber den antinomischen Beziehungen zwischen reifender Persönlichkeit und bestehenden Ordnungen der Älteren darstellen, sind auch die analogen Traumvorgänge zu verstehen. Dabei geht aus dem hier Entwickelten wohl mit Selbstverständlichkeit hervor, daß es sich jeweils nicht nur um die eigentlich sexuelle Thematik handelt, sondern daß alle die oben breit entwickelten weiteren, allgemein menschlichen Bezüge zumindest mitschwingen. Im Einzelfall kann der in Frage stehende Reifungsvorgang seinem Gewicht nach völlig einer Auseinandersetzung des Träumers mit der Welt und dem Leben als Ganzem entspringen. Eine „Auffassung" der Träume als „Darstellung" von Reifungsvorgängen widerspricht also in keiner Weise etwa den hier sonst und vorher vertretenen Positionen. Nur oberflächliches Hinsehen am Anfang kann wegen der Auffälligkeit und Prägnanz der einzelnen Traumbilder dazu verführen, die ja selbstverständliche innere Beziehung zwischen dem Thema: Lösungsversuch antinomischer Konflikte und dem anderen Thema: Reifungsprozeß zu übersehen. Die speziellen Zusammenhänge auf diesem Gebiet werden also nicht nur von einer isolierten Auffassung der Träume als Reifungsvorgang her gesehen und dargestellt werden dürfen. Aber es ist durchaus verdienstvoll, wenn der betreffende Tatbestand zunächst einmal monographisch gefaßt wird (Jöckel).

Je eindeutiger anerkannt werden muß, daß der Traum eine besondere Form von Phantasiegebilde darstellt, in dem das Antriebserleben des Menschen sich mit den Antinomien des Lebens auseinandersetzt, je eindeutiger feststeht, daß allgemeinste vitale Bedürfnisse, u. a. und auch besonders solche sexueller Natur, in verhüllter, symbolischer Form darin erlebt werden, desto eindringlicher ist die Aufgabe, die weiteren Seiten desselben Zusammenhanges ausdrücklich zu fixieren. Dazu gehört u. a., daß der Mensch in solchem Traum-Phantasieren sich selbst als sich Entwickelnden erlebt. Dieses Erleben hat dynamischen Charakter. Es ist ein quasi-motorischer Vorgang. Als Phantasiegebilde, als vorwiegend gesehenes, visuelles Gebilde, stellt es daher notwendigerweise einen motorischen Vorgang im Raum dar. Die Bilder räumlicher Gegenstände also werden solche Vorgänge dynamischer Entwicklung begleiten. Schwellen werden auftreten, Stufen, Podeste, Plattformen u. ä. Gegenstände, die für das Vorwärtsbewegen Hindernisse in diesem oder jenem Sinn zu sein pflegen. Aber eine große Fülle weiterer Vorkommnisse stellt ebenfalls Formulierungen von Reifungsvorgängen dar, sofern man eben diesen Aspekt aus irgendeinem Grunde biographischer Betrachtung für wichtig hält und ihn daher hervorhebt. Es seien einige wenige Beispiele hierfür genannt: Ein reifender Mensch wird u. a. innerhalb eines verworrenen oder gar chaotischen Zustandes Ordnung schaffen. Visualisiert, d. h. ins Gesehen-Anschauliche übertragen etwa: Er sitzt da und ordnet irgendwelche Gegenstände um sich herum. Wir sahen ja oben bereits, daß man beliebige „Schichten" des sogenannten Innenerlebens auch ebenso gut als Außenwelt betrachten kann. Vom Selbst, vom Subjekt, vom Gewissen her gesehen, ist das zu Ordnende im räumlichen Bild gesehen ein Außen. Was da geordnet wird, ist Erlebnis. Sichtbar geworden ist das Geordnete dann irgendein Ding, dessen Eigentümlichkeiten mehr oder weniger entfernt auf das zu ordnende Erleben hinweisen. Ein säulenähnliches Ding hat mit einem „hohen" Gefühl jedenfalls die Höhe als auszeichnendes Merkmal gemeinsam.

Ein weiteres Bild solchen Reifungsvorganges kann das Betreten eines Raumes darstellen. Es kann sich darum handeln, daß der Träumer durch einen Kanal, durch einen dunklen Gang hindurch ins Helle gelangt. Der Träumer kann ein Licht anzünden, aber er kann auch lediglich bemerken, daß irgendwo ein Licht angezündet wird. Er kann einen Baum sehen, an dem Früchte hängen und er bemerkt dann etwa, daß diese schon zu einem Teil reif sind, und daß im weiteren Verlauf des Traumes diese oder jene Frucht offensichtlich reif abfällt. Die Fülle der Bilder, die z. T. üblichen Charakter haben, z. T. sehr individueller Natur sind, ist natürlich schier unübersehbar.

23. Der Traum als Kompromiß

Die Vielfalt der Möglichkeiten menschlichen Erlebens, auch wenn es sich nur um den hierher gehörigen Ausschnitt handelt, ist, vom Gesichtspunkte therapeutischer Bemühungen her gesehen, Gottseidank nicht unübersehbar groß, aber recht erheblich. Daher ergibt sich immer wieder die Notwendigkeit, zunächst heterogen Erscheinendes aufeinander zu beziehen, vielfache Gleichartigkeit der Struktur festzustellen, nach Zusammenhang zu ordnen und unter immer neuen Aspekten Überblick zu ermöglichen. So ist auch das Auftreten immer neuer Begriffe, die zunächst oft als gar nicht zugehörig erscheinen, im Grunde keineswegs erstaunlich sondern ganz im Gegenteil durchaus zu erwarten. Wenn man sich also z. B. fragt, wie die in den letzten zehn oder zwölf Kapiteln geschilderten Vorkommnisse und Zusammenhänge etwa unter einen Oberbegriff gebracht werden könnten, so besteht durchaus die Möglichkeit, hier den Begriff des Kompromisses einzuführen. Der Mensch erweist sich als ein grundsätzlich illusionäres Lebewesen. Seine aus der Tiefe aufsteigenden Bedürfnisse verwandelt er seiner Art nach in Erwartungen und Hoffnungen. Die Dinge der Welt haben demgegenüber aber grundsätzlich einen widerstrebenden Charakter. Auf jeden Fall wird der reale Lebensvollzug anders verlaufen, als ihn sich der Mensch dumpf oder ausdrücklich erträumt. Der Mensch wird als zur Illusion bestimmtes Wesen geboren. Er ist bestimmt, Blütenträume zu entwickeln, und es ist Bestimmung, daß diese Blütenträume nicht reifen, zu erheblichem Teil wenigstens nicht. Der Mensch lebt frei, insofern er nicht instinktgebunden ist und seine originären Bedürfnisse in lockere Konkurrenz miteinander treten können. Seine Freiheit geht nicht so weit, daß er die Bedürfnisse und Antriebe und auch die vorschwebenden Befriedigungen so wählen kann, wie er will. Aber er hat eben die Freiheit, zwischen ihnen wählen zu können, vorziehen und zurückstellen zu können. In erheblich weiten Grenzen hat er die Freiheit, an das, was aus seiner dunklen Tiefe aufsteigt und ihm unerwünscht scheint, nicht mehr zu „denken". Ist dies aber alles so, so ist der Mensch seinem Wesen nach, infolge seiner Freiheit, dauernd damit beschäftigt, Beziehungen zu erleben, zu vergleichen, einander Widersprechendes aufeinander abzustimmen, z. B. reale Möglichkeiten mit aufquellenden Bedürfnissen. Er ist dauernd damit beschäftigt, Kompromisse zu schließen. Sein Traumerleben stellt einen Bereich dar, innerhalb dessen dies in ausgezeichneter und ganz besonderer Weise geschieht. Die Vernunft und der ihr dienende Verstand ragen so in den Traum hinein (s. S. 36).

24. Der Ablauf der Gefühle und das räumliche Bild

Mit gewissen Einschränkungen ergibt sich im Gesamtüberblick des bisher Dargestellten die Möglichkeit, ganz allgemein davon zu sprechen, daß es sich um den Ablauf der menschlichen Gefühle handelt. Da dies so ist, gelten auch alle wissenschaftlichen Schwierigkeiten, die die Fixierung, Registrierung, Bezeichnung und Ordnung der menschlichen Gefühlswelt betreffen, für den hier erörterten Bereich. Man kann sogar sagen, daß diese ungeheure Schwierigkeit, das Gefühlserleben der Menschen mit einiger Exaktheit, gleichzeitig aber auch voller Lebendigkeit und Vollständigkeit zu erfassen, die Hauptschwierigkeit der gesamten Psychophysiopathologie darstellt (s. auch Crudewig). Eines Tages wird es, vorausschaubar, eine äußerst reiche Wissenschaft vom Gefühlserleben der Menschen geben, so wie es grundsätzlich vor 400 Jahren möglich war, die Entwicklung der organischen Chemie mit ihrer Vielfalt, die sich heute etwa in der halben Million bekannter organischer Verbindungen darstellt, vorauszusehen. Noch aber sind wir lange nicht so weit. Wieder und wieder sind wir gezwungen, das Gefühlserleben mit Hilfe räumlicher Bilder zu erfassen und mitzuteilen.

Die motorische Auseinandersetzung mit dem wahrgenommenen Raum, d. h. mit den räumlich wahrgenommenen Gebilden und ihren Anordnungen, legt, wie wir immer wieder gesehen haben, die Verwendung des räumlichen Bildes als eines Hinweises auf gut Bekanntes, jederzeit Untersuchbares, bei Erörterung des Unbekannten nur äußerst schwer Mitteilbaren und Überprüfbaren, der Welt der Gefühle nämlich, nahe. Daraus ergibt sich u. a., daß es durchaus verfehlt wäre, heute schon die verschiedenen Möglichkeiten der sog. „Betrachtung" so gegeneinander auszuspielen, als handle es sich wirklich um verschiedene Auffassungen. Es kommt vielmehr dringlichst darauf an, sich dauernd voll gegenwärtig zu halten, erstens, daß es sich eben so und so oft und immer wieder um bildliche Formulierungen, um Metaphern handelt und zweitens daher auch, daß alle Aussagen über diesen Erlebnisbereich vorläufigen, Not-Charakter haben. Vorläufig wird man tastend und sehr verschiedenartig formulieren und ausdrücklich darauf achten müssen, daß man nicht Formulierungen mit den Gegenständen selbst verwechselt. Das Bild eines Gegenstandes ist nicht der Gegenstand selbst, eine Analogie ist nicht Identität, die Hervorhebung einer Seite eines Gegenstandes oder Zusammenhanges darf nicht mit einer sogenannten „Wesenserfassung" verwechselt werden. Das, dieses Fehlgreifen ist z. B. in prägnanter Weise in der Phänomenologie Husserls vollzogen worden. Wer eine bestimmte handliche Terminologie erlernt hat, muß wissen, daß es aus all diesen Gründen den Worten nach sehr andersartig erscheinende Terminologien geben wird. Er muß wissen, daß es keine falschen und wahren Bezeichnungen gibt sondern nur mehr oder weniger zweckmäßige. Er muß wissen, daß erst die Zukunft darüber entscheiden wird, welche Gegenstände und Zusammenhänge eine besondere Bezeichnung verdienen und welche nicht. Erst die Zukunft wird entscheiden, welche von den heute überhaupt verwandten Begriffen das Vordringliche und Wichtige treffen und daher im Prozeß wissenschaftlicher Entwicklung als allgemein akzeptiert übrigbleiben werden. Dann erst wird auch entschieden sein, auf welche bildlichen Ausdrücke man wird verzichten können und auf welche nicht.

Vorläufig also bedienen wir uns immer wieder der räumlichen Bilder, also auch der Bilder unseres motorischen Verhaltens im Raum, um die Geschehnisse im Gefühlserleben zu charakterisieren. Die oben erörterten Beziehungen legen dies nahe. Daher sprechen wir z. B., wenn wir den Erlebnis„strom" des Menschen unter dem Aspekt der darin enthaltenen Gefühle von bestimmter Seite her charakterisieren wollen, von einem „Wogen" der Gefühle und Gefühlstönungen. Da der Mensch zwiespältig erlebt, so, wie wir das immer wieder schilderten, kann auch von einem „Wogen" seiner Bedürfnisse gesprochen werden. Solche Vergleiche schweben uns, die wir erstens die schwerfaßbaren Gefühle erleben und zweitens dauernd motorisch sind, vor. Wenn wir dann z. B. weiter feststellen, daß ein Gefühlston „abbricht", haben wir wieder ein Bild, eine Metapher, verwandt. So wimmelt es in unserer Sprache von räumlichen Bildern, mit deren Hilfe wir Gefühlsartiges zu unterscheiden, zu treffen, mitzuteilen suchen. Im Wacherleben schweben uns diese Vergleiche „automatisch", fast in einem Akt erlebt, vor. Wenn wir uns hier um mikropsychologisches Beobachten bemühen, gelingt es sogar immer wieder, dann deutlich „sichtbare" Vorstellungen von Räumlichem und Motorischem zu fixieren. Und dieser höchst wichtige Bestandteil unseres Wacherlebens erscheint im Traume aller Orten, hier nur mit lebhaftester Deutlichkeit. Im Traume z. B. wird das Bild der Wogen, das ein „Wogen" des Gefühls begleitet, als visuelles, leuchtendes Bild lebendig. An anderer Stelle, in anderem Zusammenhang, begleitet die Kurve, ersetzt die Kurve eines Astes das im gleichzeitigen Gefühlserleben, was wir als Veränderung im Gefühlsablauf erleben. Ein Abbrechen dieses Astes, voll visuell erlebt, ersetzt die

Registrierung eines Gefühlsabbruchs oder auch eines Abbruchs eines Bedürfnisses, eines Antriebes.

So könnte man davon sprechen, daß die Bilder unserer Sprache, wenn diese Emotionales formulieren und mitzuteilen sucht, einen Hinweis darstellen auf die entsprechenden, nur viel helleren, leuchtenderen, visuelleren Bestandteile unseres Traumerlebens. Sofern die antinomischen Erlebnisse des Menschen auch im Traum von Vernunft, Selbst und Subjekt gesteuert werden, sofern all das hierher Gehörige weitgehend gefühlshaft ist, erlebt der Mensch im Traum jene Bereiche bevorzugt in räumlichen und motorischen Bildern. Diese weisen u. a. auch auf jene hin.

25. Das „Subjekt" im Traum
Die „Deutung auf der Subjektstufe"

In den beiden vergangenen Jahrzehnten hat sich bei der wissenschaftlichen Behandlung des Traumerlebens eine große Schwierigkeit ergeben, die im wesentlichen durch Nichtbeachtung des eben Erörterten zustande kam. Es schien so, und zwar überwiegend, als stände eine Traum„deutung" im Sinne einer bevorzugt sexualsymbolischen Interpretation in unüberbrückbarem Gegensatz zu einer solchen auf der sogenannten „Subjektstufe". Die Tatbestände aber liegen so, wie bisher breit erörtert. Der Traum ist eben ein „mehrdimensionales" Gebilde. Es gibt also „Seiten" des Traumerlebens. U. a. ist der Traum Erlebnis der Auseinandersetzung von Antrieben mit der Welt. Aber das bedeutet eben auch gleichzeitig, daß ein Subjekt sich selbst in solchem Erleben als ein sich Wandelndes erlebt. Die sexuelle Interpretation war einseitig, denn es sind mehrere Antriebe beteiligt. Die symbolische Interpretation war zu eng, da der Begriff Symbol hierfür nicht ausreichte. Aber die sexualsymbolische Interpretation war außerordentlich viel weitgehender zutreffend und viel begründeter, als die Kritiker meinten oder noch meinen. Der Ausdruck „Deutung" war durchaus irreführend, denn es handelte sich, wenn überhaupt interpretiert, „gedeutet" wurde, um angewandte Empirie. Der Begriff Subjektstufe bezw. „auf der Subjektstufe", war von seinen Verwendern fast immer nicht-erkannte Metapher. Die Wendung „auf der Stufe" war in Wirklichkeit ein metaphorischer Hinweis. Man sprach von dieser Stufe offenbar als einer höheren gegenüber der niederen des Trieblebens. Wir haben ja gesehen, daß solche Rangordnung durchaus ihren vernünftigen Sinn hat aber keinen von vornherein selbstverständlichen. Entkleidet man diese Formel ihres metaphorischen Charakters, so bleibt übrig, daß man gegenüber der Antriebsseite auf das steuernde Erlebniszentrum hat hinweisen wollen. Tatsächlich wies man nicht nur darauf hin, daß es ein steuerndes Etwas gibt, sondern daß dieses nicht nur formal, sozusagen punktuell aufzufassen ist, vielmehr ebenfalls eine gewisse Breite des Erlebens, eine eigene Erlebnisfülle darstellt, also ausdrückliche Berücksichtigung fordert. So erweist die nähere Betrachtung in engster Anlehnung an das tatsächliche Erleben, insbesondere Traumerleben des Menschen, daß die beiden, so außerordentlich gegensätzlich erscheinenden Interpretationen nicht nur verschwommenerweise sehr wohl miteinander harmonieren, sondern, rektifiziert und wohlverstanden, verschiedene Seiten der Sache korrekt treffen. Was dies im einzelnen heißt, ergibt sich aus der Interpretation von Träumen der IV. Gruppe besonders (s. S. 230), und dann auch solchen, wie sie unter dem Titel: Aussagen über den Träumer (s. S. 272) entwickelt werden. Jene Aussagen über den Träumer enthalten z. B. eine formale Charakteristik des Träumers. Sie umfassen außer dem Was seines Erlebens auch dessen Wie.

26. Die „exakte" Phantasie

Goethe hat diesen Begriff übernommen oder selbst entwickelt. Er hat ihm eine sehr korrekte Prägung gegeben, nämlich in heutiger Formulierung die, daß es sich dabei um ein menschliches Erleben handelt, das die realen Verhältnisse der Welt in der Vorstellung exakt wiedergibt, bzw. kommende Verhältnisse der Welt innerhalb des Bereichs des Möglichen korrekt vorwegnimmt. Wir haben gesehen, daß die exakte Phantasie dauernd in den Traum hineinspielt. Aber sie tut eben nur das. Sie spielt dauernd hinein und mit, macht das Traumerleben aber keineswegs etwa aus.

Es wird noch genauestens zu erörtern sein, und zwar anhand großen Materials, das wir heute auf keinen Fall bereits besitzen, und bei genauester Überprüfung der tatsächlichen Vorkommnisse, wie häufig der Traum korrekt vorwegnehmende Phantasiebestandteile enthält. Es ist durchaus Aufgabe der Zukunft festzustellen, in welchem Ausmaß und Sinn das vorkommt, was gewöhnlich „Wahrtraum" genannt wird. Was bisher darüber gesagt wurde, ist so weitgehend inkorrekt und mit Trugschlüssen und Verallgemeinerungen durchsetzt, daß es kaum gerechtfertigt ist, ernsthaft darauf einzugehen.

Es muß genügen, darauf hinzuweisen, daß der Mensch sich auch sein äußeres Schicksal aus inneren Gründen, u. a. auch aus neurotoiden oder neurotischen Gründen, zum Teil selbst aufbaut. Daraus folgt, daß die im Traum bildhaft erlebten „inneren" Gründe also in irgendwelchen Grenzen kommendes Schicksal vorwegnehmen, — eben in exakter Phantasie. Es werden sich also Zuordnungen zwischen Traum und späterem realem Erleben mit einiger Wahrscheinlichkeit feststellen lassen. Wie groß die Häufigkeit dieser Vorkommnisse aber ist, ist noch völlig unübersehbar. Die Beweislast liegt also vorläufig noch bei denjenigen, die die Häufigkeit von Wahrträumen betonen und daher der Meinung sind, daß über die Selbstverständlichkeit des Vorkommens solcher Zusammenhänge hinaus ein besonderer Terminus, nämlich „Wahrtraum", hierfür eingeführt werden sollte.

27. Die kombinatorische Phantasie

Die exakte Phantasie ist dadurch ausgezeichnet, daß sie in der Vorstellung reale Verhältnisse korrekt nachbildet bezw. zu erwartende reale Verhältnisse korrekt vorwegnimmt. Sie spielt in den Traum hinein. Was diesen aber ganz besonders auszeichnet, ist eine andere Art der menschlichen Phantasie, nämlich die kombinatorische. Es handelt sich da um folgendes Grundphänomen, in einem Beispiel geschildert: Der Mensch ist in der Lage, wenn ihm eine Zitrone, und als reale Zitrone natürlich eine gelbe, durch Wahrnehmung bekannt geworden ist, die Farbe gelb durch die Farbe blau zu ersetzen und sich nunmehr deutlich oder weniger deutlich eine blaue Zitrone vorschweben zu lassen. Er ist also in der Lage, die Farbe blau als heterogenen Bestandteil mit den übrigen Eigentümlichkeiten der Zitrone zu einem Ganzen zu kombinieren. So ergibt sich eine unübersehbare Mannigfaltigkeit von kombinierten Gegenständen und Vorgängen, die den Hintergrund seiner Wachphantasie und in voller Deutlichkeit sein Traumerleben erfüllen. Zur Illustrierung dessen, welches Ausmaß an Freiheit der Mensch in dieser Hinsicht hat, sei auf die Figur des Zentauren etwa verwiesen. Hier hat die menschliche Phantasie den oberen Teil eines Menschen mit dem unteren Teil eines Pferdes kombiniert. In diesem Bilde, unter diesem Bilde ist der Mensch seinem Bedürfnis gefolgt, sich wenigstens in der Vorstellung mit einem Lebewesen auseinanderzusetzen, das, vom Menschen her gesehen, die Kraft, Wucht, Ausdauer und Schnelligkeit des Pferdes besitzt. Man darf aber wohl annehmen, daß der Urmensch, dem das Pferd grundsätzlich noch nicht anderes Lebewesen war als er selbst, in seiner Vorstellung auch das Pferd durch menschliche Züge ergänzte. In beiden Richtungen stand ihm dafür seine kombinatorische Phantasie zur Verfügung. Bedürfnis, Antrieb und Interesse bedienten sich dieser.

So hat es z. B. später auch das Bedürfnis nach Aufhebung der Geschlechtsunterschiede mit Hilfe der kombinatorischen Phantasie erreicht, aus männlichem und weiblichem Menschen das Gebilde des Hermaphroditen entstehen zu lassen. Das Bedürfnis nach Aufhebung dieser Zwiespältigkeit der menschlichen Natur, zwiegespalten in männliches und weibliches Dasein, war es, das zunächst in Bildern und viel später erst in sogenannten Begriffen das Androgyne „erfand". Wie schon gesagt, ist das, was die kombinatorische Phantasie zu leisten imstande ist und geleistet hat und jederzeit wieder leistet, von schier unübersehbarer Mannigfaltigkeit.

Für jeden, der das Traumerleben verstehen und zu korrekten Urteilen hierüber gelangen will, ist es eine unabdingbare Notwendigkeit, diese merkwürdige Eigentümlichkeit, Möglichkeit menschlichen Erlebens zu kennen. Daß der Mensch diese kombinatorische Phantasie als angelegte Fähigkeit besitzt, erklärt eine Fülle von sonst rätselhaft bleibenden Erscheinungen. Daher genügt es nicht, daß die um den Traum Bemühten nur gerade eben Kenntnis davon nehmen, der Mensch besitze diese Fähigkeit zu kombinatorischer Phantasie. Vielmehr muß allen, die den Traum verstehen wollen, jederzeit geläufig gegenwärtig sein, worum es sich da handelt, so daß sie ohne jede Anstrengung in der Lage sind, ihre Kenntnis dieser Eigentümlichkeit anzuwenden. Wer damit beginnt, die Psychologie des Traumerlebens kennen zu lernen, wird daher ausdrücklich Zeit und Mühe darauf verwenden müssen, im eigenen Erlebnisvollzuge eine Fülle solcher Kombinationen zu üben. Er wird sich meditativ davon überzeugen müssen, daß er jederzeit in der Lage ist, auch sehr abseitig erscheinende Kombinationen vorzunehmen. Er wird sich davon überzeugen müssen, daß es sich da einerseits um etwas wirklich Wunderbares handelt, daß dieses Wunder aber, wie schon gesagt, jederzeit zur Verfügung steht, daß es sich dabei grundsätzlich nicht um Außergewöhnliches handelt. Eines der unzähligen Wunder der Welt ist diese Fähigkeit kombinatorischer Phantasie. Es ist verständlich, daß der Mensch, wenn er erstmalig mit voller Wachheit auf dieses Wunder aufmerksam wird, mit Erstaunen, mit Thaumazein (θαυμαξειγ) darauf reagiert; denn es handelt sich immerhin um ein Wunder, das sich da im Schattenbereich des Bewußtseins, vielfach mikropsychologisch vollzieht.

Wenn es zutreffend ist, daß das zwiespältige Lebewesen Mensch in seinen Träumen für das Wachbewußtsein latent gewordene Antriebe erlebt, wenn es zutreffend ist, daß aber auch in den Traum Furcht und Schuldgefühle hineinreichen, dann kann es nicht wunder nehmen, daß in diesem Sinne anstößige Dinge, Gegenstände und Vorgänge im Traum mit Hilfe kombinatorischer Phantasie verändert werden. Zunächst einmal tritt dann der Gegenstand selbst vielleicht auf, aber das Anstößige: Orale, Anale, Kaptative, Retentive, Aggressive oder Sexuelle, — oder auch Hingebungsvolle, — das nun eigentlich kompensatorisch erlebt werden sollte, — im Traume wenigstens, — wird nicht lebendig, wird nicht erlebt. Dafür aber entnimmt der Träumer aus dem Anstößigen, aus dem Verbotenen, Bedrohten, Gefürchteten, schuldhaft Empfundenen dieses oder jenes Merkmal, diese oder jene Eigentümlichkeit, und — „schreibt sie dem Traumgegenstand zu". All dies wird an vielen Beispielen unter dem Titel der kombinatorischen Träume auf (s. S. 196) der vorliegenden Darstellung in breitester Form erörtert. Es erübrigt sich daher wohl, hier eine weitere theoretische Darstellung anzuschließen.

28. Der kollektive Charakter der kombinatorischen Phantasie

Der Mensch hat, wie eben dargestellt, die merkwürdige Fähigkeit, Vorstellungsbestandteile, die oft sehr verschiedenen Wahrnehmungen entstammen, miteinander zu kombinieren. Er tut das dauernd. Womit natürlich in keiner Weise etwas darüber ausgesagt ist, zunächst wenigstens, warum er das etwa tut oder gar, welchen biologischen „Zweck" diese Fähigkeit erfüllt. Dabei wurde mit voller Absicht die Formel gewählt: Der Mensch hat diese Fähigkeit. Es wurde also eine allgemeinste anthropologische Aussage gemacht. Schon von daher gesehen haben also alle Einzelvorkommnisse dieser Art sogenannten kollektiven Charakter. Sofern dieses phantasierende Kombinieren bezw. dessen Feststellung eine Selbstverständlichkeit darstellt, ist also auch der kollektive Charakter der kombinatorischen Phantasie selbstverständlich. Er schien es nur so lange nicht zu sein, als selbst der wissenschaftliche Beobachter Schwierigkeiten hatte, diese besondere Eigentümlichkeit der menschlichen Natur genauer ins Auge zu fassen und ins allgemein Bekannte zu erheben.

Nimmt man nun aber die oben erörterten weiteren allgemeinsten Aussagen über die menschliche Existenz, über die Bedeutung der Antinomien, über die „Richtung", in der diese zu bewältigen versucht werden, über die Antriebsarten, um die es sich da im wesentlichen handelt, hinzu, so steigert sich gewissermaßen der kollektive Charakter des Gesamtbereichs. Man kann es wohl so ausdrücken, daß die Fähigkeit zur kombinatorischen Phantasie, die ja zunächst ganz formalen, elementaren Charakter hat, in den Dienst einer existenziellen Bewältigung der Konflikte zwischen bestimmten Antrieben und den dazu antinomischen Ordnungen der Menschen tritt.

Und nun kommt eine neue Überlegung hinzu: So weit wir mit einiger Sicherheit urteilen können, muß bereits der erste Hominide und natürlich dann auch etwa der Neandertaler in grundsätzlich der gleichen Weise antinomisch erlebt haben. Seinen Versuchen, solche Antinomien durch Handeln und Sich-Verhalten zu bewältigen, z. B. in Form von Tabus und Riten, ist, wie wir als selbstverständlich annehmen müssen, im anschaulichen Denken vorwegnehmend jeweilig eine Fülle von kombinatorischen Phantasieakten vorausgegangen. Daß diese ebenso wie das anschauliche Denken gewöhnlich „dunkel" waren und blieben, geht aus allem hervor, was wir über die entsprechenden Verhältnisse im Erleben der heutigen Menschen mit völliger Sicherheit feststellen können. Auch der heutige Mensch vollzieht dauernd vorwegnehmende kombinatorische Phantasieakte. Er tastet die reale Welt seiner zukünftigen Probleme gewissermaßen auf Möglichkeiten der Bewältigung ab. Der Mensch als nur höchst spärlich instinktgebundenes Lebewesen verfügt im Gegensatz zum Tier über eine außerordentlich Fülle von Möglichkeiten in dieser Hinsicht. Alle Menschen stehen unter dem „Gesetz" dieser Not-wendigkeit, Möglichkeiten und Vollzüge. Diese vorwegnehmenden Bewältigungsversuche im Bereich der anschaulichen Wachphantasie haben insofern kollektiven Charakter. Und nun kommt hinzu, um es einmal sehr banal auszudrücken, daß es zwar gelbhäutige und rothäutige Menschen gibt, aber nicht etwa Menschen mit zwei Nasen oder drei Eltern. Damit soll gesagt sein, daß die Mannigfaltigkeit konkreter Bewältigungsversuche dieser Art immerhin doch ebenso begrenzt ist wie die Zahl der wesentlichen konfliktschaffenden Antriebsarten, wie die Zahl der hauptsächlichen Konstellationen. Es gibt also eine begrenzte Fülle prägnanter, hervorstechender Bewältigungsformen. Was andersartig zu sein scheint, erweist sich bei näherem Hinsehen oft nur als Variante. Typische Problemlagen antinomischer Art rufen dazugehörige kombinatorische Phantasieakte hervor. Die jungen, in die sexuelle Reife eintretenden Männer z. B. in Schranken zu halten, ergibt völlig natürlich die naheliegende Phantasie im Erleben der älteren Männer, das Genitale der jungen Männer in irgendeinem Grade, und sei er noch so geringfügig, zu schädigen. Die entsprechende Tendenz hat auf durchaus einleuchtende und gut verstehbare Weise die entsprechende phantasierte Handlung zur Folge. Im Bereich der antinomischen Problematik gibt es daher typische Lösungsversuche und nicht nur Einfälle isolierter einzelner zur Lösung. Es ist einem Autor, wie Freud etwa, keineswegs zu verübeln, daß er diesen kollektiven Charakter der in Frage stehenden Phänomene in seinen Darstellungen nur implicite berücksichtigt, nicht aber darauf auch noch in aller Ausführlichkeit eingeht. So einfach erklärt es sich, daß der Begriff des Kollektiven, man sollte eigentlich besser sagen, daß das Wort „kollektiv" in der Terminologie Freuds und der Psychoanalyse nicht vorkommt.

Darf man zur Voraussetzung machen, daß die eben erörterten anthropologischen und phylogenetischen Zusammenhänge zutreffend gesehen sind, so ergibt sich eigentlich mit Selbstverständlichkeit, daß die Träume der Menschen die entsprechende Problematik enthalten müssen. Daß die Träume heutiger Menschen dann häufig eine archaische Problematik und Problemlösung enthalten, folgt einfach aus dem „Primitivcharakter" der Träume, wie er oben erörtert wurde. Auch in dieser Hinsicht ist es durchaus möglich, auf den Kollektivcharakter der kombinatorischen Phantasie hinzuweisen. Eine dringliche Notwendigkeit, für diesen Zusammenhang einen besonderen Terminus einzuführen, besteht dann aber nicht mehr, wenn die zugrundeliegenden Phänomene und Zusammenhänge korrekt gesehen, bezeichnet und allgemein bekannt geworden sind.

Immerhin kann die Frage aufgeworfen werden, warum nicht etwa sämtliche Stämme und Völker der Erde die gleichen in Mythen und Riten objektivierten typischen Problembewältigungen in ihr Leben eingebaut haben. Es kann sogar gefragt werden, warum sich dicht nebeneinander wohnende Stämme ein und derselben Rasse, ein und derselben Bevölkerung u. U. dadurch deutlich voneinander unterscheiden, daß die einen sich um ein bestimmtes Problem kümmern, und die andern nichts damit zu tun zu haben scheinen. Die Beziehung Bruder-Schwester z. B. ist u. a. auch von antinomischem Charakter. Die Inzestscheu ist keine Selbstverständlichkeit, nichts Ursprüngliches. Ursprünglich ist lediglich, daß Bruder und Schwester sich sehr gut kennen, insbesondere die „Mängel" des anderen genau kennen, und daß sie auf jeden Fall nicht den Reiz der Neuheit füreinander haben. In der Regel ist das so. Aber Inzestscheu ist etwas anderes als mangelndes Interesse füreinander. „Natürlicherweise" müßten, abgesehen hiervon, Bruder und Schwester ebenso häufig sexuelles Interesse füreinander haben, wie das sonst zwischen Menschen zweierlei Geschlechts der Fall zu sein pflegt. Es kann hier nicht in aller Breite ausgeführt werden, inwiefern ein vollzogener Inzest zwischen Bruder und Schwester eine im übrigen gelungene Familienordnung sprengen würde, inwiefern also eine antinomische Beziehung zwischen den sexuellen Bedürfnissen des Bruders sowohl wie der Schwester zu den Bedürfnissen von Vater und Mutter bestehen. Eine solche Antinomie liegt aber vor. Einen Lösungsversuch dieser antinomischen Problematik stellt das entschiedene Inzestverbot Bruder-Schwester dar. Aber ausgesprochen wird dieses Verbot in prägnanter Weise nur an einzelnen Punkten der Erde, keineswegs an allen, wo es in Frage käme.

Wären sämtliche Lösungsversuche antinomischer Konflikte auch nur in annähernd gleicher Weise über die ganze Erde gleichmäßig verstreut, so wäre die ausdrückliche Feststellung, es handle sich da um einen „kollektiven" Zusammenhang, eigentlich eine Tautologie. Daß aber viele der Mythen und besonders auch der Riten über die Menschenwelt nur etwa so verteilt sind wie die Planeten und Nebelflecke innerhalb der sichtbaren Sternwelt, macht Zusammenhänge, die man dann entdeckt, besonders auffällig. Und daß die Träume heute lebender Menschen längst vergangene Formulierungen enthalten, erhöht die Auffälligkeit. Daher die Hervorhebung dieses merkwürdigen Zusammenhanges durch das besondere Wort „kollektiv".

Die Antwort zur oben gestellten Frage, woher es wohl kommt, daß u. U. ein ganz bestimmter, sehr deutlich und dramatisch formulierter Lösungsversuch allgemeinstmenschlicher Antinomien h i e r mit voller Deutlichkeit vorliegt und d o r t, dicht daneben, nichts davon zu sehen ist, muß wohl folgendermaßen lauten: E i n prägnanter Lösungsversuch, der allen Mitgliedern eines Stammes bekannt ist und ihr Leben bestimmt und durchtränkt, hat die Funktion eines Schlußsteines. Seine Dynamik durchdringt das übrige antinomische Erleben der Menschen mit der Gewalt, ja Gewalttätigkeit seiner Forderung. Eine spezielle, äußerst gerichtete, perspektivisch ausstrahlende Formel, wie man sich ordnungsgemäß zu verhalten habe, durchtönt als Gesetz der Ordnung überhaupt das Lebensganze der betreffenden Menschengruppe. Wird e i n e Ordnung auf ganz begrenztem Gebiet streng eingehalten und jede Verletzung dieser Ordnung mit tödlichem Entsetzen beantwortet, so kann es damit gewissermaßen im Einzelfall genug sein. Für die übrige antinomische Problematik reichen dann „kleinere" Tabus, schwächere Verbote, versöhnlichere Riten aus. Auf das Ganze, auf das Gesamt, auf die Gestalt kombinierter Lösungsversuche kommt es an. Für die Bündigkeit, für die Zentrierung sorgt der einzelne hervorgehobene Lösungsversuch hin und wieder völlig ausreichend. Ist diese Antwort auf die oben gestellte Frage stichhaltig, so ist die Eigentümlichkeit der ausgesprochen ungleichmäßigen Verteilung gleicher Mythen und Riten auf der Erde ihres auffälligen Charakters entkleidet. Es ist dann also sehr viel weniger sonderbar, daß ein europäischer Träumer z. B. Figur in einem orientalischen Ritus sein kann. Es ist dann nicht mehr besonders auffallend und zu besonderer Namengebung reizend, daß ein Norddeutscher sich im Traum in der Lage eines alexandrinischen Mysten befindet. Das wäre etwa der Fall, wenn der Träumer in solchem Zusammenhang nicht nur anal coitiert würde, sondern der coitierende Mensch im Traum auch priesterliche Attribute hätte und der Träumer, wie ihm scheint, höchst sonderbarerweise im Traum der Meinung wäre, ein gasförmiges, geistiges Etwas ginge in ihn ein und erleuchte ihn zu großer innerer Klarheit. Die germanischen Riten und Mythen enthalten diese besondere Thematik jedenfalls nicht. Daher ist es verständlich, wenn man mit dem Wort „kollektiv" auf die merkwürdige Verbindung etwa zwischen Friesland und Alexandria hinweist, auf die zwischen 1940 und 200 v. Chr. Hier wird also ausdrücklich nicht etwa die Zutreffendheit der Feststellung einer kollektiven Phantasie diskutiert, sondern lediglich die Frage, und das auch nur am Rande, wie weit ein schließlich aus allem Vorhergesagten sich selbstverständlich ergebender Tatbestand zweckmäßigerweise mit besonderer Bezeichnung versehen werden sollte. Es bleibt jedenfalls, daß nach allem Dargestellten die menschliche kombinatorische Phantasie auch in ihren Einzelvorkommnissen einen nach jeder Richtung hin deutlich ablesbaren kollektiven Charakter hat. Es war von großer Wichtigkeit, in gehöriger Breite hierauf hinzuweisen, weil lange Zeit hindurch eine „kollektive" Auffassung des Traumsinnes einer „persönlichen" zu widersprechen schien.

29. Der höchstkomplexe Charakter der üblichen „dunklen" Träume

Der Traum ist ein Erlebnisgefüge. Er stellt eine Variante menschlichen Phantasieerlebens dar. Angesichts der Fülle seiner „Seiten" könnte man sich der Dramentitel erinnern: „Der Traum — ein Leben" und „Das Leben — ein Traum". Und doch ist, wie wohl deutlich wurde, diese Fülle im Nacbeinander durchaus überblickbar. Man kann „wissen", worum es sich beim Phänomen Traum handelt: In ihm entfaltet sich das Gesamt menschlichen Erlebens unter der Führung von und Zentrierung auf die in ihm enthaltenen Antinomien. Damit es diese geben kann, muß es Antriebsarten geben, die ihn führen. Damit es sie geben kann, muß es u. a. menschliche Ordnungen geben, mit denen die Antriebe des einzelnen zusammenstoßen. Dieser muß aber Bewältigungsformen besitzen, wenn überhaupt von Lösungsversuchen die Rede sein darf. Es müssen ihm Fähigkeiten zur Verfügung stehen, die in jene Bewältigungsformen eingehen. Immer wieder neuartige Zusammenhänge und Gebilde müssen sich ergeben. Und wenn all dies in der Hauptsache im Bereich des Gefühlserlebens zentriert ist, wenn dieses an den entscheidenden Stellen mikropsychologischen Charakter hat, ergibt sich mit Selbstverständlichkeit eine mehr oder weniger große „Dunkelheit" der äußeren, „manifesten" Erscheinungen. „Hinter" dem Manifesten „steht", „bewegt sich", „im" Manifesten „entfaltet sich" das höchst feine Filigran des Latenten. Latenz kann schließlich in bloßer Bereitschaft bestehen, d. h. Einst war etwas da in voller Helle und Wachheit, späterhin war es verschwunden. Unter besonderen Bedingungen konnte es aber jederzeit wieder auftreten. Es „lag also in Bereitschaft". Es war „bewußt", wurde unbewußt, wurde entweder wieder „bewußt" oder auch in der merkwürdigen Form des Traumes erinnert. All dies Eigentümliche gehört zum Traum. Was man davon mit besonderem Namen bezeichnet, ist dann vergleichsweise eine sekundäre Frage, von minderer Wichtigkeit.

Auf jeden Fall aber ist es möglich, bei Erörterung des Traumes im Bereich des Psychischen, des Psychologischen zu bleiben. Es bedarf weder der Hinzuziehung heterogener Bestandteile noch heterogener Terminologien. Die Frage, ob man Auffallendes mit besonderem Terminus versieht oder nicht, ist lediglich abhängig von der Menge der Termini, die man überhaupt verwenden will und vom Gewicht, das der betreffende Teil, Anteil im Gesamterleben hat. Wissenschaftshistorisch war es so, daß man naturgemäß vom bloß Auffallenden ausging, Gewichtigkeit aber so und so oft anderwärts feststellte. So gelangte man vorübergehend zu scheinbar völlig neuartigen Feststellungen und im Zusammenhang damit zu scheinbar miteinander unvereinbaren Auffassungen. Es wird Aufgabe zukünftiger wissenschaftlicher Bemühung sein, so lange immer neue Ordnungsversuche zu unternehmen und zu diskutieren, bis die den Forschern vorschwebenden Erlebnistatbestände hinsichtlich ihrer tatsächlichen Bedeutung eine verbindliche sprachliche Formulierung gefunden haben werden.

C. DIE NATÜRLICHE „UMGEBUNG" DER TRÄUME

1. Die „Einfälle"

Es ist Tatsache, daß das Traumerleben des Menschen keineswegs im leeren Raum hängt, sondern eingeordnetes und einordenbares Aggregat im Gesamterleben des Menschen darstellt. So muß der Traum ja, sobald er erinnert wird, wie etwas Wahrgenommenes wirken. Er muß genau so, wie visuelle, auditive und taktile Reize sonst im Erlebnisstrom, der ihm folgt, Wirkungen hinterlassen. Das geht aus dem bisher Dargestellten als theoretische Notwendigkeit hervor. Wie auf alles, was im Erleben auftaucht, reagiert der Mensch auch auf den Traum, wenn er ihn erinnert, im anschaulichen, nicht registrierten Denken „automatisch" mit weiterem Erleben. Zumindest Gefühlstöne treten auf, die „irgendwie", mit hoher Wahrscheinlichkeit wenigstens, in den Zusammenhang gehören. Das vollzieht sich „blitzartig", auch dann, wenn es, wie schon gesagt, nicht registriert wird. Auch dann wenn der eben erinnerte Traum sofort wieder aus dem Bewußtseinsfelde verschwindet, klingt ihm irgendetwas auf ihn Bezogenes nach. Dem Menschen „fällt" zum Traume regelmäßig etwas „ein". Etwas fällt in sein Erleben hinein. In der Regel wird dieses Einfallende, ein solcher Einfall als vage zum Traum zugehörig erlebt. Der Träumer erkennt etwa eine Person des Traumes, z. B. auch sich selbst. Der Traum erinnert ihn an diesen oder jenen Gegenstand, an diesen oder jenen Vorgang. Früher Erlebtes tritt also, neuerlich durch den Traum angeregt, als Vorstellung auf, zum mindesten also als Wiedererkennen von Gegenständen und Vorgängen. Dabei kann dieses Wiedererkennen zunächst einfach als bloßes Erkennen imponieren. Wenn der Träumer sich für den Traum interessiert, treten in der Regel ein paar solcher Erinnerungen auf. Er braucht sich nicht etwa im eigentlichen Sinn zu bemühen. Es genügt, daß er den Traum nicht wieder sofort unbeachtet läßt, sondern ihn auch nur kurze Zeit betrachtet. Spontan ergeben sich dann einige Einfälle. Durch sie wird der Traum in den bisherigen Erlebnisstrom des Betreffenden eingeordnet. Wie es zunächst im allgemeinen scheint, entbehrt die Zuordnung von Einfall zum Traum einer besonders auffälligen Bedeutung. Häufig besteht der Eindruck des Unvermittelten, Überraschenden. Häufig ist der Träumer auch amüsiert, manchmal erschreckt durch das, was ihm einfällt. Aber all das hat im subjektiven Erleben des Träumers überwiegend keinen speziellen Bedeutungsakzent. Einfälle zu Träumen, die man auch nur ganz kurze Zeit nach-denklich betrachtet, sind eine Selbstverständlichkeit. Es fragt sich, ob es nur so scheint, daß die Einfälle zu Träumen nur eine so geartete, lockere Beziehung zu ihnen haben, oder ob dieser

Eindruck den Tatsachen entspricht. Zunächst einmal ist dieses Einfälle-Haben eine Selbstverständlichkeit, auch schon vor aller Bemühung oder gar einer wissenschaftlichen Bemühung um den Traum. Diese Spontaneinfälle zum Traum sind also keineswegs „etwas Besonderes". Sie gehören vielmehr zum üblichen Erleben des Menschen hinzu, genau so wie alle übrigen Merkwürdigkeiten, die wir nur deshalb in der Regel nicht mehr merkwürdig finden, weil wir sie ständig registrieren und an sie gewöhnt sind. Auf keinen Fall muß man etwa nach Einfällen „suchen", um welche zu finden. Zu einem Traum von mittlerer Länge fallen einem beliebigen Menschen in der Regel innerhalb einer Minute drei oder vier Einfälle ein. Aber bei Menschen, die nicht daran gewöhnt sind, feinere, Mikroseiten ihres Erlebens zu fixieren, kann es immerhin eine Zeitlang dauern, bis sie sich davon zu überzeugen vermögen, daß sie solche Spontaneinfälle „blitzartig" und zwar stets haben.

Wie oben der Traum als besondere Variante menschlichen Phantasieerlebens in den Erlebnisstrom überhaupt eingeordnet wurde, also in den vorgängigen, genau so wird registriert und mitgeteilt, was geschieht, wenn jemand einen Traum erinnert und auch nur eine winzige Zeit bei ihm verweilt. Damit ist dann ein Begriff, der des Einfalls, der bei Forschern und Patienten vielerlei Schwierigkeiten hervorgerufen hat, auf völlig zwanglose Weise eingeführt. Der Tatbestand des Einfalls ist einfach das Nächste, was immer geschieht, wenn ein Traum erinnert wird. Nun kann eine entscheidende Frage, noch einmal anders formuliert, aufgeworfen werden: Sind diese Einfälle zum Traum irgendwie „gerichtet"? Haben sie eine bedeutsame Verbindung mit dem Erleben des Träumers vor dem Traum? Haben sie eine besondere Beziehung zum antinomischen Gehalt der Träume?

Zunächst einmal aber unterscheiden sich die Einfälle durch ihren verschiedenartigen Inhalt. Es muß weiter versucht werden, typische Einfallsarten zu kennzeichnen und voneinander zu unterscheiden.

2. Der Realeinfall

Von Forschern, besonders aber auch von Patienten, ist auf Grund älterer Literatur vielfach und zunächst fast durchgängig angenommen worden, das sogenannte „Einfällebringen" zum Traum hätte den Sinn, den Traum zu „deuten". Sie fühlten sich also aufgefordert, zu einem vorliegenden Traum einfallsmäßig zu sagen, was sie zu ihm „meinten". Wirklich genaue Lektüre hätte aber schon immer zeigen können, daß der Hauptsinn des Einfallbringens auf keinen Fall, ganz besonders aber nicht von Freud selbst, darin gesehen wurde, bezw., darin gesehen werden sollte, derartige „Deutungen" zu produzieren. Weniger aus den theoretischen Überlegungen Freuds als aus seinen Tatsachenberichten geht hervor, daß im Mittelpunkt des Themas Einfall eine ganz andere Art Einfall als der eines deutenden stand. Es ist hinzuzufügen, daß die Jungschen Veröffentlichungen und die seines Kreises allerdings weitgehend mit Deutungseinfällen operieren. Daher müssen zunächst einmal verschiedene Einfallsarten charakterisiert und deutlich voneinander abgehoben werden.

Im Mittelpunkt der ganzen sogenannten Traumdeutung stand und steht in Wirklichkeit eine Einfallsart, die bisher, — abgesehen von den eigenen Veröffentlichungen des Verfassers, — einer speziellen Bezeichnung ermangelte. Das Unterlassen, einen solchen Terminus zu schaffen, hat, wie nachträglich leicht zu übersehen ist, sehr erhebliche wissenschaftliche und auch therapeutische Schwierigkeiten nach sich gezogen. Es handelt sich um diejenige Einfallsart, die in allen Zusammenhängen fürderhin ausdrücklich als Realeinfall bezeichnet werden soll. Ohne die eindeutige und deutliche Abhebung dieser Einfallsart von den übrigen ist eine korrekte Interpretation und Einordnung der Träume in den Gesamterlebenszusammenhang eines Träumers nicht möglich.

Realeinfälle sind Erinnerungen an tatsächlich gelebtes Leben des Träumers. Wenn jemand also zu einer Traumfigur einen bestimmten Menschen erinnert, den er kennt oder kannte, so ist dies ein Realeinfall. Wenn im Traume Gegenstände und Vorgänge auftreten, die der Träumer einmal gesehen, gehört, getastet, gerochen, geschmeckt usw. hat, und dem Träumer fallen zum Traum diese Gegenstände und Vorgänge ein, so hat er damit einen Realeinfall gebracht. Zwar bleibt die Frage zunächst völlig offen, woher es kommt, daß der Träumer die betreffenden Erinnerungen hat, welche Bedeutung es hat, daß diese Erinnerungen auftauchen, es genügt aber, daß er reales Erleben erinnert. Zum Traume tritt also auf jeden Fall etwas hinzu, was völlig unabhängig von einer „Meinung" des Träumers über seinen Traum ist, und auch ebenso unabhängig vom Beobachter, Untersucher oder Therapeuten.

Sollte sich nun späterhin nachweisen lassen, daß das erinnerte reale Erleben in einen bestimmt gearteten Erlebniszusammenhang gehört, so wäre dieser Nachweis dann etwas völlig Neues. Die weitere Frage, ob solch ein Sinnzusammenhang zutreffend gesehen und beurteilt wird, hat mit der Beziehung des Einfalls zum Traum zunächst nichts mehr zu tun. Es ist eine gesonderte Frage, ob und wie weit es dem Träumer und dem Untersucher dann gelingt, jenen Erlebniszusammenhang als wirklich bestehend zu erweisen. Solch Nachweis könnte z. B. für eine Therapie höchst bedeutsam sein, aber auch etwa für den wissenschaftlichen Nachweis einer verstehbaren und erklärbaren Beziehung zwischen der eventuellen neurotischen Symptomatik des Träumers und seinem bisherigen Erleben bezw. seiner Persönlichkeitsstruktur. Gelingt ein solcher Nachweis so, wie psychologische Urteile überhaupt als gültig erwiesen werden können, so hätte der Traum dabei lediglich die Rolle eines Mittlers gespielt, einer Art Katalysator. Der Traum hätte in solchem Fall nur die Bedeutung einer „Brücke", wäre selbst aber für den ermittelten Erlebniszusammenhang und besonders für die Gültigkeit solcher Ermittlung irrelevant. Deren Valenz ruht in sich selbst!

Nun muß hinzugefügt werden, daß zu den Realeinfällen natürlich auch solche gehören, in denen Personen, Gegenstände oder Vorgänge erinnert werden, wie sie der Träumer nicht selbst wahrgenommen hat, von denen er aber etwa gehört hat oder die er abgebildet gesehen hat usw. Es kommt hier also nicht darauf an, daß der Träumer im engsten Sinn real Erlebtes erinnert sondern in einem etwas weiteren Sinn. Auf jeden Fall aber sind Realeinfälle dadurch charakterisiert, daß sie vorher faktisch gehabtes Erleben, welchen Inhalts auch immer, enthalten. Auch wenn man von einer Person träumt, die man nur abgebildet gesehen hat, oder die man hat schildern hören, erinnert man ja tatsächlich Erlebtes, nämlich jene Abbildung oder jene Schilderung. Und auch hier wieder entsteht die Frage, in welchen Erlebniszusammenhang dann solche Erinnerungen gehören. Für die Gültigkeit solcher Zusammenhangsfeststellungen gelten die gleichen Notwendigkeiten, wie sie für den Realeinfall im engsten Sinne oben bereits erörtert wurden. Der Traum ist auch hier nur Mittler, ohne Valenz für Gültigkeit.

Es sei schon hier festgestellt, daß ein Einfall auch dann Realeinfall ist, wenn irgendein D e t a i l an geträumter Person, geträumtem Gegenstand oder Vorgang an entsprechende Details im realen Vorleben erinnert. Hier fällt also erstmalig das Wort Detail im ganz umschriebenen Sinn mit dem ausdrücklichen Hinweis darauf, daß die Hervorhebung des Wortes Detail im Zusammenhang der Traumanalyse von h ö c h s t e r Bedeutung ist. Es wird hierüber noch Eingehendes zu sagen sein. Zunächst einmal kam es nur darauf an, den Realeinfall als solchen zu charakterisieren und deutlich werden zu lassen, daß der Realeinfall seine Hauptbedeutung dadurch enthält, daß er in einen Erlebniszusammenhang und damit in das Gesamterleben des Träumers eingeordnet wird.

Über diese Zuordnung von Realeinfall zum Gesamterleben des Träumers hinaus kann dann weiterhin, — aber eben ausdrücklich weiterhin! — eine Zuordnung des Realeinfalls zum Traumerleben und dann auch des Traumerlebens zum Gesamterleben stattfinden. Dann aber handelt es sich wieder um etwas Zusätzliches. Eine Unsicherheit wissenschaftlichen Urteilens, die h i e r b e i zustande kommt oder etwa auch unvermeidlich ist, — das muß wiederum untersucht werden! — hat also mit der Sicherheit oder Unsicherheit einer Beziehungsherstellung zwischen Realeinfall und Wacherleben des Träumers nichts zu tun. Daß in den Anfangsstadien der Forschung diese deutlich von einander abhebbaren und voneinander unabhängigen Urteils-Forschungs- bezw. auch therapeutischen Akte miteinander vermengt und in ihren wechselseitigen Beziehungen unklar gesehen wurden, ist eine rein historische Angelegenheit und als solche nunmehr überholt. Scherzend könnte man fast sagen, eigentlich sei die sogenannte Traumanalyse und Trauminterpretation ein Privatvergnügen nebenbei. Das eigentliche Anliegen jedenfalls besteht in der Herstellung und im Nachweis von mit gewöhnlichen psychologischen Mitteln überprüfbaren Erlebniszusammenhängen. Diesem Nachweis allein dient zunächst der Realeinfall.

3. D e r w i t z i g e E i n f a l l

Hin und wieder, gar nicht so selten, kommt es vor, daß der erste Einfall eines Träumers zu seinem Traum keinen Realeinfall darstellt, sondern zwar in diesem Sinne abwegig zu sein scheint, aber witzig ist. Ein Beispiel: Im Traum tritt eine Person auf, die der Träumer kennt. Erinnert er diese, so handelt es sich um einen Realeinfall. Aber das kann ganz am Rande erfolgen Statt dessen kann es so sein, daß der Träumer tatsächlich, doch ohne zu bemerken, das Ohr der Traumperson anschaut. Und sofort kommt ihm der Einfall, d. h. das vorschwebende Bild, eines Schweineohrs, vielleicht sogar das Bild des so genannten Gebäcks. Er ist einen Augenblick erstaunt, bemerkt wie er unhörbar vor sich hinmurmelt: „Schweineohr"; er stutzt, lacht dann und berichtet, er habe gerade vorgehabt, die betreffende Traumperson als einen höchst soliden und seriösen Menschen zu schildern. Wenn er sich recht besinne und einige Gefühlsgründe dagegen wegräume, müsse er zugeben, daß er manchmal die Solidität und den seriösen Charakter der betreffenden Person in Frage gezogen habe. Wenn er es recht bedenke, müsse er nunmehr sagen, daß er den Betreffenden nicht nur, aber in einer gewissen Portion auch immer schon, als „Schwein" beurteilt habe. Anfänglich aber, bei Betrachtung des Traumes, habe er nicht im entferntesten daran gedacht, daß ein Einfall ihn in diese Richtung führen könnte. — Aber das Einfallbringen kann auch so vor sich gehen, daß der Träumer sofort ein Schweineohr vorschweben hat, über dieses Bild sogar lacht, sich dann selbst die Frage vorlegt, ob er die Traumperson vielleicht doch für ein Schwein halte und das dann entschieden negiert. Ein solcher Einfall ist ja zunächst auf keinen Fall ein Realeinfall. Er muß seinerseits interpretiert und kann erst dann vielleicht in einen Erlebniszusammenhang des Träumers eingeordnet werden. Dieser witzelnde oder witzige Einfall hat nicht von vornherein und für sich ein selbständiges Gewicht und ihm gegenüber besteht auf jeden Fall eine größere Freiheit, seine Einordnung für schlüssig zu halten oder nicht. Allerdings besteht nur eine größere Freiheit und kein unbedingt entscheidender Gewichtsunterschied gegenüber einem Realeinfall. Auch Realeinfälle können ja einer Einordnung in das Gesamterleben des Träumers große Schwierigkeiten bereiten, und ein witziger Einfall kann nach Kenntnisnahme des Erlebens des Träumers sofort einleuchtend sein. Im allgemeinen aber hat der Realeinfall als solcher eine unverrückbare Bestimmtheit. Falls es sich nicht um eine Erinnerungstäuschung handelt, ist nicht an ihm zu rütteln. Er ist das, was er ist, durch sich selbst. Auf jeden Fall bedarf im allgemeinen der witzige Einfall einer näheren Überprüfung. Was der Träumer real erinnert, kann er nicht bestreiten, einen selbst aufdringlichen „Sinn" aber durchaus.

4. Die Redeweise als Einfall

Jemand träumt, eine ihm bekannte Person trete mit einem Schirm auf. Der Schirm wird aufgespannt und wird schräg gehalten. Dem Träumer fällt sofort ein, und er murmelt vor sich hin; „Schutz und Schirm". Dann ist dieser Einfall keineswegs das, was oben als Realeinfall geschildert wurde. Natürlich ist es möglich, diesen Einfall auch insofern als Realeinfall zu lesen, als der Träumer diese Redewendung ja einmal gehört haben muß. Jedenfalls ist es sehr unwahrscheinlich, daß er ohne diese Redewendung je gehört zu haben, in produktiv-kombinatorischer Phantasie, und zwar individueller Phantasie. dieses Bild von Schutz und Schirm „erfindet". Der Fall sei also gesetzt, daß es sich hier nicht um einen Realeinfall handelt sondern um die auftauchende Redewendung als solche. Wiederum ist hier wie im Fall des Witzes der Einfall zumindest weniger unmittelbar und „beweisend", d. h. aus sich selbst gewichtig in das Gesamterleben des Träumers einordenbar. Mit bevorzugter Häufigkeit jedenfalls pflegen die Bringer solcher Einfälle zwischen ihrem Einfall, der Redewendung, dem Traumbild und der real erlebten Person keinen unmittelbaren, einleuchtenden Zusammenhang zu sehen. Es wird dann erlebt und ausgesprochen, „das Ganze sei ja nur ein Bild und sonst nichts", der Einfall habe also keine eigentlich tragende Bedeutung. Es wird u. a. vom Träumer festgestellt, daß die erlebte Person für den Träumer weder Schutz und Schirm gewesen sei, noch daß der Träumer sich an irgendeine Tendenz in ihm erinnern könne, dem Betreffenden die Funktion von Schutz und Schirm zu verleihen usw. Damit ist die Möglichkeit, daß sich bei näherer Untersuchung des realen Erlebens des Träumers einschließlich seiner Entwicklungsgeschichte eine durchaus einleuchtende Einordnung des Einfalles ergibt, keineswegs aufgehoben. Nur von vornherein pflegen eigentliche Realeinfälle im oben charakterisierten Sinn durch sich selbst wesentliches Gewicht zu besitzen. Die Schwierigkeit der Einordnung eines Realeinfalles, d. h. einer entsprechenden Interpretation ist gewissermaßen eine Schwierigkeit ersten Grades, im allgemeinen wenigstens; und die Schwierigkeit, witzige oder Einfälle von Redeweisen einzuordnen, ist eine solche zweiten und dritten Grades. Im Realeinfall, der eine handfeste Zuordnung im üblichen psychologischen Sinn erlaubt, ist etwas Stabiles gegeben im Gegensatz zu dem relativ labilen Charakter der beiden weiter genannten Einfallsarten. Hinsichtlich eines Realeinfalles kann einem Träumer oder Nachuntersucher eine behauptete Zuordnung als „weit hergeholt" erscheinen. In den beiden bisher erwähnten anderen Fällen hat der Einfall selbst bereits diesen Charakter.

Schon hier sei am Rande vermerkt, daß Realeinfälle also lediglich zu bevorzugen, nicht etwa allein als gültig anzusehen sind.

5. Der entsymbolisierende Einfall

Man hat während einer analytischen Therapie, einer Analyse, häufig Gelegenheit, einen Patienten daran zu erinnern, daß ein fixer Kopf schon nach kurzer Zeit ganz selbstverständlich in der Lage ist, Sexualsymbole als solche zu erkennen. Besonders ein Mediziner wird sehr rasch verstehen, worum es sich handelt, und auf Grund seiner genaueren Kenntnis des menschlichen Körpers imstande sein, alle möglichen Gegenstände und Vorgänge wenigstens versuchsweise sexuell zu interpretieren. Das mag dann in keiner Weise damit etwas zu tun haben, daß der Mediziner als Träumer etwa „überzeugt" ist, es handle sich im Einzelfall um ein Sexualsymbol, ein Stock etwa sei Symbol für den Phallus, eine Tasche Symbol für die Vulva. Wodurch sollte er als Anfänger auch ernstlich überzeugt sein? Ihm fehlt ja jede Erfahrung, und dem Laien im gleichen Fall noch viel mehr. Daß er, der Träumer, etwa davon gelesen hat, daß es so etwas gebe, vielleicht auch mit Beifall und dem Gefühl der Evidenz davon gelesen hat, daß der Analytiker ihm einige

Symboldeutungen mitgeteilt hat, hat ja vernünftigerweise keineswegs überzeugenden Charakter. Der Träumer kann in solchem Fall höchstens die Möglichkeit unterstellen, daß es sich auch in diesem besonderen Fall um ein Sexualsymbol handle. Aber all diese Vorsicht hebt ja wiederum nicht auf, daß, wie schon gesagt, einem fixen Kopf oft nach kurzer Zeit der Bemühung um Träume Gegenstände und Vorgänge darin als mögliche Sexualsymbole auffallen. Dann besteht eben gleich der erste Einfall u. U. in einer so verstandenen Entsymbolisierung. Es handelt sich dann also um eine intellektuelle Angelegenheit. Es wäre gezwungen, auch hier deshalb von Realeinfall zu sprechen, weil der betreffende Träumer vom Symbolcharakter von Gegenständen oder Vorgängen schon gelesen oder gehört hat.

An dieser Stelle muß natürlich darauf hingewiesen werden, daß auch gänzlich unbefangene Träumer, die also noch nie etwas von Traumsymbolik erfahren haben, sofort Entsymbolisierungen bringen können. Dann wiegt solch ein Einfall, obgleich er analogistisch ist, nicht nur mehr sondern viel. Es wird später an besonderer Stelle (s. S. 153) Näheres darüber zu sagen sein, daß bestimmt geartete Träumer solche nicht gelernten Entsymbolisierungseinfälle besonders häufig zu bringen pflegen.

Es bleibt also, daß ein entsymbolisierender Einfall, wenn er erlernt ist, notwendigerweise zunächst einmal eine ganz relative Bedeutung hat. Wiederum wird dadurch die Möglichkeit keineswegs aufgehoben, daß das überprüfte und überprüfbare reale Erleben des Träumers eine Einordnung des nunmehr entsymbolisierten, „eigentlich" gemeinten Gegenstandes oder Vorganges zwanglos erlaubt. Nur: der erlernte Einfall dieser Art hat nicht von vornherein, durch sich selbst, psycho-logisches Gewicht.

6. Der deutende Einfall

Wenn man so will, kann man einen Einfall, der eine Redewendung enthält, besonders aber einen entsymbolisierenden, bereits als „deutenden" Einfall bezeichnen. Beide Einfälle weisen ja auf etwas Gemeintes hin; sie enthalten das Gemeinte nicht selbst. Es ist eine Frage der Konvention, ob man hier schon von Deutung sprechen will. Der Träumer intendiert ja weder Deutung noch Interpretation in solchem Fall. Gesetzt natürlich, der Einfall erfolgt blitzartig oder auch lediglich nachdenklich.

Vom eben Erörterten heben sich eine Fülle von Einfällen ab, denen gemeinsam ist, daß dem Träumer instinktiv oder vollbewußt die Frage vorschwebt, was der Traum wohl „bedeuten" möge. Manche Menschen neigen ihrer ganzen Art und Geistigkeit nach dazu, sofort, wenn nur immer möglich, Deutungen vorzunehmen. In einer Weise verhalten sie sich dabei nicht anders als Kleinkinder, die etwas ihnen bisher Unbekanntes vorsichgehen sehen und nun ganz einfach nach der Bedeutung fragen. Überwiegend wird dem Traum in solchem Fall eine allegorische, eine symbolische (im oben erörterten geistigen Sinn, s. S. 96) oder auch sublime Bedeutung zugemessen. Sehr häufig aber auch hat der betreffende Träumer einiges Neurosenstrukturelle erfahren und wendet dieses nun interpretierend an. Eine weitere Variante stellt dann die metaphysische Interpretation dar, also auch eine theoretische. Wie gesagt, haben manche Menschen eine ausgesprochene Neigung hierzu oder Freude hieran. Im anderen Fall liegt vielleicht eine lebhafte Überzeugung des Träumers von der Richtigkeit einer bestimmten Neurosenauffassung vor usw. In all diesen Fällen entsteht rasch eine Gewohnheit, die Träume so „anzusehen". Erwartungsvorstellungen in der gleichen Richtung sind lebhaft beteiligt. Es erfolgt eine Überstrahlung oder gar völlige Zurückdrängung von an sich möglichen Realeinfällen. Sehr häufig schlägt eine prägnante Erwartungsvorstellung, „Einfälle" „sollten eigentlich" eine Deutung als Inhalt haben, jeden anklingenden Realeinfall tot. Auch in solchen Fällen besteht wiederum durchaus die Möglichkeit, die vom Träumer gebrachten Deutungen auf ihren Wahrheitsgehalt hin zu überprüfen. Handelt es sich wenigstens letzten Endes um einen psychologischen Gehalt des Einfalls, so kann ja jederzeit der Versuch gemacht werden, diese psychologische Aussage über den Träumer in das Gesamterleben des Träumers einzuordnen. In so und so vielen Fällen wird sich erweisen lassen, daß die Deutung eine psychologische Wahrheit darstellt. Aber dann ist doch nicht damit aufgehoben, daß mit einer Deutung begonnen wurde, also auf jeden Fall mit einem post-hoc-Gebilde, was sein Gewicht aus zweiter oder dritter Hand erhält. Auf jeden Fall handelt es sich im allgemeinen dabei um einen wesentlich komplexeren oder gar komplizierteren Vorgang des Überprüfens, als wenn ein einfacher Realeinfall, d. h. eine simple realistische Erinnerung in das ja schon so wie so sehr komplexe Gesamterleben eingeordnet werden muß.

An dieser Stelle soll ausgesprochen werden, daß sich wohl noch eine oder mehrere Generationen um die völlige sachliche und sprachliche Klärung der hier erörterten Zusammenhänge werden bemühen müssen. Die vorliegende Darstellung kann zunächst nur den Sinn haben, weitere Klärungsversuche anzuregen und einen ersten Ansatz zu solcher Klärung zu liefern.

7. Der subjektale Einfall

Es ist heute noch keineswegs vorauszusehen, welche und wie viele Einfallsarten man eines Tages mit gesonderter Bezeichnung versehen wird. Es ist auch nicht vorauszusehen, in welcher Anordnung man zweckdienlicherweise die gesammelten Einfallsarten darstellen wird. Also kann im Augenblick zum Teil nur dafür gesorgt werden, daß wohl unterscheidbare Einfallsarten vorläufig benannt und hervorgehoben werden.

Eine solche Einfallsart besteht u. a. darin, daß der Träumer seinen Traum sofort auf seine Person bezieht. Und zwar nicht so, — wie es natürlich auch vorkommt, — daß er eine Traumperson mit seiner eigenen identifiziert, sich in ihr wiedererkennt, sondern so, daß er innere, Gefühlszuständlichkeiten etwa, wie sie auf den Seiten 110 und 113 behandelt wurden, im Traum in visualisierter Form als vorliegend zu erkennen glaubt. Es ist also z. B. durchaus möglich, daß ein Träumer, der eine einen Berg hinaufführende Straße vor sich sieht, die ganz oben in etwas Hellem endet, was er nicht deutlich erkennen kann, als ersten Einfall den hat: „Das sieht ja so aus, wie wenn ich mich innerlich, hinsichtlich meiner Entwicklung, in aufsteigender Linie befinde und schließlich zu Helle und Wachheit gelangen werde." Im Gesamterleben eines Träumers kann es durchaus so sein, daß dieser seine innere Situation damit wirklich getroffen hat. Es bleibt dann zwar immer noch die Frage, welche Antriebsart etwa „um Klarheit ringt". Aber das muß ja nicht sofort und unmittelbar interessieren, um so mehr, als der Träumer ja danach gefragt werden kann und sich ja auch auf Grund weiterer Traumbestandteile darum bemühen kann, durch Einfall oder Interpretation auf den sich entwickelnden, in aufsteigender Linie befindlichen Antrieb zu kommen. In solchem Einfall meldet sich gewissermaßen die steuernde Instanz des Träumers in bildlicher Gestalt, so wie Gott der Legende nach dem Moses im brennenden Busch erschien. Wie immer wieder hervorgehoben ist das Phantasieerleben des Traumes äußerst reichhaltig, und eine Fülle von Kategorien bestimmen und tragen ihn völlig naturgemäß. Gegenüber der Komplexheit, die das Organische, das Leben auf jeden Fall besitzt, stellt der Traum in der Fülle seiner Möglichkeiten, also auch seiner möglichen und dabei auch durchaus stichhaltigen Interpretationen, also auch in der Fülle der zugehörigen Einfälle einen schwachen Abglanz der übergeordneten Mannigfaltigkeit dar. Eine erhebliche Menge von Einfällen zu Träumen hat daher diesen besonderen Charakter, das Subjekt, das Innern, die Innerlichkeit des Träumers zu formulieren, d. h. im allgemeinen zu visualisieren. Wenn man so will, kann man dann von Verbildlichung sprechen.

Aber an diesem Beispiel wurde bereits deutlich, daß ein solcher subjektaler Einfall einen gewissen formalen, man könnte fast sagen, abstrakten Charakter hat. Nur muß man das Beiwort abstrakt dann richtig verstehen Denn zentrale Gefühlsinnerlichkeit, könnte man entgegnen, ist doch das Konkreteste, was es überhaupt gibt. Steuern kann dieses Innerste nur deshalb, weil es so zentral, so letztlich, so unabdingbar, wenn auch vorübergehend ablenkbar ist. Ordnet man solchen subjektalen Einfall, sofern er diesen formalen Charakter hat, in das Gesamterleben des Träumers ein, so ergibt sich neben einem manchmal auftretenden einfach beglückenden Gefühl sofort die Notwendigkeit, nach Näherem zu fragen. Es sei wiederholt: Eine der auftauchenden Fragen, die sich von der gesunden, redlichen Substanz eines jeden Menschen her melden, ist die nach speziellem Antrieb und Bedürfnis.

Aber es gibt hier doch noch wesentlich konkretere Vorkommnisse. Etwa so: Eine Frau träumt von einer Frau, die ihr unbekannt ist. Sie hat dazu zunächst keinen Realeinfall im obigen Sinn. Nach kurzer Besinnung sagt die Träumerin, die Traumfrau habe etwas Strahlendes in den Augen gehabt, etwas so richtig Mütterliches. Das Gesamterleben der Betreffenden, besonders aber ihre Entwicklungsgeschichte als Kind zeigt, daß die in ihr einst vorhandene Mütterlichkeit aus verständlichen Gründen erstickt wurde. Die Träumerin fiel dem Untersucher vielleicht auch dadurch auf, daß sie außergewöhnlich wenig Mütterlichkeit zu erleben schien. Der Tonfall nun, mit dem die Träumerin vom strahlenden Augenausdruck der Traumperson spricht,

verrät dann nicht nur ein Mitklingen von mütterlichem Gefühl, sondern darüber hinaus von neuerlichem Anklingen. Von daher gesehen darf dann die Traumfigur als Repräsentantin eines seelischen Bereichs der Träumerin angesehen werden, der zumindest lange Zeit brach lag. Hingabe tendenzen von mütterlichem Charakter, die bis dahin latent waren, melden sich in personifizierter Form. Das Traumsubjekt „weiß" mehr vom Eigentlichen der Träumerin als diese bis dahin selbst. Ein subjektaler Einfall ermöglichte der Träumerin und dem Untersucher Erleben und tieferes Verständnis.

8. Der sublime Einfall

Ausgehend vom gewissermaßen naiven Realeinfall wurden eine ganze Reihe weiterer Einfälle erörtert, die sich zum Teil durch ihren Inhalt, zum Teil durch die Form ihrer Entstehung von jenem abheben. Enthält ein Realeinfall deutlich die für den Träumer tatsächlich frag-würdigen Antriebsqualitäten, sei es des Besitzstrebens, des Geltungsstrebens oder des Sexualstrebens, so unterscheidet er sich damit sehr wesentlich von einer recht häufigen Einfallsart, in der animalische Antriebe offensichtlich nicht die geringste Rolle spielen. Während jene Realeinfälle in gerader Linie auf wesentliche Motoren des Traumerlebens hinführen, tut die nun zu erörternde Einfallsart das ausgesprochen nicht. Diese Einfälle enthalten Geistiges, Religiöses, Künstlerisches, Moralisches. Sie können Erinnerungscharakter haben, also Realeinfälle sein, sie können aber auch jene geistigen Bereiche als solche berühren.

Obgleich diese sublimen Einfälle ein selbstverständliches Vorkommnis darstellen, müssen sie doch ausdrücklich erwähnt werden. Denn es könnte ja sonst beim Lernenden die Erwartungsvorstellung auftauchen, wenn einmal ein Realeinfall gebracht werde, dann habe dieser Antriebscharakter. Im mündlichen Gespräch würde man dem Betreffenden dann etwa sagen müssen: „So einfach liegen die Dinge dann doch nicht." Es hat sich gezeigt, und es wird sich noch mehr zeigen, daß der Realeinfall von entscheidender Bedeutung ist. Auf ihn kommt es an. Aber daß das der Fall ist, ist wieder und wieder doch nicht einfach offensichtlich. Während des Einfällebringens ist ja ein Mensch nicht plötzlich furcht- und schuldgefühlsfrei. Immer noch reagiert er reflektorisch mit den alten Affekten wenigstens in zähen Spuren auf bestimmte Gegenstände und Vorgänge. Also wird sich auch im Einfall der augenblicklich in Frage kommende Antrieb so und so oft nicht unverhüllt melden. Statt dessen wird das „Höhere" für ihn eintreten, an seiner Stelle im Einfall auftreten, auch im Realeinfall.

Ein Beispiel: Ist ein Mensch auf kaptativem und retentivem Gebiet mit der Welt in Konflikt geraten, ist ihm das Kapitel „Nehmen und Geben" mißlungen, hat er auf diesem Gebiet Hemmungen erworben, so daß ihm dann der kaptativ-retentive Kontakt mit den Mitmenschen mißlang, so wird er mit einiger Wahrscheinlichkeit ausgewichen sein. Dann hat er sich aus den „Niederungen" des Streites um den Besitz vielleicht in eine „Verachtung des Geldes" hinübergerettet. Dann lebt er grundsätzlich in „höheren Sphären"

Für den scharf hinsehenden Beobachter hat die Beziehung des Betreffenden zum Geistigen einen „Stich". Im umgebenden Gefühlsbereich ist da etwas nicht in Ordnung. Der Ton des Geistigen klingt „brüchig". Und das hat seinen Grund eben im „trübenden" Charakter der aus dem „Unbewußten" auftauchenden kaptativen und retentiven Mikroimpulse. Das also mag ein guter Beobachter feststellen. Aber er tut das ja in Bezug auf die manifeste Geistigkeit des Betreffenden, und er hat dann auch regelmäßig Gelegenheit, dies hinsichtlich der Realeinfälle zu dessen Träumen zu tun.

Einschränkend soll aber hervorgehoben werden, erstens, daß dieser Ausweg ins Geistige, Sublime, von einem in jener Weise Antriebsgehemmten nicht beschritten zu werden braucht und zweitens, daß solche Geistigkeit, solche Erfülltheit mit Geistigem an sich selbstverständlich völlig autochthon sein kann. Das aber ist in der vorliegenden Darstellung nun so oft betont worden und wird immer wieder mitklingen, daß die Möglichkeit eines Mißverstehens doch wohl vermieden sein sollte. Es bleibt also lediglich, daß der sublime Charakter des ganz besonderen Phänomens Realeinfall, also, wie später erörtert werden wird, auch des hinweisenden und verknüpfenden Einfalls, *in der Regel* auf gehemmte niedere, animalische Antriebe und Bedürfnisse hinweist, die in Latenz gerieten. *Diese* Differenziertheit des Tatbestandes wird man sich fürderhin also stets vor Augen halten müssen. Die heute erreichte Klärung dieser Zusammenhänge erlaubt es, einseitige Akzentsetzungen zu vermeiden. Noch einmal auf unser spezielles Beispiel rekurrierend: Nur genaueste Analyse des Einzelvorkommnisses vermag stichhaltig zu erweisen, ob es sich um neurotische oder neurotoide „Flucht" ins Geistige handelt oder nicht doch um ganz einfaches, ursprüngliches Erfülltsein.

9. Das „Dösen"

Gegenstand der Betrachtung war zunächst der Traum selbst in seiner isolierten Gestalt. Bezogen wurde er auf das Gesamterleben des Träumers. Dann wurde ein Phänomen berücksichtigt, das sich mit großer Regelmäßigkeit einstellt, wenn jemand einen Traum erinnert oder dann auch berichtet. Es handelte sich dabei um den sogenannten Einfall. Verschiedene Arten dieser Einfälle wurden näher beschrieben. Nun gilt es, einen weiteren Tatbestand zu erörtern: Der Wachheitsgrad des Menschen schwankt dauernd. Die einzelnen Individuen neigen zu für sie charakteristischen Wachheitskurven und Wachheitsgraden. Die einen sind ausgesprochenerweise der wahrgenommenen Welt, sei es die sogenannte äußere oder die innere, mit lebhafter Aufmerksamkeit, oft begleitet von Aktivitätshunger, zugewandt, die anderen neigen dazu, einen Zustand geminderter Wachheit betont und häufig „aufzusuchen". Sie neigen zu dem, was man gemeinhin „Dösen" nennt. Und nun kann man die Aussage machen, daß, wenn jemand zu solchem Dösen neigt, (und sofern jemand für gewöhnlich nicht dazu neigt, es doch einmal gerade dann tut, wenn er einen Traum erinnert hat, und sich diesem nun zuwendet), die Zahl der registrierbaren Einfälle zunimmt. Dies ist ein einfacher, überprüfbarer Tatbestand. Vom Gesichtspunkt der Traumanalyse ist er selbstverständlich von größtem Interesse. Wiederum hat auch dieses Thema mit etwas, was man „Deuten" nennen könnte, nicht das Geringste zu tun. Es handelt sich auch nicht um einen künstlich erzeugten Vorgang, vielmehr wird hier zunächst auf ein häufiges spontanes Vorkommnis hingewiesen. Lediglich unter diesem Gesichtspunkt kann eben festgestellt werden, daß in solchem seelischen „Zustand", in solcher „Befindlichkeit" des den Traum erinnernden und auch etwa berichtenden Träumers die oben im Einzelnen geschilderten Einfälle wohl nicht durchaus gehäuft sind, aber doch deutlicher erlebt werden, besser registriert werden können, und daher zumindest häufiger erscheinen. Es ist wohl keine Frage, daß dieser Zustand angesehen werden darf als Ansatz zur Kontemplation oder Meditation. Dabei wird ausdrücklich von Ansatz gesprochen; denn im allgemeinen versteht man unter kontemplativen oder meditativen Akten solche, die einen höheren Gehalt an Absicht besitzen. Aber es ergeben sich eben von hier aus Linien zu eigentlicher Kontemplation und Meditation hin.

Dieser Zustand des Dösens pflegt bei einzelnen Individuen, also seltenerweise, einen ausgeprägteren Charakter anzunehmen und entspricht dann dem, was als „hypnagoger" Zustand bei den ersten Hysteriefällen, die unter ausgeprägt psychologischen Gesichtspunkten untersucht wurden, auffiel.

Auch im Aufwachen oder beim Einschlafen pflegen Zustände dieser Art verhältnismäßig häufig zu sein. Das ist vielfach und eingehend beschrieben worden. Unter dem Gesichtspunkt des sogenannten anschaulichen Denkens, das das Tagesdenken dauernd im Hintergrunde „begleitet", d. h. dieses zu einem Teil ausmacht, kann das Aufwach- und Einschlaferleben ebenfalls betrachtet werden. Zwischen all diesen Zuständen bestehen engste Beziehungen. Sie können sämtlich als Varianten ein und desselben Grunderlebens angesehen werden. Dieses besteht im Gegensatz zu dem „gerichteten", „eigentlichen" Wacherleben, das dann auch vielfach Denken genannt wird und dem entspricht, was Descartes mit „cogitare" meinte, in einer gelockerten Aufeinanderfolge von bildhaften Vorstellungen mit „hineinverflochtenen" Gefühlstönen und Gefühlen. Man hat also jederzeit die Möglichkeit, diese Zustände „aufzusuchen", zumindest hat man die Möglichkeit, sich um sie zu bemühen, sie eingehend zu betrachten. Jedem, der an der Traumanalyse interessiert ist, sei dringend empfohlen, in seinem Erleben bei gegebener Gelegenheit diese anschaulichen Erlebnisse und Erlebnisfolgen zu beobachten und sich in der Registrierung ihrer Eigentümlichkeiten zu üben. Wer dies unterläßt, wird nur sehr bedingt zum Traumerleben und seinem Verständnis Zugang finden.

Es sei noch einmal betont, daß es sich hier im Augenblick lediglich um die Kennzeichnung und Benennung so und so oft spontan vorkommender Erlebnisarten handelt. Festgestellt wird zunächst lediglich, daß in diesen „Zuständen" Einfälle der oben erörterten Art der Beobachtung besonders leicht zugänglich sind. Man kann eine Übung darin erlangen, in diesen Zuständen etwas oder erheblich länger zu verweilen, als man das uninteresierterweise sonst zu tun pflegt. Was der Betrachtung dann auffällt, hat vergleichsweise mikropsychologischen Charakter.

Es sei hinzugefügt, daß man nicht darauf angewiesen ist, das Eintreten hypnagoger Zustände abzuwarten oder Aufwach- und Einschlaferlebnisse zu studieren. Dies ist jedoch auf jeden Fall nützlich. Wer mikropsychologische Bereiche dieser Art wirklich kennen lernen will, wird sein Erleben in dieser Weise selbstverständlich studieren. Aber es besteht immerhin die Möglichkeit, hier eine Maßnahme zu ergreifen. Man braucht sich nur auf ein Sofa zu legen, dort liegen zu bleiben und nicht einzuschlafen. Auch in dieser Situation pflegt regelmäßig ein Dösen aufzutreten. Auf jeden Fall ist dieses in solcher Situation häufiger als sonst. Auch hier handelt es sich um die einfache Feststellung eines Tatbestandes. Es steht jedem frei, das an sich selbst zu überprüfen. Eine ganze Reihe von Menschen werden bei solchem Versuch bemerken, daß sie in solcher Situation „Störungen" erleben. Es wird später erörtert werden, welchen Sinn diese haben und was man mit ihnen anzufangen hat, (s. S. 140 ff.).

10. Das Gesamt der Realeinfälle

Wendet man sein Interesse nun nicht nur dem einzelnen Einfall zu, und sieht man weiterhin ab von den witzigen, entsymbolisierenden und deutenden Einfällen, — besonders von den letzteren, — so bleibt zunächst einmal eine Summe von Realeinfällen übrig. Man kann auch gleich von vornherein aus dem Gesamt aller Einfälle zu einem Traum die Realeinfälle herausnehmen. Dann läßt sich folgende Aussage machen: Unter der Voraussetzung, daß wir in der Lage sind, das für einen Menschen charakteristische Konfliktserleben im Sinne des früher Erörterten (s. S. 82) festzustellen, enthält das Gesamt der Realeinfälle zu einem Traum dieses Konfliktserleben in hervorstechender Weise. Wir sind also umgekehrt in der Lage, vom Gesamt der Realeinfälle zu den Träumen eines Menschen her einen sehr direkten Zugang zu seinem etwa interessierenden Konfliktserleben zu erlangen. Das ist der eigentliche Sinn der Redewendung, der Traum sei die via regia zum Unbewußten. Diese These Freuds traf die vorliegenden Verhältnisse also mit voller Korrektheit. Die gesamte Traumanalyse ist hierum zentriert. Ihre Wichtigkeit leitet sich im wesentlichen aus diesem Tatbestand ab. Die ausdrückliche Bemühung durch Einführung des Terminus Realeinfall diesen gegenüber allen Einfallsarten abzugrenzen, hatte den Sinn, diejenigen, die geneigt sind, die eben geäußerte These zu überprüfen, davor zu bewahren, etwa witzige, entsymbolisierende oder deutende Einfälle zur Überprüfung heranzuziehen. Freud hat das nicht mit der gleichen Präzision formuliert. Aus seinen Darlegungen geht aber im Kern und akzentmäßig mit voller Deutlichkeit hervor, daß auch er das Thema der via regia mit Realerinnerungen in Verbindung sah und nur am Rande und im Abgleiten von den eigenen primären Einsichten mit sonstigen Einfallsarten. Es wäre der Wissenschaft vom Traum von größtem Nutzen, wenn die hier eben formulierte Aussage bekannt und berücksichtigt würde. Eine Fülle von Mißverständnissen und Fehluntersuchungen würden so vermieden.

Es erübrigt sich wohl hinzuzufügen, daß diese Aussage über das Gesamt der Realeinfälle selbstverständlich die weitere mit umgreift, daß die im Gesamt der Realeinfälle zu den Träumen eines Patienten auftretenden Antriebserlebnisse durchaus bevorzugt diejenigen sind, deren Sprengstücke die Symptomatik des Betreffenden darstellen. Insofern ist das Gesamt der Realeinfälle zu einem Traum neurosenpsychologisch und psychotherapeutisch von zentraler Bedeutung.

11. Der hinweisende Einfall

Der Traum ist die via regia zum Unbewußten. Aber die Redewendung der via regia ist natürlich ein Bild. Unter den wissenschaftlichen Aussagen innerhalb des Bereichs der Wissenschaft überhaupt zeichnet sich eigentlich nur die Mathematik dadurch aus, daß sie fast bildlos formuliert. In der Physik bereits spielen bildhafte und damit in irgendeinem Grad fragwürdige Begriffe eine Rolle, sofern es sich um Thesen handelt, die auf Beziehungen gehen statt auf einfache Gegenstandsbenennungen oder Beschreibungen. Die Aussage von der via regia zum Traum ist eine, die auf einen Zusammenhang, auf eine Beziehung geht. Und da gerade ist das Bild, weil unsre sprachlichen Möglichkeiten heute noch unvollkommen sind, notgedrungen Ausdrucksmittel. Es ist dringend notwendig, sich über das Entsprechende immer wieder klar zu werden, auch wenn man sehr genau weiß, daß man selbst dauernd unter der gleichen historischen Notlage steht und nicht vermeiden kann, in fragwürdige Bildhaftigkeit abzugleiten. Wiederum soll aber ausdrücklich betont werden, daß die Fruchtbarkeit bildhafter Formulierung, so lange es sich um Neuentdeckung, Neufixierung, um Überblick über neues Gebiet handelt, keineswegs bestritten wird. Die These von der via regia, die der Traum darstellt, ist schließlich also in exaktere Formulierung umzugießen.

Ersetzt man das Bild der via regia durch die Formel: Die Gesamtheit der Realeinfälle zu den Träumen eines Menschen enthalte dessen Konfliktserleben und Problematik in bevorzugter Weise, in kondensierter Form, so ist diese Aussage auch noch von gewisser Unbestimmtheit. Das Wort „bevorzugt" sagt ja zunächst nur etwas über Häufigkeit aus. Das Wort „kondensiert" meint etwa das Gleiche. Man sollte also zunächst erwarten, daß das Gesamt der Realeinfälle in deutlich lesbarer Form das betreffende Konfliktserleben enthält. Das ist nun keineswegs der Fall. Gegenüber der Dunkelheit der allermeisten Träume, auch gegenüber der Dunkelheit menschlichen Erlebens hinsichtlich der zugrundeliegenden, mikropsychologischen Konfliktsbereiche leuchten in einzelnen verstreuten Realeinfällen wesentliche Konflikte wieder und wieder hell auf. Erinnerungen an einst real erlebte orale und kaptative, anale und retentive, aggressive und sexuelle Erlebnisse finden sich unter den Realeinfällen zu Träumen immerhin so häufig, daß dieser Bereich menschlichen Erlebens, nämlich das Gesamt seiner Realeinfälle, schon von daher eine auffallende Charakteristik erhält. Aber das genügt noch nicht. An Masse bleibt immer noch zu viel dunkel, jedenfalls auf ersten Anblick hin; auf jeden Fall für den Ungeübten.

Daher ist es notwendig, folgendes Weitere festzustellen: Erst längere Übung ermöglicht es, mitgeteilte orale Erlebnisse z. B. als oral zu erkennen. Der Ungeübte pflegt oft zunächst nicht einmal dann den Charakter eines Erlebnisses als oral zu erkennen, wenn darin von Nahrungsmitteln die Rede ist. Das klingt erstaunlich, ist aber so. Geschweige denn, er bemerkt, daß ein Erlebnis, ein tatsächlich stattgehabtes und nunmehr erinnertes Erleben um die Besitzthematik kreist, kaptativ ist. Wer mit dem Studium der Traumanalyse beginnt, braucht sich also weder zu wundern, daß es ihm zu Anfang längere Zeit immer wieder so gehen wird, als ob er „ein Brett vor dem Kopf habe"; und noch weniger wird er sich darüber zu wundern brauchen, daß er die weiteren dunklen Mikrotatsachen dieses Gebietes nicht zu registrieren vermag. Es bedarf ausdrücklich des besonderen Übens und erreichter Geläufigkeit, die hier nun interessierenden Tatbestände mit einiger Sicherheit zu erkennen.

Zuletzt handelt es sich also um die Frage von Übung und Geläufigkeit. Schließlich tritt diese ja aber ein. Dennoch bleibt die Tatsache weiter bestehen, daß ein sehr erheblicher Teil der Realeinfälle eines Träumers dunklen Charakter behält. Diese Realeinfälle als s o l c h e bleiben auch dann noch dunkel, d. h. sie enthalten weder in ihrer Isoliertheit das, was man ein vollständiges Konfliktserleben nennen könnte, noch sind sie als solche in das sonst bekannte Erleben eines Träumers einordenbar. Hier hat etwas Neues zu geschehen. Andeutungen von oraler, kaptativer, analer, retentiver, aggressiver, sexueller und von Hingabethematik müssen zunächst einmal fixiert werden. Andeutungen sind als Signale zu betrachten. Und dann muß der Träumer, wiederum nicht etwa deutend usw., sondern sich auf sein reales Vorerleben besinnend, „um das Signal herum" sein Erinnern und Mitteilen vervollständigen. Er oder der Untersucher müssen sich aufgefordert fühlen, darauf zu dringen, daß z. B. Genaueres darüber gesagt wird, w a n n eine Traumfigur im Erleben des Träumers vorkam, w o das war, in welcher Beziehung die betreffende zum Träumer stand, kurz gesagt, was mit der betreffenden Traumfigur einst „los war". Und das s e h r genau. Auf diese Weise erhält der Realeinfall, der als Ausgangspunkt gewählt wurde, h i n w e i s e n d e n Charakter. Er enthält die Person, den Gegenstand, den Vorgang, um den es sich damals gehandelt hat, zwar in Andeutungen, aber eben doch nur in Andeutungen. Die Frage, die der Träumer sich zu stellen hat, muß immer wieder lauten: W a s war da wirklich los? Genau! Genau! Wiederum ist es eine Sache der Geübtheit zu wissen, wie weit man hier zudringlich, eindringlich zu sein hat. Aber auch nur das ist nötig. Der Träumer muß in ausreichender Vollständigkeit erinnern, was er wirklich erlebt hat. Und dieses vollständige Erleben dann enthält mit hoher, nach Zufallswahrscheinlichkeit nicht zu erwartender Häufigkeit ein bedeutsames Konfliktserleben der oben erörterten Art. In dieser Weise muß die Formel von der kondensierten Konflikthaftigkeit der Realeinfälle ergänzt werden. Entscheidend ist ganz einfach sehr häufig eine real erlebte Situation, der zunächst gebrachte Realeinfall ist nur „Hinweis".

12. Der verknüpfende Einfall

Es ist Aufgabe zukünftiger wissenschaftlicher Bemühung, all das hier Dargestellte in großer Breite zu entwickeln. Je genauer man selbst zu differenzieren beginnt, desto eindeutiger erhebt sich diese Forderung. Es wird also eines Tages eine Darstellung erscheinen müssen, die vom Gesamt der Realeinfälle von Träumern ausgeht. Aus diesem Gesamt werden zunächst einmal diejenigen Realeinfälle ausgesondert und zusammengestellt werden müssen, die ganz unmittelbar und eindeutig Konfliktserlebnisse darstellen. Dann werden diejenigen Realeinfälle auszusondern und zusammenzustellen sein, die hinweisenden Charakter haben, also signalisierende Andeutungen enthalten. Durch Hinzufügung der „gemeinten" vollständigen Situationsschilderung werden sie ergänzt werden müssen.

Und dann wird sich ergeben, daß weitere Gruppen von Realeinfällen übrigbleiben, die nicht einmal Andeutungen und Signale enthalten. Aber — es soll sich immer noch um Realeinfälle handeln. Auch jetzt braucht noch keineswegs zum Zweck der Erhellung der Träume zu entsymbolisierenden oder deutenden Einfällen übergegangen zu werden. Es darf dann unterstellt werden, daß die noch verbleibenden dunklen Realeinfälle eine Beziehung zum tragenden Konfliktserleben haben. Auch hinsichtlich dieser restierenden Realeinfälle besteht die Aufgabe, sie zu einem verzweigten, einst erlebten Zusammenhang zu vervollständigen. Damit erhalten diese restierenden Realeinfälle einen nur verknüpfenden Charakter.

Häufig ist es dann nun so, daß der Träumer, während er den Traum kontempliert, einen verknüpfenden Realeinfall nur eben streift, d. h. kaum bei ihm verweilt und darauf sofort zu einem weiteren Realeinfall übergeht. Dieser stellt dann eigentlich einen Realeinfall zum vorher gehabten Realeinfall dar, und oft genug enthält er, dieser zweite Realeinfall, der also nur mittelbar an den Traum, d. h. an eines seiner Details anknüpft, die „gesuchten" Antriebsqualitäten. In solchem Fall ist es also beim Bringen von Realeinfällen geblieben. Nur hat sich eine Kette ergeben, die aus einer ganzen Anzahl von Gliedern bestehen kann. Des „assoziativen" Charakters dieses Vorgangs wegen imponieren solche Realeinfälle als ganz besonders „frei". Die späteren Realeinfälle jedenfalls knüpfen ja nicht einmal mehr thematisch an den Traum an. Der letzte Realeinfall einer solchen Reihe kann dann der sein, der entscheidende Aufklärung bringt, d. h. er läßt sich in das Gesamterleben des Träumers psycho-logisch einordnen. Diese Psychologik ist vorwiegend von neurotischem oder neurotoidem Charakter.

So und so oft besteht die Aufgabe eines analytischen Psychotherapeuten, eines Analytikers, darin, einen Träumer, der einen „unbestimmten", undurchsichtigen Realeinfall bringt, zu einer solchen Kette von Realeinfällen aufzufordern. Aber dieser Hinweis ist bereits eine Vorwegnahme von

Späterem, nämlich der Hinweis auf ein Verfahren. So und so oft aber erfolgt das Bringen solcher Ketten von Realeinfällen auch bei jemand, der keineswegs eine Absicht damit verbindet, spontan. Entscheidend für das hier Erörterte ist, daß es eben auch Ketten von Realeinfällen sind, daß es sich nur um real Erlebtes handelt. Vorgeschichte, Entwicklungsgeschichte wird erinnert. Der Träumer selbst, sein Leben „entscheidet", ob ein psycho-logischer Zusammenhang besteht oder nicht, ob die via regia damit beschritten worden ist oder nicht. Die Aussage lautet: Auch auf diese Weise wird mit auffallender Regelmäßigkeit das tragende, hintergründige Konfliktserleben erhellt. Es galt hier lediglich, deutlich zu machen, daß der Vorgang: Realeinfälle haben, nicht zu simpel verstanden werden darf. Auch was der Gärtner im Garten wirklich tut, steht in seiner praktisch konkreten Differenziertheit in keinem Buch. Dennoch handelt es sich um Gekonntheit und nicht um noch so treffende Willkür, hier also um „Suggestion" etwa.

13. Das angedeutete Ausdrucksverhalten

Die Einfälle, um die es sich bisher handelte, wurden unter dem Gesichtspunkt betrachtet, daß sie Erinnerungsvorstellungen sind. Aber es muß natürlich daran gedacht werden, daß schließlich auch einmal isolierte Gefühle erinnert werden können. Die verknüpfenden Einfälle hatten ja bereits einen gewissen flüchtigen Charakter. Vom vollständigen Konfliktserlebnis her waren sie gewissermaßen nur flüchtiger Hauch. Ein sehr prägnantes Gefühl kann aber ebenfalls vorgestellt werden. Nur spricht man dann in der Regel nicht mehr vom Vorstellen oder Erinnern eines Gefühls, sondern der Einfall besteht häufig einfach in der Gefühlsqualität selbst. Manchmal handelt es sich auch nur um eine Stimmung, um eine Gestimmtheit. Für diese gilt daher ebenfalls das oben Erörterte.

Wie schon gesagt war es daher in gewisser Weise willkürlich, immer von Vorstellungen auszugehen. Gewiß, der Mensch ist so geartet, daß ihm bildhaftes Erleben auffällt, imponiert. Gefühle dagegen werden bereits weniger leicht konstatiert.

Aber es besteht demgegenüber noch eine weitere Möglichkeit des Erlebens. Die Hand kann ja plötzlich zu zucken beginnen oder auch das Bein. Empfindungen können auftreten, die dazu führen, daß der Betreffende, im Dösen den Traum Kontemplierende, sich anders lagert, den Kopf bewegt usw. Es müssen keineswegs und sofort immer Bilder auftreten. Nicht einmal Gefühle müssen immer greifbar deutlich werden. Empfindungen können der Beobachtung entgehen. Statt dessen aber wird der Beobachter, der analysierende Untersucher häufig motorische Äußerungen des Kontemplierenden feststellen. Bei einiger Übung, oder auch sonst hin und wieder einmal, wird der Träumer dieses Motorische ebenfalls bemerken. Aus allem hier Dargestellten folgt wohl selbstverständlich, daß auch diese motorischen Phänomene als Einfall zu werten sind. Sonst verharrte man ja entgegen allem Fortschreiten psychologischer Wissenschaft in einer Vorstellungs- oder gar Denkpsychologie. Antriebserlebnisse dagegen stehen im Zentrum all der hier interessierenden Phänomene. U. a. enthält jedes Antriebserleben motorische Bestandteile. Zumindest als vager Impuls ist dieses beteiligt. Ein Impuls aber besteht zu einem Teil wenigstens in leisestem Vollzuge von Motorik. So werden die während der dösenden „Betrachtung" des Traumes auftretenden motorischen Vollzüge des Träumers zu Ausdruckserlebnissen. Anders ausgedrückt: Angedeutetes Ausdrucksverhalten fungiert in den hier erörterten Zusammenhängen als Einfall und zwar selten als hinweisender Einfall, meist als verknüpfender Einfall. Daher ist es durchaus geboten, den Träumer zu diesen motorischen Äußerungen Realeinfälle bringen zu lassen, genau so, wie oben bereits bei Erörterung der verknüpfenden Einfälle geschildert. Man hat dieses Verfahren „Haltungsanalyse" genannt (Reich).

14. Das ausgeführte Ausdrucksverhalten

Im allgemeinen beschränken sich die motorischen Äußerungen, von denen die These gelten darf, sie seien als Realeinfälle zu werten, auf Andeutungen. Daß es sich nur um Andeutungen handelt, hebt den Charakter der Ausdrücklichkeit keineswegs auf. Psychologischerseits weiß man ja, in wie ungeheuer feiner Weise der Mensch auf leiseste Ausdrucksbewegungen zu reagieren pflegt. Diese selbst sind so geartet, daß auch leiseste Andeutungen durchaus prägnant sind. Korrespondierend ist das Verstehen von gleicher Prägnanz. Wäre das nicht so, so wäre der Hominide wahrscheinlich längst erloschen.

Gegen diese Auffassung bedeutet es keinen ausreichenden Einwand, daß. vom Interesse des „Durchschauens" des anderen Menschen her gesehen, all die feinen aber eben doch registrierbaren Ausdrucksbewegungen ein Urteil über das „wahre" Erleben des anderen in erstaunlichem und oft erschütterndem Ausmaß nicht zulassen. Eine der tiefgehendsten Erlebnisformen menschlicher Einsamkeit z. B. geht darauf zurück, daß der Heranwachsende allmählich bemerkt, wie wenig er vom andern zu erfassen vermag. Gerade wenn sich etwa in der Pubertät das intensive Bedürfnis meldet, das Innere des andren, z. B. des Liebespartners, mitzuerleben, zeigt sich dem Überraschten mit zunehmender Deutlichkeit, wie fern ihm der andre bleibt, wie fern er jenem. Oft wird dieses Erleben geradezu als das eines „Abgrundes" empfunden. Es ist also zweifellos so, daß, gemessen am natürlichen Wunschbild, das Verstehen menschlichen Ausdrucks in vagen Ansätzen stecken bleibt. Ein Teil der Menschen, besonders häufig der vitale und gleichzeitig intelligente, zieht hieraus frühzeitig den befriedigten Schluß, es sei also erstaunlich leicht, den andern zu täuschen, und er bedient sich dessen.

Hinsichtlich der die Kontemplation eines Traumes begleitenden motorischen Andeutungen sind wir aber gerade eben in der Lage, sie nicht „deuten" zu müssen, im Gegenteil: Sicherheit der psychologischen Erfassung hierher gehöriger Zusammenhänge ist nur durch Verzicht auf Deutung zu erlangen. Es genügt völlig, sich, wie oben erörtert, Realeinfällen zu solchen Ansatzhandlungen zu überlassen. Diese enthalten dann das Gesuchte, und was auf diese Weise erinnert wird, enthält konzentriert antinomischen Konfliktsstoff.

In selteneren Fällen geht jenes Signal in Ausführung über. Nun bewegt der Kontemplierende nicht nur einen Körperteil, oft auch das nur in leiser Andeutung, sondern er beginnt zu handeln. Auch wenn er etwa mit sich oder einem Beobachter verabredet hat, er wolle in Ruhe über einen Traum meditieren, vergißt er so und so oft solche Verabredung, steht etwa von einem Stuhl auf oder auch vom Sofa, verläßt den Raum oder tut, durchaus „unwillkürlich", „triebhaft" manchmal Erstaunliches und Unsinniges. Die Erfahrung hat aber gelehrt, daß solche Unsinnigkeit mit entscheidender Häufigkeit nur scheinbar ist und die Betreffenden, wenn sie Realeinfälle zu ihrem Handeln bringen, Erlebnisse, real erlebte Situationen erinnern, in die ihr Verhalten durchaus sinnvoll hineingehört. Damit wird dieses Verhalten zum Ausdrucksverhalten und einem Realeinfall äquivalent. Für den, der die Richtigkeit dieser Aussage überprüfen will, ist lediglich Bedingung, daß er zu solchem Verhalten konsequent, „eisern", Realeinfälle bringen läßt.

Leider ist es in der wissenschaftlichen Entwicklung immer wieder vorgekommen, daß Nachuntersucher sich durch die Veröffentlichungen aufgefordert fühlten, selbst oder durch den Träumer Deutungseinfälle bringen zu lassen. Und das lehnten viele dann verständlicherweise ab. Hier handelt es sich aber einfach um ein grobes Mißverständnis. Auch Deutungseinfälle können eine Spur ergeben. In welchem Sinn und Ausmaß das aber der Fall ist, bedarf allersorgfältigster Erörterung. Notwendig sind sie zur Erhärtung jener These auf keinen Fall. Wer hier korrekt nachuntersuchen will, wird also bereitwillig auf den natürlich zunächst leicht erscheinenden Weg der raschen Interpretation verzichten müssen. Er wird die Geduld aufbringen müssen, den Träumer in ausführlichster Weise Realeinfälle bringen zu lassen. Wie oben schon ausgeführt: Zu je winzigeren Details auch jener „tadelhaften" Handlungen, jenes „Agierens" (Freud), ein Realeinfall gebracht wird, desto größer im allgemeinen die Aussicht, auf tragende Problematik zu stoßen. Umgekehrt, wer in den letzten drei Jahrzehnten diese von Freud immer wieder wenigstens implicite korrekt angegebenen Bedingungen einer Nachuntersuchung nicht erfüllt hat, kann sich nicht darüber wundern, wenn ihm die Verifizierung der entsprechenden Theorien mißlungen ist. Es sprechen genügend Anzeichen dafür, daß man nach 12-jähriger Unterbrechung der Forschung neuerlich leider wieder damit beginnt, statt sorgfältig „nach Vorschrift" zu prüfen, mit theoretischem Diskutieren von offensichtlich überholten und anfechtbaren psychoanalytischen Theorien Wirrnis zu erzeugen.

15. Der kathartische Einfall

Ordnet man die verschiedenen Einfallsarten, so ergeben sich naturgemäß eine Reihe von Gesichtspunkten solcher Ordnung. Von größter Wichtigkeit war zunächst, die Realeinfälle hervorzuheben. Die gesamte wissenschaftliche Begründung einer Lehre vom Traum ist von dieser Einfallsart abhängig, um sie zentriert. Das wurde eingehend erörtert. Witzige Einfälle, Einfälle vom Charakter der Redeweise etwa, entsymbolisierende Einfälle und dann besonders deutende im eigentlichen Sinn waren von den Realeinfällen abzuheben und ihnen gegenüberzustellen. Auch das wurde eingehend erörtert. Die zuletzt genannten Einfallsarten haben zwar durchaus ihre Bedeutung, wie noch dargestellt werden wird, u. a. eine therapeutische, aber ihr „Gewicht" ist durchaus sekundären Charakters. Gegenüber den Realeinfällen, die animalischen, antinomischen Inhalt haben, sind dann die subjektalen hervorzuheben. Auch die sublimen haben ihre besondere Bedeutung. Die Hervorhebung des hinweisenden oder verknüpfenden Charakters von Realeinfällen war notwendig, wiederum um Gewichtsakzentuierungen hinsichtlich bestimmter Realeinfälle zu charakterisieren und korrekte Erwartungsvorstellungen in bezug auf die Realeinfälle überhaupt zu sichern. Die Hinzufügung, daß angedeutetes oder ausgeführtes Ausdrucksverhalten als Einfallsäquivalent anzusehen ist, bedeutet eine vorläufige Abrundung und Vervollständigung der Charakterisierung des Einfallsgeschehens.

Wie aus dieser Zusammenfassung ersichtlich ist, heben die attributiven Worte, die hierbei verwandt wurden, also nicht etwa in gleichem Sinn oder gleichem Gewicht bedeutsame Einfallsarten hervor. Wir haben es mit dem Lebendigen zu tun. Eine einfache Klassifikation ist hier keinesfalls möglich, denn die Gesichtspunkte müssen wechseln. Aussagen über den Einfall zum Traum betreffen eine „Gestalt", wie man das genannt hat, und nicht etwa eine Summe von verschiedenartigen, wenn auch in gleicher Weise bedeutsamen Vorkommnissen. Es ist daher von vornherein zu erwarten, daß in gleicher Weise noch weitere Auffälligkeiten an Träumen oder Traumgruppen beobachtet werden können, die es zweckmäßig erscheinen lassen, das Wort Einfall mit weiteren neuen Attributen zu versehen.

Bringen Patienten, also Symptomträger, zu ihren Träumen Einfälle, so kommt es hin und wieder, im ganzen gesehen aber doch durchaus selten, vor, daß die betreffende Realerinnerung nicht nur von unauffälligen Gefühlstönungen, Erregungen oder auch einmal von verständlichen lebhafteren oder lebhaften Affekten begleitet wird, sondern daß den Erinnernden ein Erregungs- und Affektsturm überfällt. Die Betreffenden sind dann nicht nur erschüttert, weinen u. U. heftig, sondern auch Angstanfälle können auftreten, Anfälle von eiskalten Gliedern, von Schwitzen, Herzklopfen, von blindem Drang davonzulaufen usw. Ist diese enorme Erregung dann abgeklungen, so haben die Patienten ein ausgesprochenes Gefühl von Befreitheit. In manchen Fällen treten die bisherigen Symptome danach sehr stark zurück oder hören sogar ganz auf. Beim mittleren Patientenmaterial aber kommen diese kathartischen Erscheinungen ausgesprochen selten vor, der Fortfall der Symptomatik noch viel seltener! Und dann ist dieser Fortfall außerdem fast immer nur von begrenzter Dauer. Kathartisch werden diese Einfälle deshalb genannt, weil sie an die Erlebnisse erinnern, die hinsichtlich des griechischen Dramas einst so bezeichnet wurden. Die Wirkung der Dramen wurde als Auslösung heftiger Gemütsbewegung aufgefaßt mit nachfolgender Lösung im Sinne eines beglückenden Abklingens.

So weit heute überblickbar kommen bei zwangsneurotischen und depressiven Neurosenstrukturen solche kathartischen Einfallserlebnisse kaum je vor. Bei depressiven Strukturen liegen sie im Bereich der Möglichkeit. Treten sie bei schizoiden Strukturen auf, so haben sie äußerst dramatischen, voluminösen Charakter und sind oft von psychotischen Erlebnisqualitäten begleitet. Vorwiegend treten sie bei der leichtesten Neurosenstruktur, der „hysterischen" auf — wenn überhaupt. Diese neigt ja auch aus strukturellen Gründen bevorzugt zu eigentlichen Verdrängungen, d. h. zum Vergessen hochdramatischer, traumatischer Situationen. Historisch war es so, daß sehr verständlicher Weise der Beobachtung zunächst gerade diese Vorkommnisse auffielen. Anfänglich war es daher ausgeschlossen, die Häufigkeit solcher Vorkommnisse abzuschätzen. Es knüpfte sich an die kathartischen Erlebnisse von Patienten die Erwartung, Verdrängungsvorgänge im engeren Sinn seien das Tragende im neurotischen Geschehen. Also wurden auch kathartische Erlebnisse während des Heilungsvorganges erwartet. Die psycho-analytische Therapie war ganz konsequenter Weise daher auch auf Erinnern zentriert. So ist auch heute noch festzustellen, daß diese Erwartung, kathartische Erlebnisse müßten sich einstellen und dem Verlust der Symptomatik vorangehen, sehr vielfach das Bild ist, unter dem Fernerstehende, aber auch gar nicht so selten Psychotherapeuten, den Vorgang analytischer Psychotherapie sehen. Der sensationelle Charakter, den von Zeit zu Zeit berichtete kathartische Erlebnisse bei Patienten haben, sorgt dann dafür, daß jene Erwartungsvorstellung wider alle neuere Erfahrung bestehen bleibt. Für die das Gleiche erwartenden Patienten daher oft Quelle späterer bitterer Enttäuschung. Das eben Entwickelte kann in seiner Bedeutung garnicht überschätzt werden!

Kathartische Einfälle mit den manchmal dazu gehörigen weiteren Folgen kommen also vor, aber sie sind äußerst selten. Das sollte nunmehr endgültig gewußt werden. Hat man dies aber einmal erfahren, oder durch eigene Beobachtung festgestellt, so ergibt nähere Überlegung dann doch folgendes Weitere: Nur so lange man sich unter einem kathartischen Erlebnis das vorstellt, was oben als dramatisch und „voluminös" bezeichnet wurde, wird man ein seltenes Vorkommen konstatieren. Es handelt sich hier wieder einmal um eine sogenannte „praktische" Feststellung, die auf „übliche" Wortbedeutung Rücksicht nimmt. Aber, man kann den Begriff des Kathartischen auch formalisieren. Man kann das Allgemeine daran, das Qualitative ins Auge fassen und dann ergibt sich, wie in solchen Fällen immer zu erwarten, daß das Kathartische einen sehr viel weiteren Geltungsbereich hat. Jedenfalls kann dieser Begriff in einem erweiterten Wortsinn verstanden werden. Spezieller ausgedrückt hieße das, daß Patienten während der Behandlung häufiger weinen als sonst — auch Männer — daß sie häufiger einmal vor Erregung schwitzen, zittern, Herzklopfen bekommen usw. Das Auftreten bis dahin latenter Antriebe, das Erinnern von Situationen antinomischen Charakters, ja das Erleben sublimer Selbsterlösungs„versuche" kann durchaus von leiser oder auch heftigerer Erschüttertheit begleitet sein, ist es sogar regelmäßig. Es ergibt sich also, daß der kathartische Einfall das Extremvorkommnis des üblichen Realeinfalls in Hinsicht auf Gefühlsbewegtheit darstellt. Man wird also eine Konvention für die praktische Abgrenzung quantitativer Art entwickeln müssen. Eine definitorische Bemühung oder ein Streit erübrigt sich dabei völlig. Der kathartische Einfall erweist sich als nichts im strengen Sinn Gesondertes.

16. Der Spontaneinfall

Auch diese Bezeichnung „Spontaneinfall“ steht definitorisch gewissermaßen windschief. Und doch ist es von Wichtigkeit, dieses Eigentümliche durch ein besonderes Wort, bzw. Beiwort hervorzuheben. Es handelt sich bei solcher Heraushebung um eine Rücksichtnahme auf eine konkrete Naturtatsache, wenn man dies einmal so nennen will. Anthropologisch liegen die Dinge so, daß jemand, und zwar ein beliebiger mittlerer Mensch, der seine Aufmerksamkeit auf einen Traum richtet, Einfälle hat. Er hat sie einfach. Diese Einfälle treten ungewollt, spontan auf. Und sämtliche Einfalls*arten* können das tun. Also steht auch die Bezeichnung Realeinfall *nicht* im Gegensatz zu der des Spontaneinfalls. Auf der anderen Seite ist der Begriff Spontaneinfall kein übergeordneter Begriff im üblichen Sinn. Er geht vielmehr auf die Eigentümlichkeit, daß der Mensch automatisch Einfälle hat, d. h. von diesen gewissermaßen überfallen wird.

Es zeigt sich nun aber, daß diejenigen, denen diese Zusammenhänge nicht geläufig sind, an das Bekanntwerden mit der Tatsache, daß Einfälle spontan auftreten, häufig die Meinung knüpfen, Einfall sei also *nur* das, was eben in dieser Weise spontan auftritt. Sobald die Spontaneinfälle zu einem Traum also versiegen, meinen die Betreffenden, sei es mit den Einfällen überhaupt aus; der Begriff Einfall sei also durch die Eigenschaft des Spontanen definiert. Gerade das aber ist *nicht* der Fall. Alle Begriffe sind konventionell. Man hätte so definieren können. Man hat aber überhaupt nicht im strengen Sinne definiert, jedenfalls nicht so, auch „praktisch“ nicht, daß nur das als Einfall gilt, was spontan ist. Aus der Verwendung des Begriffes des Einfalls in den Veröffentlichungen *Freuds* geht hervor, daß der definitorische Gesichtspunkt für das Wort Einfall „weiter“ war, als auf das Spontane begrenzt. Es ist auch wirklich praktisch zweckmäßig, mit dem Wort Einfall auf mehr als nur die spontanen Vorkommnisse hinzuweisen. *Das* sollte man wissen. Das muß man zunächst einmal erfahren und erlernen.

Diese Differenzierung ist bisher im allgemeinen nicht zu völliger Klarheit gelangt. Hier haben besonders Patienten, aber auch in eigener Analyse Lernende fast stets Schwierigkeiten. Dem Halbbegriffenhaben kommt da eine subjektive Eigentümlichkeit der betreffenden Fehlmeinenden entgegen: Das Erleben von Neurotikern aber auch vieler neurotoider Menschen ist regelmäßig durch *Passivität* als unmittelbare Folge von Gehemmtheiten gekennzeichnet. Falls nicht Überkompensationen das Gegenteil erzeugen, ist das so; aber selbst dann dringt Passivität „atmosphärisch“ durch. Diese Menschengruppe neigt als Analysand stets in irgendeinem Grade dazu, auf Einfälle zu *warten*, d.h. *spontane* Einfälle zu erwarten. Jene begriffliche Fehlmeinung unterstützt dieses Fehlerwarten.

Soll hier Klarheit entstehen, so ist es von Wichtigkeit festzustellen und zu wissen, daß zu einem Traum von mittlerer Länge in der Regel etwa vier bis fünf Einfälle spontan kommen. Keineswegs entsteht ein Strom. Scherzend und doch mit tieferem Sinn könnte man sagen: Wer sich mit Träumen analysierend beschäftigen will, darf auf keinen Fall eine Säuglings-, eine orale Haltung annehmen. Denn hier, im Falle ernsthafter Traumanalyse, strömt nichts, weder Milch noch Einfall. Wer also ein „oral Stigmatisierter" ist, jemand, dessen Erleben von oralen Haltungen durchsetzt ist (s. „Der gehemmte Mensch", S. 61), wird in der Lage der Analyse die dazu gehörigen Beunruhigungen, Fahrlässigkeiten und protestierenden Gefühle mit Sicherheit, wenn auch mit einiger Mühe, feststellen können. Werden diese Störungen der Analyse nicht erkannt und nicht korrigiert, so mag der Betreffende so forscherisch eingestellt sein, wie er will, er wird mit der Traumanalyse nicht zu Rande kommen. Daher muß er wissen, bezw. erfahren, daß außer den spontanen Einfällen noch andersartige vonnöten sind.

17. Der bemühte Einfall

Spontaneinfälle zu Träumen erlöschen also in der Regel, nachdem vier oder fünf aufgetreten sind. Hier handelt es sich um eine psychologische Konstante, die einfach hinzunehmen und zu kennen ist. D. h. also, legt man Wert auf weitere Einfälle zum Traum, so muß man sich nunmehr darum bemühen. Bei der Wichtigkeit, die Realeinfälle haben, wird das Bemühen also in erster Linie diesen gelten. Falls jemand fragen sollte, wie er denn nun solche Einfälle bringen soll, muß die Antwort sinngemäß lauten: Man fixiert den Traum noch einmal ausdrücklich, dann seine Teile, schließlich und hauptsächlich aber seine Details. Details sind Farben, Formen, örtliche Befindlichkeiten, begleitende Gefühlstöne usw. Man tut dies mit der inneren Frage, wo man diese verschiedenen Gegebenheiten schon einmal erlebt hat, wo?, ganz konkret. Das bedeutet, daß man sich nicht damit begnügt, sich selbst zu beruhigen und festzustellen, eine bestimmte im Traum auftretende Farbe sei doch sehr häufig, komme überall vor, sei doch schon „massenhaft" erlebt worden usw. Es muß ein Bemühen stattfinden. Es dauert ein Weilchen und ist in gewisser Weise anstrengend, eine konkrete Situation zu erinnern, in der der betreffende Traumteil, sei es Person, Ding oder Vorgang, oder auch nur ein Detail an diesen, ein Merkmal an diesen, vorkam.

Und dann muß noch folgendes äußerst Wichtige hinzugefügt werden: Während solcher Bemühung um die Details eines Traumes treten dauernd Einfälle auf, die zunächst einmal nichts mit dem fixierten Detail zu tun zu haben scheinen. Aber die Formel lautete ja auch lediglich: Eine Fülle von Realeinfällen sei nur so zu erreichen, daß man sich ausdrücklich um sie bemüht. Nicht lautete die Formel, daß die dabei tatsächlich auftretenden Einfälle auch als zugehörig sofort erkennbar sind. Erinnert man sich nun an alles, was oben bereits über die Einordnung der Träume in das Gesamterleben des Träumers mitgeteilt und erörtert wurde, so weiß man damit ja, daß dieser Gesamtzusammenhang das Entscheidende ist. Der Traum ist nicht isoliert als solcher sinnvoll und verstehbar. Einen Traum interpretieren, heißt, ihn in weitere Erlebniszusammenhänge verstehend einordnen. Die Möglichkeit hierzu ist also von den Erlebniszusammenhängen abhängig. Diese Notwendigkeit besonderer Einordnung wird daher auch keineswegs aufgehoben, sobald es sich um die Bemühung um Realeinfälle handelt. Von vornherein ist also keineswegs ausgeschlossen, daß ein Verfahren, das die „Zugehörigkeit" eines Einfalles zum Traum nicht sofort erweist, dennoch Einfälle während der Bemühung fördert, die tatsächlich im gesamten oben erörterten Sinn zugehörig sind. Die gültige Aussage lautet hier also: Das Auftreten solcher scheinbar nicht zugehörigen Einfälle schließt nicht nur nicht die tatsächliche Zugehörigkeit der betreffenden Einfälle aus, sondern: Diese Einfälle lassen sich außerordentlich häufig als zugehörig erweisen. Es ist geradezu erstaunlich, mit welcher Regelmäßigkeit diese durch ausdrückliche Bemühung gewonnenen, zunächst scheinbar nicht zugehörigen Einfälle tatsächlich in bedeutsamster Weise in Erlebniszusammenhänge des Träumers hineingehören!

Manchmal pflegt hier der Lernende zu stutzen und zu meinen, solche Zugehörigkeit sei also doch wohl „provoziert". Aber es zeigt sich dann, daß der Betreffende zweierlei verwechselt hat: Ein Bemühen, das unmittelbar an das im Traum erlebte Detail anknüpft und dabei natürlich völlig offen lassen muß, welche Einfälle während des Bemühens nun auftreten, und ein, sagen wir einmal zielgerichtetes Bemühen, das auf bestimmten Inhalt der Einfälle geht und gewissermaßen vorurteilsvoll auf bestimmte Ergebnisse aus ist. Wer sich ohne hier wirklich überflüssiges Mißtrauen dem geschilderten Prozeß des bemühten Einfällebringens überläßt, wird rasch erkennen können, daß er, so lange er sich wirklich um Realeinfälle bemüht, auf keinen Fall wissen oder wollen kann, was ihm einfallen wird.

Hier kann noch einmal zurückverwiesen werden darauf, daß in der vorliegenden Darstellung von vornherein so ausdrücklicher Wert auf die Hervorhebung des Realeinfalls gelegt wurde. Entsymbolisierende Einfälle, natürlich auch alle weiteren deutenden, haben diesen ursprünglichen Charakter nämlich nicht. Sie sind wirklich „provoziert", heterogen. Zur Not kann man auch sie als Einfälle bezeichnen, weil man ja grundsätzlich nicht wissen kann, was einem einfällt, wenn man sich um etwas bemüht. Aber hier schwebt doch etwas aus zweiter Hand vor, nämlich Entsymbolisierung oder Deutung, also bereits Verarbeitendes! Nur der Realeinfall ist untendenziös, denn er bezieht sich auf faktisch längst Vorliegendes. Er hat keinen interpretativen Charakter. Ob das dann erinnerte Realerlebnis in einen verstehbaren Erlebniszusammenhang hineingehört oder nicht, entscheidet die ubiquitäre Psychologie, die „breite Erfahrung" (s. auch S. 4).

Aus dem eben Dargestellten ergibt sich noch eine weitere Konsequenz von höchst fruchtbarem — und wichtigem — Charakter. Wenn es sich nämlich um eine therapeutische Traumanalyse handelt, wird der Patient ja einfach aufgefordert, zu seinen Träumen Einfälle zu bringen. So formuliert hat die Aufforderung natürlich uneingeschränkte Bedeutung. Es wäre nun sehr sonderbar und sehr sonderbar gewesen, wenn man dem Patienten eine solche Aufgabe stellte, bezw. gestellt hätte, ohne daß sie erfüllbar gewesen wäre. Merkwürdigerweise macht man sich dies auch heute noch kaum je recht klar. Daß Patienten hierüber nicht nachdenken, ist verständlich, denn der Neurotiker neigt ja gerade dazu, ins Vage, Unverbindliche auszuweichen. Aber unter Informierten hätte man diesen Zusammenhang doch wohl eigentlich schon aufhellen können und müssen. Hier hätten viele praktisch-therapeutische Schwierigkeiten vermieden werden können. Man hätte sich ausdrücklich sagen, und dies auch den Lernenden gegenüber aussprechen müssen, daß es sehr wohl einen Sinn gehabt hat, die Aufgabe für den Analysanden, Einfälle zu bringen, un-bedingt zu formulieren. Es liegt eben deshalb wirklich eine unbedingt erfüllbare Aufgabe vor, weil auch die Einfälle, die während der Bemühung um Einfälle aufzutreten pflegen, ohne zugehörig zu erscheinen, sich regelmäßig als zugehörig erweisen. Noch einmal: Wenn jeder zu einem Detail auftretende Einfall — wie die Erfahrung lehrt — als zugehörig anzusehen ist, ist die gestellte Aufgabe auf jeden Fall lösbar. Die häufig gehörten Formeln, vom Patienten: „Leider habe ich gar keine Einfälle", vom Therapeuten: „Dieser Analysand bringt leider keine Einfälle", sind also sachlich einfach unsinnig (s. a. S. 167)!

D. DER TRAUM UNTER „KÜNSTLICHEN" UMSTÄNDEN

1. Die analytische Situation

Einen Traum verstehen, heißt ihn erklären. Wie oben unter vielfältigen Gesichtspunkten dargestellt, bedeutet dies, einen Traum in weitere Erlebniszusammenhänge eines Träumers einzuordnen. Grenzfallmäßig formuliert heißt das dann, ihn in das Gesamterleben des Träumers einordnen. Wählt man diese etwas „pompöse" Formulierung, so charakterisiert man durch ein Ideal der Vollständigkeit, die es im praktischen Vollzuge dem Lebendigen gegenüber ja nie gibt, eben diesen praktischen Vollzug. Das Passable, Mittlere wird mit Unbegrenztheitsattributen versehen. Die Grenze des Möglichen wird als Maßstab genommen. Das wird hier noch einmal wiederholt, weil der Begriff des Grenzfalls dem Lernenden erfahrungsgemäß Schwierigkeiten zu bereiten pflegt.

Bisher wurden Tatbestände „um den Traum herum" dargestellt, wie sie gewöhnlich vorkommen und genauerem Hinschauen zugänglich sind. Vorwiegend wurde das geschildert, was im Erleben der Menschen spontan abzulaufen pflegt. Nur am Rande wurde auf Ausnahmesituationen Bezug genommen, z. B. auf die, in der sich jemand einem Traum gegenüber kontemplativ oder meditierend verhält. Auch auf äußerlich besondere Ausnahmesituationen wurde hingewiesen, etwa auf die, daß jemand sich auf ein Sofa legt, dort liegen bleibt und nicht einschläft. Schließlich ließ es sich im Rahmen einer Darstellung, die um das Thema Traum*analyse* zentriert ist, nicht vermeiden, vorwegnehmend auf forscherische und therapeutische Situationen hinzuweisen. Diese sind dann natürlich experimentell und im Vergleich mit dem einfach dahinströmenden Leben künstlich.

Auf eine „Künstlichkeit" allerdings wurde mit voller Absicht und Bemühung immer wieder verzichtet, sie wurde gewissermaßen ängstlich vermieden, nämlich auf alles „Deuten", wie auch immer dieses strukturiert sein möchte.

Was tatsächlich spontan hin und wieder vorkommt und seinen Eigentümlichkeiten nach eingehend beschrieben wurde, äußerlich das Liegen auf einem Sofa, der Tätigkeit nach eine meditative, dösende Beschäftigung mit dem Traum, kann nun natürlich, falls zweckdienlich, zu forscherischen oder therapeutischen Zwecken benutzt werden. Es ergibt sich, daß auch das therapeutisch Notwendige dann grundsätzlich weiter so beschrieben werden kann, als handle es sich um ein, wie der Mediziner dann sagt „physiologisches" Vorkommnis. Daß diese Situation dann *analytisch* genannt wird, braucht nunmehr eigentlich kaum noch begründet zu werden. Denn die Zielsetzung ist ja, ein zunächst als Ganzes vorliegendes Phänomen hinsichtlich seiner Teile zu betrachten. Ja, die Details spielen hierbei, wie ebenfalls schon breit erörtert, eine entscheidende Rolle. Daß dann Folgezusammenhänge untersucht werden, widerspricht nicht dem, was man üblicherweise unter einer Analyse versteht. Wenn dann Regeln erkannt werden, handelt es sich immer noch um ein überschauend analytisches Verfahren. Daß diese Überschau zunächst einmal oft eine Schau ist, also das Vorschweben-haben eines Ganzen, hebt die Möglichkeit, von Analyse zu sprechen, keineswegs auf.

Handelt es sich nunmehr um eine Maßnahme forscherischer oder therapeutischer Art, die den Zweck hat, einen Traum in das übrige Erleben eines Träumers einzuordnen, so ergibt sich das traumanalytische Verfahren. Sein Zentrum hat unbedingt darin zu bestehen, daß einem Traum Realeinfälle „hinzugefügt" werden. Das Übrige ist vergleichsweise Beiwerk. Hier handelt es sich dann um den Spezialfall der analytischen Situation, in der ein Traum dominant ist.

Das wird hier hinzugefügt, weil jemand ja, auch ohne einen Traum erinnert zu haben oder zu erinnern, auf einem Sofa liegen und nicht einschlafen kann. Auch dann döst der Betreffende in der Regel und zum Teil. Auch dann ergeben sich zu irgendwelchen deutlichen Erlebnisthemen, — die man gewöhnlich „gerichtete" Gedanken, Überlegungen nennt, — Einfälle aller Art. Auch diese haben ihre mikropsychologische Seite. Auch hier kann man Details registrieren. Auch hier kann Gesichtspunkt reflektierender Betrachtung sein, das augenblicklich im Liegen Erlebte in das Gesamterleben des Betreffenden einzuordnen. Auch hier läßt sich feststellen, wie oben bereits erörtert (s. S. 69), daß im Unter- oder Hintergrund Antriebserlebnisse eine Rolle spielen. Und auch diese, von einem Traum unabhängige analytische Situation ist dadurch ausgezeichnet, daß Einfälle, — die hier also mangels eines Gegenstandes, zu dem sie auftreten, sogenannte „Zwischeneinfälle" sind, — sämtlichen Einfallsarten angehören können. Für sie gilt das gleiche wie für die zum Traum „gehörigen". Damit wäre also die Verbindung zwischen dem traumanalytischen Verfahren und dem analytischen Verfahren überhaupt in Kürze hergestellt.

2. Das sogenannte „freie Assoziieren"

Das Beiwort sogenannt weist ja in etwa darauf hin, daß es mit dem „freien Assoziieren" wissenschaftlich etwas auf sich hat. Summa summarum kann man heute rückblickend sagen, daß man die Bezeichnung „freies Assoziieren" eigentlich ruhig hätte weiter verwenden können. Im Gegensatz zum Ende des vorigen Jahrhunderts hätte allmählich ein gewisser Begriffswandel, im wesentlichen eine Präzisierung eingesetzt. Es hätte sich einfach eine strengeren und geklärteren methodologischen Gesichtspunkten entsprechende Definition ergeben und diese dann eingebürgert werden können. Das aber geschah in den zwanziger Jahren unsres Jahrhunderts leider oft nicht.

Statt dessen wurde viel Umständlichkeit auf die im Grunde nur tendenziöse Polemik gegen das Wort „Assoziation" verwandt. Eindeutig waren Gefühlsbedürfnisse von durchaus unwissenschaftlichem Charakter der Grund für dieses Polemisieren. Leider war das so. Das polemische Hauptgerede kreiste um die Phrase von der Ganzheit. Es sei hier deutlich ausgesprochen, daß damit natürlich in keiner Weise die außerdem noch geübte, völlig berechtigte Kritik an der Denk- und Assoziationspsychologie in Frage gezogen wird. Auch das Hervorheben von Ganzheiten gegenüber den sogenannten „Summen", — auch dies ein durchaus verfehltes, in Wirklichkeit bildhaftes Wort! — war damals notwendig. Eine Melodie ist eben keine „Summe" aufeinanderfolgender Töne, gewiß; aber es gab zweifellos viel zu viel Lärm um dieses Etwas. Ein Nichts war es allerdings nicht, wie andere wieder glaubten. Diese häßliche Polemik gegen die „Assoziationen", und dann auch gegen die „Analyse" des Seelischen, entsprang sehr ähnlichen Gefühlsbedürfnissen wie die gegen die Abstammungslehre des Menschen. Wenn jemand Wert darauf legte zu betonen, der Mensch stamme auf keinen Fall vom heute lebenden Schimpansen ab, so hatte das in der weitaus größten Mehrzahl aller Fälle mit Wissenschaft nichts zu tun. Der 30 Jahre lang verleugnete Pithecanthropus erectus ist ein Affenmensch, also ein Mensch. Das Zwischenglied zwischen ihm und den unmittelbaren Vorfahren des Schimpansen ist neuerdings nun ebenfalls endlich gefunden worden. Hiermit, mit diesem Vergleich soll es genug sein. Wir können uns damit begnügen festzustellen, daß wir ja keine chemische Analyse am Erleben des Menschen vorzunehmen beabsichtigen und dennoch im Bilde ruhig von Analyse sprechen.

Leider hat sich die unsachliche Polemik gegen das „Assoziieren" so weit eingebürgert, daß es in jeder größeren wissenschaftlichen Versammlung heute noch zum guten Ton gehört, mit heftigen antipathischen Gefühlen zu reagieren, wenn jenes Wort fällt. Es erscheint also zwecklos, im Augenblick hierauf keine Rücksicht zu nehmen. Man würde aus affektiven Gründen einfach nicht verstanden werden. Also ist es schon besser, man setzt sich über das Bedenken, das unwissenschaftliche Wort Einfall eröffne den Laien einen zu leichten Zugang, hinweg und spricht weiterhin einfach von „Einfälle bringen" statt von „Assoziieren". Worum es sich handelt, ist ja deutlich genug erörtert worden.

Ist dies nun so weit geklärt, so bleibt es immerhin interessant zu überprüfen, was das Attribut „frei" eigentlich sagen soll. Es bleibt zu überprüfen, ob der von Freud gemeinte Sinn des Wortes frei nicht völlig richtig den Tatbestand traf. Er tat das. Nur sollte man sich jetzt noch einmal verdeutlichen, worin denn die Freiheit der Einfälle nun sinngemäßerweise besteht. Denn der Traum ist ja ein Thema. Wenn man zum Traum Einfälle bringt, sind diese zunächst einmal gebunden, d. h. sie sind nicht „frei". Wenn man auf dem Sofa liegt und döst, schweben einem regelmäßig Themen vor. Die spontanen Zwischeneinfälle sind dann zunächst einmal „frei". Jede Erwartungsvorstellung oder gar Bemühung aber kann die Zwischeneinfälle dann in gebundene verwandeln. Gemeint konnte von Freud also nur etwas im Groben Charakterisiertes sein. Schließlich und endlich handelt es sich im Verfahren lediglich darum, daß alle, auch die kleinsten, feinsten und undeutlichsten Eindrücke nicht als neben-sächlich beiseite geschoben werden, sondern im Gegenteil einen ausdrücklichen Bedeutungsakzent erhalten. Daher soll nicht „nachgedacht" werden, bezw. im Fall der Traumanalyse nicht über dessen „Sinn" gegrübelt werden. Diese Vorwegnahme hat vorzugsweise zu unterbleiben. Und dann: Alles, was während der Bemühung um Realeinfälle durch Kopf und Gemüt geht, „gedacht", empfunden und gefühlt wird, ist wichtig, also auch alles Spontane, „Freie" dazwischen. Das ist eigentlich der Kern, jedenfalls das praktisch Hauptsächliche. So verstanden war das Wort „frei" durchaus korrekt. Der Freudsche Text enthielt diesen Sinn zumindest implicite.

3. Der therapeutische Charakter des analytischen Erlebens

Es kann nun folgende Aussage gemacht werden: Das nunmehr in aller Breite von den verschiedensten Seiten und Gesichtspunkten her geschilderte analytische Erleben, auch das um den Traum herum, stellt faktisch einen therapeutischen Vorgang dar. Diese Feststellung ist von größter Wichtigkeit. Es kann hinzugefügt werden, daß dieses analytische Erleben, so wie es bisher geschildert wurde, alle Eigentümlichkeiten enthält, die grundsätzlich als Bedingung für den Fortfall neurotischer Symptomatik notwendig sind. Die einzige Einschränkung liegt also im Wort: grundsätzlich.

Der Hinweis auf den grundsätzlichen Charakter dieser Feststellung soll heißen: So lange man nicht näher bestimmt, ob es sich um einen schwerneurotischen oder nur leicht-neurotischen Träumer handelt, sondern ganz allgemein von neurotischer Symptomatik spricht, und so lange man nur vom therapeutischen Vorgang und nicht von seiner Dauer spricht, gilt jene Aussage. Anders ausgedrückt: Hat man es mit einer leichten Neurosenstruktur zu tun (s. auch besonders S. 304 ff. in „Der gehemmte Mensch") und käme es auf die Dauer der Therapie nicht an, so würde man sich damit begnügen dürfen, den Patienten in ein analytisches Erleben einzuführen und mit erheblicher Wahrscheinlichkeit würde allein auf Grund dessen die Symptomatik allmählich fortfallen. Das ist nun näher zu erörtern.

Unter der Voraussetzung, daß die neurotische Symptomatik aus Sprengstücken von Antriebserleben besteht, muß ja die „Befreiung" des betreffenden Antriebserlebens aus der Latenz zum Fortfall der Symptomatik führen. Bestehen nun die Realeinfälle zu Träumen und die „Zwischeneinfälle" beim Dösen in bevorzugter Weise aus einem Anklingen solcher Antriebserlebnisse, so muß das entsprechende Erleben bezw. Verfahren ja auch vom Fortfall der Symptomatik des Betreffenden gefolgt sein. Dabei ist weiterhin daran zu denken, daß die einstige Hemmung des Antriebserlebens, das „Schicken der Antriebe in die Latenz", kurz gesagt aus Furcht erfolgt ist. Angstreflexe sind es also, die heute, aktuell, das Auftreten bis dahin latenter Antriebe hemmen. Angstreflexe müssen also aufgehoben werden, Furcht muß also neuerlich erlebt werden. Furcht muß dann in voller Wachheit abklingen, d. h. sie muß „verarbeitet" werden. Der Therapeut ist ausgesprochen „antriebsfreundlich" eingestellt. Das erfährt der Patient sehr rasch; wenn alles recht verläuft aber auch nicht zu rasch. Er wird bestätigt, bejaht. Aufkeimende Furcht wächst sich nicht einmal immer zu lebhafter Furcht aus. Es entsteht ein Vertrauensverhältnis zum Analytiker, sei dies instinktiv oder auch mit voller Deutlichkeit gewußt. Ein ehemaliger „Wirbruch" wird aufgehoben. Bis dahin unbewußte, latente Erlebnismöglichkeiten werden „individuiert". Im leichten Fall hört die Symptomatik nach einiger Zeit auf. „Energetisch", „ökonomisch" ausgedrückt geht die Wucht der Symptomatik in die des nunmehrigen vollen Antriebserlebens über.

Das alles aber heißt: Irgend etwas wie „Deutungen", etwa auch Entsymbolisierungsakte, sind in keiner Weise für die Therapie notwendig! Das muß entscheidend durchdacht und gewußt werden.

Daß in schwereren und schweren Fällen Folgeerscheinungen der Gehemmtheit: Bequemlichkeit, Riesenansprüche, Überkompensationen, mangelndes Können, mangelhafte Arbeitstechnik, mangelhafte Technik der Menschenbehandlung, Ideologien korrigiert werden müssen und nicht auf dem Wege einfacher Einfälle korrigiert zu werden pflegen, hebt jene grundsätzliche Möglichkeit nicht auf.

Praktisch folgt daraus, daß man leichten Fällen gegenüber forschend wie therapeutisch durchaus die Möglichkeit hat, sich auf das Bringenlassen von Einfällen, — hauptsächlich natürlich von Realeinfällen! — zu beschränken. Alles Hauptsächliche und Entscheidende des analytisch-psychotherapeutischen Vorganges kann an solchem einfachen Verfahren und Vorgang abgelesen werden!

Wer aus irgendeinem Grunde als Therapeut, als Anfänger etwa, eine Abneigung dagegen hat zu „deuten", z. B. Symbole zu deuten, hat also durchaus die Möglichkeit, sich von der Richtigkeit einer Neurosenlehre, wie sie etwa als Fortentwicklung der F r e u d schen, A d l e r schen und J u n g schen Positionen und als deren Amalgam, als Neopsychoanalyse, im „Gehemmten Menschen" vorliegt, zu überzeugen, o h n e daß er irgendwie „deutet". Wenn er selbst noch nicht dazu in der Lage ist, mit einiger Sicherheit aus einer Anzahl von Patienten die nicht sehr zahlreichen „leichten" Fälle auszusondern, sollte er sich diese von einem Erfahrenen überweisen lassen. Dann wird er sich sogar ein Bild davon machen können, wie ein therapeutischer Prozeß o h n e jede „Deutung" vor sich geht.

Hier sei nun noch hinzugefügt, daß derjenige, der gegenüber aller Traumsymbolik skeptisch ist, ebenfalls grundsätzlich o h n e jedes „Deuten" ein besonders eindringliches Bild von der Berechtigtheit der symbolischen Interpretation von Gegenständen und Vorgängen dadurch erwerben kann, daß er unter jenen „leichten" Fällen noch einmal eine Auslese vornimmt: Er muß diejenigen Menschen aussuchen, die ehemals sehr streng erzogen wurden, besonders hinsichtlich der Sexualität, die etwa kirchlich-dogmatisch gebunden waren, vielleicht noch sind, jetzt aber doch „zutunlich" und vertrauend bereit sind, was ihnen etwa auf sexuellem Gebiet einfällt, sofort und unbekümmert zu berichten. Gut ist es, wenn die betreffenden Analysanden bis dahin nichts von Symbolik gehört haben und auch möglichst lange nicht bemerken, daß ein Interesse dafür besteht.

4. Die Funktion des „Deutens"

Bemerkt der Untersucher, der Analysierende, der Analytiker, daß als Einfall oder im Einfall auch nur die Andeutung eines Antriebes auftaucht, der im aktuellen Erleben des Träumers nicht vorkam, so kann er also grundsätzlich schweigen und nur mit der Atmosphäre des Wohlwollens zuhören. Er kann so vorgehen. Das ist wohl deutlich geworden. Aber er kann sein Wohlwollen ja auch äußern. Er kann den Patienten „ermutigen". Er kann auf diese Weise ein vorhandenes „Minderwertigkeitsgefühl" aufzuheben trachten. Er kann eine „minderwertige Funktion", also etwa die des Gefühls, spezieller etwa eines Gefühls der Hingabe, „bewußt" machen, d. h. mobilisieren. Er tut das dann mit Worten. In diesen sprachlichen Formulierungen kommt in der Regel Hinweis auf Traum und Einfall vor. Etwas, was dem Analysanden bis dahin unauffällig, unbedeutsam, wenn auch nicht gerade sinnlos, so doch nicht positiv sinnerfüllt erschien, erhält durch solche Worte dann Bedeutung und Sinn. Schon hier haben die Worte des Analytikers dann in gewisser Weise „deutenden" Charakter.

Und noch eines: Das vielleicht vorher zu eng verstandene Wort Analyse erhält auf diese Art den zusätzlichen Sinn der Billigung von bis dahin Unerlaubtem, der „Verurteilung" von bisherigen Furchtreaktionen. Das alles aber bedeutet ein Überschreiten des „bloßen" „Analysierens" in Richtung auf ein Wertesetzen. Aber diese vielen Anführungsstriche hätten eigentlich erspart werden können, wenn man nicht so lange und so weitgehend bestimmte Worte und Begriffe zu eng und zu starr genommen hätte. Aus den Darstellungen Freuds z. B. geht der gemeinte Sinn sehr vielfach auch dann hervor, wenn dieser etwa um 1905 noch ein Wort verwendet, dessen Sinn ein Jahrzehnt früher, und zwar unpräzis, fixiert wurde. Beim Erlernen der hier dargestellten Zusammenhänge wird es für den Interessierten also immer wieder von größter Wichtigkeit sein, auch da Anführungsstriche und Bildhaftigkeit vorschweben zu haben, wo das bloße Wort dies zunächst nicht verrät. Im übrigen ist natürlich die Entwicklung korrekter Begrifflichkeit und Sprache wesentliches Ziel künftiger Wissenschaft auch auf dem hier erörterten Gebiet.

Von dem eben geschilderten ersten Ansatz zum „Deuten" her gesehen, entwickelt sich nun zwanglos das Gesamt sprachlicher Äußerungen des Analytikers als deutungshaltig. Es braucht wohl kaum ausdrücklich hinzugefügt zu werden, daß damit eine Fülle von Möglichkeiten der Intensivierung des therapeutischen Vorganges gegeben sind. Das Grundsätzliche daran muß zunächst einmal verstanden werden. Alles Weitere ist Sache praktischen Übens, Sache der Geläufigkeit und Fülle von Vorstellungen über Vorgang und Einwirkung.

Dieses berühmte und berüchtigte „Deuten" ist in Wirklichkeit seit je einfach ein Vermuten gewesen. Der Deutende bezog sich dabei auf Erfahrungen, auf Empirie. Mag sein, daß es sich dabei so und so oft um eine empirische Fehlmeinung des Deutenden handelte und auch heute noch handelt. Dadurch wird der Charakter jenes „deutenden" Vorganges als eines Vermutens aber grundsätzlich nicht berührt. Solche Vermutung geht ja sinngemäß auf das tatsächliche Erleben des Träumers. Der „Deutende" sagt vermutungsweise etwas über das mikropsychologische Erleben des Analysanden aus. Oder er weist auch auf makropsychologisches Erleben des Analysanden in der Vergangenheit hin, so, wie er annimmt, daß es einst vor sich ging. Einen anderen Sinn kann solches vermutende Deuten vernünftigerweise ja auch gar nicht haben, selbst wenn die Formel dafür lautet: der Analytiker deute das Unbewußte des Träumers etwa. Ob solche „Deutung" dann zutrifft, entscheidet ja letzten Endes das Faktum, nämlich ob das Vermutete erlebt wird bzw. erlebt worden ist oder nicht, — und zwar bewußt erlebt, — wenn auch so und so oft mikropsychologisch. Auf keinen Fall schadet es etwas, wenn der Analysierende eine irrige Vermutung ausspricht. Der Träumer mag sich darüber ärgern, vernünftig ist das aber nicht, denn es sollte ihm ja vorher gesagt worden sein, daß das Aussprechen von Vermutungen zum Verfahren gehört. Er kann ja abwarten, ob sich solche Vermutung bestätigen wird. Sollte dies in der vorausgesagten Weise allzu häufig nicht der Fall sein, so hat er ja die Freiheit, die Analyse abzubrechen, ohne daß ihm durch sie geschadet worden wäre. Auch dann kann selbstverständlich der Therapeut noch Recht gehabt haben mit seiner Vermutung. Er hätte dann lediglich den Fehler begangen, zuzulassen, daß der Analysand eine Verifizierung der Vermutung rascher erwartete, als sie eintreten konnte.

Wie schon gesagt, hat das Wort „Deuten" hier aber noch einen umfassenderen Sinn. Es erstreckt sich eben nicht nur auf vermutende Hinweise sondern auch auf das oben so genannte Werte-Setzen. Daß dies z. B. schon damit gegeben ist, daß ausdrücklich von einem tabuierten Gegenstand oder Vorgang geredet wird, ist Freud, der sich selbst als philosophisch uninteressiert bezeichnete, damals nicht deutlich geworden. Aber zu jener Zeit war eine Wertphilosophie im eigentlichen Sinn ja noch im Werden begriffen. Man braucht nur daran zu denken, daß auch heute noch das Gerede um den Gegensatz zwischen Geistes- und Naturwissenschaften geht, statt daß man korrekterweise von Seins- und Wertwissenschaften spricht, dabei offen lassend, ob es überhaupt eine Wissenschaft von den Werten geben kann, d. h. von deren Gültigkeit, statt lediglich eine Wissenschaft von den Wertungen. Das analytische Verfahren ist u.a. praktisches Wertsetzen; man könnte auch von „Verführen" sprechen.

5. Die „Dosierung" des „Deutens"

An einigen Stellen wurde bereits gezeigt, daß ein „Deuten" selbstverständlich grob aber auch fein sein kann. Wenn ein Analysierender zum Einfall seines Analysanden ein wohlwollendes „Hm" ertönen läßt, ist nach allem oben Dargestellten auch dies ein „Deutungs"akt. Auf jeden Fall handelt es sich um einen wertsetzenden, therapeutischen Akt. Im Einzelfall aber kann es durchaus sinnvoll oder sogar notwendig sein, „eine lange Rede zu schwingen". Grundsätzlich ist weder nur das eine noch das andere geboten, erlaubt oder verboten. Wer hier zwischen den verschiedenen Notwendigkeiten abwägen will, hat zunächst seine ihm zur Verfügung stehende breite Erfahrung, seinen psycho-logischen Instinkt zu befragen. Wer einen Lernenden bei seiner Arbeit kontrolliert, und dazu wirklich legitimiert ist, urteilt psycho-logisch auf Grund längerer Übung und Erfahrung. Im Idealfall ist dann die „breite Erfahrung" des Kontrollanalytikers durch eine Fülle von ausdrücklich gemachter Erfahrung bereichert und präzisiert worden.

Ganz allgemein kann festgestellt werden, daß ein Patient in der Regel nur solche Deutungen, nur so „dosierte" „Deutungen" erhalten sollte, daß er „wirklich" verstehen kann. Er sollte ausreichend auf jede solche „Deutung" vorbereitet sein.

Aber das ist nur die Regel, denn ein Durchdenken der vorliegenden Sachverhalte zeigt, daß es zwar kaum je notwendig sein wird, aber häufig doch sinnvoll und zulässig, sogenannte „Reizdeutungen" zu geben. Der Analytiker sagt dann vollabsichtlich Unverständliches, zu Grobes. Er verläßt sich, falls er die Technik beherrscht, mit Recht darauf, daß der Patient affektiv in richtiger Richtung erschüttert werden wird. Hat die Beherrschung der Technik durch den Analytiker außerdem gesichert, daß der Patient überhaupt nicht oder nur ganz vorübergehend davonläuft, so kann dieses Verfahren der „Reizdeutung" durchaus das „Verfahren der Wahl" sein, d. h. einfach der rationellste Weg zum Ziel. Kritiker, die diese Zusammenhänge, obgleich auch sie von Freud mit ausreichender Genauigkeit dargestellt wurden, nicht überblickten, haben leider sehr häufig höchst affektvoll gegen solche „Reizdeutung" polemisiert. Sie meinten fälschlicherweise, es sei grundsätzlich etwas dagegen einzuwenden. Daher unterstützten sie dann auch Patienten, die augenblicklich davongelaufen waren, sich im „Widerstand" befanden, wie das ausgedrückt wurde, in solcher Protesteinstellung, statt sie besser zu informieren und zum Analytiker zurückzuschicken. Aber — wenn man vor einer Schulklasse eine große Menge Kalichlorat mit rotem Phosphor zusammenrührt, kann es Tote geben. Genau so wenig wie solche Vorkommnisse die Erlaubtheit und Notwendigkeit dieses chemischen Versuchs aufheben, wird der grundsätzliche Wert, die grundsätzliche Zulässigkeit der „Reizdeutung" dadurch aufgehoben, daß ein Patient einmal durch eine Reizdeutung vexiert davonläuft. Leichtfertige und hitzige Temperamente auf beiden Seiten haben hier etwa so gearbeitet, wie der beginnende Autofahrer die Bremsen bedient und manch ein erregter Fahrlehrer Zusammenstöße provoziert, statt sie zu verhindern.

Entscheidend ist zunächst einmal, daß man die ganze Skala der Dosierungsmöglichkeiten von „Deutungen" kennt. Man muß wissen, daß hier grundsätzlich alles erlaubt ist, obgleich das Einzelne im Einzelfall durchaus unzweckmäßig sein kann. Anders ausgedrückt: Es gibt hier keine Rezepte. Es kommt hier in erster Linie auf das korrekte Verstehen der großen Zusammenhänge an, das Übrige muß durch Erwerb von Erfahrungsfülle erlernt werden. Ein Kontrollierender kann diesen Lernprozeß nur begleiten. Auch das Radfahren muß der Betreffende selbst lernen. Hier aber sind immerhin einfache und doch korrekte Ratschläge möglich. Die Kontrolle eines Traumdeutungsverfahrens eines Lernenden dagegen bedarf einer ausdrücklichen Vorbereitung des Kontrollierenden dadurch, daß er sich eingehende Mitteilungen sehr individueller Art über den Patienten machen läßt. Dem Kontrollierenden müssen Struktur, Genese, bisheriges Verständnis und Verhalten des Patienten beim „Deuten" ausreichend gesättigt vorschweben, bevor er es wagen darf, einen konkreten Rat zu geben. Aber es geht ja aus dem oben Dargestellten eindeutig hervor, daß es wirkliches Zuwenig an „Deutung" gar nicht gibt. In dieser Richtung kann sich der Anfänger bei seinen Dosierungsversuchen also korrekterweise stets bewegen.

Auf eine wirklich gefährliche Möglichkeit sei aber noch hingewiesen: Unter der Voraussetzung, daß ein Patient als später Geheilter im Gegensatz zu seiner Gehemmtheit auf jeden Fall expansiver sein wird, geht die Richtung seiner Antriebsmobilisierung naturgemäß weitgehend auf die Welt zu. Zu einem Teil ist diese Welt dann neue eroberte Innenwelt. Zum sehr großen Teil aber handelt es sich um eine Wendung nach außen. Danach muß also alles, was geeignet ist, einen Patienten noch mehr als bisher etwa von der Welt, von der Realität „abzuziehen", dem therapeutischen Vorgang zuwiderlaufen. Wenn ein Verfahren aber nun eingeleitet und auch nur irgendwie wirksam geworden ist, müssen ja „intensive", die Binnensubstanz aufwühlende, sich energetisch nach Innen entladende Erschütterungen zustande kommen. Wird so z. B. die Entwicklungsgeschichte eines Patienten allzu entschlossen und einseitig angegangen, so dringen im Zusammenhang damit archaische Antriebsqualitäten empor. Wenn diese nun nicht in neue Haltungen und Handlungen der Welt gegenüber hineinströmen, werden im Grenzfall „Tiefen aufgerissen", so als ob man einen Magmaherd der Erde anbohrte. Dann kann es zu lebhaften, nicht mehr kontrollierbaren Affektausbrüchen des Patienten oder auch einmal psychotischem Erleben kommen. Zwar pflegt dies nur kurze Zeit anzudauern, aber es sollte doch bekannt sein, daß und warum so etwas vorkommt. Jedoch wäre es genau so verfehlt, das ganze analytische Verfahren unter diesem Gesichtspunkt zu sehen — auch das ist leider immer wieder geschehen — wie, solche Ereignisse hilflos hinzunehmen. Kaum oder gar nicht kontrollierbare Affektausbrüche von Patienten sind als vorübergehende Erscheinung durchaus legitim. Lebendiges kann nicht hundertprozentig genau erfaßt und behandelt werden. Nicht nur beim Hobeln fallen Späne. Sich ankündigendes schwer abartiges Erleben ist durch rechtzeitigen Verzicht auf „Tiefendeutung" und Erörterung konkretester Gegenwart und Zukunft zu paralysieren.

6. Schlußbemerkung: Die Erlernbarkeit der Traumanalyse

Schon im Vorwort wurde deutlich ausgesprochen, daß es Aufgabe der vorliegenden Darstellung nicht sein kann, das eigentliche, praktische Erlernen der Traumanalyse zu vermitteln. Das soll hier noch einmal wiederholt werden, damit bei keinem Leser der Eindruck entstehen kann, auf dem Gebiet der Psychotherapie sei es anders als sonst in der Welt, hier könne man in Kürze und nur aus dem Buch das erlernen, was sonst immer und überall durch eingehendes Üben unter Leitung eines Erfahrenen allein erworben werden kann. Die hier vorgetragene Theorie, zwar empiriebestimmt aber doch notwendigerweise vereinfacht, hat zunächst einmal, so weit möglich, Tatbestände und Zusammenhänge treffen wollen. Erst ganz zuletzt wurde in diesen Bereich das Eingreifen des Psychotherapeuten, des Analytikers, hineingezogen. Grundsätzlich ist also klargestellt worden, nicht nur, was in einem Träumenden und dann in einem erwachten Träumer vor sich geht, sondern das, was unter hier als „künstlich" bezeichneten Umständen vor sich zu gehen pflegt. Und dann wurde hinzugefügt, welche Rolle ein Beobachter darüber hinaus etwa als Heilenwollender spielen kann.

Hierbei wurde, wie schon gesagt, auf das, was man üblicher Weise eigentliche Praxis nennt, nicht eingegangen, jedenfalls nicht über Andeutungen hinaus. In der oben dargestellten „künstlichen" Situation pflegen Patienten so und so oft zu schweigen statt sich zu äußern und Einfälle mitzuteilen. In solchem Fall hat der Analytiker natürlich nicht die Möglichkeit jedenfalls nicht unmittelbar, einzugreifen. Aber er kann praktisch sehr wohl etwas tun und zwar sehr Bestimmtes und Differenziertes. Das wäre dann speziellste „Praxis". Und diese wurde hier nicht dargestellt. Es ist zwar durchaus möglich, sie unter Fachleuten auch unter angehenden, zu erörtern. Es ist das auch schon geschehen. Aber es hat sich doch gezeigt, daß auch der recht gut Informierte, ohne all diese „Finessen" sofort in Seminarien und Kolloquien diskutieren zu können, aus der literarischen Darstellung kaum Genügendes zu entnehmen vermag. Derjenige, der die Traumanalyse anwenden will, wird solchen Weg des Übens auf jeden Fall beschreiten müssen. Und zwar über lange Zeit hinaus. Das kann ihm nicht erspart werden. Umgekehrt: Wer in Versuchung steht, entgegen dieser didaktischen Erfahrung nur auf literarischem Wege in die Lage zu kommen, praktisch Träume zu analysieren, wird durch sehr eingehende „praktische" Darstellungen, abgesehen von allerseltensten Ausnahmen, nur dazu verführt, etwas sachlich und menschlich höchst Unzulängliches zu unternehmen. Dem soll aber hier kein Vorschub geleistet werden. Daher begnügen wir uns mit der hier vorgelegten, vergleichsweise „theoretischen" Darstellung.

Und nun soll noch einmal argumentiert werden: Ein nicht unerheblicher Teil der an der Traumanalyse interessierten Menschen läßt sich dadurch, daß in den Träumen selbst keine Fachbegriffe und in den psychologischen Aussagen hierzu solche auch nur sehr spärlich auftreten, dazu verführen, mit der Theorie der Träume anders umzugehen als mit hochkomplexen und gereiften Wissenschaften sonst. Man glaubt gewissermaßen, mit den Träumen, da man ja „auch ein Mensch" ist, eine morganatische Ehe, eine Ehe zur linken Hand eingehen zu können. Das aber beruht eindeutig auf einem Irrtum. So kommt es, daß auch diejenigen irren, die, wenn sie die Traumanalyse erlernt haben, wie sie meinen und dann doch auf Schwierigkeiten stoßen, vermuten, sie beherrschten nur einige „Kniffe" nicht, ihnen seien einige „technische" Winke entgangen. Kontrolliert ein Erfahrener solche Lernenden dann, so erweist sich, — und das ist von entscheidender Wichtigkeit hier, — daß bis auf minimale technische Schwierigkeiten im eigentlichen Sinn alles Unklare auf psychologische Unbewandertheit und Ungeübtheit zurückgeht. Eine dann erfolgende Kontrolle besteht mit zunächst überraschender Regelmäßigkeit in der Korrektur von neurosenpsychologischen Lernlücken und im Hinweis auf psycho-logische Denkfehler des Lernenden. So sieht das Bild dann tatsächlich aus. Und das bedeutet ebenso regelmäßig für den Lernenden, der gern „Kniffe" erfahren wollte und „technische" Mitteilungen erwartete, einen Schock, eine erhebliche Enttäuschung. Es ist seltsam und psychologisch dann doch gut verständlich, — das soll hier ruhig auch einmal im Druck festgestellt werden, — daß die Betreffenden dann mit mindestens stiller Wut reagieren, als sei der Lehrende und nicht die komplizierte Sache und die Fehlerwartung des Lernenden daran schuld. Ein Teil der Lernenden wendet sich dann, so wie die Menschen nun einmal sind, Autoren zu, die es „billiger" zu machen oder zu versprechen scheinen. Ein klarerer, soliderer Teil der bis dahin Lernbegierigen läßt die Sache fallen und wendet sich einer leichteren Beschäftigung zu. Nur ein kleiner Teil „hält Stange". Das ist wohl gut so und in Ordnung, aber es sollte doch einmal ausgesprochen werden, daß es so ist. Zusammenfassung: Bevor jemand an die Welt der Träume in seriöser Weise herangeht, muß er, heute wenigstens, ein genügend sicheres und klares Bild vom neurotischen Geschehen haben. Auch Klarheit hinsichtlich des Neurotoiden, „Physiologischen", Ubiquitären, „Normalen" ist letztlich nur am Neurotischen zu gewinnen. Das muß vor-bereitet sein. Daher hilft das Erlernen von „Technik" nichts, bzw. gibt es diese technischen Kniffe gar nicht (s. aber z. B. S. 167).

E. MODELLTAFEL DER TRÄUME

Träume sind im allgemeinen nicht aus sich selbst heraus verstehbar. Sie werden vielmehr verstanden und erklärt durch ihre Einordnung in das Gesamterleben des Träumers. Solche Einordnung erweist dann, daß auch das Traumerlebnis auf Antriebserlebnisse zurückgeht. Typische Antriebsarten sind bevorzugt beteiligt. Der Traum stellt einen Lösungsversuch der Konflikte zwischen Antriebserleben und „Welt" dar. Bevorzugt sind Konflikte mitmenschlich-antinomischer Art. Die Mehrzahl der Träume ist „dunkel". In nur wenigen Träumen ist das bewegende Antriebserleben manifest.

Die Struktur der Träume ist verhältnismäßig leicht zu verstehen. Eine erhebliche Schwierigkeit dagegen bedeutet das Kennenlernen all der vielen Varianten des Antriebserlebens. Hier handelt es sich um eine Frage der Übung, der Geläufigkeit. Nur derjenige, dem eine Fülle von Vorstellungen hierüber zur Verfügung stehen, ist in der Lage, einen Traum wenigstens von daher zunächst zu lesen.

Eine weitere große Schwierigkeit besteht darin, daß sehr viele Gegenstände und Vorgänge im Traum Symbole sind. Dem widerspricht nicht, daß sämtliche Gegenstände und Vorgänge im Traum auch sich selbst meinen können, sodaß sich dann eine Symbolübersetzung erübrigt. Aber die Häufigkeit der Symbole setzt bei dem, der Träume verstehen will, voraus, daß er wiederum eine Fülle von Vorstellungen in dieser Richtung besitzt. Wieder ist Geübtheit von entscheidender Bedeutung.

Beiderlei Kenntnisse sind letztlich nur durch praktisches Üben zu erlangen. Ausgedehnte Lektüre der vorliegenden psychotherapeutischen Literatur kann hier erheblich unterstützen. Die konkreten Einzeltatsachen des Antriebserlebens und die Symbolik des Traumes aber sind über etwa 40 000 bis 60 000 Seiten Literatur verstreut. Eine systematische oder auch nur unsystematische Sammlung dieses Materials gibt es bisher nicht. Daher mußte damit begonnen werden, die grundsätzlichen Struktureigentümlichkeiten der Träume klar zu stellen. Das ist in den ersten Teilen der vorliegenden Schrift geschehen. Im folgenden Teil soll eine Modelltafel der Träume entwickelt werden, die einen Überblick über das, was überhaupt vorkommt, ermöglicht.

Es wird sich im folgenden nicht um die Träume bestimmter Menschen handeln sondern um Modelle von Träumen. Das soll heißen, es wird sich darum handeln, die tatsächlich vorkommende Empirie zu illustrieren. Nicht wird es sich darum handeln zu erweisen, daß die behandelten Träume in das tatsächliche Erleben eines bestimmten Träumers sinnvoll eingeordnet werden können. So ergibt sich eine Tafel möglicher Vorkommnisse.

Es gibt einfache und auch sehr komplizierte Träume. Die Mehrzahl der Träume ist hochkomplex. Aber es besteht eben die Möglichkeit, zunächst einmal von einfachen Träumen der verschiedensten Art auszugehen und die komplexeren und die komplexen dann allmählich daraus zu entwickeln. Wer auf diese Weise einen Überblick gewonnen hat, wird dann wissen, was er übend hinzulernen muß, und zwar auf die nun mehrfach angegebene Art (s. Vorwort und S. 158), um in der Praxis einen Traum im Ansatz verstehend aufrollen zu können, psychologische Erwartungsvorstellungen in bezug auf den Träumer zu entwickeln und, falls ihm eine Analyse des Betreffenden dann möglich ist, eine Einordnung des Traumes in das Gesamterleben des Träumers vorzunehmen.

Versuch einer Systematik der Träume

Die Träume enthalten das im Wachen latente Antriebserleben zu einem Teil manifest. Genauer ausgedrückt: Ein oft sehr spezieller Teil eines gehemmten Antriebserlebens kann im Traum manifest werden. Daraus geht u. a. hervor, daß ein und dieselbe Antriebsqualität im Wacherleben u n d im Traumerleben als solche manifest sein kann. Es beruht also auf einem Mißverständnis, wenn ein Träumer fragt, wie es denn möglich sein solle, daß er z. B. im Traum eine Wut erlebe, die er aus seinem Wacherleben ja sehr genau kenne. Das als kurzer Hinweis auf ein mögliches Mißverständnis und darauf hin, daß jene erste These oben keine Umkehrung zuläßt. Es wäre also falsch zu sagen: Was im Traume manifest ist, kann im Wacherleben nur latent sein. Wäre solch Mißverstehen nicht so häufig, so hätte es hier nicht erwähnt zu werden brauchen.

Die Träume enthalten also latentes Antriebserleben zum Teil manifest. Zum Teil bleibt das gehemmte Antriebserleben aber auch im Traume latent. Hieraus ergibt sich für die Systematik der Träume eine erhebliche Schwierigkeit. Naheliegen würde ja zunächst, die Träume nach dem in ihnen vertretenen Antriebserleben zu ordnen. Das müßte dann aber ohne Rücksicht auf das Latent- oder Manifestsein dieser Antriebe erfolgen. Dann würde es sich also um ein System interpretierter Träume handeln. Das wäre natürlich durchaus möglich. Da ein solches System aber das Bedürfnis befriedigen soll doch auf irgendeinem Wege eine g r e i f b a r e Ordnung herzustellen, würde das eben geschilderte Vorgehen nichts nützen. Das Latente ist ja n i c h t greifbar. Der interessierte Betrachter hat zunächst mit der Fülle der Traum-e r s c h e i n u n g e n zu tun. Und, wie schon gesagt, spielen hierbei die manifesten Antriebe nur eine begrenzte Rolle. Ja, man kann hinzufügen, daß gegenüber den Träumen, die irgendeine der in Frage kommenden Antriebsarten, also orale, retentive oder aggressive etwa, enthalten, der Eindruck durchaus überwiegt, den ganz andersartige, sensationelle, als charakteristisch imponierende Träume machen. Wären die besonders auffallenden Träume wenigstens auf kürzerem Wege der Betrachtung und Überlegung auf solche mit einer speziellen Antriebsart zu reduzieren, so ergäbe sich immerhin eine mittelbare Ordnung von einigermaßen leicht zugänglichem

Charakter. Aber all das ist eben nicht so. Zunächst gibt es einmal die Gruppe derjenigen Träume, in denen offensichtlich nunmehr als bedeutsam bekannt gewordene Antriebsarten fungieren. Dann gibt es die Gruppe der Furchtträume. Und dann reihen sich additiv, zunächst wenigstens additiv, eine Fülle von Träumen mit höchst verschiedenartigen und zum Teil sensationellen Inhalten an.

Dennoch soll hier der Versuch gemacht werden, ein solches System der Träume im ersten Ansatz zu skizzieren. Dabei ist es schwer zu übersehen, was eines Tages daraus werden wird. Aber das braucht uns heute wiederum nicht zu kümmern. Die Hauptsache ist, daß einmal ein Ordnungssystem gewagt wird. Es sei also im folgenden entworfen. In einer Modelltafel der Träume wird es ausführlich erörtert werden.

Vorher aber sei ein Schema gegeben, das einen Überblick über die vorhandenen Möglichkeiten entwickelt. Die Ordnungszahlen 1—42 der Träume der Modelltafel finden sich in ihm an der entsprechenden Stelle wieder Es wird sofort ersichtlich sein, daß in der Modelltafel nicht sämtliche einzelnen Traumarten, die das Schema angibt, mit einem Beispiel vertreten sind. Auf der anderen Seite werden die Träume der Modelltafel wieder und wieder als „mehrdimensional" behandelt; d. h. beiläufig, ergänzend, stellen sie dann doch auch Beispiele für weitere Traumarten dar. Aber sie werden, um nicht Verwirrung zu stiften, deshalb doch nicht mit Ordnungszahlen im Schema angeführt. Es läßt sich nicht vermeiden, das Lebendige „windschief" zu schildern. Sonst gewinnt man zwar ein „tadelloses" Schema, aber dann doch nur ein „Schema" im schlechten Sinn. So muß der Charakter eines Schemas der des Hinweises bleiben.

Drei sogenannte „typische" Träume, solche, die man gewöhnlich so nennt, sind ihrem Standort nach ebenfalls im Schema vertreten. Es handelt sich um einen Flugtraum, um einen Falltraum und um einen sogenannten „Zahnreiz"traum. Dieser und das Allgemeine hierüber wird im Kapitel „‚Typische' Träume?" behandelt.

Ansatz zur systematischen Ordnung der Träume (Schema)

Antriebsarten	Besitzstreben				Geltungsstreben		Sexualstreben			
	kaptativ	oral	retent.	anal	aggressiv	geltungsstreb.	zärtl.	hingebd.	sexuell	erot.
Antriebserleben manifest „ Furchtanteil										
„ „ verhüllt	1	2	3	4	6	5	7	8	9	10
		Zahn-reiz-traum*								
„ „ manifest										
an- oder	20									
nachklingend							24		25	
voranklingend	21					23			26	
dominierend	22									
Antriebserleben verhüllt „ durch kombinat. Phantasie	11	12	13	14	16	15	17	18	19	
„ durch Symbole Träume 33 – 42								18 Falltraum		
„ durch sublimes Erleben, z. B.					31 Flugtraum					10
Gefühlsdynamik allegorisch erlebt, z. B.					6 und 29					

Die Mehrzahl der Träume stellt ein durch Cäsuren getrenntes, nacheinander geordnetes Aggregat solcher einfachen Kurzträume dar. In der Modelltafel die Träume 28 – 32.

* Siehe unter „‚Typische' Träume?"

Exkurs: „Typische" Träume?

Daß die Menschen sich für ihre dunklen, verworrenen Träume in der Regel nicht interessieren, ist sehr gut verständlich, auch wenn ihnen sonst bekannte Erlebnisarten darin vorkommen, und zwar deutlich erkennbar. Wenn in den Träumen z. B. vom Essen, vom Ärger, von Zärtlichkeit und Sexualität die Rede ist, dann wundert sich der Träumer mehr oder weniger über den besonderen Zusammenhang, in dem das sonst Bekannte vorkommt. Aber auch das legt er als nicht allzu interessant beiseite. Niemand würde solche Träume wohl für „typisch" erklären. All diese Inhalte machen die Träume nicht zu typischen Träumen, weil der rohe Überschlag nicht dafür spricht, daß ein spezieller Inhalt etwa in 30 % der Fälle vorkommt und daher den Traum als typisch charakterisieren könnte. Sehr viel Derartiges kommt also gleich häufig vor. Es gibt eben orale Trauminhalte und kaptative, anale und retentive, auch urethrale, aggressive, zärtliche, liebevolle, erotische, hingabevolle und sexuelle. All dies kommt als Inhalt in Träumen vor. Und zwar ist jetzt an die systematische Ordnung der Träume nach manifestem Inhalt gedacht. So weit bekannt, hat noch niemand den Versuch unternommen, 10 000 Träume von beliebigen Menschen nach der Häufigkeit solcher Inhalte durchzuzählen. Es ist unwahrscheinlich, daß sich da mehr als ein paar absolute Zahlen ergeben werden. Vielleicht liegt das bei Symptomträgern etwas anders. Aber auch das ist der Theorie nach unwahrscheinlich. Da man sich vernünftigerweise aber für den ganzen, für den „eigentlichen" Inhalt der Träume interessiert und keineswegs nur für den manifesten, wäre eine solche Systematik auch von daher gesehen nicht sehr sinnvoll. Man wäre nicht in der Lage, hier überhaupt Typisches zu konstatieren.

Sexuelle oder auch anale Träume, die ihres monströsen Inhaltes wegen dem Träumer sehr auffallen und auch einen Untersucher in Erstaunen setzen mögen, wird wohl kaum jemand als „typisch" bezeichnen. Sie sind eben nur auffällig.

Eher kann schon jemand dazu neigen, Träume, die ausgeprägte Furcht oder gar Angst enthalten, als „typisch" anzusehen. Aber auch da handelt es sich weniger um ein Häufigkeitsurteil als um die Hervorhebung von etwas Erstaunlichem. Und es spricht nicht für solche Neigung, daß der Betreffende, weil etwas erstaunlich ist, in unverantwortlicher Rückerinnerung dem Erstaunlichen auch eine besondere Häufigkeit beilegt.

Prüfungsträume, Einbrecherträume, Fallträume, Flugträume, Nacktheitsträume, masochistische Träume u. a. sind ebenfalls lediglich erstaunlich oft, keineswegs im eigentlichen Sinne typisch.

Überblickt man große Reihen von Träumen von Symptomträgern und Nichtsymptomträgern, von Patienten und Gesunden, so ergibt sich doch ein sehr einheitliches Bild: Bei allen Analysanden kommt alles vor. Nur zwischen der Symptomatik und speziellen Problematik eines Träumers und seinen Trauminhalten ergeben sich strukturentsprechende Zuordnungen. Genaues Auszählen wird wahrscheinlich zeigen, daß sich z. B. nicht nur orale Träume gehäuft bei Depressiven, anale bei Zwangsneurotikern finden, sondern Prüfungsträume z. B. bei Potenzgestörten, grob masochistische Träume, also auch Einbrecherträume etwa bei besonders schweren Neurosenstrukturen, Flugträume vielleicht bei Hysterien besonders häufig. Aber korrekte Auszählungen am großen Material haben bisher nicht stattgefunden. Anders steht es, wie gesagt, mit der speziellen Zuordnung zwischen Traum und Problematik des einzelnen Patienten. Aber es ist nicht ganz ausgeschlossen, daß eine korrekt durchgeführte Auszählung am großen Material, das seinerseits durch korrekte Beobachtung und Schilderung fixiert worden ist, doch noch Überraschungen bringen wird.

Unterstellt man einmal die Richtigkeit des eben Mitgeteilten, und vergleicht man damit häufige Bemerkungen von Publikum und auch wissenschaftlich Interessierten hinsichtlich der Träume, so ergibt sich, daß manche Menschen diese oder jene Traumart schon mehrfach erlebt haben und sie daher gut erinnern, während andere, aber vielleicht Menschen, die in der Regel überhaupt keine Träume erinnern, auch hiervon nichts wissen. Im großen und ganzen zeigt es sich, daß dem einen diese, dem anderen jene Traumart, die er irgendwann einmal erinnert hat, aufgefallen ist. Wird in größerem Kreise davon gesprochen, so melden sich immer ein paar Personen, die ebenfalls erinnern, diese Traumart gehabt zu haben. Daraus aber geht, wie ersichtlich, weder über Häufigkeit noch Zuordnung etwas Verbindliches hervor.

Hierbei ist noch etwas Weiteres zu berücksichtigen: Erörterungen der eben genannten Art haben, abgesehen von ihrem durchgängig unernsthaften Charakter, die weitere Eigentümlichkeit, daß sie die große Zahl von Fehlanzeigen, die eigentlich gemacht werden müßten, nicht berücksichtigen.

Um nun aber doch einmal anhand eines besonderen Beispiels die Stellung sogenannter typischer Träume zu klären, sei ein „Zahnreiztraum", wie man diesen nach Freud häufig nennt, gebracht:

„Ich bin irgendwo, ich weiß nicht mehr wo. Da bemerke ich auf einmal, daß einer meiner Zähne oben wackelt. Zu meinem Schrecken fühle ich, daß das noch mit anderen Zähnen der Fall ist. Ich fasse hin und auf einmal habe ich die Zähne in der Hand. Ich bin sehr entsetzt darüber". Solche und ähnliche Träume sind verhältnismäßig häufig. Sie sind ja auch gewiß sehr auffallend, und der Träumer neigt dazu, ihnen einen bedeutsamen Sinn beizulegen. Manche Menschen glauben, daß solche Träume Unglück voraussagen, z. B. den Tod von nächsten Angehörigen. Manchmal fallen diese Träume auch dadurch auf, daß die Zähne zunächst gar nicht wackeln, sondern der Träumer, obgleich sie eben noch völlig fest saßen, sie herausnehmen kann, als seien sie ein Gebiß. Es zeigt sich, daß auch diese Traumart zwar sehr charakteristisch ist und den Träumern häufig lange in Erinnerung bleibt, daß ihr Sinn aber keineswegs extrem bedeutsam ist, und ihr Merkwürdigkeitsgrad über den sonstiger unauffälliger Träume nicht hinausgeht. Freud hat mit seiner Namengebung wohl darauf hinweisen wollen, daß seiner Vermutung nach solche Träume nur dann auftreten, wenn der Träumer an seinen

Zähnen abnorme Sensationen erlebt. Diese Vermutung hat sich u. E. aber nicht bestätigt. Auch in diesem Fall dürfen wir im allgemeinen auf eine Rücksichtnahme auf diejenigen verzichten, die nur allzu bereit sind, „Körperliches" für die Entstehung des Träumens, der Träume und deren Sinn verantwortlich zu machen. Alle Erfahrungen sprechen dafür, daß wir auch hier legitimiert sind, ganz im Psychologischen zu bleiben.

Wir werden auch diesen Traum auf Antinomisches zu beziehen haben. Dazu stehen uns unsere Kenntnisse über die Rolle des Oralen heute ausgebreiteter zur Verfügung als Freud damals. Im übrigen hat er sich ja nicht etwa auf jene „körperliche" Interpretation beschränkt. Wir fixieren zunächst also den oralen Charakter dieses Traumes. Die Zähne sind die Waffe, das Handwerkszeug für orale Antriebe. Aggressive orale Bedürfnisse bedienen sich dieser Waffe. Hier ist der Mensch in ausgeprägter Weise animalisch. Wenn er von seinen Zähnen träumt, erlebt er, daß er sie hat. Das Thema: Homo homini lupus, der Mensch ist für den anderen Menschen ein Wolf, klingt an. Das Kleinstkind sah die Welt einst so. Oral war die erste Möglichkeit antinomischer Beziehung zur Welt. Der Erwerb von Schuldgefühlen in diesem Bereich war unvermeidlich. So sorgen Schuldgefühle später auch etwa dafür, daß der Erwerb durch Besitz von Zähnen annulliert wird, wenigstens in den Bildern der Phantasie. Sich meldende aggressiv-orale Tendenzen werden durch Ausfall, Ausfallen der Zähne abgewehrt. Erschreckend ist es, quasi kannibalische Impulse zu erleben. Erschreckend ist es, daß es in der Welt diese antinomische Thematik des Menschen als Wolf gegenüber den anderen Menschen gibt. Erschreckend ist es aber auch, wenn Schuldgefühle so tief gehen, daß sie lieber die Waffe und damit das Handwerkszeug vernichten, als daß dieses weiterhin gefährdende Versuchung bleibt. Denn die Vernichtung des bloßen Handwerkszeugs bedeutet ja in diesem Fall eine vitale Gefährdung. Die primitivste Art von Potenz des Menschen liegt in seiner Möglichkeit zu beißen. Insofern also verliert der Mensch ein Kernstück seiner Potenz, wenn er seine Zähne verliert.

Mit auffallender Häufigkeit sind in den Träumen der hier behandelten Art die Zähne, deren Umgebung oder das, was mit ihnen geschieht, mit sonderbaren Merkmalen, mit ihrerseits auffallenden Details behaftet. Es bleibt also nicht dabei, daß sie sonderbarerweise „so leicht" ausfallen. Und nun besteht die weitere Merkwürdigkeit, daß das Bringen von Realeinfällen zu solchen Details, die also zum Teil Mikrodetails sind, in Richtung auf das männliche Genitale geht. Nicht so selten führen die Einfälle zu mehreren Details ein und desselben „Zahnreiztraumes" unmittelbar zu Vorkommnissen, in denen Penis, Erektion, Phallus eine Rolle spielten. Dann also handelt es sich um den Zahn als Symbol für den Phallus. Der Traumvorgang stellt also den Verlust des Phallus dar. Gewöhnlich wird dieser als Teil einer Kastration angesehen. Damit aber stellte der Traum eine Variante, und zwar die sexuelle, des Potenzverlustes dar. Da auch die Benutzung des Phallus ein gewisses Maß an aggressiver Bereitschaft zur Voraussetzung hat, kann auch von einer Einschränkung der Aggression gesprochen werden. Diese wäre dann das Mittlere zwischen oraler Aggression und sexueller Aggression. Freud hat also mit seiner Interpretierung der „Zahnreizträume" als Kastrationsträume eine Seite des Tatbestandes, und zwar eine sehr wichtige, korrekt getroffen. Es läßt sich, wie schon gezeigt, in keiner Weise bestreiten, daß rein genitale Realerlebnisse von problematischem Charakter in gewisser Weise bevorzugt von auf sie bezogenen „Zahnreizträumen" gefolgt zu werden pflegen. Auf diesem Wege aber verliert auch diese Traumart im Grunde ihren sensationellen, populär „typisch" genannten Charakter. Auch diese Traumart erlaubt also nicht, Häufigkeits- oder Bedeutungsakzente zu setzen. Sie ist für einen erwünschten systematischen Überblick über die Traumwelt nicht brauchbar.

Demgegenüber erlaubt die Zusammenstellung von Träumen Analysierter überhaupt erst das, was man mit Recht einen Eindruck nennen kann. Denn die Erfahrung zeigt, daß jemand, der aus therapeutischen oder forscherischen Gründen von seiner Totalperson her gesehen, also quasi existenziell, ein dringendes Interesse am Erinnern seines Traumerlebens hat, seine Träume mit außerordentlicher Regelmäßigkeit tatsächlich erinnert. Der Analytiker kann seine Patienten also ruhig hierauf hinweisen. Auch wenn der Patient bis dahin ein Nichtträumer war, wird er von Beginn der Analyse an regelmäßig Träume erinnern.

So merkwürdig dies ist, es ist eine Tatsache. Aber wohl verstanden: regelmäßig ist es so. Der Psychotherapeut darf es erwarten. Er darf dem Patienten davon Mitteilung machen. Wie wichtig dies ist, ist ohne weiteres klar. Wenn ein Patient, dieser Regel widersprechend, nicht wenigstens jedes zweite Mal einen Traum in die Analyse mitbringt, hat das Gründe, die uns heute so sicher bekannt sind, daß wir dies praktisch mit Erfolg benutzen können. Die allgemeinste Formel: Er „will" etwas verschweigen. Zumeist geht dieses „Wollen" instinktiv reflektorisch vor sich. Manchmal geht längere Zeit eine vollbewußte Befürchtung voraus. Dann aber wirkt diese automatisch nach. Im einen Fall hat der Analysand ein Geheimnis, das er nicht verraten will. Im anderen Fall will er das Geheimnis eines anderen Menschen nicht mitteilen. In einem weiteren Fall hat er Befürchtungen gegenüber dem Therapeuten oder gegenüber dem Verfahren. Dem Therapeuten gegenüber fürchtet er eigene aggressive Tendenzen oder zu hingebungsvolle oder sexuelle. Kritik an diesem oder an dessen Umgebung fürchtet er zu äußern. Im Einzelfall kann es sich auch um extrem positive Zuwendung handeln. Wer diese Motive für ein Nicht-Erinnern der Träume kennt, erreicht mit großer Regelmäßigkeit durch zähes Durchsprechen solcher Möglichkeiten, daß der Analysand seine Träume nunmehr wieder erinnert, bzw. überhaupt erst mit dem Erinnern beginnt. Hier handelt es sich um ein erfolgversprechendes Verfahren, um eine gar nicht so komplizierte Technik, die erlernt werden kann. Wenn also ein Anfänger von einem Patienten naiv und ohne Schuldbewußtsein berichtet, dieser bringe leider keine Träume, so hat er sich nach dem heutigen Stande unseres Wissens bis auf seltene Ausnahmen eines Kunstfehlers durch Fahrlässigkeit schuldig gemacht. Es erweist sich sogar immer wieder, daß diejenigen, die aus irgendwelchen Gründen behaupten, sie hätten einen, und zwar den eben geschilderten, Versuch einer Analyse der Motive des Nicht-Erinnerns bei einem Patienten vorgenommen, in Wirklichkeit jene Anweisungen mit vorurteilsvoller Kritik aufnahmen, sich um deren Verständnis nicht ernsthaft bemühten und sie daher nicht befolgten.

Erreicht es ein Psychotherapeut aber, daß seine Patienten reichlich Träume bringen, so erlaubt dieses Material dann allerdings wenigstens schätzungsweise Häufigkeitsurteile.

MODELLTAFEL

I. Gruppe:

Einfachste manifeste Bedürfnisträume von Kinderwunschtraumcharakter

Besitzstreben

1. kaptativ-orale

a) kaptative, habenwollende

1. Traum: Ich sehe einen Weihnachtsbaum. Unter ihm liegen seidene Wäschestücke mit meinem Monogramm.

Kommentar: Wer diesen Traum betrachtet, ohne daß ihm die oben entwickelte Traumtheorie oder eine Neurosenstrukturlehre auch nur einigermaßen geläufig geworden ist, wird nicht ohne weiteres auf den Gedanken kommen, es handele sich hier um das Thema Besitzstreben. Wer im Sinne einer „Tiefen"psychologie die „primitive" orale Thematik kennen gelernt hat und nun in der Lage ist, sich darunter etwas vorzustellen, wird zum obigen Traum ebenfalls keinen unmittelbaren Zugang haben. Wer dagegen erfahren hat, daß es eine Antriebsart gibt, eine Bedürfnisart, die auf das Habenwollen von Besitz geht, mit den zu ihr gehörigen Konfliktsmöglichkeiten, wird wissen, daß das Weihnachtsfest und sein Vertreter, der Weihnachtsbaum, im kindlichen Erleben besonders, aber nicht nur, in dieser Hinsicht eine höchst wichtige Rolle spielt. Wenn es zutrifft, daß die ersten Konflikte antinomischer Art in den ersten fünf Lebensjahren erlebt werden, ergibt sich, daß das Weihnachtsfest schon theoretisch von entscheidender Bedeutung sein muß. Die praktische Erfahrung zeigt, daß es wirklich so ist. Das Weihnachtsfest ist sicher in den seltensten Fällen eine im eigentlichen Sinn traumatische Situation, d. h. eine, die in grober Weise eine Gehemmtheit hervorruft, aber es ist doch repräsentativ. Das Geburtstagsfest und auch das Osterfest konkurrieren an Bedeutung. Der Weihnachtsbaum allein schon als Repräsentant des Weihnachtsfestes, an dem habenwollende Tendenzen eine höchst wichtige Rolle spielen, weist also auf die kaptative Thematik hin.

Es werden hier Modelle von Träumen entwickelt. Es fehlt also eine Angabe darüber, wer den Traum geträumt hat. Es fehlen Alter und Geschlecht. Man hat also die Freiheit, in gewissen Grenzen wenigstens, sich den Träumer in dieser Richtung zu charakterisieren. Es wäre nicht sehr wahrscheinlich, daß ein kleines Kind oder ein männliches Wesen diesen Traum geträumt hat. (Aber auch das könnte der Fall sein). Nehmen wir einmal an, eine Frau mittleren Alters sei die Träumerin. Nehmen wir an, dieser Traum stelle eine einfache Phantasie dar, so wie sie auch am Tage auftreten könnte. Dann wäre er leicht folgendermaßen zu verstehen: Der Träumerin schwebt vor, was sie sich w ü n s c h t. Es handelt sich zwar nur um den Bruchteil eines vollständigen Wunscherlebens; dieser Bruchteil ist aber immerhin repräsentativ. Er wäre es besonders dann, wenn die Träumerin tatsächlich keine Wäschestücke dieser Art besitzt. Vielleicht hat sie sie am Tage vorher bei einer Freundin gesehen. Vielleicht besteht für sie tatsächlich gar keine Aussicht, je seidene Wäschestücke mit eigenem Monogramm zu besitzen. In solchen und ähnlichen Zusammenhängen, unter solchen und ähnlichen Bedingungen wäre der obige Trauminhalt auch als Bruchstück einer Tagesphantasie durchaus möglich, nach Regeln menschlichen, diesmal weiblichen Erlebens sogar recht wahrscheinlich. Unsere breite Erfahrung lehrt uns das. Es wurde oben (s. S. 1 ff.) eingehend entwickelt, daß und warum wir uns beim Bemühen um das Verstehen der Träume dauernd auf die sogenannte breite Erfahrung und ihre Psycho-logik zu berufen haben.

Eine Aussage über den Traum lautete aber, der Traum enthalte l a t e n t e s Antriebserleben. Das Bedürfnis, zu Weihnachten seidene Wäsche mit eigenem Monogramm zu bekommen, müßte in diesem Fall also mit erheblicher Wahrscheinlichkeit latent geblieben sein. Das hieße also, die Träumerin wird eine solche Wunschphantasie im Wacherleben gerade n i c h t gehabt haben. Vielleicht ist sie bei einer Freundin gewesen, hat bei dieser solche Wäschestücke gesehen und i n f o l g e k a p t a t i v e r G e h e m m t h e i t k e i n e entsprechende eigene Wunschphantasie entwickelt. Die Erfahrung zeigt, d. h. die Gesamtheit der Realeinfälle der Träumerinnen solcher Träume zeigen, daß dies bevorzugt so ist. Träume mit diesem simplen manifesten Inhalt kaptativer Art pflegen bevorzugt bei Menschen aufzutreten, die einst in der Kindheit kaptative Hemmungen, ursprünglich meist orale Hemmungen erwarben. Von daher gesehen hat solch ein Traum dann, wie oben erörtert, kompensatorischen Charakter (s. S. 80). Die Einfachheit solcher Träume und die Tatsache, daß sie im kindlichen Traumerleben besonders häufig sind, hat dazu geführt, daß man sie Kinderwunschträume nennt, bzw., wenn der Träumer ein Erwachsener ist, von Träumen von Kinderwunschtraumcharakter spricht.

Das alles kann im Falle eines solchen Traumes so sein. Es muß keineswegs so sein. Es ist nur einigermaßen wahrscheinlich, daß es so ist. Solch ein Traum liefert für den Kenner einen Hinweis. Aber nur genaue oder gar genaueste Analyse des Träumers, zumindest das Bringen einer Menge von Realeinfällen zu solchem Traum durch ihn, kann verbindlich erweisen, daß der Traum tatsächlich diesen Charakter hat.

b) o r a l e

2. T r a u m : Ich komme in ein Zimmer. Das Schubfach einer Kommode steht offen. Es ist viel Schokolade drin. Es ist niemand im Zimmer. Ich esse schnell eine Menge.

Kommentar: Auch der Inhalt dieses Traumes könnte durchaus in einer Wachphantasie auftreten. Die Erfahrung hat gelehrt, daß bei Symptomträgern, besonders bei schwerneurotischen Menschen, Wachphantasien dieser konkreten Art seltener vorkommen als bei Symptomlosen.

Aber es muß hier aus einer vollständigen Neurosenlehre doch noch einiges Weitere entnommen und hinzugefügt werden. Zunächst einmal: Wenn eben von Träumen „dieser Art" gesprochen wurde, so ist natürlich nur der orale Charakter einerseits, — es geht ja ums Essen —, und die einfache unkomplizierte Offensichtlichkeit andererseits gemeint. Also das ist gemeint, was man in gewissem Sinn den formalen Charakter solcher Träume nennen kann. Es gibt ja außerordentlich viel verschiedene Arten von Eßbarem.

Weiter wurde erklärt, daß Symptomträger entsprechende Wachphantasien seltener haben als Symptomlose. Aber es muß hierbei bedacht werden, daß auch symptomlose Menschen neurotoide Strukturen haben. Auch ein Symptomloser kann orale Gehemmtheiten enthalten. Auch ein Symptomloser kann zu solchen Wachphantasien nicht imstande sein. Er kann es z. B. auch als Zumutung ablehnen, sich solch eine Wachphantasie einmal zu gestatten.

Umgekehrt kann das extreme Nichtvorhandensein solcher Phantasien im Wacherleben eines Menschen damit zusammenhängen, daß der Betreffende originär, autochthon, ganz ursprünglich ein sehr wenig oraler Mensch ist. Daß jemand Schokolade nicht gern ißt, kann etwas Erworbenes sein, kann Ressentiment sein, aber es kann sich auch um „zufällige" Abneigung gegen Schokolade auf ererbter Basis handeln. Und dann kann es sich um mangelnde Eßlust und Freßlust überhaupt handeln, wiederum ererbter Weise. Das Fehlen solcher Wachphantasien spricht also nicht unbedingt für Latenz der betr. Antriebsqualität.

Ohne daß man das Erleben des betreffenden Träumers kennt, ist ein unterscheidendes Urteil nicht möglich. Manchmal muß man auch seine Entwicklungsgeschichte, sogar die seiner frühesten Kindheit mikropsychologisch genau kennen, um beurteilen zu können, worum es sich handelt.

Hat aber jemand eine neurotische Symptomatik, hat er womöglich sogar eine „körperliche" Symptomatik im Bereich von Mund und Magen, Schluckschwierigkeiten etwa und Ähnliches, oder hat der Betreffende eine Symptomatik depressiven Charakters, von der wir wissen, daß sie engstens mit oralen Themen zusammenhängt, dann ist das Nichtvorhandensein von dem Traum entsprechenden Wachphantasien schon mit hoher Wahrscheinlichkeit als abwegig anzusehen. Aus dem eben Dargestellten geht wohl mit voller Eindeutigkeit hervor, daß auf dem Gebiet der Traumanalyse simple Urteile nicht am Platze sind. Nicht einmal, wenn es sich um einen so einfachen Traum, wie den eben hier diskutierten handelt, ist Simplizität gerechtfertigt.

Es bedarf also, wenn der obige Traum ohne weitere Aussage über den Träumer mitgeteilt wird, mit einiger Wahrscheinlichkeit angenommen werden, daß der Betreffende im Wacherleben von diesem Phantasieinhalt, für seine Person wenigstens, zu wenig erlebt — falls er eine neurotische Symptomatik hat. Hat er diese nicht, so trüge er lediglich eine neurotoide orale Gehemmtheit in sich. Im Fall der Symptombehaftetheit wird man bei genauester Analyse mit einiger Wahrscheinlichkeit, im Falle der Symptomlosigkeit mit geringerer Wahrscheinlichkeit, in der frühen Kindheit Situationen feststellen können, die nicht überall vorkommen, sondern diesen Menschen besonders getroffen haben, Situationen oraler Antinomik. Was dieser Träumer als Kleinkind mit dem Munde einverleiben wollte, muß ihm gehörig vergällt worden sein.

Vorsichtigerweise, — und das gilt für die Interpretation aller Träume! — wird man sich an höhere Wahrscheinlichkeitsgrade halten, d. h. man wird sich Vermutungen oder gar Aussagen über den Träumer eines Traumes nur dann gestatten, wenn man vorher erfahren hat, daß der Betreffende ein Symptomträger ist. Nur in diesem Fall besteht eine ausreichende Wahrscheinlichkeit, daß das auf Grund des Traumes zu Erwartende im tatsächlichen Erleben des Träumers prägnant nachweisbar ist. Allgemeinste, verschwommene, unbestimmte, überall vorkommende Ereignisse sind ja kein Beleg für psychologische Zusammenhänge, wenn Abartiges erklärt werden soll.

Der obige Traum wäre also folgendermaßen zu lesen: Es melden sich in ihm orale Tendenzen gehemmter Art. Mit einiger Wahrscheinlichkeit hat der Traum kompensatorischen Charakter, d. h. der Betreffende hat kurz vorher, meistens am Tage vorher, in irgendeiner Situation ein orales Bedürfnis nicht erlebt, das ein Symptomloser in der gleichen Situation sich sehr wohl „gestattet" hätte.

Es sei hier noch die therapeutische Konsequenz hinzugefügt: Gelingt es dem Analytiker, die latente Oralität dieses Träumers zu mobilisieren, so fallen dessen orale Symptome mit einiger Wahrscheinlichkeit in sich zusammen. Dieses Mobilisieren hätte so vor sich zu gehen, wie oben dargestellt (s. S. 154 ff.). Die Wirkung der Mobilisierung würde dann darin bestehen, daß der Betreffende fürderhin u. a. imstande ist, auch im Wacherleben zu phantasieren, daß er, zufällig allein in einem Zimmer bei offen stehendem Schubfach, schnell darin befindliche Schokolade nimmt und davon ißt. Aber es geht aus all dem hier Dargestellten wohl mit Selbstverständlichkeit hervor daß diese Schokoladenphantasie nur eine unter den vielen ist, die dem Betreffenden ermöglicht werden müßten.

Eine mögliche Bedeutung des obigen Traumes wurde hiermit entwickelt. Woher es kommt, daß der Hinweis darauf, es handle sich hier um nur eine Möglichkeit, die anderen Möglichkeiten nicht aufhebt, oder gar die Möglichkeit überhaupt, ein Urteil über solchen Traum zu fällen, ist oben breit erörtert worden. Bei der Kommentierung dieses Traumes wurde also auf weitere Möglichkeiten keine Rücksicht genommen. Wie aus der hier dargestellten Theorie des Traumerlebens folgt, besteht ja zumindest noch die weitere, daß die Gegenstände des Traumes Symbole sind. Das Zimmer kann Symbol sein, das Schubfach, auch die Schokolade. Das Offenstehen kann Symbol sein für einen anderen Vorgang, einen „eigentlich gemeinten". Das Essen kann Symbol sein. Falls das Zimmer ein bestimmtes Symbol ist, wäre auch die Tatsache, daß im Traum niemand darin ist, in besonderer Weise zu lesen. Dies alles wird später erörtert werden (s. S. 248). Ist das eben Gesagte zutreffend, so erweist sich hier zum ersten Mal praktisch für den

Leser, was er alles außer dem, das bei obiger einfacher Trauminterpretation verwandt wurde, noch vorschweben haben muß, (s. auch das über das Symbollexikon Gesagte auf Seite 104). Hätte der obige Traum etwa nachweisbar vorwiegend symbolische Bedeutung, so würde er zunächst einmal in einen völlig neuen und andersartigen Erlebniszusammenhang gehören.

Aber nun muß dem Lernenden noch etwas zugemutet werden, nämlich das Faktum schließlich zu berücksichtigen, das darin besteht, daß jene erste einfache Interpretation des Traumes in der Regel in engster sinnvoller Verbindung zu der zuletzt angedeuteten komplizierten steht.

Außerdem muß jetzt noch der Hinweis gebracht werden darauf, daß bei der Behandlung des obigen Traumes bisher weder die von der Individualpsychologie Adlers hervorgehobenen Seiten erörtert wurden, noch auch z. B. die Möglichkeit einer „subjektalen Deutung" erwogen wurde. All dies muß also im Falle eines Anspruchs auf Vollständigkeit nachgeholt werden. Das bisher Erörterte war also Auftakt zu einer Traumanalyse, nicht mehr. Immerhin vermag auch dieser Aspekt bereits therapeutisch Gewichtiges zu leisten.

2. retentiv-anale

a) retentive, behaltenwollende

3. Traum: Jemand kommt und will mich anpumpen. Ich lehne empört ab. Kommentar: Wer ausreichendes über Traum- und Neurosenstruktur weiß, wird diesen Traum im Sinne obiger Erörterungen interpretieren. Der Übung halber sei aber doch noch einmal einiges Ausführlichere gesagt. Wie in den obigen Fällen kann der Inhalt dieses Traumes durchaus Wachphantasie beliebiger Menschen sein. Symptomträger werden im allgemeinen weniger zu dieser Phantasierart neigen als Symptomlose (mit den oben S. 153 erörterten Einschränkungen, die jetzt noch einmal nachgelesen und durchdacht werden sollten). Es handelt sich deshalb um einen retentiven Inhalt, weil der Träumer ja seinen Besitz verteidigt, ihn zurückhält, ihn nicht hergeben will.

Es wird demjenigen, der hier nun ganz scharf hinsieht, auffallen, daß der eben behandelte Traum sich von den vorigen beiden, besonders von dem zweiten dadurch unterscheidet, daß der entscheidende Antrieb nicht die Initiative hat, sondern reaktiv ist. Hält man sich an die simple Wunschtheorie, so meldete sich dem Traumtext nach zuerst der Antrieb, jemand solle kommen und anpumpen. Und das wäre ja gerade das Gegenteil des Bedürfnisses, den vorhandenen Besitz auf jeden Fall zu schützen. Es sieht also so aus, als stellte dieser Traum von vornherein zwei miteinander in Konflikt liegende Antriebe dar, nämlich den, sich anpumpen zu lassen und den, das dann doch abzulehnen. Feinere Analyse pflegt auch sehr häufig zu zeigen, daß ein solcher Trauminhalt in das Gesamterleben des Träumers, so doppelsinnig wie er ist, eingeordnet werden kann und muß. Es ist etwas im Träumer enthalten, was ihn dazu bestimmt, die Phantasie, daß jemand ihn anpumpen könnte, nicht eindeutig abzulehnen, sondern ihn gewähren zu lassen. Die Erfahrung lehrt, daß „retentiv Stigmatisierte" außerordentlich und häufig in prägnanter Weise ambivalent sind. D. h., sie sind dies mehr als andere Menschen. Die Neurosenlehre gibt darüber Auskunft, was es mit dieser Ambivalenz, dieser „unbewußten" Zwiespältigkeit auf sich hat (s. „Der gehemmte Mensch" S. 64). Aber es sollte hier eben nur auf diese Schwierigkeit hingewiesen werden. Eine ausführliche Erörterung dieser Thematik erfolgt später (s. S 179). Es wird hier also vollabsichtlich wiederum in bestimmter Richtung simplifiziert. Der obige Traum wird so behandelt, als ob nur das Retentive in ihm entscheidend wäre. Dieses galt es zunächst zu illustrieren.

Ein simpel retentiver Traum müßte also eigentlich folgendermaßen beginnen: Ich fasse in meine Tasche und stelle Geld darin fest. Es ist mir behaglich dabei zumute. Ich denke, jemand könnte kommen und mich anpumpen. Ich denke weiter: „Dem werd' ich's zeigen!" Ich werde wütend ablehnen. Damit wäre aber die oben behandelte Schwierigkeit auch noch nicht völlig behoben, obgleich ein retentiver Antrieb ja in der Regel erst im Partnerverhältnis lebendig wird. Retentivsein heißt doch im allgemeinen re-agieren.

In der Hauptsache ist der Träumer, von diesem Traum aus gesehen, also mit den obigen Einschränkungen als jemand charakterisiert, der sich im Wacherleben n i c h t darüber empören kann, daß er angepumpt wird, — auch wenn das, die Empörtheit hierüber, zu seiner symptomlosen Person eigentlich gehören würde. Diese Eigentümlichkeit wird man im Gesamterleben dieses Träumers mit hoher Wahrscheinlichkeit nachweisen und damit die hier vertretene Traumdeutung verifizieren können.

Es ist nun mit erheblicher Wahrscheinlichkeit sogar so, daß zumindest ein Symptombehafteter, der diesen Traum hat, im Wacherleben eher dazu neigen wird, empört zu sein, wenn man ihm zumutet, sich n i c h t anpumpen zu lassen als auf ein Angepumptwerden empört zu reagieren. Wer so träumt, wird weiterhin mit erheblicher Wahrscheinlichkeit sogar eine Ideologie der Wohltätigkeit, des Gernehergebens entwickelt haben und vertreten.

Aber es soll hier sofort, in Wirklichkeit in der Wiederholung, hinzugefügt werden, daß solche Ideologie erstens keine ausreichende Ursache für das Entstehen einer Symptomatik darstellt, daß es sich aber zweitens auch um ein einfaches Ideal der Gebebereitschaft handeln kann. Es ist nur recht wahrscheinlich, daß ein Mensch mit reiner, ursprünglicher Gebefreudigkeit einen solchen Traum wie den obigen doch nicht träumen wird.

Wiederum ist hier zunächst auf eine mögliche symbolische Bedeutung des Anpumpens keine Rücksicht genommen worden. Eine subjektale Interpretation des Traumes ist nur gerade eben angedeutet worden, nämlich, als die Ambivalenz diskutiert wurde. Auch erfolgte kein Hinweis darauf, daß die Haltung des Sich-wild-Empörens, wenn auch nur der Gedanke auftaucht, jemand könnte es wagen, den Träumer anzupumpen, als allgemeine Überkompensation, als allgemeinste Reaktion auf die Gefahr des Unterliegens überhaupt gelesen werden könnte. Aber es ist wohl anzunehmn, daß der

Leser hier selbst bereits spüren wird, wie die zuletzt gestreifte Interpretationsmöglichkeit innerhalb eines Sinnbereiches mit der in den Vordergrund gestellten liegt.

b) anale

4. Traum: Ich stehe vom Klo auf. Es rüttelt jemand an der Tür. Ich sehe, daß schon viel Kot drin liegt. Ich will die Tür nicht aufmachen.

Kommentar: Weshalb dieser Traum anal genannt wird, ist ja offensichtlich. Er handelt von Kot und Klosett. Stellt man sich diesen Traum aber als Wachphantasie vor, so gerät man in eine gewisse Schwierigkeit. Wenn der Traum lediglich lauten würde: In einem Klosett liegt sehr viel Kot, so könnte es sich auch um einen Bruchteil einer Wachphantasie handeln. Diese Phantasie wäre sogar ubiquitär, d. h. sie kommt überall vor und ist häufig. Es gibt eine Unmenge Menschen, ohne daß diese abartig zu nennen wären, die genau so, wie es sehr viele kleine Kinder tun, erfreut sind, wenn sie viel Kot produziert haben. Für das Kleinkind handelt es sich ja eigentlich um die einzige „Produktion" (von pro-ducere = herausführen), die ihm möglich ist. Und da es immer wieder erlebt, daß Pflegepersonen offensichtlich großen Wert auf eine genügende Kotmenge legen, ist sein Stolz auf solche Produktion ja durchaus verständlich. Erwachsene Menschen setzen nun diese kindliche Eigentümlichkeit fort, und das kann ganz harmlos sein.

So und so oft aber handelt es sich darum, daß sie sich ihrem Kot deshalb betonter zuwenden, weil sie sonst vom Leben nicht genug haben. Es ist Angelegenheit einer ausgeführten Neurosenlehre, über diese merkwürdigen Zusammenhänge nähere Angaben zu machen. Hier sei nur der kurze Hinweis gegeben, daß auch gefangene Menschenaffen nach Ansicht der Tierpsychologen sich mit ihrem Kot im Gegensatz zum Leben in der Natur deshalb betont beschäftigen, weil sie so stark in der Freiheit sonstigen Erlebens eingeschränkt sind (s. auch das Kapitel „Ersatzbefriedigung" im „Gehemmten Menschen", S. 81). Hierauf ist offensichtlich auch die weitverbreitete Eigentümlichkeit von Menschen zu beziehen, die Produktion eigener großer Kotmengen zu bejahen, sich dafür besonders zu interessieren und Wert darauf zu legen. Es handelt sich da offenbar um eine neurotoide Angelegenheit. Grundlage ist eine Gehemmtheit expansiven Erlebens überhaupt. Zu einer neurotischen Symptomatik hat diese aber nicht geführt. Der Betreffende begnügt sich etwa damit, u. a. die Liebe zu seiner eigenen Person quasi-expansiv dadurch verstärkt zu erleben, daß er diese Liebe dem eigenen Kot zuwendet.

Träumt jemand dies, d. h., träumt er lediglich, daß er im Klosett viel Kot sieht, so läßt dies auf eine entsprechende, aber gehemmte Neigung schließen. Man wird sich also nicht darüber wundern dürfen, wenn man feststellt, daß der betreffende Träumer im Wacherleben eher „penibel" ist. Je mehr der Betreffende neurotisch statt bloß neurotoid ist, desto heftiger wird seine Ablehnung im Wachzustande sein, sich mit seinem Kot zu beschäftigen.

Aber — die Tatsache einer solchen Art von analer Gehemmtheit schließt keineswegs aus, daß der Betreffende außer so beinhalteten Träumen auch noch anale Durchbruchserlebnisse, d.h. manifest-anale, hat. Es kann so sein, daß der Betreffende „statt" einer neurotischen Symptomatik die Eigentümlichkeit hat, von Zeit zu Zeit vom Drang überfallen zu werden, mit einer ihm selbst auffälligen Erregtheit oder auch Bewegtheit den eigenen Kot zu betrachten. In solchem Fall liegt der psychologische Zusammenhang oft so: Gerade dann, wenn der Betreffende etwa mit Erfolg gegen sein dranghaftes Tun angekämpft hat, tritt ein solcher einfacher analer Traum auf. Umfassend neurosenpsychologisch gesehen ist dieser Traum dann aber nicht nur ein Hinweis auf jenen unterdrückten Drang, sondern darüber hinaus auf ein Gesamterleben des Träumers, in dem es sich um seine problematische Existenz unter Menschen handelt. Diese ist dann, vom Traum her gesehen, „eigentlich gemeint" (s. dazu die Ausführungen der S. 91).

Das oben vorgelegte anale Traumbeispiel, das selbst ausdrücklich schon seiner simplen Struktur wegen gewählt wurde, ist nun noch einmal simplifiziert worden. Was darüber gesagt wurde, war ebenfalls lediglich Hinweis auf einen begrenzten Bereich seiner Bedeutung. Nicht erörtert wurde die Frage einer eventuellen Symbolik, (Kot kann Geld vertreten; Gold hieß bei den Inkas Götterkot). Nicht erörtert wurde die Möglichkeit, daß sich der Träumer im Traume als Kot erlebt, das wäre dann eine allegorische Bedeutung des Trauminhaltes als Darstellung des Subjekts des Träumers gewesen. Nicht erörtert wurde die Möglichkeit, daß sich der Träumer im Traum ressentimenthaft wie einen Dreck, wie Kot behandelt.

Aber der obige Traum war ja weniger simpel. Es ist also noch einmal zu überprüfen, welche Teile dem bisher Erörterten wohl hinzugefügt werden dürften, ohne daß der Traum dadurch die Möglichkeit verlöre, auch als Wachphantasie erlebt zu werden. Da kann gesagt werden, daß solche Wachphantasie etwa so lauten könnte: Ich stehe vom Klosett auf, sehe mich um und bemerke, daß viel Kot in der Schüssel liegt. Der so Phantasierende hält inne, denkt dann in bildhafter Form weiter mit einem gewissen Erschrecken an die Möglichkeit, daß jemand anders kommen könnte und ins Klosett hineinwollen. Flüchtige weitere Phantasie: Hoffentlich ist da die Tür verschlossen. Vielleicht dann noch eine Fortsetzung: Dunkle Erinnerung, solche Phantasie einmal als Kind erlebt zu haben. Eine sehr große Fülle von Varianten gibt es natürlich für eine solche Phantasie. Damit wäre der Traum fast zu seiner ursprünglichen Fassung ergänzt. Es ist nun weiterhin das Thema angeklungen: Das längere Betrachten des eigenen Kotes gefällt den anderen Menschen nicht, ist verboten. Man hat sich um seinen eigenen Kot nicht so zu kümmern! Die anderen Menschen würden sich wundern und es mißachten, wenn sie solche Neigung beim Träumer entdeckten. Gewiß liegt in diesem gesamten Zusammenhang ein psychologisches Problem. Es wird u. a. Aufgabe zukünftiger Anthropologie sein, auch dieses Thema ausreichend und korrekt zu behandeln. Es sollte nicht einem Dichter wie Joyce überlassen bleiben, in einem Buch wie dem „Ulysses" der erstaunten, erschreckten oder empörten Mitwelt die Schilderung solcher Erlebnisse vorzulegen. Es sollte zumindest auch Anliegen der Wissenschaft sein, hier realistische Klarheit zu schaffen. Auch wenn man nichts weiter will, als in die Lage zu kommen, neurotische Symptome zu beseitigen, ist es notwendig, sich von seinen instinktiven Selbstverständlichkeiten loszumachen und u. a. auch die anale Thematik ausdrücklich werden zu lassen. Vom Kleinkind her gesehen, vom Erwachsenen auf dem „Rückzug vom Leben" her gesehen, handelt es sich um eine durchaus wichtige Thematik.

Freud hat einmal erklärt, der Mensch röche im allgemeinen seinen eigenen Kot gern, den anderer nicht. Es ist wohl fraglich, ob diese These gültig ist. Wahrscheinlich hat Freud von seinen Patienten zunächst Mitteilungen bekommen, die hierfür sprachen. Entsprechend seiner Libidotheorie hat er dann eine ubiquitäre, anthropologische Eigentümlichkeit unterstellt. Tatsächlich scheint es, daß der Mensch den Kotgeruch im allgemeinen widerlich findet und flieht. Aber das Kleinstkind macht davon durchgängig eine Ausnahme. Der ältere Mensch variiert in einer noch nicht bestimmten Weise. Es scheint so zu sein, daß der ältere Mensch in der Regel den Kotgeruch widerlich findet aber hin und wieder eine Ausnahme macht, die konstitutionell oder auch durch Erlebnis erworben sein kann. Aber sehr wahrscheinlich gehört dieses ganze Thema in einen weiteren Zusammenhang. Es scheint einer der übriggebliebenen Instinkte des Menschen zu sein, daß er zwar auch Staubartiges, bevorzugt aber Schmieriges und Klebriges, das auf seine Haut oder seine Haare gerät, beunruhigend und widerlich findet. Was es bedeutet, daß er diesen Eindruck oft „ekelhaft" nennt, ist ebenfalls noch nicht völlig geklärt. Manches spricht dafür, daß als ekelhaft nur das empfunden wird, worauf der Mensch zunächst einmal, wenigstens im leisen aber präzisen Ansatz, mit oralen Tendenzen, also Freßinstinkt, reagiert. Vielleicht ergibt sich aber hier das Vorliegen eines komplizierteren Gefüges. Nimmt man nun die zuletzt erwähnte instinktive Abwehr des Menschen gegen Schmieriges und Klebriges hinzu, so ergibt sich daraus seine im allgemeinen heftige Abneigung gegen die Nähe von Kot. Die darauf aufgebaute soziale Ordnung in Form der zugehörigen Gepflogenheiten wird also durch denjenigen gestört oder gar gefährdet, der offenbar keine entsprechenden Abwehrhaltungen entwickelt, sondern im Gegenteil Neigung zum Widerlichen zu haben scheint. Wer derartige Impulse verspürt, fühlt sich im Extremfall also gewissermaßen „ausgestoßen". Fast liegt das so, als habe er den Eindruck, nunmehr selbst wie Kot von den anderen aus-gestoßen zu sein.

Ist dies aber so, so muß eine eventuell auftretende Neigung, sich mit dem eigenen Kot intensiver zu befassen, in lebhaftem Gegensatz zu der anderen Neigung treten, unter den Menschen als Bestätigter oder gar Geliebter zu leben. Existenziell konkurrieren hier also, wie aus dem oben Dargestellten hervorgeht, weltflüchtige und weltsuchende Neigungen. Wieder ergibt sich eine allgemeinste anthropologische Bedeutsamkeit da, wo das konkrete, diesmal anale, Einzelerlebnis zunächst nichts davon verrät. Gerade diese übergreifenden Bedeutungen zu erkennen und genauestens kennen zu lernen, ist von größter Wichtigkeit! Hier liegt die Brücke zwischem Charakterlogischem und Animalischem. Hier rechtfertigt sich mit ausdrücklich wissenschaftlichen Mitteln das sogenannte instinktive Gefühl, jene animalischen

Bereiche könnten doch nicht so wichtig sein, auf jeden Fall nicht in ihrer isolierten Bedeutung. Es rechtfertigt sich das anschauliche Denkurteil, das durchsetzt ist mit deutlichen Gefühlstönungen, daher auch als emotionales Denken bezeichnet, daß allgemeine oder allgemeinste Bezogenheiten, geistige, formal-charakterliche auf keinen Fall vernachlässigt werden dürfen. Es war lediglich eine polemische Einseitigkeit, nun das Allgemeinste für das Eigentliche und Wesentliche zu erklären. Das war ebenso falsch, wie das Animalische zum Wesentlichen menschlicher Existenz zu erheben. Es bleibt also die Erlaubtheit der Kurzformel: U. a. hat auch das Anale weltanschauliche Bedeutung.

Wer also gegen seine eigene Neigung zur Geborgenheit im Mitmenschlichen dadurch verstößt, daß er sich in betonter oder gar exzessiver Weise dem eigenen Kot zuwendet, hat daher völlig verständliche Schuldgefühle. Sein autochthones Gewissen klingt hier zusammen mit dem Bereich heteronomer Schuldgefühle (s. auch S. 46). Wenn der Mensch sich aber in solcher Weise schuldig fühlt, wenn man so will doppelt schuldig, sehnt er sich ja tatsächlich nach Wiedereinordnung. Er möchte wieder aufgenommen werden. Aber er weiß aus Erfahrung, daß das einfache Bekenntnis seiner Bereitschaft, nicht mehr zu sündigen, sich nicht mehr von sich selbst und den andren zu sondern, eben jenen andern nicht genügt. Er weiß aus Erfahrung, daß die andern ihn in ihre Gemeinschaft nur dann wieder aufnehmen werden, wenn er Sicherheiten gibt, wenn er opfert. Es entsteht ein natürliches Bedürfnis zu büßen, Buße zu tun, ein Pfand der Buße zu geben. Und eine Variante solchen Bußbedürfnisses ist dann etwa, da es dem Betreffenden ja schwer fällt, von seiner isolierten Neigung zu lassen, sich danach zu sehnen, die andern möchten doch kommen, bei ihm eindringen, gewissermaßen zudringlich werden und ihm damit die Last der Verantwortung und Anstrengung abnehmen. Dann wünscht sich der Isolierte mit einem Teil seiner Person, es möchte jemand an seiner Tür rütteln. Und ein anderer Teil in ihm widerstreitet dem und protestiert gegen das Öffnen der Tür. So im Traum.

In dieser analen Thematik ist also Vielerlei miteinander verschmolzen. U. a. handelt es sich um die Problematik, die alle animalischen Bedürfnisse umgibt. Aber es handelt sich auch, wie schon dargestellt wurde, um das Thema der Produktion. Pro-ducere ist das Gegenteil von re-tinere. So erfolgt noch eine weitere Zuordnung. Jenachdem, unter welchem Gesichtspunkt man betrachtet, ist die retentive Thematik das Umfassende und das Anale darin eine Variante, oder die biologische, animalische Thematik ist das Zentrale und die produktive oder retentive Haltung des Menschen der Welt gegenüber eine Seite der Analität.

So und so oft kann man feststellen, daß ein Mensch, insbesondere der schwere Neurotiker, der sich am Tage in einer Situation retentiv verhalten hat, im Traum der folgenden Nacht für sich selbst, — in frühkindlicher „Sprache", — eine Menge Kot produziert, aber durch weitere bildhafte Seiten des Traumes auch die des Retentiven andeutet. Er macht die Tür nicht auf. Ein dreijähriger Junge bezeichnete seinen After als das Türchen. So erinnert das Gesamtbild dann etwa auch an die Situation, in der ein Kleinkind auf dem Töpfchen sitzt und behauptet, es könne keinen Stuhl von sich geben, und, sobald es wieder im Bettchen liegt, eine Riesenportion macht. Übrigens ist es ja eine Merkwürdigkeit, daß der Kot „Stuhl" genannt wird. Gerade in diesem Zusammenhang leuchtet der tiefere Sinn dieser Wortwahl auf. Hier genügt es nicht, von „assoziativer Verknüpfung" zu sprechen, vielmehr ist der Mensch hier offenbar auf der Suche nach einem euphemistischen Wort (s. S. 55) von einem tiefen instinktiven Bedürfnis geführt worden, ein solches zu finden, das nicht ein Produkt bezeichnet, das endgültig fort-fällt. Der reale Stuhl wird ja immer wieder besetzt. Er bleibt auf jeden Fall in der Nähe. Er fällt nicht fort. Er geht nicht verloren. Er ist immer wieder da. Er wird immer wieder be-sessen. So schleicht sich ein Gefühlsbedürfnis in Form der Vorstellung seiner Befriedigung in den Prozeß einer Wortfindung und Wortwahl ein.

Es wird eines Tages höchst interessante Aufgabe sein, in solcher Richtung auch Rassenpsychologie zu treiben. Es muß als wahrscheinlich gelten, daß, — natürlich nur u. a. auch, — solche Bezeichnungen wie die für den Urgegenstand Kot, vom Sprachlichen her untersucht, spezifische Verschiedenartigkeit andeuten. Wahrscheinlich werden sich hier Gefühls-, Bedürfnis- und Antriebsdifferenzen ergeben, die Rassen nun wirklich charakterisieren und tatsächlich Äquivalente sind, Korrelate zu den Differenzen gelbe, weiße, rote und braune Haut.

Der hier behandelte anale Traum hat also zwiespältige Bedeutung. Er ist Ausdruck eines Auf und Ab von Antrieb und Gegenantrieb in mehrfacher Wiederholung. Und doch hat er noch einen so einfach manifesten Charakter, daß man ihn in die Kategorie der einfachsten manifesten Bedürfnisträume von Kinderwunschtraumcharakter einordnen kann. Sein kompensatorischer Charakter läge, wie schon gesagt, darin, daß der Träumer im Wacherleben mit erheblicher Wahrscheinlichkeit retentive Haltung und retentives Verhalten zeigt. Im Traum ist er dann, wenn auch bedingt, produktiv. Nimmt man die zuletzt gewählte Formel als Hauptthema, so ergibt sich daraus eine wiederum nur scheinbar einer animalischen „Deutung" widersprechende subjektale (s. auch S. 115): Der Träumer erlebt sich, sich selbst, als „produktiv" im allgemeinsten, allgemeinmenschlichen Sinn.

Überlegt man sich aber einmal, daß im Traumtext nichts davon steht, daß es sich um den eigenen Kot des Träumers handelt, so wäre ja durchaus daran zu denken, daß es sich dabei um fremden Kot handelt. Es kann ja auch in der Realität einmal vorkommen, daß sich jemand in der Hast gedankenverloren oder im Dunkeln auf ein Klosett setzt, in dem schon fremder Kot liegt. Auf dem Lande ist das ja sogar die Regel. Und der Traumtext sagt ja nichts darüber, daß es sich um ein städtisches Klosett handle. Von daher gesehen, wäre der Traumtext auch folgendermaßen zu lesen: Der Träumer ist in ein Klosett gegangen, er hat sich dort hingesetzt. Er ist nun darin. Dann rüttelt jemand draußen an der Tür. Dann steht er auf. Dann sieht er sich den Kot an, den eines anderen, der darin liegt. Es ist viel. Und nun will er die Tür nicht aufmachen. Bei solcher „Auffassung", d. h., wenn dies das Erlebnis wäre, und das könnte es ja, wie gesagt, sehr wohl sein stände im Mittelpunkt das Interesse für fremden Kot. Da wäre dann zu fragen, ob solches Interesse nicht auch vielleicht eine neurosenpsychologisch oder gar anthropologische Bedeutung hat. Tatsächlich ist das der Fall. Daß kleine Kinder sich für fremden Kot interessieren, für dessen Größe, Form, Farbe usw. ist durchaus üblich. Beginnen wir einmal mit diesem Faktum. Hat es lediglich eine „auffällige", d. h. ganz isolierte spezielle Bedeutung? Oder ist auch dieses zunächst einmal ganz „enge" animalische Bedürfnis von weiterer Bedeutung? Tatsächlich ist dies der Fall, und zwar in folgendem Sinn: Versetzt man sich in die Lage des Kleinkindes, wenn es beginnt, die Welt zu erforschen, so besteht diese in Gegenständen und Vorgängen, die sehr weit und unerreichbar sind einerseits und anderen, die nahe liegen. Nun erlebt das Kind zu seinem Erstaunen, daß die andern Menschen, seine nächsten besonders, offenbar ein Interesse daran haben, ihm den Zugang zu einer Gruppe von naheliegenden Gegenständen und Vorgängen zu versperren. So darf es sich andere Menschen sehr genau angucken, besonders genau etwa die Mutter und auch den Vater. Es darf diese auch anfassen, es darf mal am Haar ziehen, es darf mal auf das Auge tippen, aber offensichtlich nur auf das geschlossene. Es darf auf den Mund tippen, vielleicht auch mal auf die Zähne des anderen. Für das Kind erstaunlicherweise aber gibt es Körpergegenden, die natürlich ebenfalls interessant sind und die unzugänglich bleiben. Es gibt einen „intimen" Bereich beim andern, der tabu ist. Schließlich kann man mal einen Blick auf den entblößten Körper des andern tun, womöglich auf dessen Genitalgegend, aber den höchstinteressanten Ort, den man auch bei sich selbst nicht sehen kann, und der halb verborgen im Körper liegt, aus dem der Kot herauskommt, bekommt man nicht zu sehen. Er ist das Intimste, jedenfalls das Intimste im körperlichen Bereich. Das Kind weiß sehr wohl, daß der After zugänglich ist, also nicht etwa wie der Inhalt des Bauches durch den Nabel scheinbar zugänglich und dann doch eindeutig verschlossen. Umso erstaunlicher dann das offensichtliche Tabu dieser Gegend. Erstaunlich u. a. auch deshalb, weil sehr bald verstanden wird, warum man Messer, Gabel, Schere und Licht nicht anfassen soll. Auch das Nichtanfassen-Dürfen von Gläsern, Tellern, Plätteisen usw. ist verständlich, die Tabuiertheit der analen Körpergegend dagegen nicht. Und dann wird späterhin mit wachsender Deutlichkeit erlebt, daß es noch weitere Dinge gibt, nach denen man nicht fragen darf. Die anderen Menschen haben Geheimnisse. Auch auf seelischem und geistigem Gebiet gibt es Intimes und Intimstes, das vom andern ängstlich und streng verhüllt wird. Die anale Gegend ist das Offen-sichtliche. Also schwebt es auch in visuellen Bildern vor. Offenbar handelt es sich um eine Öffnung, um ein Loch, um etwas Dunkles, um ein Cavum. Ist auch der After nie gesehen worden, so muß es sich doch um so etwas handeln, auf jeden Fall um eine dunkle Angelegenheit. Gefühle anderer Menschen und auch ihre geistigen Erlebnisse finden zwar einen und dann doch höchst komplexen Ausdruck. Dieser ist körperlich, aber die Gefühle und das geistige Erleben selbst sind nicht visualisierbar. Unter den oben (s. S. 113) erörterten Voraussetzungen ist es daher höchst verständlich, beinahe selbstverständlich, daß der Mensch im Traumerleben, statt hier das gefühlshafte und geistige Intimste anderer vorschweben zu haben, die ihm aus der frühen Kindheit geläufigen materiellen Repräsentanten und Geschehnisse vor sich sieht. Interesse, gehemmtes Interesse für die intimen Gefühle und geistigen Erlebnisse anderer Menschen, gehemmtes Interesse an Produktionen solcher Art, meldet sich im Traum kompensatorisch so und so oft in der extrem animalischen Form analer Gegenstände und Vorgänge. Es ist eine Sache der Konvention, ob man in solchem Fall von Symbolik sprechen will oder nicht. Eine Variante analer Träume hat diesen im Grunde doch sehr einfachen Sinn, sich mit dem Intimsten anderer Menschen zu beschäftigen.

Geltungsstreben

3. geltungsstrebige

5. Traum: Ich gehe durch einen Sitzungssaal, durch die Mitte. Alle verbeugen sich.

Kommentar: Diesem Traum ist ja kaum etwas hinzuzufügen. Man braucht sich nur einmal vorzustellen, diese Szene würde auf einer Bühne dargestellt. Es ist sehr zu empfehlen, daß man zur Veranschaulichung von Trauminhalten diesen Weg immer wieder einmal wählt. Man sieht den Träumer in dieser Weise auftreten. Nehmen wir einmal an, Freunde des Träumers erlebten dies. Mit hoher Wahrscheinlichkeit ist der Träumer ein ganz harmloser Mensch, und seine Freunde würden vergnügt lachen, wenn sie dieses Bild sähen. Der Sinn wäre eindeutig. Im Vergleich mit dem tatsächlichen Leben des Träumers wäre diese Szene ein „Gipfel". Es ist jedenfalls so, daß hier eine einfache Regel gilt: Wer so träumt, ist hinsichtlich seines Geltungsstrebens in irgendeinem Grade gehemmt. Hat der Träumer eine neurotische Symptomatik, so ist solche Gehemmtheit mit großer Wahrscheinlichkeit prägnant. Zumindest handelt es sich darum, daß zum Traum ein Vortagserleben gehört, in dem der Träumer geltungsstrebige Tendenzen, wie sie eigentlich zu ihm gehören, nicht „anmeldet". Dann hätte der Traum kompensatorischen Charakter.

Aber es muß darauf hingewiesen werden, daß ein Sitzungssaal Symbol sein kann, ebenso das Durch-die-Mitte-Hindurchgehen. Daß sich Personen verbeugen, kann ebenfalls symbolische Darstellung anderer Vorgänge sein. Das wird später erörtert werden (S. 248).

Sofern diese Thematik des Geltungsstrebens, und zwar des sogenannten unbewußten, die Thematik des Oben-sein-Wollens, die Thematik dieser „Leitlinie" außerordentlich verbreitet ist, — sie stellt eine allgemeinste Formulierung des Expansivseins dar — ergibt sich zwanglos die Möglichkeit einer individualpsychologischen Interpretation.

Sofern „das Mittlere", vom Selbst des Menschen her gesehen, wesentliches Ziel, physisch-geistige Sehnsucht des Menschen ist, kann der vorliegende Traum das ersehnte Ziel als erreicht darstellen. Dann wären die übrigen, sich verbeugenden Personen Repräsentanten der verschiedenen „personae" des Träumers, die sich dem Gesetz der Mitte beugen. Und die Verbindung zwischen dieser „Deutung auf der Subjektstufe" zur quasi animalischen, auf das Geltungsstreben bezogenen? Die Antwort: Zweifellos ist der Mensch ein Lebewesen, dessen unmittelbar animalischen Triebe auf Eroberung der Welt gehen, auf Be-mächtigung der Welt. Geht dieses Streben aber, wie es im Hintergrunde tatsächlich immer der Fall ist, u. a. auch wirklich auf das Ganze der Welt, so kann das anthropomorph auch so formuliert werden: Der Mensch strebe seinem Wesen entsprechend nach Geltung vor Gott. Im Einzelakt begrenzten Geltungsstrebens klingt jene immer daseiende, unaufhebbare, existenzielle Problematik stets mit. Und nun das weitere Entscheidende: Außerordentlich viel am Geltungsstreben der Menschen, an der Unruhe, die die Nichtbefriedigung dieses Bedürfnisses auslöst, geht auf Vergänglichkeit und Tod und keineswegs so sehr auf den begrenzten Augenblicksgewinn. Neurotoides und neurotisches Geltungsstreben hat bevorzugt diesen Sinn. Daher erlebt ein Träumer in einem Traum wie dem vorliegenden eine Ausprägung seiner Idee, er wäre erlöst (s. S. 21), wenn er das Mittlere überhaupt in Ausgeglichenheit erleben könnte, u. a. auch das Mittlere zwischen augenblicklichem, sehr individuellem Drang, hier und jetzt unter den umgebenden Menschen Geltung zu haben und einem sich „Entwerfen" auf das Leben und die Welt als Ganzes. Auch die animalische Thematik des Geltungsstrebens in landläufiger Bedeutung enthält in sich stets einen Ton des Allgemeinsten, dessen Repräsentant das Subjekt ist. Was innen ist, ist auch außen und was außen ist, ist auch innen. Alles Vergängliche ist auch ein Gleichnis, — auch ein Gleichnis.

Je eindeutiger, wie schon oft gesagt, die allgemeinste Bedeutung neurosenpsychologischer und traumpsychologischer Zusammenhänge erkannt und als stets bedeutsam anerkannt wird, desto bereitwilliger wird Therapeut und Forschender, Analytiker und „nur" Analysierender den Analysanden als „Bürger dieser wohlgegründeten Erde" sehen. Dieser Bürger ist von Fleisch und Blut, er will nicht nur geliebt sondern auch in aller Herrlichkeit seines Daseins bestätigt werden. Das war eben scherzhaft gemeint, dieses „in aller Herrlichkeit". Der gesunde Mensch ist aber so „primitiv", wenn man das so nennen will. Und der seelisch Kranke ist es im Grunde ebenso und in den verborgenen Teilen seiner Oberfläche oft noch viel mehr. Was hülfe es dem Menschen, wenn er den Geist gewönne und nähme doch Schaden an seiner irdischen, animalischen Existenz!

4. aggressive

6. Traum: Ich verprügelte jemand maßlos. Zuletzt Kinnhaken. Der andere sackt zusammen.

Kommentar: Auch dieser Traum spricht für sich selbst. Gewöhnlich hat man ja auch wenigstens einen flüchtigen Eindruck vom Träumer. Im allgemeinen wird es sich um einen harmlosen mittleren Menschen handeln. Es wird nicht gerade seine Gewohnheit sein, mit Kinnhaken zu operieren.

Ist dann womöglich noch der erste spontane Realeinfall des Träumers ein bestimmter Jemand, so wird außerordentlich häufig vom Träumer hinzugefügt, es sei ihm gleich eingefallen, daß er gegen jenen etwas auf dem Herzen habe. Dann ist der Zusammenhang klar.

Schwieriger liegt es, wenn der Träumer zwar den Gegner des Traumes erinnert, wenn er ihn kennt und doch zunächst nicht im geringsten bestätigen kann, daß er etwas gegen den Betreffenden auf dem Herzen habe. Dann ist zunächst einmal alles heranzuziehen, was zum Thema der sogenannten „drastischen" Träume gesagt werden muß (s. auch „Der gehemmte Mensch", S. 127, und S. 250 des vorliegenden Buches). Es sei wiederholt Antriebe, die unter „hohem Gehemmtheitsdruck" liegen, die dem Gehemmten dann also äußerst „fremd" sind, formulieren sich im Traum sehr häufig in infantiler Maßlosigkeit. Beispiel: Wer abartigerweise nicht einmal wagt, auf die geringschätzige Bemerkung eines anderen hin mit der Wimper zu zucken, kann sich nicht wundern, wenn er im Traume einen Kinnhaken austeilt. Es ist sehr wichtig zu beachten, daß dies hinsichtlich der Therapie konsequenterweise bedeutet: Ein latenter Antrieb, Kinnhaken zu verteilen, „verwandelt" sich im Laufe einer Analyse häufig in nichts weiter als etwa die Fähigkeit, geringschätzige Bemerkungen anderer mit ruhiger Würde zurückzuweisen. Passager mag es bei solcher Nach-entwicklung, Nach-reifung schon einmal zu hilflosen Explosionen kommen.

Wenn hier eben das Wort „Würde" eingeführt wurde, so ist auch heute der psychologisch Interessierte in der Regel nicht in der Lage, sofort eine Beziehung zwischen Würde und Aggression herzustellen. Eine mikropsychologische Betrachtung dieser Bereiche ist eben noch nicht üblich. Die Schicht derjenigen Menschen, in deren „breite Erfahrung" Mikropsychologisches in einiger Fülle eindrang, ist noch sehr dünn.

Dazu einige Überlegungen: Der Mensch war ja ursprünglich selbstverständlich nur ganz am Rande ein re-flektierendes Wesen. Nur ganz Wenige beschäftigten sich mit ihrem Innern. Und dann waren dies auch noch Ausnahmenaturen. In der Regel war derjenige, der etwa bei Indianerstämmen vergangener Zeit zum Medizinmann wurde, ein Abartiger. Wie aus allen Berichten mit merkwürdiger Übereinstimmung hervorgeht, neigten die Betreffenden schon als junge Menschen etwa bei Initiationsriten zu abnormalen Reaktionen. Wurde das Amt des Priesters vererbt, so darf man heute wohl mit Sicherheit annehmen, es habe sich mit großer Regelmäßigkeit um Familien gehandelt, in denen zumindest Hypersensibilität erblich war. So und so oft wird auch Hypermotorik hinzugekommen sein. Dafür spricht u. a. die Neigung dieser priesterlichen Menschen zu tänzerischen Äußerungen oder auch nur zu Gestikulationen und dramatischen Darstellungen von Bilderlebnissen. Diese Menschengruppe war also aus sehr verständlichen Gründen bevorzugt re-flektierend. Aber es handelte sich um Varianten, die auch jetzt noch vielleicht 2% oder höchstens 5% aller Menschen ausmachen. Wir dürfen solche Schätzungen heute wohl ruhig vornehmen. Wahrscheinlich hat die Zahl dieser Hochsensiblen etwas zugenommen, denn die Betreffenden werden im Lebenskampf ja nicht mehr so leicht ausgeschaltet und daher von der Fortpflanzung ausgeschlossen. Aber es bleibt, daß, im ganzen gesehen, die Schicht dieser Hochsensiblen, Hochempfindlichen, Empfindsamen und daher zum Reflektieren Neigenden, der originär „Introvertierten" dünn ist. So nimmt auch die Sättigung mit psychologischen Einsichten nur ganz allmählich zu. Psychologische Fakten, Vorkommnisse, wie u. a. das Erleben von „Würde", sind ihrer Struktur nach im allgemeinen für den Betrachter nicht transparent. Erst eindringliche Bemühung, zu der mit der eben angestellten Überlegung aufgefordert werden soll, zeigt, daß sich im Akt der Würde, würdevollen Verhaltens, eine dynamische Variante der Ad-gression, des Herangehens, in ein statisches Verhalten verwandelt hat. Dies ist auch der Weg, den die Entwicklung von frühkindlich chaotisch-motorischer Entladung zu reifer Geformtheit der Aggression, die u. a. Würde ist, nimmt.

Es ist anzunehmen, daß aus den gleichen Gründen der Ungeübtheit bei Lernenden die hier in bezug auf einen doch relativ einfachen und drastischen Traum angestellten komplexen Überlegungen ein anfängliches Gefühl von Beunruhigtheit hervorrufen werden, so als ob das Ganze widerspruchsvoll wäre. So mag auch hier noch einmal im Hinblick auf die nun sich natürlich immer weiter steigernde Kompliziertheit daran erinnert werden, daß wir zwar üblicherweise während der Schulzeit im Laufe vieler, vieler Jahre ganz allmählich über physikalische oder auch sprachliche Zusammenhänge orientiert zu werden pflegen, diese sogar bis zu gewisser Geläufigkeit „pauken" müssen, damit das höhere Studium auf diesen Unterlagen weiterbauen kann; auf psychologischem Gebiet gibt es aber bisher nichts Entsprechendes. Es bleibt sehr weitgehend bei der „breiten Erfahrung". Und diese ist eben im instinktiven Erleben, mikropsychologisch, keineswegs im ausdrücklichen Wissen verankert. Daher die verständliche Beunruhigung, wenn so komplexes Überlegen, wie hier geübt, bereits einfachsten Träumen gilt. Damit aber sei es nun genug. Das zu Bedenkende ist hier noch einmal mit voller Deutlichkeit besprochen worden.

Eine weitere Komplikation ergibt sich, wenn im Sinne alles bisher Dargestellten zur Frage übergegangen wird, ob der vorliegende Traum nicht auch bildhafte Formulierung von Innenzuständlichkeit sein könnte. Der „Jemand" des Traumes kann ja auch Personifikation des Träumers sein, bzw. seines sogenannten alter ego (J u n g, s. auch S. 131). Dann würde also hier ein Teil des Träumers, repräsentiert durch das „Ich", gegen einen anderen Teil höchst aggressiv vorgehen. Hier schlüge sich im Traum also der Träumer mit sich selbst herum. Es handelt sich bei der Formel des „Mit-sich-selbst-Herumschlagens" ja um eine geläufige psychologische Redewendung. Es wäre also durchaus möglich, einen Analysanden auf diese Zuständlichkeit seines Innern, die seiner Selbsterforschung bisher vielleicht entgangen ist, hinzuweisen. Bisherige Stagnation könnte in Bewegung übergegangen sein und sich in solchem Bilde formulieren. Immerhin wäre die Lenkung der Aufmerksamkeit des Träumers auf diesen Bereich seiner Person von recht allgemeinem Charakter. Es müßte sich natürlicherweise sofort die Frage nach dem anschließen, was da eigentlich in Bewegung geraten ist.

Hat man als Analytiker, als Therapeut, nicht Gründe, es bei der feinen Dosierung (s. S. 156) zu lassen, die in jenem allgemeinen Hinweis liegt, so wird man durchaus dazu übergehen können und müssen, das in Bewegung Geratene näher zu charakterisieren. Es ergibt sich also die Frage: Womit pflegt sich der Mensch denn in solcher Lage „herumzuschlagen"? Oder an wessen Zusammenschlagen hat in solcher Lage ein Mensch etwa Interesse? Da empfiehlt es sich, z. B. an die weitere Formel zu denken: „Ich könnte mich prügeln". Wann sagt jemand das? Doch häufig dann, wenn der Betreffende etwas unterlassen hat, obgleich er hätte daran denken können, es zu tun. Oder aber auch dann, wenn er vor-eilig gewesen ist, d. h., wenn er sich motorischem Entladungsdrang überlassen hat, ohne die Konsequenzen ausreichend zu überprüfen. Mit einiger Bevorzugtheit also richten sich „wilde" motorische Impulse gegen ebensolche aber vorangehende. Wer Tendenzen zum Prügeln in sich hat, pflegt eine Neigung, Prügeln durch Prügeln zu bekämpfen, zu haben. Die Interpretation des vorliegenden Traumes in „animalischer" Richtung, in Richtung auf aggressive Antriebsqualitäten, die die Latenz des Träumers auszeichnen, widerspricht also keineswegs der eben ausgeführten subjektalen Interpretation. Wir haben es in unseren Fällen stets mit einem Gefüge, einer lebendigen „Gestalt" zu tun. Die psycho-logischen Zusammenhänge innerhalb solcher Gefüge, Strukturen haben kaum jemals gradlinigen Charakter. Um ein Bild aus dem Schachspiel zu verwenden: Die mikropsychologischen Zusammenhänge haben, wenigstens so weit sie in dem hier dargestellten Bereich bedeutsam sind, vorwiegend den Charakter von Rösselsprüngen, nicht den des Zuges von Läufer oder Turm.

Sexualstreben

5. zärtliche

7. Traum: Ich streichle jemand und bin sehr glücklich darüber.
Kommentar: Genaue Überprüfung der Tatbestände zeigt, daß der Mensch originäre Zärtlichkeitstendenzen besitzt, daß also kein Anlaß besteht, die Zärtlichkeit als „zielgehemmte Sexualität" zu bezeichnen (s. S. 75 und auch „Der gehemmte Mensch" S. 32). Es wurde auch ausdrücklich begründet, warum als Gebietsbezeichnung, sehr verschiedene Antriebsarten übergreifend, der Begriff Sexualstreben gewählt wurde. Es mag zukünftiger wissenschaftlicher Bemühung überlassen bleiben, die Zweckmäßigkeit solchen terminologischen Vorgehens zu untersuchen. Zärtliche Antriebe also werden hier als autochthon unterstellt. Auch zärtliche Tendenzen können zu Konflikten führen, zumindest besteht die Tatsache, daß derjenige, der sich nichtsexuellen Zärtlichkeitstendenzen überläßt und entsprechend handelt, zwischen sich und dem andern eine Lage schafft, die nun ihrerseits mit einiger Wahrscheinlichkeit zum Aufkeimen sexueller Tendenzen führt. Daher besteht hier eine „Gefahr". Von den antinomischen Konflikten um die Sexualität herum fällt in dieser Weise auch ein Schatten auf die Zärtlichkeit. Es han-

delt sich nur um einen Schatten, aber dieser hat doch eine gewisse Intensität, und manchmal eine bedeutsame. Also werden allein von daher bereits auch Zärtlichkeitstendenzen des Kleinkindes so und so oft gehemmt. Jeder Mensch enthält ein Stück Zärtlichkeit in der Latenz. Neurotiker enthalten davon Erhebliches. Auf diese Weise erklären sich die entsprechenden Träume.

Es gibt eben Menschen, die in ihrem bewußten Erleben die Beglücktheit zärtlicher Gemeinschaft einfach nicht kennen. Da es sich hier lediglich um eine „Lücke" handelt, weiß der Betreffende naturgemäß nichts davon. Das bloß Nicht-Vorhandene wird ja nicht bemerkt, und was am Verhalten anderer Menschen ablesbar wäre, bleibt doch zu ungewiß. Denn hier ablesen zu können, d. h. einfühlend von Äußerungen zärtlichen Verhaltens auf gefühlshafte Zuständlichkeit zu schließen, setzt ja weitgehend die eigene innere Fähigkeit zu gleichem Erleben voraus. Gerade aber diese Voraussetzung gilt nicht. So macht der Zärtlichkeitsgehemmte die entsprechenden mit-fühlenden Erfahrungen an anderen n i c h t. Er geht an all dem Sichtbaren unberührt vorüber. Er behält einen „blinden Fleck", ein „Skotom", hier also ein Gefühlsskotom. Entwickelt er später neurotische Symptome und unterzieht er sich einer analytischen Psychotherapie, so ist er folgerichtigerweise auch „taub" für all die Worte des Analytikers, die dem Thema der Beglücktheit durch Zärtlichkeit gelten. Hier ergibt sich oft eine ausgesprochene therapeutische Schwierigkeit. Dem Patienten soll das als begehrenswert vorschweben, was er zunächst gar nicht kennt. Weder er noch der Analytiker können sich bei ihm auf Vorerfahrungen beziehen. Unter der Voraussetzung, daß die Mobilisierung von Zärtlichkeitstendenzen für den Patienten die Bedingung dafür ist, daß er überhaupt Mitmenschliches intensiv erlebt, also diese besondere Form jeder Grundlage von „Kontakt", ist aber die Provozierung von vorwegnehmenden Phantasien dieser Art unbedingte Notwendigkeit. Doch es war hier lediglich Aufgabe, auf diese therapeutische Schwierigkeit hinzuweisen, da sie das Gebiet der Zärtlichketi als relevant zu illustrieren vermag.

Aus dem eben Dargestellten geht ja zur Genüge hervor, daß der Träumer vorliegenden Traumes entsprechende Ausfälle in seinem Bewußtseinsfeld haben wird. Ist er Symptomträger, so müssen diese Lücken außerdem deutlich sein. Aber mikropsychologischen Charakter haben sie in der Regel dennoch.

Als Traumtext wurde ein sehr allgemeiner angegeben. Die gestreichelte Person blieb unbestimmt. Es wurde auch nichts über die besondere Art dieses Streichelns gesagt. Der Traum wurde also so angenommen, wie ein ungeübter Träumer, d. h. Berichterstatter von Träumen, in der Regel zunächst seinen Bericht beginnt. Wer als Analysand dagegen begriffen hat, daß die Details die eigentliche Fundgrube sind (s. S. 127), berichtet schon zunehmend genauer. Und daher werfen dann auch die Details selbst, viel mehr die dazu gehörigen Realeinfälle, ein Licht auf speziellere Seiten der Zärtlichkeitsantriebe. Dann ergeben sich u. U. weitere Hinweise, die es etwa erlauben, die im Traum erlebte Zärtlichkeit als Überkompensation zu lesen. Der Mensch hat natürlich die Möglichkeit, sich von anderen Antriebsgebieten, von den antinomischen Konflikten überhaupt, auf eine Intensivierung seiner Zärtlichkeitsbedürfnisse zurückzuziehen. In solchem Fall kann es dann so sein, daß der Träumer im Wacherleben außergewöhnlich zärtlich ist, aber mit dem Charakter einer zu seiner Totalperson nicht hinzugehörigen Intensität. Ja, solche Betätigung von Zärtlichkeit, die dann „penetranten" Charakter hat, kann sekundär „finalisiert" werden, d. h. zweckvoll zur Beherrschung eines anderen Menschen verwandt werden. Da handelt es sich also um eine spezielle Variante. Latent wäre ein Teil solcher Zärtlichkeit infolge deren schuldhaft-antisozialer Eigentümlichkeit.

Ob dies im Einzelfall so liegt oder nicht, entscheiden die mikropsychologischen Tatbestände im jetzigen und früheren Erleben des Träumers. Die Richtigkeit oder Falschheit einer solchen Trauminterpretation ist, wie stets, auch hier abhängig von einer korrekten Beurteilung des erinnerten Wacherlebens. Jene Variante zuletzt wurde hinzugefügt, um zu zeigen, daß es auf Grund unserer bisherigen Erfahrungen zwar durchaus zulässig ist, eine einfache Interpretation des vorliegenden Traumes vorschweben zu haben, aber eben doch nur vor-„schweben" zu haben. Jede dogmatische Einlinigkeit oder Eindeutigkeit der Interpretation ist also ebenso zu vermeiden wie ein ängstliches Zögern, sich Möglichkeiten dieser Art nach Regel vorschweben zu lassen. Auch hier ist das Mittlere das Richtige.

6. hingebende, liebevolle

8. Traum: Ich schließe die Augen. Jemand umarmt mich. Es ist so, als ob ich zerfließe.

Kommentar: Es wird noch langer Bemühung bedürfen, den weiten und mannigfaltigen Bereich menschlichen Liebeserlebens in einer für die Wissenschaft brauchbaren, ausreichenden Form zu klären. Wir sind von einer anthropologisch-psychologischen Bewältigung dieses Gebietes noch weit entfernt. Nicht einmal die im Erleben deutlich voneinander abgehobenen Teilbereiche sind bisher durch verbindliche Bezeichnungen voneinander abgegrenzt worden. Die merkwürdige Tatsache, daß ein eigen-artiges Erleben dieses Bereichs aus dem andern „fließend" hervorzuheben pflegt, sodaß sehr häufig weitere Seiten des Liebeserlebens anklingen, sorgt dafür, daß solch ein Teilerleben fast nie isoliert auftritt. Daher neigt der Beobachter auch dazu, das eine für das andere zu setzen. Jede der Erlebnisarten innerhalb des Liebesbereichs kann primär auftreten. Sexualität kann urplötzlich „da sein", aber ebenso auch Zärtlichkeit oder liebevolle Gestimmtheit oder auch eroshafte Zuwendung. In jedem Fall kann es bei der besonderen Qualität des Erlebens bleiben, es braucht nichts anderes hinzuzutreten. Aber es ist doch häufig, ja in der Regel so, daß auftauchendes Eroserleben z. B. nicht isoliert bleibt, sondern daß Zärtlichkeitstendenzen mitklingen. Und dann ist es weiterhin so, daß oft genug ein zärtliches Erleben von spontan aufquellender Sexualität begleitet, durchsetzt, u. U. auch überflutet wird. Letzten Endes wird es für die Wissenschaft darauf ankommen, hier zu unterscheiden, hervorgehobene Qualitäten deutlich voneinander abzugrenzen, Zusammenhänge und Regeln der Aufeinanderfolge festzustellen. Aber, wie schon gesagt, befinden wir uns noch weit entfernt von der Lösung dieser wissenschaftlichen Aufgabe. So muß u. a. auch die Psychotherapie für ihre Zwecke vorläufig sichten und Ordnung schaffen. Dabei wird es nicht zu umgehen sein, das Schwerausdrückbare in Worte zu fassen, die den einzelnen Lernenden und Nachuntersuchern zunächst vielleicht abwegig erscheinen. Dann kann es sich darum handeln, daß der Beschreibende einseitig sieht, Wichtiges vernachlässigt, Nebensächliches hervorhebt. Aber es kann auch durchaus so sein und wird oft so sein, daß der Nachuntersucher bisher im eigenen Erleben seinerseits einseitig geblieben ist. Oder es kann auch so sein, daß er zwar vielseitig erlebt hat, bisher aber nicht gewohnt war, sich selbst und anderen diese Vielseitigkeit ausdrücklich zu machen.

So bleibt es in der Regel im Erleben auch nicht bei dem, was man „liebevolle Gestimmtheit" nennen könnte. Nur selten wird dies lediglich „geinnert", nur selten wird es bloß „intensiv" sein. Wer liebevoll gestimmt ist, wird dies fast immer irgendwie ausdrücken. Meist wird auch im Sinne solcher Gestimmtheit gehandelt werden. Und es ist wiederum ein weiter Bereich, der all die verschiedenen Arten solchen Handelns umgreift. Ein Augenausdruck kann auch schon als Handlung angesehen werden. Worte sind Handlungen, sobald sie ausgesprochen werden zumindest. Aber auch ein ganzes Leben, ein weitläufiges, höchst mannigfaltiges Gefüge von Handlungen kann sinnvoller Ausdruck der liebevollen Gestimmtheit eines Menschen gegenüber einem anderen sein. Es kann sogar das ganze Leben eines Menschen durchdrungen sein von einer allgemeinen existenziellen Liebesgestimmtheit, die dann nahezu jede Handlung den Menschen und der Welt gegenüber zumindest tönt.

In den Träumen wird die bloße innere Gestimmtheit des Liebevollseins vergleichsweise nur selten erlebt. Der Traum ist vorwiegend ein visuelles Gebilde. Gegenstände und Vorgänge beherrschen ihn. Er ist ein dramatisches Gebilde. Bloße Innerlichkeit tritt in ihm zurück. Es geht in ihm in der Regel animalisch oder auch geistig zu. Die liebevolle Gestimmtheit, die in leiserer oder affektiverer Form zum Gefühlsbereich gehört, findet ihren Ausdruck im Traum in der Regel nicht statisch sondern dynamisch und daher in allen möglichen Handlungen bezw. Vorkommnissen, in denen der Träumer „behandelt" wird. Aber das ist nur in der Regel so. Auch ganz isolierte Gestimmtheiten kommen in den Träumen vor.

So muß es verstanden werden, daß hier als Beispiel liebesstrebigen Erlebens der obige Traum gebracht wurde. Es handelt sich bei ihm um eine mögliche Variante konkreten Erlebens. Und es kommt nicht darauf an, daß manche Menschen im Zustande liebevoller Gestimmtheit „gar nicht daran denken", die Augen zu schließen. Es kommt nicht darauf an, daß viele Menschen im Falle des Umarmtwerdens nur zärtliche Sehnsüchte als befriedigt erleben. Es kommt nicht darauf an, daß viele Menschen bestreiten werden, je im Zustande liebevoller Gestimmtheit so etwas wie „Zerfließen" erlebt zu haben. Es kommt hier lediglich darauf an, daß die geschilderten Vorkommnisse zum Erlebnisbereich des Liebens gehören können. Diese Vorkommnisse brauchen weder sexuellen noch zärtlichen noch Eroscharakter zu haben. Sie können zum autochthonen Liebeserleben im konkreten Fall hinzugehören.

Gerade weil das Liebeserleben immer wieder nicht intensiv bleibt, sondern extensiv oder gar expansiv zum Handeln drängt, besteht eine gewisse Wahrscheinlichkeit sogar des antinomischen Zusammenstoßes mit einem anderen oder anderen Menschen. Zumindest aber besteht die Möglichkeit, daß jemand z. B. als Kind in seiner liebevollen Haltung einem anderen Menschen gegenüber nicht bestätigt wird, daß diese nicht akzeptiert wird, daß er auf alles Handeln in diesem Sinn zunächst verzichtet und schließlich auch sein intensiv-liebevolles Erleben abdrosselt. Dann wird sein Liebesstreben zu bloßer Bereitschaft. Es wird „in die Latenz geschickt". Und dann tritt es unter gegebenen Umständen kompensatorisch im Traume auf. Diese sehr einfache Bedeutung kann der obige Traum haben. Der Träumer kann einfach ein Mensch sein, z. B. auch eine Frau, die in ihrer Kindheit an einem dauernd jähzornigen, „Weiber verachtenden" Vater das hingebende Lieben verlernte. Sie wagte dann nicht mehr, sich hinzugeben, da sie instinktiv fürchten mußte, „zertrümmert" zu werden. Ihr Wille zu leben, existent zu bleiben, diktierte ihr jenen reflektorischen Verzicht. Sie gewöhnte sich daran, stets wachen Auges zu sein, jeden intensiveren Kontakt, also auch jede Umarmung zu meiden und z. B. auch jenes „Zerfließen" wie den Zustand nahen den Todes zu fürchten. Es besteht keine Schwierigkeit, solche Haltung unter dem Titel tiefgreifender Vertrauenslosigkeit zu beschreiben. Es ist auch durchaus möglich, hier von einem „gebrochenen Wir" zu sprechen.

Geht man von der anthropologischen Voraussetzung aus, daß die Frau bevorzugt zu liebevoller Haltung neigt, daß es zu ihrer Geschlechtseigentümlichkeit gehört, wenn sie liebt, die Augen zu schließen, das Umarmtwerden zu ersehnen und im Geliebten „aufgehen" zu wollen, in ihn hinein zu zerfließen, so wäre der obige Traum von betont weiblichem Charakter. Nimmt man hinzu, was oben über das Gefühlshafte der Liebesgestimmtheit gesagt wurde, und neigt man persönlich dazu, den Gefühlsbereich des Menschen als seine „Seele" zu bezeichnen, so ergibt sich zwanglos, den Inhalt des vorliegenden Traumes als ein Auftreten der „Anima" zu lesen. Der Träumer wäre ausgezeichnet durch die Unterdrücktheit gefühlshafter Innerlichkeit. Jung hat diesen Tatbestand als „minderwertige Gefühlsfunktion" bezeichnet. In solchem Falle wäre das „ego" des Träumers vergleichsweise liebeleer, sein „alter ego" dagegen betont liebevoll. Es bleibt eine reine Frage der Zweckmäßigkeit, die eine oder die andere Terminologie vorzuziehen. Der Tatbestand dagegen ist einer. Es kommt darauf an, welche Seite an ihm man zu bezeichnen geneigt ist. Vielleicht wird es sich erweisen, daß Spezialausdrücke gerade hier vermieden werden können und die landesübliche Ausdrucksweise wenigstens im deutschen Raum völlig zur Beschreibung ausreicht.

Nur der Genauigkeit wegen sei noch einmal hinzugefügt, daß der obige Trauminhalt auch eine euphemistische Darstellung grobsexueller Tendenzen sein kann. Dann wäre etwa das im Traum vorkommende „Zerfließen" als „Symbol" für den Orgasmus zu lesen. Aber wie oben schon gesagt: Jener Traum kann durchaus autochthon-liebevolle Bedeutung haben. Er hat nicht etwa notwendig eine sexuelle. Und darauf kommt es hier im Augenblick an. Im Traum wird, so gelesen, ein einfaches starkes Liebesgefühl, Liebesbedürfnis „kinderwunschartig" realisiert.

7. sexuelle

9. Traum: Einfacher Coitus mit jemand, der mir begegnete.
Kommentar: Dieser Trauminhalt spricht zunächst für sich selbst. Im Sinne der sogenannten Wunschtheorie des Traumes geht hier ein sehr simpler animalischer Wunsch in Erfüllung, — wenn man den Traum eben so liest. D. h. es müßte sich nach allem Vorherentwickelten darum handeln, daß der Träumer dem Jemand des Traumes gegenüber im Wacherleben keinen Coituswunsch hat. Es müßte sich bei eingehender Analyse des Erlebens des Träumers zeigen lassen, daß und warum er überhaupt oder gerade dieser Person gegenüber eine Gehemmtheit der Sexualität in sich trägt. So und so oft erweist die Struktur und Entwicklung eines Träumers diesen Zusammenhang in voller Deutlichkeit.

Aber in einer nicht unbeträchtlichen Zahl von Fällen liegen die Zusammenhänge wesentlich komplexer und komplizierter. Da gibt es z. B. zunächst den Fall, daß der Jemand des Traumes eine andere Person vertritt. Erst wenn man den eigentlich gemeinten Partner dieses Bedürfnisses, z. B. durch Realeinfälle, gefunden hat, ergibt sich jener einfache Zusammenhang. Dann wird auch in der Regel klar, warum die eigentlich gemeinte Person nun gerade durch den Jemand des Traumes vertreten wird. Meist sind die beiden Personen, der Jemand des Traumes und die tatsächlich gemeinte, „reizende" Person, durch irgendein bezeichnendes Merkmal miteinander verbunden. Es kann sich da u. a. um Statur, Haarfarbe o. ä. handeln. Hier ist die Fülle der Varianten schier unübersehbar. Aber darin liegt ja nichts Erstaunliches.

In einem anderen Fall kann es sich darum handeln, daß der Träumer in der Hauptsache auf anderen Antriebsgebieten gehemmt ist und aus dieser Quelle heraus sein sexuelles Antriebserleben intensiviert. Auf diesem Wege kommt es dann etwa dazu, daß infolge gestauter sekundärer Sexualität eine allgemeine Bereitschaft zu sexuellen Reaktionen vorliegt, die damit einen gewissen wahllosen Charakter annimmt. So wird der Betreffende dann im Wacherleben im leisesten Ansatz auf eine Fülle von Menschen reagieren, die ihn sonst in keiner Weise beeindrucken würden. Im Traum wird aus den oben (s. S. 101 ff.) angeführten Gründen das sexuelle Moment noch einmal intensiviert, und seine Richtung geht in drastischer Form auf eine der „beliebigen" Personen. Wiederum entscheidet hier der gesamte Erlebniszusammenhang des Träumers darüber, wie die Dinge liegen. Aus der eben dargestellten Möglichkeit ergibt sich aber auf jeden Fall, daß eine simple Deutung des Traumes verfehlt wäre. Es wäre völlig verfehlt, etwa zu meinen, der obige Traumtext wiese auf verborgene sexuelle Tendenzen des Träumers auf den Jemand hin, zumindest als sei dieses die am wahrscheinlichsten zutreffende „Deutung".

Noch eine weitere Möglichkeit besteht aber. Der vorliegende Traumtext ist ausgesprochen drastisch. Für ihn gilt das über die drastischen Träume überhaupt Gesagte (s. S. 183 u. 250). Darüber hinaus aber gilt, daß mancherlei expansives Erleben von nicht-sexuellem Charakter im Schlaf eine sexuelle Formulierung findet. Der Coitus stellt dann den Extremfall eines allgemein expansiven Tendierens dar. Sofern der aktive Coitus einen aggressiven Akt enthält, kann dieser, „auf die sexuelle Plattform verschoben", in der Coitushandlung seinen Ausdruck finden. Es gilt hier das auf S. 105 Entwickelte. Aggressive Tendenzen lassen gestaute sexuelle so und so oft mitschwingen. Das Traumerleben begünstigt dies seiner Eigenart nach. So ersetzt dann der Coitus eine aggressive Handlung.

Aber noch allgemeiner kann das eigentlich zugrundeliegende expansive Erleben sein. Es kann sich um allgemeinste Einflußnahme des einen auf den anderen Menschen handeln. Man braucht ja hier wiederum nur, wie so oft schon, an die Herkunft des Wortes zu denken: „Einflußnahme" von „Einfließen" her. Der Einflußnehmende fließt in den anderen hinein, ein ausdrücklich expansiver Vorgang. Man könnte da sogar von intensivster Aggression sprechen. Ein Wesen dringt in ein anderes ein. Es kann sich da auch um die g e i s t i g e Existenz des einen handeln, um das Einfließen seiner geistigen Substanz gewissermaßen, seines „Pneuma". In solchem Fall vollzieht sich zweierlei: Der eine, in diesem Fall der Träumer, „ist oben", er ist „Inkubus", er dominiert. Und befruchtet den anderen; dies ist das Zweite. Und da erinnert man sich z. B. der alexandrinischen Mysterien, in denen, wie gesagt wurde, der Gott Apoll durch den coitierenden Priester in den Mysten eingehe (s. a. S. 121). So kann, von daher gesehen, der obige Traum in seinem allgemeinsten Sinn eine sogenannte kollektive Bedeutung haben. Denn hier würde in heutiger Zeit von einem heutigen Menschen geträumt, was zu anderer Zeit am ganz anderen Ort im entlegenen Kulturkreis orientalischer Prägung einst schon in gleicher Weise erlebt wurde. Für diesen Fall gilt dann all das, was oben breit über den kollektiven Charakter menschlichen Phantasieerlebens ausgesagt wurde (s. S. 118).

Mögen all diese vielfältigen Interpretationsmöglichkeiten eines so einfachen Traumes wie des vorliegenden auch zunächst beinahe beunruhigend wirken, unübersehbar sind sie, wie näheres Betrachten zeigt, jedoch keineswegs. Hat man sich vielmehr an diese immerhin doch begrenzte Vielzahl von Möglichkeiten gewöhnt, rechnet man dauernd mit ihr, so schwingt schließlich infolge von Gewohnheit stets etwas davon mit. Und da dann die Beschäftigung mit den Träumen eigentlich nie isolierten Charakter hat, da es sich stets um die Einordnung der Träume in Erlebniszusammenhänge handelt, entscheiden d i e s e darüber, wo der Akzent jeweilig zu setzen ist. Es muß nur dafür gesorgt sein, daß der Untersucher nicht aus eigenen inneren Gründen die „simple Kinderwunschbedeutung" eines solchen Traumes als Möglichkeit über den nicht-sexuell-animalischen und sublimeren, geistigeren vergißt.

Fragt man sich nun, wie weit der vorliegende Traum rein subjektale Bedeutung haben könne, so kann auch dies nicht ausgeschlossen werden. In solchem Fall würde dann der Coitus der eigenen Person gelten. Besonders einleuchtend wäre das, wenn es sich um einen passiven Coitus handelte. Dann würde es sich um die symbolische Darstellung — das Sexuelle wäre dann Symbol für Nichtsexuelles — eines empfangenden Hingabeaktes des Träumers gegenüber einem Teile seiner persönlichen Möglichkeiten handeln. In solchem Fall wäre der allgemeine Vorgang der Individuation, der Intussuszeption eines vernachlässigten Teiles der Persönlichkeit durch einen sexuellen Akt symbolisiert. Es käme da ganz auf das reale Erleben und die Realeinfälle des Träumers an und auf eine genaue, konkrete Erfassung derjenigen Erlebnisbereiche, die aufgenommen, individuiert würden. Ein solcher Zusammenhang kann an sich durchaus bestehen. Gewichtig kann durchaus das Allgemeine sein. Auf keinen Fall aber dürfte auch hier vernachlässigt werden, was auf das Bestehen einfacher sexueller Gehemmtheit hinwiese.

8. erotische

10. Traum: Ich bin allein in einer Landschaft. In ihr ist ein beglückendes Strahlen, als ob alles schön sei. Ein etwa 12jähriges Kind, Junge oder Mädchen, steht auf einmal vor mir. Es ist, als ob Landschaft und Kind eins sind.

Kommentar: Es ist ein elementares Bedürfnis des Menschen, sich dem Schönen zuzuwenden. U. a. geschieht dies auch dem anderen Menschen gegenüber, da wo und sofern er schön ist. Der junge Mensch, der Knabe oder das Mädchen, kommt diesem Bedürfnis eher entgegen als der ältere. Das Erleben solcher Schönheit kann von großer Intensität sein. Die damit verbundene Ergriffenheit hat oft die Tönung physischer Erregung. Genau so, wie das Bedürfnis entstehen kann, eine schöne Blume zu berühren, ein schönes Bild oder ein Skulptur zu streicheln, kann sich ein entsprechendes Bedürfnis auch auf den anderen Menschen richten. Es handelt sich hier wiederum um einen der wenigen urtümlichen Instinkte des Menschen. Und doch ist solches Erleben, da wo es rein auftritt, deutlich abgehoben von eigentlichen, ebenso ursprünglichen Zärtlichkeitstendenzen. Selbst wenn die Tatsache besteht, daß diese sich häufig an jenes Erleben der Schönheit anschließen, bedeutet dies noch keineswegs, daß da so etwas wie „Wesensgleichheit" vorliegt. Es besteht kein Grund, die Welt des Erlebens und auch des wissenschaftlichen Betrachtens dadurch zu verarmen, daß man miteinander Verwandtes als identisch behandelt. Ebenso steht es mit der Tatsache, daß eine erotische Zuwendung erregt erlebt werden kann, so, daß das Erleben dann „sinnlichen" Charakter annimmt. Die Anführungsstriche sollen bedeuten, es handle sich um „Sinnlichkeit" im Sinne der Goethischen Zeit, nicht also um sexuelle Sinnlichkeit. Eroserleben kann von sexuell-sinnlicher

Erregung gefolgt sein, nicht selten ist das so. Keineswegs handelt es sich hier aber um eine Zwangsläufigkeit. Es wird weiteren und eingehenderen Erörterungen überlassen bleiben müssen, hier völlige Klarheit zu schaffen. Dabei wird es sich nicht so sehr darum handeln, Erlebnisqualitäten und -zusammenhänge transparent zu machen, als darum, allen hieran Interessierten das Bewußtsein erreichter Klarheit zu vermitteln. Auf solcher Grundlage allgemein verbreiteten gesicherten Wissens um die Hervorgehobenheit des Eroserlebens aus dem Bereich alles Ähnlichen wird dann auch die Wissenschaft mit größerer Sicherheit weiter differenzieren und forschend vordringen können.

Näheres Zusehen erweist, daß das Eroserleben weitgehend statischen Charakter hat. Es ist geradezu dadurch ausgezeichnet, daß es zunächst einmal in sich ruht. Es k a n n mit der Tendenz verbunden sein, den erotisch geliebten Gegenstand zu berühren, charakteristisch ist aber, daß solche Berührung instinktiv nicht stürmisch erfolgt, sondern eher zaghaft und vorsichtig tastend.

Jede allzu große Nähe zum Gegenstand hebt die Möglichkeit intensiver Anschauung auf, und gerade dieses Anschauen ist ja für das erotische Erleben wesentlich. So ist auch gerade das Eroserleben von allem hier Behandelten am wenigsten expansiv. Das gilt so weit, daß es verständlich wäre, wenn man es im Rahmen des hier behandelten Liebes- und Sexualerlebens gar nicht näher ins Auge faßte. Daß dies hier doch geschieht, hat daher zum erheblichen Teil den Grund, daß es faktisch heute noch Vielen Schwierigkeiten bereitet, sexuelles, zärtliches und liebevolles, hingabevolles Erleben deutlich voneinander abzuheben. Aber das ist unter therapeutischen Gesichtspunkten z. B. durchaus notwendig. Denn derjenige, der sich einer Analyse unterwirft, sei es als Patient einer therapeutischen oder als Lernender einer forschenden, wird sich regelmäßig, zumindest instinktiv, gegen eine Verunklarung auf diesem Gebiet zur Wehr setzen. Nicht bei allen Menschen, aber doch im Mittel, ist die Bereitschaft, sich unbekümmert dem eigentlich animalischen sexuellen Erleben zuzuwenden, ihm Raum zu geben, davon abhängig, daß zunächst einmal die Bereiche der Zärtlichkeit und der liebevollen Hingabe als autochthon (wertvoll und eigengültig) anerkannt werden. Auch dann, wenn der Betreffende nichts von solcher instinktiven Stellungnahme in ihm weiß, reagiert er so. Solche Sicherheit ist also nicht selbstverständlich mit voller Wachheit und Klarheit gegeben. Das dranghaft Laute sexuellen Erlebens überflutet und verunklart sehr häufig die übrigen ähnlichen Bereiche. So erweist es sich als zweckdienlich, auch das statisch anschauliche Eroserleben genauer ins Auge zu fassen, davon ausdrücklich und abgrenzend zu wissen und von daher Zärtlichkeit und Liebe noch einmal zu akzentuieren. Die Dreiheit: Zärtlichkeit, Liebe und Eros ist gewissermaßen allein stark genug, sich gegenüber dem fordernden Charakter animalischer Sexualität zu behaupten und diese ins Gesamterleben adäquat einzuordnen. Wer seiner zärtlichen, liebevollen und erotischen Beziehungen zu anderen Menschen sicher ist, sicher darin, sie als zu seiner natürlichen

Natur zugehörig bejahen zu dürfen, gewinnt die Freiheit, auch die leidenschaftliche sexuelle Erregtheit in voller Gänze zuzulassen.

Das Eroserleben als solches ist also nicht eigentlich expansiv. Es drängt nicht zu dramatischem Handeln. Daher ist es auch nicht im eigentlichen Sinne konfliktterregend. Und darum wieder gerät es nur bedingt in die Latenz. So weit aber eine Gesamtatmosphäre ruhigen Vertrauens Vorbedingung dafür ist, daß sich erotisches Erleben zu voller Blüte entfalten kann, wird jede vertrauenslose Beziehung zu anderen Menschen das Eroserleben zu ersticken drohen. Kommt, vom Kinde her gesehen, mit Mutter und Vater kein erfülltes „Wir" zustande, entwickelt sich eine Kontaktgestörtheit, eine innere mit Mißtrauen durchsetzte Atmosphäre, so muß notwendigerweise auch mit hoher Wahrscheinlichkeit ein ursprüngliches Eroserleben schon am Keimen verhindert werden. Unter solchen Bedingungen wird sehr ähnlich wie die natürliche Hingabesehnsucht auch das erotische Erleben gehemmt und latent werden.

Auf diese Weise kann es dann dazu kommen, daß der Gehemmte späterhin, kompensatorisch, in seinen Träumen erotische Sehnsucht in Erfüllung anklingend erlebt. Es braucht kaum hinzugefügt zu werden, daß gerade hypersensible Kinder am bereitwilligsten dazu neigen werden, ein so zartes Bedürfnis, wie es das erotische darstellt, in die Latenz zu schicken. Die Oberfläche des erwachsenen Bewußtseins ist dann durch das ausgezeichnet, was man Herbheit oder in übertragenem Sinn „Keuschheit" nennt.

Vielleicht ist es aber doch noch notwendig, zum Traum einiges Erklärende hinzuzufügen. Die vergleichsweise „Stille" erotischen Erlebens, seine schon erwähnte Zartheit fordert in gewisser Weise, daß der Erlebende mit seinem Gegenstand allein ist. Die Betonung im Traum also, daß der Träumer sich allein in der Landschaft befindet, ist also bezeichnend, „zugehörig". Daß er in einer Landschaft ist, bedeutet insofern wiederum einen näheren Hinweis, als die Landschaft ja als natürlicher Gegenstand eine Schönheit enthalten kann und häufig zu enthalten pflegt, auf die der Mensch mit Eros reagiert. Die von Klages gebrauchte Wendung „kosmogonischer Eros" gehört in diesen Zusammenhang. Hier wird der Kosmos als durch einen Akt des Eros entstanden angesehen. Anders ausgedrückt: Der ursprünglich chaotische Zustand der Welt, bar jeder Ordnung, wird als durch einen erotischen Akt zum Kosmos gestaltet erlebt. Zumindest ist die Welt nicht nur Chaos sondern auch lebendige, wohltuende Ordnung. Als solche beglückt die Welt, als Chaos erregt sie nur Schrecken und Urangst. Landschaft ist Welt, Repräsentantin der zunächst einmal anorganischen Welt. Als natürliche Schönheit erregt sie das gefühlshafte Erleben des Menschen in einem verwandten aber doch bestimmt anders gearteten Sinn als die von Menschen geschaffene Schönheit. Das Eroserleben gilt der vorgefundenen natürlichen Schönheit. Die Lust des Hingegebenseins an solche Schönheit hat beglückenden, wenn man es so ausdrücken will, geistigen Charakter (s. auch S. 23). Ohne damit Gezwungenes und Gekünsteltes zu sagen, ist dann ein menschliches Lebewesen durchaus mit einer Landschaft vergleichbar. Sofern diese, und auch Knabe und Mädchen etwa, durch Schönheit beglückt, liegt das Verbindende in der besonderen Gestimmtheit gefühlshafter Zuwendung. Landschaft und Kind sind dann nicht im strengen Sinn als körperliche Gegebenheiten miteinander verschmolzen, sondern das beglückende emotionale Erleben des Eros sieht in Landschaft und Kind gleichartige Erfüllung. Eine kurzformelartige Redewendung spricht dann vom „Einssein" der Beiden, der Landschaft und des Kindes.

Denkt man an all das, was oben (s. S. 91 ff.) über sublime Erlebnisarten gesagt wurde, so ergibt sich, daß auch eine Flucht in das Eroserleben vom Animalischen her im Einzelfall vorliegen kann. Ja, es ist möglich, daß der sublime, „gehobene" Charakter erotischen Erlebens in den Dienst der Hybris gestellt wird. Es ist möglich, daß einfache Minderwertigkeitsgefühle, animalischer Gehemmtheit und Unzulänglichkeit entspringend, zu hilfloser Übersteigerung erotischer Sehnsüchte führen. Dann handelt es sich also um ein Beispiel dessen, was Adler als zu verwerfendes „Obenseinwollen" schildert. Oder es kann sich auch um das handeln, was Künkel unter dem Stichwort „Heimchen" als charakterlich neurotische Entgleisung darstellte. Nur der Gesamterlebenszusammenhang eines Menschen vermag darüber Auskunft zu geben, ob es sich um das eine, das andere oder das dritte handelt. Für den Forschenden und Therapeuten ist es daher notwendig, stets auch hier an das Gefüge der Möglichkeiten zu denken statt nur an eine unter ihnen.

Wiederum vernachlässigte die bisherige Interpretation des vorliegenden Traumes zunächst eine weitere Möglichkeit seines Sinnes: So und so oft, eher häufig als selten, ist eine Landschaft im Traum Symbol, nicht Symbol im Sinn eines Hinweises auf Geistiges sondern einfach eines vertretenden Gegenstandes. Ist die Landschaft in diesem simpel animalischen Sinn Symbol, Symbol eines menschlichen Körpers etwa, so kann auch das, was im Traum als beglückendes Strahlen erlebt wird, eine dementsprechende andersartige Bedeutung haben. Und weiter kann das Kind Symbol sein. Die Bemerkung, daß dieses Kind vor dem Träumer „steht", kann Symbol sein. Und weiter dann auch das Einssein. Es wurde hier also zunächst mit voller Absicht eine einseitige, das allgemeine Kinderwunschthema charakterisierende Interpretation gegeben. Es sollte zunächst einmal genügen, davon Kenntnis zu geben, daß es u. a. auch gehemmtes erotisches Erleben gibt, das in Träumen manifest werden kann.

II. Gruppe:

Kombinatorische Bedürfnisträume von bedingtem Kinderwunschtraumcharakter

Besitzstreben

1. kaptativ-orale

a) kaptative, habenwollende

11. Traum: Ich sehe einen Weihnachtsbaum. Seine Nadeln sind ulkig gefärbt: hell blaßgrün.

Einfall: Seidene Kombination.

Kommentar: Dieser Traum ist dem entsprechenden der I. Gruppe ähnlich aber abgewandelt. Statt daß die blaßgrünen Wäschestücke mit dem Monogramm der Träumerin unter dem Weihnachtsbaum liegen, steht er allein da. Dafür aber tragen seine Nadeln eine Farbe, die sie in der Natur nicht zu haben pflegen. Sie sind, wie der Träumer dann etwa sagen würde, ulkig, d. h. abartig gefärbt. Zu dieser Farbe taucht ihm sofort das Bild seidener Wäsche auf. Damit entsteht also die Frage, warum jemand, der einen gehemmten kaptativen Wunsch nach solcher Wäsche hat, das nicht im Sinne des Kinderwunschtraumes einfach und geradlinig manifest träumt. Welche Möglichkeiten bestehen da? Die Einordnung des Traumes in den gesamten Erlebniszusammenhang des Träumers müßte ja zunächst einmal nur gehemmte kaptative Tendenzen ergeben, d. h. mit einiger Wahrscheinlichkeit wird der Träumer am Tage vorher in durchaus „erlaubter" Situation einen solchen Wunsch nicht zuwege gebracht haben. Im Schlaf holt er dann das Erleben dieser Tendenz nach. Im jetzt vorliegenden Fall aber tut er das nicht, er beschränkt sich lediglich auf eine Andeutung. Seine kombinatorische Phantasie ermöglicht ihm, die seidene blaßgrüne Wäsche fortzulassen und lediglich ihre Farbe auf die Nadeln des Weihnachtsbaumes zu übertragen. Nun weiß man ja, daß Wäschestücke für manche Menschen auch heute noch anstößig sind, meist ihrer „Nähe" zum Sexuellen wegen. Liegt also eine solche sexuelle Gehemmtheit außerdem vor, so ist das Fortlassen der seidenen Wäsche im Traum verständlich. Dann wäre der Traum nicht nur ein kaptativer sondern auch ein sexueller. Notwendig ist dieser Sachverhalt als Hintergrund eines solchen Traumes aber nicht. Es ist durchaus möglich, daß der Träumer nur eine immerhin so ausgeprägte Hemmung kaptativer Tendenzen hat, daß er sich den Wunsch nach seidener Wäsche nicht gestattet. Er würde sich also im Wacherleben durch Züge entsprechender Bescheidenheit auszeichnen. Im Traume dagegen würde er es nicht „lassen können", auf die Wäsche wenigstens hinzuschielen und von ihr gerade eben noch die Vorstellung ihrer Farbe erwischen. Dieser Akt dann reicht dazu aus, den Farbton als Detail, als Merkmal am Hauptgegenstand des Traumes in diesen hineinspielen zu lassen. Handelt es sich bei der Analyse eines solchen Traumes dann um eine therapeutische Aufgabe, so würde das Auftauchen des Einfalles von seidener Wäsche Anlaß geben können, mit dem Patienten darüber zu sprechen, wie es denn mit seiner öfter geschilderten Bescheidenheit stehe. Es würde sich dann ergeben, daß er ursprünglich gar nicht so bescheiden war, sondern unter besonderen Umständen so wurde. Es würde sich in solchem Fall sogar eine sehr direkte Beziehung zur Symptomatik des Betreffenden ergeben können. Wir wissen heute, daß depressive Stimmungen mit gehemmten kaptativen Tendenzen in Verbindung zu stehen pflegen (s. auch „Der gehemmte Mensch" S. 274). So würde sich also im Einzelfall etwa zeigen lassen, daß eine vorliegende depressive Verstimmung die „Oberfläche" gehemmter kaptativer Impulse darstellt. Entscheidend für die hier eben angestellten Überlegungen ist aber zunächst nur, das solche Vertretung eines gemeinten Gegenstandes durch eins seiner Merkmale, etwa durch eine Farbe, im Traume vorkommt. Und weiterhin, daß ein solches Material als Detail an einem im Traum manifest erlebten andern Gegenstand sichtbar werden kann. Das Grundsätzliche dieser Einsicht ist hier das Wesentliche. Wer mit Träumen umgehen will, muß wissen, daß er ständig mit dem hier erörterten Vorgang zu rechnen hat. Überall da, wo ein Traumgegenstand oder Vorgang durch ein Merkmal ausgezeichnet ist, das sonst nicht zu ihm gehört, muß daran gedacht werden, daß an solchen Merkmalen mit großer Wahrscheinlichkeit ein bedeutsamer anderer Gegenstand oder Vorgang „hängt". Daraus ergibt sich die selbstverständliche Regel, daß man sich u. a. bevorzugt, will man den Sinn eines Traumes verstehen, um solche „nicht-zugehörige", „sonderbare", „merkwürdige", „absurde", oder auch „ulkige" Merkmale an Traumgegenständen und Vorgängen zu kümmern hat.

Der eben erörterte elementare Zusammenhang ist von so großer Wichtigkeit, daß es sich lohnt, ihn durch eine besondere Bezeichnung zu charakterisieren. Es bietet sich da ein Bild aus der Geologie an: Über der Erde sind Stellen verstreut, an denen die Gesteinskruste sehr tiefreichende Risse aufweist. In Form von sogenannten „Schloten" hat sich einst das Magma der Tiefe auf die Oberfäche ergossen. An anderen Stellen bestehen diese Risse auch heute noch, dringen Gase, Dämpfe Flüssigkeiten oder auch geschmolzenes Gestein aus der Tiefe hervor. Mit solchen Bruchstellen lassen sich diejenigen Eigentümlichkeiten der Träume vergleichen, die oben im Einzelbeispiel geschildert wurden. Ein „falsches" Merkmal an Gegenstand oder Vorgang deutet auf solch eine Bruchstelle hin. Da geht es in die Tiefe. Die Tiefe ist gehemmter, latenter Antrieb.

b) orale

12. Traum: Es wird mir gesagt, ich solle schnell etwas essen, damit ich weiterarbeiten kann. Es gibt Brotsuppe, darin dunkle Stücken. Brot?

Einfall: Pralinés.

Kommentar: Vergleicht man diesen Traum mit dem entsprechenden der ersten Gruppe, so fällt sofort auf, daß er weniger „naiv" ist. Ein Kind wird sich diesen Vorgang nicht gerade wünschen. Dieses „damit weitergearbeitet werden kann", zumal, wenn ein anderer es dem Träumer sagt, pflegt nicht gerade bezeichnend für eine naive Wunschsituation zu sein. Es wird auch betont, daß schnell gegessen werden soll. Und dann gibt es Brotsuppe. Nachdem, was in Bezug auf den vorhergehenden Traum erörtert wurde, wird man geneigt sein, genauer zu fragen, was denn diese dunklen Stückchen in der Brotsuppe eigentlich sind. Wenn der Träumer den Einfall: Pralinés dazu bringt, so würde deren Vorhandensein in der Brotsuppe etwas höchst erfreuliches Zusätzliches sein. Aus irgendeinem Grunde wird der Träumer „es mit Pralinés haben". Aber was eigentlich? Falls der Träumer berichtet, es handle sich nicht nur um seinen Einfall, sondern bei genauem Hinsehen seien die dunklen Stückchen tatsächlich als Pralinés erkennbar, ist der mögliche Wunschcharakter ja offensichtlich. Darüber, ob es in diesem Fall so liegt, entscheidet, wie üblich, der Gesamterlebenszusammenhang des Träumers. Kann der Träumer aber auch beim genauen Hinsehen nur Unbestimmtes erblicken, also eben „dunkle Stückchen", nicht etwa Rosinen, oder auch Stücke von einer Zimtstange — beides kommt ja bzw. kam ja in Brotsuppe vor —, so wiesen die dunklen Stücke auf eine Bruchstelle im obigen Sinn hin. Hier müßte sich also Magmatisches ankündigen. Und das bestände in diesem Fall in Pralinés, die also irgendwie tiefenbedeutsam sein müßten. Wir werden späterhin sehen, daß das tatsächlich der Fall sein kann (s. S. 251). Pralinés sind häufig Symbol für einen ganz bestimmten anderen Gegenstand. Aber darauf kommt es jetzt noch nicht an. In unserem Zusammenhang genügt es festzustellen, daß Pralinés in der Regel sehnsüchtig Erwünschtes sind, Brot dagegen nicht. Die ausgesprochen dunkelbraune Farbe der Schokolade tritt also repräsentativ in den Traum über, der naive orale Wunsch wird nicht erlebt, auch nicht im Traum, er wird nur angedeutet. Und es wird nicht behäbig gegessen und genossen, sondern es wird nicht nur schnell gegessen, sondern ein Soll steht auch noch darüber. Nicht nur das steigt aus dem Innern des Träumers auf, vielmehr wird dieses Soll eingekleidet in die bestimmte Aufforderung eines anderen und in den ausdrücklichen Zweck, zu arbeiten statt zu genießen. Erinnert man sich, daß zur Gehemmtheit animalischer Tendenzen auch das gehört, was die Hemmung einst hervorrief, nämlich irgendeine Form von Härte, erinnert man sich dessen, daß gefürchtete Härte die Wirkung hatte, daß späteres Erleben des betreffenden Antriebes Schuldgefühle erzeugte, so wird es verständlich, daß der Träumer des eben erörterten Traumes in seiner Phantasie sich nicht nur mit Brotsuppe begnügt und einer Andeutung von Schönerem darin, sondern noch weitere Einschränkungen in seinen Traum aufnimmt. Einen hochgradig komplexen Charakter hat dieser Traum aber deshalb immer noch nicht. Sein oraler Charakter ist deutlich, es handelt sich um Essen, nur ist das eigentlich Erwünschte durch eine Andeutung vertreten.

2. retentiv-anale

a) r e t e n t i v e, behaltenwollende

13. T r a u m : Jemand kommt und will mich anpumpen. Ich gebe ihm Geldscheine. Dabei zittert mir die Hand.

E i n f a l l : Kürzlich sah ich die Hände von einer alten mageren Frau zittern, die eine Brosche in ihrer Handtasche verbergen wollte.

K o m m e n t a r : Der entsprechende Traum aus Gruppe I war eindeutig retentiv. D. h., der Träumer gibt nicht her, äußert, daß er nicht hergeben will. Das Neinsagen war offensichtlich. Von da aus wäre es im Falle eines Patienten leicht gewesen, die Erörterung von dessen retentiven Funktionen in Gang zu setzen und ihm vielleicht sehr bald zu zeigen, wie i n a d ä q u a t o p f e r b e r e i t er im Wacherleben ist. Wobei dann natürlich all das Einschränkende hinzuzufügen wäre, was damit zu tun hat, daß ja, wie wir sahen (s. S. 91), jeder Grad von Opferbereitschaft eines Menschen durchaus originär und natürlich auch wertvoll sein kann, es also stets gilt, im Einzelfall wenigstens wahrscheinlich zu machen, daß der dem Träumer gewohnte Grad an Opferbereitschaft zu seiner Totalperson „eigentlich" n i c h t gehört. Es sei hier auf das Kapitel „Streuung", S. 66 in „Der gehemmte Mensch" hingewiesen. Aber wie schon gesagt, auch wenn diese selbstverständlichen Einschränkungen berücksichtigt werden, wäre einem Patienten gegenüber das Thema des Retentiven an Hand jenes einfachen Traumtextes in Fluß zu bringen. Er ist ja Patient, d. h. Symptomträger. Seine Symptomatik wird daher mit erhöhter Wahrscheinlichkeit etwas mit retentiven Antrieben zu tun haben. Es hat sich tatsächlich erwiesen, daß dies in der Regel, nachprüfbar so ist.

Der nun erörterte Traum geht in seinem Text aber nicht retentiv weiter, im Gegenteil. Der Träumer geht auf den Wunsch des anderen ein und gibt ihm Geld. Allein dabei bleibt es wiederum nicht. Der Träumer teilt etwas Weiteres mit, was ihm betont aufgefallen sein muß: Er zitterte im Traum mit der Hand. So und so oft kommt derartiges im Traum vor, ohne daß der Träumer es berichtet. Nachträglich, durch Zufall kann es dann herauskommen, daß es im Traum so war. Hier aber enthält der Traumtext ausdrücklich diese Bemerkung über das Zittern der Hand. Und dann berichtet der Träumer, ihm sei spontan sofort eingefallen, daß er kürzlich solche zitternden Hände sah, und zwar bei einer alten mageren Frau, die eine Brosche in ihrer Handtasche verbergen wollte. Das Verbergenwollen steht also, wie man dann sagt, assoziativ hinter dem Zittern der Hand. Das Zittern der Hand im Traum vertritt ein Verbergenwollen, dem Traumtext nach der Geldscheine. Da also meldet sich eine retentive Tendenz, die im Traumtext zunächst nicht sichtbar wurde. Hier wird die Tendenz zu geben mit der entgegengesetzten, nichts zu geben, kombiniert. Die eine Tendenz, das Geben, bleibt manifest, die entgegengesetzte wird lediglich als Merkmal in den übrigen Traumtext hineinverwoben. Die Dinge liegen also so: W e n n ein Träumer nicht einmal im Traum eine retentive, bei ihm gehemmte Tendenz „anzumelden" wagt, ragt das Gehemmte, vertreten durch einen Teil eines Zusammenhanges, in den Traum hinein. D. h., so k a n n es sein. Wiederum entscheidet über die Faktizität, darüber, ob im Gesamterleben des Träumers alles so liegt, der verständliche Gesamtzusammenhang eben dieses Erlebens. Man hat also immer daran zu denken, daß ein Mensch ja nicht von einem einzigen Traum her verbindlich aufgerollt wird. Eine erstaunliche Fülle von hinzugehörigem Material ergibt den verstehbaren Gesamteindruck. Aber die Rolle eines ersten Ansatzes zum Ent-wickeln, zum Aufwickeln eines Menschen, vermag ein solcher Traum sehr wohl zu übernehmen.

Wie ersichtlich, ist in dem eben gebrachten Kommentar des vorliegenden Traumes auf die Erörterung jeder weiteren Bedeutung verzichtet worden. Es handelte sich nur darum zu illustrieren, wie ein gehemmter retentiver Antrieb, ohne selbst im Traum sichtbar zu werden, auf dem Wege kombinatorischer Phantasie „dargestellt" werden kann und dargestellt zu werden pflegt.

b) anale

14. Traum: Ich stehe vom Klo auf. Plötzlich bemerke ich Kot an den Fingern. Ich denke: macht nichts.

Einfall: Kaugummi, den ich noch nicht fortwerfen wollte, und irgendwohin anklebte.

Kommentar: Daß dieser Traum analen Charakter hat, ist offensichtlich. Es ist immerhin ein drastisches Vorkommnis, daß sich Kot an den Fingern befindet. Auch in der Realität kann das einmal vorkommen, die Regel ist aber, daß der Träumer eines solchen Traumes im Wacherleben ganz im Gegensatz zum Traum, in dem er ja denkt: macht nichts, höchst peinlich mit allem Analen umgeht. Dieser Traum, so wie er dasteht, wäre also mit erheblicher Wahrscheinlichkeit, genau so wie der unter Gruppe I behandelte, ein Hinweis auf Gehemmtheit eigentlicher analer Tendenzen. Nimmt man aber den Einfall hinzu, so zeigt sich, daß hinter jener Tatsache einer unbekümmerten Beschäftigung mit Kot in diesem Fall noch mehr steht. Im Einfall hat der Träumer ja etwas Aktives getan: Er wollte den Kaugummi nicht fortwerfen. Der Kaugummi hat ja für ihn die Bedeutung, daß er ihn nicht etwa nur wie ein Kleidungsstück an sich heftet, sondern ihn einverleibt. Von daher fällt auf das Kleben von Kot an den Fingern ein weiteres Licht. „Assoziativ" gibt der Einfall dem Kot den Charakter von etwas, was nicht nur außen an der Haut bleibt, sondern dazu bestimmt ist, in den Körper hinein zu geraten, d. h., der Person des Träumers noch näher zu sein. Dieses extreme Nahesein, das auch noch dadurch illustriert wird, daß der Kaugummi vom Träumer pfleglich behandelt und daher angeklebt wurde, wäre also das Erwünschte. Es selbst bleibt im Traum verborgen, nicht einmal eine Bruchstelle weist darauf hin. Es ist nicht von vornherein deutlich, daß mit dem Kot noch etwas Besonderes „los ist". Es scheint sich zunächst nur um etwas hin und wieder Vorkommendes zu handeln, das üblicherweise keinen besonderen Eindruck macht. Nur der Einfall, der das Kleben an etwas enthält, und darüber hinaus die Bestimmtheit eines Gegenstandes, einverleibt zu werden, wenigstens in den Mund des Betreffenden, gibt einen Hinweis auf Tieferliegendes, noch Animalischeres. Eigentlich handelt es sich sogar um eine Hinwendung oraler Tendenzen auf einen analen Gegenstand, nämlich den Kot. Hier würde, so gesehen, also nicht nur eine sehr prägnante anale Tendenz assoziativ in den weniger prägnant analen Vorgang des Traumes hineinragen, sondern eine „schichtmäßig" noch tiefere, primitivere, zeitlich noch frühere Antriebsqualität meldet sich im Traum.

Die Erfahrung hat gezeigt, und zwar die didaktische diesmal, daß die Formel, eine orale Tendenz richte sich auf einen analen Gegenstand, sehr häufig auf ein stark verzögertes Verständnis stößt. Der für diese Traumzusammenhänge Interessierte hat sich gewissermaßen schließlich und endlich daran gewöhnt, auch die anale Thematik als im frühkindlichen Erleben bedeutsam und daher auch in Traum und neurotische Symptomatik hineinreichend anzuerkennen. Nun weiß er, daß es dieses merkwürdige Interesse des Menschen an Kot, After und Defäkation gibt. Er hat begriffen, daß ein ganzes vielgestaltiges Gebiet menschlichen Erlebens bisher der anthropologischen Aufmerksamkeit entging. Er hat erlernt, daß die urtümlichen retentiven Instinkte des Menschen in der Sauberkeitsgewöhnung erstmalig in voller Dramatik auf die Probe gestellt werden, auf die Probe nämlich, ob und wie weit sie an die Ordnungen der Menschen anpassungsfähig sind. Die retentive Seite dieses Zusammenhanges wurde ihm deutlich. Aber er hat auch erfahren, daß Kot, After und Defäkation auch in recht mannigfaltiger Weise darüber hinaus eine interessierende Rolle zu spielen pflegen, ohne daß dabei an ihre retentive Bedeutung gedacht zu werden braucht. Die Defäkation als solche mit allem Drum und Dran des animalischen Geschehens ist gefühlsbetont. Das Kleinkind hat sehr positive Gefühle zum Teil für diesen Bereich von Gegenständen und Vorgängen. Daher hebt sich das Anale auch deutlich aus dem Bereich des Verwandten heraus. Eine eigene Bezeichnung dafür zu wählen, erschien dem Lernenden gerechtfertigt. Geläufig wurde ihm die Tatsache, einer starken manchmal geradezu leidenschaftlichen Gerichtetheit von Gefühlen auf das Anale. Das scheint der Grund dafür zu sein, daß dann die darüber hinausgehende spezielle orale Gerichtetheit auf Kot und After wie ein Zuviel, wie eine neuerliche Zumutung empfunden wird. Daher wohl gewöhnt sich auch derjenige, dem die retentive und anale Thematik in ihrer Isoliertheit zunächst, dann aber auch in ihrer Kombination geläufig geworden ist, nur langsam daran, darüber hinaus noch die Oralität mit analem Erleben verknüpft zu sehen. Jedenfalls ist es sehr auffällig, wie auch ernsthaft Bemühte zunächst regelmäßig stutzen, beinahe begriffsstutzig stutzen, wenn die These ausgesprochen wird, es gebe auch orale Tendenzen auf den analen Gegenstand. Die Betreffenden pflegen im Augenblick dabei zu vergessen, daß sie längst erfahren haben, daß das Kleinstkind seelenruhig und ohne jede Abwehr Kot in den Mund nimmt und daß erst das Kleinkind offenbar den bitteren Geschmack und widerlichen Geruch bemerkt und den Kot aus diesem Grunde ablehnt. Will man aber Träume, die das Aufnehmen von Kot in den Mund direkt darstellen, verstehend in das Erleben der Menschen einordnen, so muß auch jene Formel vom oralen Gerichtetsein auf anale Gegenstände Geläufigkeit erlangt haben.

Und dann ist weiter daran zu denken, daß innerhalb des psychotischen Erlebens ebenfalls die erstaunliche Tatsache des Kotessens vorkommt, dort jedenfalls drastisch und ganz offensichtlich.

Aber es gibt noch ein weiteres Vorkommnis mit gleichem Inhalt: das ist die Perversion des Kotessens oder auch des Leckens am After. Sie würde nicht zustande kommen, wenn ein entsprechender Antrieb nicht auch sonstwo im menschlichen Erleben eine Rolle spielte. Und nun darf wohl hinzugefügt werden, daß nicht von ungefähr der entsprechende Ausruf des Götz von Berlichingen eine gewisse bewegende Rolle gespielt hat und spielt. Nur von daher ist zu verstehen, daß man einerseits nicht darauf verzichtet, bei Gelegenheit an diesen Ausruf zu erinnern, sich seiner zu bedienen und doch den Ausruf nicht selber tut in der Regel, sondern sich mit dem Hinweis begnügt: „Na, — Götz von Berlichingen . . . !"

Solche analen Tendenzen, u. a. auch die oral gefärbten, spielen im untergründigen Erleben des Menschen, im Bereich seiner Gehemmtheiten und daher auch im Traum eine durchaus verstehbare Rolle. Hin und wieder stehen sie deutlich, greifbar, und wie sie sind, im Traum. Manchmal kommen Kot, After und Defäkation im Traum vor, und „Weiteres" an Gegenstand und Vorgang weist auf noch Gehemmteres hin. Ein Realeinfall zu einer „Bruchstelle" oder auch zu einem unauffälligen Traumdetail vermag dann oft das Tieferliegende zu verdeutlichen. Entscheidend für dieses ganze Gebiet ist die Beantwortung der Frage, ob die anale Erlebniswelt, wie von der Neurosenpsychologie oder der Psychologie des Neurotoiden behauptet, neben der retentiven Thematik eine bedeutsame Rolle spielt. Mikroanalyse von Patienten und auch von Symptomlosen zeigt wieder und wieder, daß hier Bedeutsames, Auch-Bedeutsames vorliegt.

Nicht erörtert wurde im vorliegenden Zusammenhang eine weitere Thematik, die das anale Gebiet betrifft, nämlich die Bedeutung des Kotes als Projektil, der Defäkation als eines aggressiven Aktes. Im vorliegenden Traum und dem zugehörigen Einfall findet diese Thematik keinen Ausdruck. Es sei nur bei dieser Gelegenheit an sie erinnert. Es muß gewiß gewußt werden, daß der Kot nicht nur Gegenstand gewissermaßen zutunlicher Gefühle ist, daß er nicht nur im retentiven Bereich ein Rolle spielt, sondern daß er „noch anders verwandt" zu werden pflegt, nämlich, wie schon gesagt, als Projektil. Nun ist aber auch da wieder zu differenzieren: Nicht nur kann das Kleinkind und im instinktiven Vollzuge auch der Erwachsene die Defäkation als einen trotzig-aggressiven Akt erleben, das Kleinkind empfindet vielmehr Kot und Defäzieren des anderen Menschen im gleichen Sinn als bedrohlich. Hat es Schuldgefühle seiner eigenen willkürlichen Analität gegenüber, so erscheint ihm sein eigener Kot gewissermaßen als Verfolger. Es wird von seinem eigenen Interesse am Kot verfolgt. Der Kot als Gegenstand des Interesses verfolgt es. Oder auch: Der Kot des anderen nimmt aggressive Bedeutung an und wird so zum Verfolger. Es zeigen sich hier höchst merkwürdige Zusammenhänge, die Freud sehr früh dazu bestimmten, die Formel vom „Scybalon als Verfolger" zu prägen. Wie so häufig hat er, der geniale Entdecker, mit prägnanter Wortgebung auf einen sehr seltsamen Bereich hingewiesen, der eben in einigen Zügen dargestellt wurde.

Geltungsstreben

3. geltungsstrebige

15. Traum: Ich gehe durch einen Raum, durch einen Sitzungssaal. In der Mitte. Es sind viele andere da. Ich sehe erstaunt, daß diese ein Zeichen tragen. Wie eine unten offene Kurve?

Einfall: Ich hatte eine Witzzeichnung gesehen, auf der die Rücken serviler Leute solche prononcierten Kurven hatten.

Kommentar: Im Gegensatz zu dem entsprechenden Traum der I. Gruppe verbeugen sich die Anwesenden hier nicht. Es wird zunächst nur betont, daß viele andere da sind. Dann tragen diese ein Zeichen, das so aussieht, wie eine unten offene Kurve. Es wird vom Träumer nicht gesagt, wo sie diese Zeichen tragen. Und dann ist der Träumer über dieses Zeichen erstaunt. Die vielen anderen im Saale werden also nicht in Aktion gesetzt, sondern lediglich durch ein Merkmal charakterisiert. Wenn dem Träumer dann sofort einfällt, daß er diese Kurve schon einmal in der Realität erlebt hat, nämlich auf einer Zeichnung, auf der die Rücken offensichtlich serviler Leute durch solche Kurven ausgezeichnet waren, erhält die Kurve im Traum ihren Sinn. Dann werden durch eine Andeutung, durch einen Hinweis die Traumfiguren als servil charakterisiert. Handelt es sich beim Träumer um einen Menschen mit gehemmtem Geltungsstreben, sodaß sein Traum eine kompensatorische Phantasie darstellt, so müssen an seinen geltungsstrebigen Tendenzen ja Furcht- und Schuldgefühle hängen. Von diesen her gesehen „wagt" er nicht im Wacherleben so geltungsstrebig zu sein, wie es zu seiner Totalperson gehören würde. Er würde also sehr wahrscheinlich im realen Leben sogar eine abwehrende Haltung einnehmen, wenn andere Menschen, oder gar noch viele, ihm gegenüber servil sein würden. Das sind die Menschen, die selbst in Situationen, in denen es sachlich völlig gerechtfertigt und vielleicht sogar notwendig ist, daß sich andere Menschen ihnen gegenüber respektvoll benehmen, hierauf verzichten. Z. B. in Situationen, in denen entschieden und rasch gehandelt werden muß, und die Handelnden sich einem Plan gemäß verhalten müssen, ohne im Augenblick zu erwägen oder Widerspruch zu erheben, fordern solche Geltungsgehemmte ganz unsachlicher Weise, die Sache manchmal direkt schädigend, die anderen, die sich völlig richtig verhalten, etwa auf, sich keinen Zwang anzutun d. h. lässig zu sein. Um diesen Tatbestand, und natürlich ähnliche, handelt es sich hier. Solch ein Mensch, der Träumer, würde auch im Realerleben u. U. sehr erstaunt sein, wenn man ihm in irgendeiner Situation besonders respektvoll begegnete. Oder er würde erstaunt sein, wenn er plötzlich in sich eine Regung spürte, die servile Ergebenheit anderer Menschen ihm gegenüber „auszukosten". Möglicherweie besitzt er sogar eine Ideologie der Bescheidenheit und Demut. Aus dem oben geschilderten aber ergibt sich, daß damit ausdrücklich der Fall angenommen ist, in dem es sich um eine Ideologie und nicht um ein ganz ursprüngliches Ideal handelt, um ein Ressentiment und nicht um ein „Sentiment" (s. S. 91).

Wieder einmal nötigte die Fülle des Lebens dazu, bei der Erörterung des vorliegenden Traumes sehr bald nicht nur die Wendung des Traumerlebens auf Objekte, hier die vielen anderen Menschen, hin zu betrachten, sondern ganz sinnentsprechend auch an die Zuwendung zum eigenen Innern zu denken. Dies kann aber noch in einer anderen Weise geschehen: Der Träumer kann sich auch nur mit sich selbst beschäftigen. Es kann sich darum handeln, daß er sich mit dem Problem des Respekts oder auch der besonderen Variante der Servilität in der Welt überhaupt auseinandersetzt. D. h., er fragt sich gewissermaßen im Traum, wie es denn mit seinen eigenen vielen „Anderen", Regungen, „Personen" in ihm selbst steht, die geneigt sind, respektvoll oder gar servil zu sein. Er fragt sich also mit anderen Worten, ob seine vielfache Tendenz, selbst servil zu sein, dadurch daß er die Servilität anderer so lebhaft ablehnt, zu seiner Persönlichkeit oder nicht nur zu seiner „persona", zum Bereich seiner „Dressate" gehört. In der Auseinandersetzung mit seinen eigenen Regungen also, in der Auseinandersetzung seines „Subjekts" mit seinem „Ich" trägt er gleichzeitig die Auseinandersetzung mit der Welt der anderen Menschen aus. Subjektales und objektzugewandtes Erleben also klingt hier als sinnverbunden nicht nur mit-, sondern ineinander. Das „Lesen" dieses Traumes auf der „Subjektstufe" ist ebenso gerechtfertigt wie das auf der „Objektstufe". Aber gerade die eben angestellte Überlegung zeigt wohl, wie fraglich es ist, ob es sich in diesem Zusammenhang empfiehlt, von „Deutung" zu sprechen oder gar noch von „Stufen" der Deutung usw. Nur, wenn man auf die relative Komplexität des Zusammenhangs nicht genügend vorbereitet ist, also auf gut Deutsch: nicht genügend gelernt hat, richtig psychologisch zu sehen, wird man dazu neigen, starr an solchen Formeln festzuhalten. Das Einleuchtende des Bildes der Stufen — eine Stufe kennt ja jeder! — verführt den Betreffenden dazu zu glauben, er habe etwas psychologisch verstanden, was er in Wirklichkeit noch gar nicht genau verstanden hat.

Wendet man seine Aufmerksamkeit nun der Tatsache zu, daß die Personen des Traumes ein „Zeichen" tragen, so ist dadurch die Bezugnahme auf einen weiteren Zusammenhang ermöglicht. Im allgemeinen tragen die Menschen ja keine Zeichen. Tun sie es doch, so geschieht dies gewöhnlich in rituellen Zusammenhängen. Häufig ist die Bedeutung solcher Zeichen längst vergessen. Auch viele Merkwürdigkeiten der Mummenschänze heutiger Zeit haben diesen Charakter. Oft gelingt es der Wissenschaft nur auf großen Umwegen in langen Zeiträumen, den historischen Sinn solcher Eigentümlichkeiten aufzuhellen. In der Regel ergeben sich dann Parallelen zu ähnlichen Vorkommnissen auf der ganzen Erde. Die Menschheit, das Kollektiv der Menschen, produziert an den verschiedensten Orten das gleiche oder wenigstens ähnliches. Daher kommt es, daß ein von einem Träumer individuell bezogenes Zeichen an weit entferntem Ort rituelle Bedeutung haben kann. Zum vorliegenden Traum fehlt die Fülle der zu ihm möglichen Realeinfälle. Aber daß hier überhaupt die Menschen mit einem Zeichen versehen werden, weist wenigstens entfernt auf Rituelles hin. So kann man zur Not auch diesen Traum, der doch so ganz anders zunächst aussieht, von vornherein ebenfalls vermutungsweise zu den kollektiven rechnen. Wer weiß, was dem Träumer eingefallen wäre, wenn man ihn genauer nach dem Zeichen befragt hätte. Vielleicht würde er, wie das häufig geschieht, seinen ersten Einfall, er habe die betreffende Kurve auf einer Witzzeichnung gesehen, korrigiert haben. Vielleicht hätte ihn genaueres Hinsehen darüber belehrt, daß die Kurve im Traum doch nicht völlig identisch mit jener karrikaturistischen Kurve ist. Vielleicht hätte er dann weiter gesucht und gefunden, daß sie, genau besehen, an die eines Joches erinnert. Vielleicht wäre ihm dazu dann das caudinische Joch eingefallen. Damit aber hätte seine geltungsstrebige Tendenz bereits einen aggressiveren oder gar aggressiven Charakter erhalten. Oder ihm wäre etwa eingefallen, daß er einmal selbst im Scherz zu einem Mitschüler sagte: „Gehe ein durch die enge Pforte". Er habe das seinem ihm hoffärtig erscheinenden Nebenmann auf der Schulbank einmal aufgeschrieben und illustriert zugeschoben. Die enge Pforte auf dieser Zeichnung habe in ihrem Bogen jene Kurve gehabt. Es ist höchstwahrscheinlich, daß es tatsächlich auf der Erde Riten gibt, die aus längst vergangenen Zeiten der Unterjochung eines Volkes herrühren, oder auch Riten, etwa Initiationsriten, in denen der junge Mensch unter einem solchem Joch hindurchtreten muß. Alle diese Vorkommnisse wären dann Ausprägungen der gleichen Problematik. „Der" Mensch setzt sich auf der großen ganzen Erde mit seinem Geltungsstreben auseinander. Er tut es zu einem Teil aus Mitgefühl mit dem anderen. Fühlt er aber mit, so kann das nur in Bezug auf ihm Verwandtes geschehen. Dann muß er selbst Neigungen in sich spüren, sich unter ein Joch zu begeben. Auseinandersetzung mit dem andern ist immer auch Auseinandersetzung mit sich selbst. Formulierte Riten erhalten sich im Laufe der Geschichte nur dadurch, daß eine Gruppenproblematik allgemeine Bedeutung und dann auch ganz individuelle hat. Man wird wohl lange suchen müssen, bis man auf ein Ereignis im Leben der Menschen stößt, das nur individuell oder nur allgemein oder nur gruppenbedeutsam ist.

4. aggressive

16. Traum: Ich prügle auf einen Punchingball los. Er zerplatzt.
Einfall: Gestern sagte jemand: „Und dann zerplatzte dieser Bursche doch!"
Kommentar: Der im entsprechenden Traum der I. Gruppe vorkommende Mensch ist jetzt nicht vertreten. Es handelt sich um einen Puchingball, auf den losgeprügelt wird. Nun pflegt das einem solchen Ball ja nicht zu schaden, denn er ist dazu da, in dieser Weise heftig behandelt zu werden. Daher ist es schon ein außergewöhnliches Vorkommnis, wenn er zerplatzt. Es wird ja auch nichts darüber gesagt, daß der Ball bereits vorher lädiert war. Außerdem zerplatzt so ein Ball nicht, wenn er lädiert ist. Er reißt halt ein Stück mehr. Wer diese Umstände genauer kennt, aber auch derjenige

psychologisch Erfahrene, der das zufällig nicht weiß, wird einen Moment aufmerksam werden, wenn gesagt wird, der Ball „zerplatze". Der Beobachter wird einen Augenblick innehalten, mehr nicht. Und er tut das aus der Gewohnheit heraus, die Ausdrucksweise von Träumern, die ihren Traum berichten, genau zu beachten. Unerwartet war, daß der Ball überhaupt beschädigt werden würde. Sehr häufig ist es so, daß die Menschen in solchem Fall von Kaputtgehen sprechen und nicht gerade von Zerplatzen. An diesem Wort hängt etwas Besonderes. Das ist nur eine Nuance, aber diese ist eben vorhanden. Auch ohne besonderen Einfall des Träumers hängt an dieser Charakterisierung vermutungsweise etwas, z. B. auch das, daß der Träumer ja in unbeschreiblich berserkerhafter Weise auf den Punchingball losgeschlagen haben muß usw.

Im übrigen braucht ja hier wohl kaum noch hinzugefügt zu werden, daß solch eine Traumstelle doch nur ernsthaft interessieren kann, wenn der Beobachter Gelegenheit hat, das Leben und das Erleben des Träumers näher kennen zu lernen. Ob also das Wort Zerplatzen auf einen sogenannten „tieferen" Sinn hinweist oder nicht, wird letzten Endes bestätigt oder widerlegt durch das tatsächliche Erleben des Träumers und n i c h t e t w a durch Einfälle des Beobachters. Diese haben lediglich den Zweck, als Erwartungsvorstellung zu dienen und die Aufmerksamkeit des Beobachters wach zu erhalten, damit ihm in den etwaigen Mitteilungen des Träumers nichts entgeht, was Signal für gehemmte Aggressivität sein könnte. Auch hier wie immer ist die Gerechtfertigtheit, einen Traum so und nicht anders zu interpretieren, völlig unabhängig von der Frage, ob dem Beobachter, dem Träumer oder dem Leser dieser Darstellung jene aus der Empirie stammenden Einfälle des Beobachters einleuchten oder nicht.

Im Einfall aber erinnert der Träumer selbst, daß jemand bildlich, metaphorisch, vom Zerplatzen eines Menschen sprach. D a s legt dann den Gedanken nahe, jener Punchingball im Traum könne einen Menschen vertreten. Danach zu forschen, ob das tatsächlich der Fall ist, wird damit legitime Aufgabe des Beobachters. Der Gesamtzusammenhang eines Lebens „trägt" den Sinn des Traumes.

Wer gehemmte Aggressionen schwerster Art in sich hat, steht im Widerspruch zu seinen eigenen liebevollen Tendenzen den anderen Menschen gegenüber. Er steht in Konflikt mit sich selbst; eine Seite seiner Person gebietet ihm, lieber sich selbst zu schlagen als den anderen. Je heftiger und infantiler latente Aggressionen in einem Menschen sind, desto mehr neigt er mit einem Teil seiner Person dazu, sich selbst und seine „Existenz" zu verurteilen. Es ist verständlich, daß ein Teil dieser mit schwerer Aggressivität „aufgeladenen" Menschen wenigstens phasenweise die Tendenz haben, sich lieber selbst, so wie sie als irdische Menschen sind, aufzugeben, zu vernichten, sich zerplatzen zu lassen, als anderen Menschen Leid zuzufügen. Ihr Subjekt, ihre Perönlichkeit ringt um Erlösung von diesem Zwiespalt. Sie wendet sich mit Lösungsversuchen der Phantasie in diese und jene Richtung, ausgleichsuchend. E i n e dieser Richtungen, e i n e Möglichkeit ist die auf Auflösung, auf „Zerplatzen" der eigenen geformten Person.

Wiederum sind hier keine näheren Angaben darüber gemacht, ob der Punchingball im Traume tatsächlich alle Merkmale eines solchen Balles trägt. Es fehlen alle Hinweise darauf, wie dieses Zerplatzen vor sich geht und aussieht. Häufig ist es so, daß ein solcher Ball Merkmale trägt, die aus sehr entlegenen Bereichen zu stammen scheinen. Dann können sich ethnische oder mythische Zusammenhänge im nun schon viel erörterten kollektiven Sinn ergeben.

Sexualstreben

5. zärtliche

17. Traum: Ich streichle jemand. Meine Hände sind sonderbar rot.
Einfall: Ich hörte einen Wortstreit mit an, ob Rotwerden ein Zeichen der Innigkeit sei.
Kommentar: Dieser Traum enthält zunächst einmal manifest die Betätigung des gemeinten Antriebes. Der Träumer ist zärtlich. Wenn man aber daran denkt, daß sehr viel Zärtlichkeit in der Welt durchaus erlaubt ist, wenn man daran denkt, daß besonders das Kleinkind sehr zärtlich sein darf, dann erweist sich, daß eigentlich nur exzessive Zärtlichkeitsbedürfnisse in Gefahr stehen, gehemmt zu werden. Ist diese neurosenpsychologische Beobachtung zutreffend und ist der Traum tatsächlich ein Phantasiegebilde, in dem latente Tendenzen betont auftreten, so ist ja zu erwarten, daß nicht die allgemein üblichen und erlaubten Zärtlichkeitstendenzen im Traum ihren Platz finden. Dann muß es vielmehr so sein, daß an im Traum geäußerten Zärtlichkeitstendenzen irgendwie ein Moment des Intensiven, des „Maximalen" hängt. Wenigstens häufig erfolgen Zärtlichkeitsäußerungen durch die Hände. Immerhin sinnvoll kann man davon sprechen, daß diese nur zart „sind", wenn sie streicheln, oder daß sie auch heftig oder auch etwa leidenschaftlich Schmerz bereitend sind. Also besteht für die menschliche Phantasie die Möglichkeit, dem Händestreicheln ein Attribut zu verleihen, das die Handlung näher charakterisiert, z. B. in Richtung auf Maßlosigkeit. Wenn nun ein Träumer die sonderbar rote Farbe seiner Hände im Traum bemerkt und dann erinnert, daß Rotwerden überhaupt als Zeichen von Innigkeit erwogen wurde, so ist damit zunächst einmal ein Hinweis auf besondere Intensität gegeben. Aber Innigkeit selbst ist ja schon ihrer intensiven Größe wegen wohl in einem Zusammenhang maßlos. Daher hat der Hinweis auf Innigkeit zunächst nichts Charakteristisches an sich. Aber der Träumer hat ja einen Wortstreit mit angehört. Für die Streitenden war es also keineswegs sicher, ob das Rotwerden Innigkeit, nur Innigkeit bedeutet. Es müssen da weitere Themen miterörtert worden sein. Und nun weiß der mit den neurotischen und neurotoiden Persönlichkeitsanteilen Vertraute, daß Rotwerden zumindest sehr häufig auf erheblich Gestautes hinweist. Die Erheblichkeit ist das Wesentliche. Wenn viel gehemmt worden ist und mobil zu werden droht, schießt das Blut in die Wangen, in die Stirn, in die Halsseiten und in ähnliche Orte. Dem Träumer ist also das Thema Innigkeit eingefallen, ganz im Sinne der auch für den Traum geltenden Verhüllung. Sein allgemein

menschlicher Instinkt dagegen wird ihm gesagt haben, daß das Rotwerden der Menschen gewöhnlich oder häufig von magmatischen Kräften gespeist wird. Diese sind es, die auch das Streicheln eines Kleinkindes so zu intensivieren vermögen, daß dieses in Konflikt mit den Ordnungen seiner Umwelt gerät. Dann entstehen Schuldgefühle, und Zärtlichkeitsgehemmtheit kann sich entwickeln.

Am Thema exzessiver Zärtlichkeit hängen, wie wir neurosenpsychologischerseits heute wissen, eine Reihe weiterer Themen. Maßlose Zärtlichkeit ist im Erleben des Kleinkindes häufig dadurch bedingt, daß es aus äußeren oder inneren Gründen keine Gelegenheit hat, sich anderweitig expansiv zu betätigen. Eine Fülle von Konstellationen pflegen dies zu bedingen. Phasenhafte Verwöhnung mit Zärtlichkeit ist oft das weckende Moment. Und späterhin greift der betreffende Mensch in instinktiver Erinnerung auf jene Verwöhntheitsphase zurück. Exzessiv zärtliche Kinder werden leicht zu Störern. Daher hat der Pädagoge besonders häufig mit ihnen zu tun. Er muß in gewissen Grenzen auf Ruhe und Ordnung halten und kann es nicht dulden, daß diese durch Zärtlichkeitsausbrüche eines einzelnen Kindes gestört werden. Hin und wieder wird er sich für die Entwicklungsgeschichte eines solchen störenden Kindes interessieren und dann mit einer gewissen Wahrscheinlichkeit die Verwöhnungsphase feststellen, auf die das Kind in der Schule zurückgriff. Daher wird er weniger dazu neigen, exzessive Zärtlichkeitshandlungen als „Durchbrüche" gehemmter Zärtlichkeitstendenzen zu betrachten. So gelangt der Pädagoge leicht auch zu einer Interpretation von Träumen wie dem vorliegenden, die den „finalen" Charakter solchen Streichelns betont. Unter „final" wird dann verstanden, daß das betreffende Kind oder nun der betreffende Träumer gar keine eigentliche, ursprüngliche Lust am Streicheln verspürt, sondern dieses in den Dienst der Beherrschung anderer Menschen stellt. Ein Zweck, ein „Finis" schwebe dem Träumer vor. Um diese Problematik gehe es und daher erkläre sich auch das Rotwerden. Dieses sei das Signal für Schuldgefühle. Diese seien aber völlig verständlich, denn die „Finalisierung" ursprünglich gar nicht so lebhaft empfundener Zärtlichkeitstendenzen sei ja ein antisozialer Akt. Überläßt man sich nun aber bereitwillig diesen Gesichtspunkten, so findet man sehr bald, daß es sich fast nur um Unterschiede der Terminologie handelt. Für den groben Gebrauch jedenfalls, für das unmittelbare therapeutische Eingreifen genügt es völlig, die Bedeutung exzessiver Zärtlichkeitshandlungen zu kennen. Diese Bedeutung hat eine Reihe von Seiten, eine davon ist die einfach kompensatorische, die andere ist die überkompensierende.

Dem Verfasser der vorliegenden Darstellung ist nicht bekannt, ob in Märchen, Mythen oder in ethnologischen Bereichen rote Hände eine besondere Rolle spielen. Ausgeschlossen ist dies keineswegs. Obgleich einfache Zärtlichkeitstendenzen in keiner Weise so unter Tabu zu stehen pflegen wie grobsexuelle, besteht doch immerhin die Möglichkeit, daß es irgendwo auf der Erde auch eine rituelle Problematik dieser Art gibt. Wer weiß, ob nicht irgendeine Göttin irgendwo verehrt wird, die, wie es zunächst scheint, unverständlicherweise durch rote Hände charakterisiert ist. Es könnte sehr gut sein, daß jenes Rot als vasomotorisches Erröten angesehen wird. Aber es könnte auch ebensogut sein, daß das Thema Blut, blutig anklingt, und die Magna mater wieder einmal in Zärtlichkeit zerfleischt, was sie vordem nur mütterlich liebte. Es ist da etwa an das Thema der Mänaden zu denken, die, wie die Sage berichtet, von Dionysos geführt, in die Wälder ziehen, dort die Jungen der wilden Tiere säugen und die jungen Tiere dann eigentlich völlig unverständlicher Weise zerreißen. Jede traumrelevante Thematik ist Thema eines weiten Gebietes menschlichen Erlebens. Dieses findet seinen Niederschlag genau so in der individuellen Phantasie des heute lebenden Menschen, wie es ihn einst im Mythos fand. Wenn diese Zusammenhänge geläufig zu werden beginnen, findet sie weniger und weniger erstaunlich. Die Vielfältigkeit der Bezüge, in denen der Mensch lebt, sorgt dafür, daß Einzeläußerungen in der Regel mehrfachen Sinn haben, aber der Sinn ist eben eine Sinn*gestalt*, vertritt also Zusammengehöriges. Der Traum ist, so gesehen, eine Ausdrucksmöglichkeit für Sinn.

6. hingebende, liebevolle

18. *Traum*: Jemand kommt auf mich zu. Ich falle sehr tief.
Einfall: Als Kind ließ ich mich mal von einem Schrank in die Arme von jemand fallen.
Kommentar: Der Gegensatz zum entsprechenden Traum der I. Gruppe ist hier besonders auffallend. Wie es scheint, fehlt jeder leiseste Hinweis auf die zugrunde liegende, d. h. zunächst einmal angeblich zugrunde liegende Antriebsqualität. Nur daß es sich darum handelt, daß „jemand anders" sich auf den Träumer zubewegt, kommt in beiden Träumen vor. Aber der Einfall enthält das Thema „*fallen*" und zwar in der Form, daß sich der Träumer als Kind fallen *ließ*. Es wird wohl deutlich sein, daß ein Sich-Fallen-Lassen innere Verwandtschaft mit dem Erleben des Zerfließens hat. Wer sich darüber hinaus überlegt, in welcher inneren Situation sich ein Kind befindet, das auf einem Schrank sitzt oder steht und sich von dort herab in die Arme eines Erwachsenen fallen läßt, wird feststellen, daß dies auf außerordentliches Vertrauen, auf vertrauende Hingabe zurückgeht. Hier haben wir es mit einer prototypischen Situation zu tun. Der Instinkt dieses Kindes muß ihm sagen, daß der betreffende Erwachsene auf jeden Fall so fürsorglich sein wird, daß ihm nichts geschehen kann, selbst, wenn es etwas tut, was anderen Instinkten in ihm kraß widerstrebt. Auch bei Hunden kann man jederzeit beobachten, mit welch panischem Schrecken und Widerstand sie sich dagegen wehren, auf einem Fensterbrett auch nur etwas weiter nach außen, nach der Straße zu vorgeschoben zu werden. Nur wenn der Hund seinem Herrn in ganz ungewöhnlicher Weise vertraut, wird er so etwas zulassen. Und ist ein Kind in dieser Weise vertrauend, so bedeutet dieses Sich-Fallen-Lassen für sein Erleben oft eine „wahre Wonne".

Hin und wieder trifft man auf Lernende, denen der eben geschilderte Tatbestand durchaus nicht einleuchten will. Sie können sich beim besten Willen die animalisch gefärbte Beglückung einer solchen Form von Vertrauen und eines solchen Fallens nicht vorstellen. In der eigenen Analyse pflegen sich die Betreffenden dann regelmäßig davon zu überzeugen, daß bei ihnen eigene gehemmte Hingabetendenzen vorliegen und sie daher nicht in der Lage waren, jene Erlebnisqualität zu verstehen. Am Rande: Hier u. a. zeigt sich an einem markanten Beispiel, warum derjenige, der eines Tages Neurotiker heilen will, dringend einer eigenen Analyse bedarf.

Im Rahmen des eben Erörterten kündigte sich eine weitere Thematik an. Im allgemeinen geht man berechtigter Weise von der Vorstellung aus, daß expansive Tendenzen durch „Drohungen" gehemmt werden. Was hier alles durch das Wort Drohung vertreten wird, ist ja vielfach erörtert worden. Auf jeden Fall stellt man sich unter einer Drohung etwas Expansives von seiten des anderen Menschen vor, und zwar etwas, was Richtung auf den Bedrohten und später Gehemmten nimmt. Aber gerade im Falle der Hingabetendenzen hat man beim Worte Bedrohtheit, Drohung an eine weitere Variante zu denken. Die häufigste ist, so weit wir heute überblicken können, die, daß ein Vater jähzornig ist und seiner kleinen Tochter daher weiche Hingabegefühle an ihn bedrohlich erscheinen müssen. Sie kann ja nicht wissen, ob, wenn sie weiter hingabevoll bleibt, der jähzornige Vater sie nicht auf die Dauer doch „kaputt machen", einfach zerstören wird. In diesem Fall also richtet sich die Drohung, das Drohende nicht gegen den Antrieb, als ob er unerlaubt sei. Hier handelt es sich vielmehr um eine noch tiefer liegende Auseinandersetzung zwischen Menschen. Hier spielen ganz elementare, instinktive Aktionen und Reaktionen eine Rolle. Hier reagiert, wenn man das so ausdrücken will, Stammhirn auf Stammhirn.

Auch wenn ein Vater aus allgemeinster, „weltanschaulicher" Feindschaft gegen die Frau überhaupt, gegen das „Weiberpack" die kleine Tochter in ihrer Weiblichkeit nicht bestätigt, wenn ihm statt dessen „Papas Junge" als Ideal vorschwebt, stößt der Hingabewille der kleinen Tochter auf härtesten Widerstand. Auch dann droht sie existenzunfähig zu werden, so lange sie im Bereich des Vaters lebt und irgendwie von ihm abhängig ist. Also hemmt sie instinktiv, reflektorisch ihre Hingabetendenzen. Und später träumt sie vom tiefen Fallen, wenn ihr weiblicher Hingabewille, intensiver werdend, sich im Bewußtsein durchzusetzen sucht. Sie greift dann zurück über ihre Mädchenzeit hinaus auf frühkindliche Erinnerungen an die Lust uneingeschränkten Vertrauens und sich im wörtlichen Sinne Fallenlassens.

Aber auch jedes männliche Wesen enthält zu einem Teil weiche Hingabetendenzen. Es gibt da eine Streuung der Intensität. Es gibt ererbte Konstitutionen von großer, ja größter Weichheit, die in dieser Hinsicht dann besonders gefährdet sind. Aber es gibt eben auch mittleres Maß an Weichheit und Zartheit des kleinen Jungen, das Hingabe will und daher Bestätigung solcher elementaren Bedürfnisse sucht. Zumindest qualitativ liegen die Verhältnisse beim Knaben also sehr ähnlich wie beim Mädchen. Daher kommen Fallträume beim Manne wohl ungefähr ebenso häufig vor wie bei der Frau. Das erklärt sich außerdem auch dadurch, daß ja die Ordnungen der Menschen heute so gestaltet sind, daß die Frau im allgemeinen legitimer Weise viel mehr Hingabe erleben und zeigen darf als der Mann. D. h. sie hat Gelegenheit, eventuelle Gehemmtheiten in dieser Richtung im Laufe von Pubertät und besonders Nachpubertät allmählich wieder rückgängig zu machen.

Das Fallen ist ein passiver Vorgang. Wenn jemand also im Traume sehr tief fällt und angenommen werden darf, daß sich im Traume Bedürfnisse melden, so kann mit gewissem Recht wenigstens erwogen werden, ob hier nicht ausgeprägte passive Bedürfnisse eine Rolle spielen. Auch im Einschlafen wird ja das Passivwerden, das Erschlaffen der Muskulatur oft erschreckt als Fallen erlebt. Hier also tritt im Traume ein neurosenpsychologisches Thema auf, das im Buche „Der gehemmte Mensch" (S. 73) unter dem Titel Bequemlichkeit behandelt wurde. Sehr weitgehend handelt es sich da um denjenigen Bereich, der in der Individualpsychologie Adlers als „zögernde Attitude", als „Passivität" behandelt wird. Es besteht durchaus die Möglichkeit, mit einem Analysanden oder Patienten außer über das Thema der Hingabe auch über die Finalisierung der Hingabe, die in tendenziöser Passivität oder gar Bequemlichkeitssucht bestehen kann, zu sprechen. Wer Hingabetendenzen verdrängt hat und von ihnen unbewußt erfüllt ist, wird in seinem Erleben immer wieder instinktiv dazu neigen, Situationen aufzusuchen, in denen er die Welt nicht bewältigt, sondern passiv bleibt, so als gelte es, sich ihr hinzugeben. Der Mensch hat seine Bedürfnisse nicht nur, sondern er geht außerdem noch mit ihnen um. U. a. ist er nicht nur ein weiches, hingabebedürftiges Wesen, sondern er stellt diese Bedürftigkeit so und so oft in den Dienst seiner Furcht vor dem Leben. Und dann kann es dazu kommen, daß er die mit Hingabehaltungen verwandte Passivität auch noch genießt. Die Passivität wird zur Quelle der Lust. Sie ersetzt die Lustquellen der Selbstentfaltung. Nur im Einzelfall, aus einem gesamten Erlebniszusammenhang heraus läßt sich entscheiden, um das Gefüge welcher Akzente es sich handelt. Noch einmal kurz gesagt: Hingabe stellt keinen absoluten Wert dar. Ihre Bedeutung ist nicht durch isolierende Betrachtung zu erkennen und aufzuhellen. Sie kann in Konsequenzen übergehen, z. B. in Bequemlichkeitssucht, die gerade das dann aufhebt, was ursprünglich erstrebt wurde, nämlich ursprüngliche, freie Hingabe an die Welt.

Dem Verfasser der vorliegenden Darstellung ist nicht bekannt, ob es irgendwo auf der Erde einen Mythos gibt, in dem das Thema des Fallens eine entscheidende Rolle spielt. In Märchen kommt dieses Thema ja hin und wieder vor, z. B. in „Pechmarie und Goldmarie" und dann auch im „blauen Licht". Wahrscheinlich haben diese Märchen mit dem hier erörterten Thema zu tun. Aber es liegt vielleicht nicht allzu fern, die Sage von Jupiter und Ganymed hierher zu zählen. Es handelt sich ja darum, daß ein Knabe von Jupiter in Gestalt eines Adlers getragen wird. Zumindest ist der Grad der Passivität beim Knaben dem ähnlich, der in jener Fallthematik zum Ausdruck kommt. Es muß bekannt werden, daß dem Verfasser hier, wie oben schon gesagt wurde, Material dieser Art bisher nur am Rande zugänglich geworden ist. Es wird sehr zu begrüßen sein, wenn die nächste Generation der Forschenden, die antriebs- und bedürfnispsychologisch zu sehen gewohnt ist, es sich angelegen sein lassen wird, die Welt der Märchen und Mythen noch selbstverständlicher in den Bereich der Betrachtung zu ziehen, als das bisher geschehen ist. In verstreuter Form liegt sehr viel Literatur hierüber bereits vor, sie sollte nur geordnet und übersichtlich gemacht und engstens mit antriebspsychologischen Gesichtspunkten amalgamiert werden.

Hin und wieder hört man von Jungscher Seite die Meinung äußern, es sei nicht nur statthaft sondern geboten, das Thema des Fallens etwa so zu formulieren: Im Traume falle der Träumer in sein Unbewußtes. Dieses sei die Tiefe, in die er falle. Hier möchte ich zu bedenken geben, daß in solcher Formel ja eine nähere Angabe darüber fehlt, was das Unbewußte denn hier und speziell sein soll. Das Unbewußte ist ein sehr weiter Bereich. Es umfaßt nahezu alle menschlichen Möglichkeiten. Also müßte jeweilig ausgesagt werden, worum es sich denn speziell handeln soll. Daher wird von der gleichen Seite her hin und wieder auch formuliert: Jenes Fallen im Traum sei eine Darstellung des Sichversenkens in das Unbewußte, soweit es besonders „Anima" sei. Zumindest häufig wird nun weiterhin die „Anima" als Repräsentantin der „Gefühlsfunktion" dargestellt. Gefühlshaftigkeit im üblichen Wortsinn hat aber wiederum engste Verbindung zu Weichheit und Hingabe. Darf man all dies als recht verstanden unterstellen, so ergibt sich, daß auch nach Jungscher Auffassung das Fallen im Traum zumindest engste Beziehung zum Lebendigwerden von Hingabegefühlen hat. Von daher gesehen ist dann die Frage der besonderen Formulierung und der Terminologie von sekundärer Bedeutung. Eines Tages wird eine korrekte und ausreichende Anthropologie auch diese Seite menschlichen Erlebens als äußerst wichtiges Gebiet erschöpfend und differenziert beschreiben, so daß dann die Neurosenpsychologie sich solcher verbindlichen Formulierungen wird bedienen können. Dann wird Metaphorik nur einführende und illustrierende Bedeutung haben. Vorläufig aber muß es genügen, immer wieder die sehr spezielle Terminologie einzelner Autoren als nicht so wichtig zu behandeln, das gemeinte Psychologische möglichst klar zu erfassen und Gleichartigkeit der zugrundeliegenden Auffassung da festzustellen, wo sie wirklich vorliegt. Werden die Vertreter verschiedener Terminologien heute mit Erfolg veranlaßt, unter Absehung von ihren Spezialbegriffen einfach das Erleben um das Thema „Fallen" herum zu beschreiben, so erweist sich stets eine Übereinstimmung darin, daß Hingabegefühle Zentrum des betrachteten Gegenstandes sind.

7. sexuelle

19. Traum: Koitus mit jemand. Ich weiß nicht, mit wem. Warum da eine Tischdecke auf dem Tisch?

Einfall: Person B. strich vor drei Wochen über eine Tischdecke.

Kommentar: Träume dieser unklaren Art sind häufig. Zunächst erscheint es ja völlig sinnlos, daß der Träumer ein Erstaunen darüber äußert, daß eine Tischdecke auf dem Tisch liegt, der sich in dem Raume befindet, in dem der Coitus stattfindet. Auf jeden Fall wird formal der Frage, mit wem der Coitus stattfand, eine weitere Frage angehängt. Aus unserer Kennnis der Traumpsychologie, aus dem, was wir über die kombinatorische Phantasie des Menschen wissen, folgt jedenfalls die Möglichkeit einer so angedeuteten Verbindung. Es ist so, als ob der Träumer, wenn er nach der Tischdecke auf dem Tisch fragt, damit gewissermaßen in Fortsetzung nach dem Coituspartner fragte. Ganz am Rande ist es aber wohl auch erlaubt zu erwägen, ob nicht noch eine weitere Verbindung besteht, nämlich die, die im Worte „Decken" liegt. In der Tierzucht spricht man ja ausdrücklich von Decken im Sinne des Coitus. Es wäre also durchaus nicht sehr entlegen zu meinen, die Tischdecke im Traum, die das Erstaunen des Träumers erregt, könnte sich auf die Person beziehen, die „deckte". Und wenn nun der Träumer sofort als spontanen Einfall bringt, daß eine ganz bestimmte Person, B., mit einer Tischdecke zu tun gehabt hat, so liegt zumindest die Frage nahe, ob nicht wenigstens durch die Andeutung, nämlich durch das Auftreten der Tischdecke im Traum, jene Person als möglicher Coituspartner eingeführt wird. So und so oft jedenfalls liegt im Falle eines Traumes ein solcher Zusammenhang vor. Das zeigt die Erfahrung. Wie weit diese für den Einzelfall gilt, auf ihn anwendbar ist, entscheidet dann natürlich lediglich der gesamte mikropsychologisch gesehene Erlebniszusammenhang des Träumers. Liegen die Dinge im Einzelfall nachweisbar so, wie hier erörtert, so stellt der Traum die Erfüllung eines Coituswunsches dar, bei dem der Partner für den Träumer in irgendeiner Richtung, — die zu eruieren wäre, — einen problematischen Charakter hat.

Kenner der Neurosenpsychologie und auch der Traumpsychologie werden selbstverständlich noch eine Reihe weiterer möglicher Zusammenhänge erwägen. Diese werden als Erwartungsvorstellung auftauchen, sobald der Traum gehört wird. Je fundierter die Kenntnisse des betreffenden Beobachters sind, desto unbekümmerter wird sich dieser seine deutenden Einfälle vorschweben lassen. Er ist ja sicher, daß er sie nicht überwerten wird, oder gar die in ihnen enthaltenen Hinweise als verbindlich hinnehmen wird. Er weiß, daß es für seine therapeutischen Bemühungen völlig ausreicht, eine Fülle von Möglichkeiten vorschweben zu haben. Er weiß, daß er keiner Sicherheit in der Vorausnahme bedarf. Daher wird er auch etwa an das Mitschwingen einer oralen Thematik denken. Tische mit Tischdecke sind ja, häufig wenigstens, Tische, an denen gegessen wird. Also bestünde die Möglichkeit, daß hierin ein weiterer Hinweis auf die besonderen Gründe liegt, die gerade die Person B. als Coituspartner problematisch machen. Aber damit sei es genug. Wenn ein manifester Traum, wie der hier behandelte, bereits fundierte Erwartungsvorstellungen, wie sie erörtert wurden, zuläßt, so bedeutet dies auf jeden Fall einen außerordentlichen Gewinn für ein therapeutisches Vorgehen. Hier läßt sich noch eine weitere didaktische Überlegung anknüpfen. Nicht wenige Lernende, besonders ärztliche Autodidakten auf psychotherapeutischem Gebiet, meinen, sie müßten in einem Lehrbuch der Traumanalyse „Anweisungen" finden, die sehr speziell und trotz dieses speziellen Charakter gültig sind, — und nicht etwa Hinweise auf Möglichkeiten. Solche Erwartung ist irrtümlich. Fast immer zeigt sich dann weiter, daß die Betreffenden sich, auch entgegen aller guten Absicht, das langsam übende Erlernen ersparen wollen.

Es wird interessant sein zu erfahren, wie etwa Vertreter der Adlerschen oder der Jungschen Lehre einen solchen Traum zu interpretieren geneigt sein werden. Es wäre nicht ausgeschlossen, daß das Streichen über eine Tischdecke in anthropologische Zusammenhänge hineingehört, die ihrerseits zur Aufhellung des Traumsinnes herangezogen werden könnten und dann im therapeutischen Interesse auch sollten.

8. erotische

So weit Verfasser es überblicken kann, spielen gehemmte erotische Tendenzen in den Träumen nur bedingt eine Rolle. Es ist oben (S. 193) ja eingehend erörtert worden, warum das so ist. Daher hat der Mensch auch keine rechte Veranlassung, erotische Tendenzen im eigentlichen Sinn im Traume anders als kinderwunschmäßig zu erleben. Solche Tendenzen bedürfen nicht einmal desjenigen Grades an Verhüllung, wie er in der II. Gruppe der Träume vorliegt. Daher kann wohl mit Recht auf die Besprechung der, wenn überhaupt, doch sicher sehr selten vorkommenden Traumart kombinatorischer manifester Bedürfnisträume auf erotischem Gebiet verzichtet werden.

III. Gruppe

Bei Erörterung der Träume der I. und der II. Gruppe war es nicht zu vermeiden — die Sache erforderte das —, von Zeit zu Zeit immer wieder die Befürchtungen des Träumers in Betracht zu ziehen. So „rein" manifeste Träume von Kinderwunschtraumcharakter auch sein mögen (I. Gruppe), so relativ rein die entsprechenden kombinatorischen Träume (II. Gruppe) auch sein mögen, reines, „unverfälschtes" Erleben von Antrieben und Bedürfnissen gibt es gar nicht. Gerade weil dies so weitgehend instinktiven Charakter trägt, mischt sich reflektorisch Furcht hinein. Erörtert man nicht nur ganz abstrakte Modelle, sondern gibt man zwar auch noch modellhafte aber doch konkrete reale Möglichkeiten, so tönt an allen Ecken und Enden das Thema Furcht und auch das seiner speziellen Variante, des Schuldgefühls, durch. Daher auch war jene Formel: „Träume stellen erfüllte Kinderwünsche dar", nur gerade eben als allererste Annäherung erlaubt. Der nächste Schritt in die Empirie mußte die Kritik der Nachuntersucher wachrufen. Verzeihlich war jene Kurzformel aber deshalb, weil in ihr erstmalig mit voller Deutlichkeit der Motor, das Antriebs- und Bedürfniserleben, hervorgehoben wurde und weiterhin die Tatsache, daß kindliches Wunscherleben deshalb in die Träume hineinzuragen pflegt, weil Hemmungen in der Regel in früher Kindheit erworben werden. Aber es wurde ja schon eingeräumt, daß solche Kurzformel eben doch die Gefahr der Mißverständnisse in sich trug. Eines dieser Mißverständnisse nun war das, furchterfüllte Träume seien grundsätzlich Einwände — „Gegenbeweise" wurde in der Regel gesagt — gegen die Wunschtheorie der Träume. Solche Kontroversen sind nunmehr überholt. Wir wissen um die Komplexität des Sachverhaltes. Wir sind nicht mehr grundsätzlich erstaunt, Furchthaftes in den Träumen zu finden. Nur mit einer gewissen Künstlichkeit konnten wir von manifesten Kinderwunschträumen und von kombinatorischen Träumen dieser Art sprechen. Didaktisch aber war es auf jeden Fall wohl angebracht, mit möglichst „reinen" Träumen dieser Art zu beginnen. Und da es nun weiter für den Lernenden regelmäßig eine Schwierigkeit bedeutet, den Träumen gegenüber die Erwartungsvorstellung Wunsch, Antrieb, Bedürfnis mit der von Furcht und Schuldgefühl zu verbinden, soll als III. Gruppe eine Zusammenstellung von Träumen erfolgen, die wiederum an die I. Gruppe anknüpft. Nicht deren sämtliche Träume sollen so behandelt werden aber eine Auswahl. Es sollen ausdrücklich Furchtanteile hervorgehoben und in ihrer Einzelbedeutung diskutiert werden. Es ist ja auch so, daß derjenige, der einmal auf diese Furchtanteile aufmerksam geworden ist und sich einige Übung darin erworben hat, sie zu berücksichtigen, vorübergehend dazu neigt, die dynamisierenden Antriebs- und Bedürfnisanteile zu übersehen.

Folgt man der auf S. 79 erörterten Darstellung, so setzt man in der Regel naiv voraus, daß ein Antrieb zunächst einmal aufgetaucht sein muß, damit eine Furchtreaktion folgen kann. Erst nähere Überlegung zeigt dagegen, daß dies keineswegs der Art menschlichen Phantasierens entspricht. Es gehört zum Mikrocharakter der Bereiche menschlichen Erlebens, um die es sich hier handelt, daß oft nur leiseste Andeutungen von fulminanten Reaktionen gefolgt sind. Der eigentliche Motor eines Erlebnisvorganges kann also mikropsychisch bleiben, die dann erfolgende Reaktion aber geradezu lärmende, grobe, überdeutliche Formen annehmen. Daher kommt es u. a. auch, daß die Furchtanteile in den Träumen nur anklingen können. Das war schon vielfach in den Träumen der Gruppe I und besonders der Gruppe II der Fall. Weiterhin klingen die Furchtanteile tatsächlich häufig n a c h. Aber sie können auch voranklingen oder gar so weit dominieren, daß der Wunsch-, Antriebs- und Bedürfnisanteil nahezu völlig verschwindet. In diesem Grenzfall sieht der Traum dann so aus, als bestünde er rein aus Furchterleben. Im Folgenden wird Traumbeispielen α, in denen der Furchtanteil an- oder nachklingt, vorangesetzt werden; β, wenn er voranklingt und γ, wenn er dominierend ist.

Besitzstreben

1. a) kaptative, habenwollende

20. α Traum: Ich sehe einen Weihnachtsbaum. Wäschestücke mit meinem Monogramm. Nein, es war ein K. Das beunruhigte mich.

Kommentar: Dieser Traum beginnt also genau wie der entsprechende Traum der I. Gruppe. Der Träumer hat aber offenbar nicht genau hingeschaut. Es ist doch nicht sein Monogramm. Es fehlt also der ausdrückliche

Hinweis darauf, daß das Wäschestück ihm gehören wird. Dabei ist es übrigens möglich, daß er das schon im Traum bemerkt hat. Die Mitteilung des Traumes läßt aber zu, daß der Träumer erst bei der Rückerinnerung das K. statt seines eigenen Monogramms bemerkt. Auf jeden Fall beunruhigt ihn das. Aus dem Erlebniszusammenhang des Träumers ergibt sich zu solchem Traum dann in der Regel, warum er nicht wagt, sich nicht einmal im Traume einfallen läßt, auf jene Traumwäschestücke sein eigenes Monogramm zu setzen. Er ist ja der Autor des Traumes. Er hätte die völlige Freiheit, seine Phantasie wunschgemäß zu gestalten. Er tut das aber nicht. Etwas muß ihn hemmen. Läßt man einen Träumer dann zu dem K. einen Realeinfall bringen (s. S. 125), so enthält dieser Einfall in der Regel den Grund dafür, warum er einer Person K. glaubt jene Wäschestücke zuteilen zu müssen, bzw. warum er Schuldgefühle damit verbindet, wenn er sie sich selbst zuteilte. Immerhin schwankt er. Denn zunächst einmal treten die Wäschestücke ja mit seinem Monogramm auf. Er befindet sich in einem Zwiespalt zwischen kaptativen und entgegengesetzten Tendenzen. Ist solch ein Zwiespalt für den Träumer relevant, so beunruhigt dieser selbstverständlich. Und die Erfahrung zeigt, daß solch ein Zwiespalt wie der zwischen kaptativen Eigeninteressen und den entsprechenden einer andern Person nicht nur ganz allgemein bedeutsam für den betreffenden Träumer ist, sondern, wenn dieser neurotische Symptome hat, zumindest mit zum Fundament seiner Symptomatik gehört.

21. β T r a u m : Ich habe ein Angstgefühl, als ob etwas Schreckliches passieren müßte. Da sehe ich einen Weihnachtsbaum vor mir. Aber alles merkwürdig unscharf.

K o m m e n t a r : Nach allem Vorhergesagten wird dieser Traum wohl klar sein. Natürlich immer unter der Voraussetzung, daß es sich dabei in der Hauptsache um einen einfachen kaptativen, im Wacherleben gehemmten Antrieb handelt, so, wie das oben entwickelt wurde. Auffallend an diesem Traum ist, von daher gesehen, aber das Angstgefühl, „als ob etwas Schreckliches passieren müßte". In dieser Hinsicht muß folgende Überlegung angestellt werden: Animalische Antriebe und Bedürfnisse pflegen nur dann und insofern gehemmt, verdrängt und in Latenz geschickt zu werden, als sie die unbekümmerte Existenz des Kleinkindes wirklich schwer gefährden. Daß es sich da manchmal um eine ganz subjektive Angelegenheit handelt, d. h. daß das Kleinkind in solchem Fall nur m e i n t , es sei schwer gefährdet, spielt in diesem Zusammenhang keine Rolle. Die Gefährdung wird ausdrücklich und im Gefühl wenigstens in grober Dramatik erlebt. Das ist dann auch der Grund dafür, daß, wenn ein ständig gehemmtes kaptatives Bedürfnis intensiver Art nun doch einmal durchzubrechen droht, der Betreffende etwas Schreckliches befürchtet. Entscheidend ist, daß für einen so gewordenen Menschen das Erleben kaptativer Antriebe einfach entsetzlich ist. Wäre dies nicht so, dann würden Neurosenstrukturen von so kompaktem Charakter, wie sie üblich sind, überhaupt nicht vorkommen. Hier handelt es sich stets um vielfach bedingte Reflexe. Ein besonderes Beispiel wäre das, daß jemand aufgefordert würde, einmal nackt auf der Straße spazieren zu gehen. Obgleich solch ein Unternehmen mit Sicherheit ganz harmlos ablaufen würde, reagiert der Betreffende, dem dieses zugemutet wird, regelmäßig mit wahrem Schrekken. Wenn die Frau eines Negerstammes daran gewöhnt ist, ihr Genitale offen zu zeigen aber ihr Gesäß bedeckt zu halten, stirbt sie u. U. lieber oder erkrankt wenigstens schwer, als daß sie sich statt des Gesäßes das Genitale bedeckte. Ein weiteres, die menschliche Natur charakterisierendes Beispiel: Wir alle essen hierzulande Käse. Wir essen Austern, die lebende Tiere sind. Aber wenn man uns anbietet, geröstete Engerlinge zu essen, reagieren wir so oder so in heftigster Weise. Sobald wir allerdings am Ort der Sitte sind und eine größere Zahl von Menschen, von denen uns sogar einige sympathisch sind, diese gerösteten Engerlinge essen, wird wenigstens der „vorurteilsfreie" Teil unter uns sich daran beteiligen. „So ein Gewohnheitstier ist nun mal der Mensch!" hat man zu dieser Eigentümlichkeit gesagt.

Es wird Anliegen kommender Anthropologie sein, diese merkwürdigen Vorkommnisse eines Tages geordnet darzustellen. Im übrigen wurde der Terminus „bedingter Reflex" (Pawlow) vollabsichtlich verwandt. Hier liegt der theoretische Ansatz für eine Neurosenlehre, und zwar eine vollständige, unter besonderem Aspekt vor.

22. γ Traum: Ich bin sehr unruhig, angsterfüllt. Es ist immer so, als ob die Angst hellgrün wäre.

Kommentar: Hier haben wir also einen Traum, der vollständig von Angsterleben erfüllt ist. Diese Traumart war es ja, die, wie die Kritiker damals meinten, mit vollem Recht den Gegenbeweis zur Wunschtheorie darstellte. Aber man hat sich diese Kritik damals doch zu leicht gemacht. Einem Erstentdecker muß manches zugute gehalten werden. Kritiker schöpfen aber bereits aus zweiter Hand und ihnen muß zugemutet werden, daß sie nicht nur die Worte sondern das vom Erstentdecker tatsächlich Dargestellte genau lesen. Dann erweist sich die These vom Wunschcharakter des Traumes als gerade eben zulässige Kurzformel. Implicite hat die Furchtseite ständig eine Rolle gespielt, schon allein deshalb, weil Freud den Traum als via regia zum Unbewußten und das Unbewußte hauptsächlich als Ergebnis der Verdrängung bezeichnete. Verdrängung heißt aber zunächst einmal: Furcht haben. Daß diese reflexhaften Charakters sein kann, hebt den Charakter als Furcht nicht auf. Auch Reflexe werden erlebt und haben einen „Sinn".

Von all dem her gesehen muß es also den Grenzfall des Traumes geben, in dem nur Furcht und Angst im Traume ist. Aber der vorliegende Traum ist noch nicht einmal ein vollständiger Grenzfall. Er enthält ja die Absurdität, vorsichtiger und korrekter ausgedrückt die Merkwürdigkeit, daß die Angst im Traum hellgrün sei. Will man hier verstehen, so muß man sich wieder auf seine Vorstellungen hinsichtlich des kombinatorischen Charakters menschlicher Phantasie besinnen. Ein Merkmal, hier die hellgrüne Farbe, kann aus einem ganz anderen Zusammenhang entnommen, in Angst eingebaut werden. Bringt der Träumer dann zum Thema hellgrün Realeinfälle, so wird sich unter diesen, — in diesem Fall natürlich! — derjenige finden, der zeigt, daß es um hellgrüne Seidenwäsche ging und in deren Hintergrund um gehemmte kaptative Tendenzen. Von daher werden dann Angst und Unruhe verständlich. Wer Zweifel hegt, daß der Mensch gar nicht selten auf das Wachwerden bestimmter Antriebsarten mit schwerster Beunruhigung reagiert, wird in einer eignen an ihm vorgenommenen Analyse in Kürze das Vorhandensein dieser Merkwürdigkeit auch bei sich selbst erkennen können.

In der eben geschilderten Weise variieren die Furchtbestandteile der menschlichen Träume vom völligen Überwiegen bis zur bloßen Andeutung. Korrektes, geduldiges Beobachten zeigt, daß es sich bei den Angstträumen der Menschen um alles andere eher als um etwas Rätselhaftes handelt. Nur ist die Bedingung für das Auftreten von Angstträumen etwas komplexer Natur und nicht etwa eine simple Ursache.

Im übrigen: Wer zuviel gegessen hat, wessen Darm von Gasen prall gefüllt ist, reagiert auch im Wacherleben am Tage mit größerer Bereitschaft ängstlich zu sein als der, dessen Leib normal gefüllt ist. Da im Schlaf die Vitalsphäre mehr in den Vordergrund tritt, auch in den des Erlebens (s. S. 101), wird der „magenüberlastete" Mensch im Schlaf noch ein Stückchen angstbereiter sein, als er es im Wachen wäre. Aber es handelt sich da eben um nichts mehr als eine weitere zusätzliche Bedingung. Natürlich kann diese durch analoges Primär-Körperliches ersetzt sein.

Geltungsstreben

4) aggressive

23. β Traum: Ein Schutzmann brüllt mich an. Ich denke: Ich habe doch nichts getan. Was denn nur? Da sehe ich einen Haken auf dem Boden liegen.

1. Einfall: Ein Mann lag auf dem Boden, den jemand niedergeschlagen hatte?

2. Einfall: Kinnhaken?

Kommentar: Der Überschrift nach soll es sich hier um einen Traum handeln, dessen Motor gehemmte aggressive Tendenzen des Träumers sind. Auf ersten Anblick hin aber enthält der Traum nichts davon. Aggressiv ist lediglich ein Schutzmann, der in ihm auftritt. Schutzleute pflegen Kinderschreck zu sein und Furcht einzuflößen. Sie haben als Wahrer der Ordnung mit Verbotenem zu tun. Wie die Erfahrung lehrt, spielt der Schutzmann im Erleben des neurotisch werdenden Kleinkindes eine betont gefürchtete Rolle. Auch der spätere Neurotiker „hat es" in auffallender Weise mit dem Schutzmann, — im übrigen mit Behörden überhaupt. Diese sind Vertreter der verbietenden, drohenden Welt. Wer also so vorbereitet das Auftauchen von aggressiven Tendenzen etwa aus der Latenz, z. B. auch im Traume, fürchtet, hat mit einiger Wahrscheinlichkeit das Bild eines Schutzmannes, der droht, vorschweben. Da es sich um eine Traumphantasie handelt, hat der Träumer dann die Freiheit, einen vage anklingenden Impuls aggressiver Art im letzten Augenblick abzuwehren. Also kann er registrieren, er hätte ja ichts getan. Bezeichnend für den obigen Traum ist lediglich, daß der Furchtrepräsentant im Traume vorangeht. Daher ein β-Traum, wie oben verabredet. Und nun bringt der Träumer sofort zu dem Thema „auf dem Boden liegen" einen Mann, der niedergeschlagen worden ist. Und vom Kinnhaken ist das Wort „Haken" mit zugehörigem Bild übriggeblieben. Vom Gesamtthema „ich phantasiere einen Mann, der niedergeschlagen worden ist, und zwar durch Kinnhaken" ragen also nur die beiden Details „auf dem Boden liegen" und „Haken" in den Traum hinein. Wer sich, wie oben S. 135 empfohlen, um sein anschauliches Hintergrundsdenken bemüht, kann häufig feststellen, daß sich irgendwelche gefühlsbetonten Themen in flüchtig auftauchenden Bildrepräsentanten äußern. D. h. einfach, das wenigstens einigermaßen Offen-sichtliche sind die Repräsentanten. Erst scharfes, genaues Hinsehen zeigt dann, daß solche bildhaften Repräsentanten sich in einem wogenden weiteren Erlebniszusammenhang befinden, der emotional Relevantes zum Inhalt hat. Und im Traume vollzieht sich dieses selbe in etwas weniger vager, prägnanterer Form. Es ist nicht von vornherein zu entscheiden, warum im einen Fall ein Antriebsgebilde im Traume total ausfällt und nur der Furchtanteil erinnert wird, warum in einem andern Fall eine repräsentierende Andeutung erfolgt und warum im dritten Fall der gefürchtete Antrieb in voller Gänze auftritt.

Zu diesem Thema kann aber noch einiges Bestimmtere gesagt werden: Nehmen wir einmal an, die expansive Motorik eines Menschen sei als Motorik, als eigentliche Hand-lung exquisit gehemmt, so wie das in der zwangsneurotischen Struktur besonders ausgeprägt der Fall ist. Dann ist der Betreffende infolge exorbitanter Gehemmtheit in dieser Hinsicht ja gewissermaßen völlig dagegen gesichert, daß er einmal faktisch handgreiflich werden könnte. Jede aggressivere oder massiv aggressive Handlung also liegt ihm völlig fern. Infolgedessen kann er sich die bloße visuelle Phantasie gerade deshalb im Traume ruhig gestatten. Es bleibt ja beim Vorstellen und Phantasieren. Bis zur eigentlichen Innervation ist in solchem Falle ein endloser Weg, viel zu weit, als daß die Handlung selbst ernsthaft in Frage gezogen werden muß. Ist dagegen die eigentliche Motorik vergleichsweise wenig gehemmt, wie das bei der Hysterie zu sein pflegt, so besteht für den Betreffenden naturgemäß die große Gefahr, daß die Zulassung einer Phantasie rasch eine Handlung nach sich zieht. Also muß er, um sich vor der Handlung zu schützen, die Phantasie, das visuelle Gebilde also, „abwürgen". Er tut das dann oft auch im Traum. Wir sind heute noch nicht weit genug, um im Einzelfall mit Sicherheit zu entscheiden, warum die eine oder die andere Form der Hemmung vom Träumer „gewählt" wurde. Für praktische Zwecke aber genügt es zu wissen, daß es n i c h t so ist, daß die am schwersten gehemmten Antriebe daher auch im Traume nicht sichtbar werden. Aus den oben angeführten Gründen ergibt sich vielmehr, daß ä u ß e r s t s c h w e r g e h e m m t e Antriebe im Traum v o l l m a n i f e s t sein können. Manchmal ist es eben auch von Wichtigkeit festzustellen, daß eine naheliegende Schlußfolgerung aus bestimmten Gründen doch nicht gezogen werden darf.

Zusammenfassend sei noch einmal festgestellt, daß im Träumer des obigen

Traumes der Impuls lebendig zu werden drohte, einen anderen Mann mit Kinnhaken zu Boden zu schlagen, so wie das im entsprechenden Traum der Gruppe I manifest und deutlich wurde. Er „wagt" nicht einmal im Traum, diese Reaktion zu erleben, diese Phantasie zu haben. Er läßt lediglich harmlose Spuren dieses grob aggressiven Phantasiebildes ins visuelle Erleben hineinragen. Bevor er sich aber dazu aufschwingt, warnt er sich gewissermaßen selbst zunächst einmal durch den Vertreter des Verbots solcher aggressiven Handlungen. Zwischendurch versucht er, sich über das Vorhandensein des auch nur leisesten Impulses zu täuschen.

Formuliert man so wie eben, so ist nur ein Schritt dahin, den Schutzmann als „Instanz" in der Persönlichkeit des Träumers anzusehen. Freud hat dafür die bildliche Ausdrucksweise gewählt, der Träumer habe als Kind nicht nur eine „Identifikation" mit dem Schutzmann vorgenommen, ein „Ichideal" dieser Art in sich aufgerichtet, sondern diese „Imago" des Schutzmannes „introjiziert". All dies sind Formulierungen, die, statt die Wirksamkeit einiger weniger Mechanismen psychologisch zu beschreiben, eine Vielfalt spezieller Mechanismen charakterisieren, um der Fülle der Erscheinungen gerecht zu werden. Zum Teil haben sie metaphorischen Charakter, müssen also ins Psychologische zurückübersetzt werden. Zum Teil aber handelt es sich um die Berücksichtigung weiterer Tatbestände.

Es ist eine Tatsache, daß innerhalb depressiver Neurosenstrukturen das Fressen, die Oralität, im Einzelfall auch der Kannibalismus, eine bedeutsame Rolle spielt. Auch in den Träumen Depressiver ist das der Fall. Dann wird also der andere Mensch wirklich einverleibt. Will man diese höchst merkwürdige Eigentümlichkeit nun mitberücksichtigen, d. h. eine Aussage unter dem Gesichtspunkt depressiver Strukturbestandteile machen, so hat der Ausdruck, jemand habe in solchem Fall einen Schutzmann „introjizierter" Weise in sich, durchaus ihren Sinn. Dann ist das Subjekt des Träumers schutzmannhaft nicht nur, denn er ist ja auch schwer aggressiv. Aber so weit es steuerndes, ordnendes Subjekt ist, so weit es bestrebt ist, vernünftig über die magmatische Antriebswelt des Träumers zu wachen, nimmt es u. a. auch einmal die heftige Form, visuell wenigstens, des Schutzmannes an (s. auch S. 115). „Auf der Subjektstufe gedeutet", ist also der Träumer der, der den Träumer anbrüllt. Der Träumer setzt sich mit sich selbst auseinander. Er als der aufrechtstehende ist dann auch der Mann, der am Boden liegt, der sich selbst aggredierende Aggressive. Auf S. 131 ist das Eigentümliche dieser Zusammenhänge ja breiter erörtert worden.

Ist die männliche Person, die vom Träumer als Schutzmann bezeichnet wird, durch keine weiteren Eigentümlichkeiten ausgezeichnet, so wird wohl jeder Interpret diese Figur, wie eben dargestellt, lesen. Aber fast nie sind solche Figuren „rein". Fast immer haben sie „nichtzugehörige" Züge. Und diese können dann den Bedeutungskreis des Traumes ins Kollektive hinein erweitern. Auch hier sei noch einmal wiederholt, daß dem Verfasser der vorliegenden Darstellung z. B. unbekannt ist, ob in irgendeinem Ritus oder Mythos ein auf dem Boden liegender Haken eine Rolle spielt. Das wäre keineswegs auszuschließen. Der Kinnhaken, der im zweiten Einfall des Träumers bedeutsam ist, hätte ja auch durch etwas anderes im Traum ersetzt werden können als gerade durch einen Haken. Die Bewegung, die zu einem Kinnhaken führt, ist charakteristisch. Details dieser speziellen Bewegung hätten ebensogut in den Traum hineingeraten können. Der Traumtext hätte etwa lauten können: „dann sehe ich auf dem Boden vor mir etwas liegen. Ich weiß nicht mehr, was das war. Aber auf diesem Gegenstand lag noch ein weiterer, ein Stück Holz oder so etwas, fast so wie eine Prothese, die gerade gestreckt wird. Nein, eine Prothese war es nicht, bloß so etwas ähnlich Steifes", usw. Daß statt dessen im vorliegenden Traum ein Haken in voller Gänze als Gegenstand auftritt, könnte durchaus von einer spezifischen Bedeutung des Hakens für den Träumer herrühren. Der Haken ist ja einst in der frühesten Menschheitsgeschichte eine grandiose Erfindung gewesen. Wer weiß, ob er nicht ähnlich wie Feuerbohrer und Schwirrholz auch rituelle Bedeutung gehabt hat.

Mit all dem soll gesagt sein, daß das Gesamt dieser Traumgegenstände und Vorgänge eine Fundgrube darstellt, in die das von Jung und seiner Schule verstreut dargestellte Material in geordneter Weise hineingehört. Äußere Umstände haben verhindert, daß eine solche systematische Ordnung bisher zustandekam. Dieses höchst wertvolle Material liegt, wie gesagt, in sehr schwer überblickbarer, verstreuter Form vor. Es ist u. a. eine dringende Aufgabe für die zukünftige Forschung, das schon Gesammelte zu sichten, zu ordnen und ihm u. a. auch seinen Platz in der Traumanalyse einzuräumen.

Sexualstreben

5. zärtliche

24. *α* Traum: Ich höre das Wort zart. Aber ich denke, das klingt wie Posaunenton.

1. Einfall: Jericho.

2. Einfall: Ehemals sehr glatte Mauern. Sehr glatte Haut. Meine Haut.

Kommentar: Nimmt man einmal an, jemand hätte diesen Traum isoliert vor sich, und alles andere, was oben dargestellt wurde, sei ihm unbekannt, so wird der Betreffende diesen Traum natürlich für völlig unsinnig halten. Er weiß nichts, nicht einmal etwas von der Bedeutung der Zärtlichkeit im Zusammenhang des Neurotischen und auch Neurotoiden. Er weiß nichts davon, daß Zärtlichkeitsbedürfnisse gehemmt werden können, auch nicht, daß im Schlaf einst latent Gewordenes häufig wieder aufzutauchen beginnt. Daher verbindet der Betreffende mit dem Wort „zart" zunächst gar nichts außer dem üblichen Wortsinn. Und was dann ein Posaunenton mit dem Aussprechen des Wortes „zart" zu tun haben soll, wird natürlich völlig rätselhaft bleiben. An dieser Stelle wird auch der Informiertere zunächst mit dem Verständnis scheitern. Einem Witzbold unter den Informierten dagegen wird bei „Posaunenton" vielleicht gleich die Vorstellung „Jericho" auftauchen, — vielleicht. Im ganzen gesehen also steht man hier vor einem sehr kurzen aber darum nicht weniger dunklen Traum.

Und nun hat der Träumer, wie hier angenommen, sofort zwei Einfälle: Ihm fällt Jericho ein, und weiterhin schweben ihm zu Jericho ehemals glatte Mauern vor. „Ulkiger Weise", wie dann oft gesagt wird, gleitet er vom Worte „glatt" über zu der Vorstellung „glatte Haut". Und dann denkt er an seine eigene Haut. Das vollzieht sich blitzartig, im anschaulichen Denken, einfallsmäßig. Auf jeden Fall gehört Jericho zum Vorstellungs- und Erlebnisbereich des Träumers mit allen dazu gehörigen Vorgängen, also auch den berühmten Posaunen, die merkwürdiger Weise die Mauern von Jericho zum Einstürzen brachten. Auch die Vorstellung glatter Haut, die Vorstellung der eigenen Haut, aber auch die Vorstellung glatter Mauern gehört in den Bereich des anschaulichen Erlebens des Träumers. Wie ist da der Zusammenhang?

Es spricht viel dafür, daß, wenn nun dazu sofort übergegangen würde, die vom Träumer gebrachten Einfälle zu verwenden, der Leser solcher Interpretationen nicht daran denken würde, daß hier Modellträume behandelt werden, illustrierende Beispiele. Wie schon im Vorwort gesagt wird, wird sich derjenige Leser, der in die Lage kommen will, selbst Träume sachgerecht behandeln zu können, auf jeden Fall an individuelles Material halten müssen. Nur das Formale von Sinn und Traumstruktur wird er aus dem hier Dargestellten entnehmen können und sollen. Nur ob hier eine gut begründete Möglichkeit dargestellt wird, kann von ihm entschieden werden. Nur der gesamte Erlebniszusammenhang des Träumers eines solchen Traumes wie des vorliegenden kann ein entscheidendes Urteil darüber vermitteln, welchen Sinn der Traum hat, in welchen Zusammenhang die Einfälle des Träumers tatsächlich gehören. Da dieser gesamte Erlebniszusammenhang hier aber nicht dargestellt wird und wegen der außerordentlichen Fülle der Details grundsätzlich nie vollständig dargestellt werden kann, kann es sich stets nur um Hinweis auf Möglichkeiten handeln. Dies zu wissen und immer vorschweben zu haben, ist Grundbedingung dafür, daß der Leser des nun Folgenden nicht von vornherein ins Schwanken, Zögern oder gar Protestieren gerät. Wie etwas sein kann, soll hier erlernt werden. Das Allgemeine ist das Wichtige, nicht das Spezielle. Und dieses erlernte Allgemeine hat der um die Traumanalyse Bemühte dann in der Analyse — und nur dort ist das möglich — auf andere Menschen und ihre Träume anzuwenden. Erst das Resultat solcher Anwendung von erlerntem Formalen auf vorliegendes konkretes Gesamterleben ermöglicht verbindliche Urteile. Dies mußte noch einmal mit voller Entschiedenheit gesagt werden. Es ist zu hoffen, daß diese Einstreuung nicht von allzu vielen Lesern überlesen werden wird. Es wird hiermit noch einmal ausdrücklich davor gewarnt, den Text der vorliegenden Darstellung so zu lesen, als beträfe er Sachverhalte statt der Möglichkeit von Sachverhalten.

Nach solcher ausdrücklicher Vorbereitung darf nun also wohl abgeleitet werden:

Es geht um das Thema „zart". Nicht nur für Männer ist Zartheit ein Problem. Auch Frauen, ins Leben gestellt, vor die Aufgabe gestellt, sich in den Zusammenhang der übrigen Menschen einzuordnen, stehen immer wieder vor der Frage, wie weit sie sich ihrem natürlichen Bedürfnis, das Zarte in der Welt zu bejahen, zärtlich mit Welt und Menschen umzugehen, überlassen dürfen, ohne ihre eigene Existenz so weit zu gefährden, daß sie sich gar nicht mehr entscheiden können, ob sie Zartes oder weniger Zartes bejahen sollen. Das soll heißen, auch jede Frau steht immer wieder vor der Frage, ob sie nicht durch Hingabe an Zärtlichkeitsbedürfnisse sich an die antinomischen expansiven Antriebe ihrer Mitmenschen so weit auszuliefern droht, daß sie in einen Zustand in der Welt gedrängt wird, der sie einfach zwingt, so und so zu sein und ihr nicht mehr erlaubt so oder so zu sein, z. B. zwischen zart und weniger zart zu entscheiden. Auf jeden Fall wäre es sinnwidrig, unsinnig, durch Hingabe an eigene Zärtlichkeitsbedürfnisse einen Zustand der Unterworfenheit unter das Leben Anderer zu provozieren, in dem man auf keinen Fall mehr zart sein kann. In diesem Sinne ist die dem mittleren Menschen innewohnende mittlere Zärtlichkeitsbedürftigkeit anthropologisches Problem. Daher wendet auch das Kleinkind oft genug und in irgendeinem Grade immer seine Fähigkeit, Bedürfnisse reflexhaft zu hemmen, auf den Bereich der Zärtlichkeit an. So gerät auch das Gebiet zärtlicher Impulse in den Traum hinein, so u. a. auch lediglich das repräsentative Wort „zart". Und weil in dieser Weise das Zarte im Menschen, seine zarte Hingabe an das Zarte in der Welt gefährdet ist, klingt immer wieder das Gefährdende, das die Zartheit Bedrohende in repräsentativen Gestalten an.

U. a. äußert sich Zärtlichkeit im Streicheln der Haut. Haut, die nicht zart berührt wird, wird rot oder rissig, sie verliert ihre Glätte. Repräsentatives Bild für die Gefährdung durch groben statt zarten Zugriff ist die schlaffe faltige oder rissige Haut. Die Haut ist die „Mauer", die das Innere des Menschen umgibt. Soll dieses integer bleiben, in zarter Unberührtheit, so muß das Schützende ebenfalls unverletzt bleiben. Zarte Töne allein dürfen auf die zarte Haut des Trommelfells treffen, wenn zartes Innenleben geschont werden soll. Der legendäre Posaunenton, der die Mauern von Jericho zusammenstürzen ließ, kann in der Bildwelt eines Träumers zum Repräsentanten groben Einbruchs in das Sensorium eines Menschen werden. Dieser Ton ist das dialektische Gegenteil, der antagonistische Grenzfall derjenigen Zartheit, die von außen kommen muß, damit sich ein menschlicher Organismus, besonders ein junger, zu zarter organischer Blüte hin entwickeln kann.

Im Augenblick, da das Thema Zartheit, Zärtlichkeit, im Träumer anklingt, meldet sich hier also die Vorstellung derjenigen Macht, die einst sogar die stabilen Mauern Jerichos zertrümmerte. Das erste Anklingen eines zarten Gefühlstones wird von der furchthaften Vorstellung beantwortet, die ein anderer repräsentativer Ton einst in der Welt begründete. Ein Vorstellungs- und Gefühlsgefüge schließt sich zum Bilde einer Gesamtbefindlichkeit eines Menschen hinsichtlich der zarten Bedürfnisse seiner Existenz zusammen.

So kann es sich auch um einen bloß inneren Antagonismus handeln. Es kann so sein, daß der Träumer in sich einen Antriebsbereich hat, der sehr unzart ist. Auch diese unzart aggressiven Tendenzen können in der Latenz des Träumers vorliegen. Sie melden sich beim Anklingen des Zarten. Nicht ein unzartes Objekt schwebt in diesem Falle vor sondern eine Seite des Subjekts. Es handelt sich um unamalgamierte antinomische Tendenzen des eigenen Innern des Träumers. Vom Rauhen her gesehen ist das Zarte in ihm nicht individuiert, vom Zarten her nicht das Rauhe. Hinsichtlich dieses Erlebnisbereichs ist der Träumer in irgendeinem Grade Dividuum. Wenn der Träumer außerdem nicht nur neurotoider Mensch sondern Neurotiker und Symptomträger ist, ruht seine Symptomatik mit Sicherheit auch auf dieser Problematik auf. Es kann sich da etwa um eine Schlafstörung infolge von Überempfindlichkeit gegen Geräusche handeln. Der Betreffende meint dann, infolge der üblichen Geräusche der Welt nicht einschlafen zu können. Diese Geräusche repräsentieren ihm das Harte der Welt. Nicht nur die Welt erscheint ihm zu hart, sondern auch die eigene Möglichkeit zur Härte ist ihm Problem; eins greift ins andere.

Es kann sich da im Einzelfall um einen Menschen handeln, der seine eigene Zartheit durch Härte überkompensiert hat. Er versucht durch Härte „oben" zu sein. Das wäre dann die Adlersche Terminologie. Er ist dann „nicht" subjekthaft (Künkel), denn wäre er das, so würde er sich ursprüngliche Zartheit gestatten. Statt dessen folgt er einem „Dressat". Er hat sich zur Härte dressiert und kann von dieser Gewohnheit nicht mehr los. Seine „persona", seine Maske ist Härte. Was, besonders in diesem Traum, hindurchzutönen sucht, ist verborgene, latente Zartheit.

Nun hat der Träumer aber von einem Posaunenton geträumt und nicht von Jericho. Dieses Wort und Thema ist ihm nur eingefallen. Also bestünde immerhin folgende Möglichkeit: Der Träumer kennt aus eigenem Erleben, besonders auch rückerinnernd, den Bereich der Zartheit, der Zärtlichkeit. Ebenso aus eigenem Erleben kennt er den Ton der Posaune. Er hat als Kind vielleicht einmal neben einem Orchester gestanden, die Größe, das heißt die gewundene Länge des Instruments bestaunt, den schmetternden Ton vielleicht sogar erschreckt und zusammenfahrend erlebt, die erstaunliche Merkwürdigkeit, daß der Bläser durch Ein- und Ausziehen die Tonhöhe rasch und auffällig verändert usw. Diese Eindrücke stehen ihm zur Verfügung. Die Posaune und der Posaunenton ist nun Repräsentant einer Lautäußerung, eines Lautwerdens in der Welt, das an der Grenze des Angenehmen, Erfreulichen, Schönen liegt. Ganz in der Nähe hat er als Kind den Eindruck gehabt: „kaum auszuhalten, da platzt einem ja das Trommelfell". Vielleicht hat er sich die Ohren zugehalten. Das alles steht ihm zur Verfügung. Und wenn er nun späterhin im Gewoge harter und rauher, lauter Gefühlstöne vernünftige Ordnung zu schaffen sucht, so gelingt ihm dies nicht. Noch im Traume meldet sich der Zwiespalt. Sofern ihm ein Kompromiß zwischen diesen beiden Seiten seiner Gefühlsbedürfnisse als höchst schwierig und infolge der Gehemmtheit vielleicht nahezu unerreichbar erscheint, erlebt er eine innere Antinomie.

Es ist eine Legende, daß ein Posaunenton die Mauern Jerichos zerstört habe. Faktisch ist ein Ton gar nicht in der Lage dazu. Es handelt sich also bei dieser Legende um ein Phantasiegebilde. Es muß Ursachen haben, und zwar physische, die dazu führten, daß jene Legende überhaupt entstehen konnte. Menschliche Bedürfnisse müssen es gewesen sein, die gerade dieses Bild für die magisch-aggressive Überwältigung eines Stammes von Männern durch einen anderen wählten. Die Antinomik der Rassenfeindschaft zwischen Männern war Problem. Wenn es dem einen durch magische Vergrößerung der Wirkung vergleichsweise leiser Töne ins Riesenhafte gelingen sollte, etwas unglaublich Widerstandsfähiges zu zerstören, so kündigt das ja im Grunde an, daß Musik, also das Zarteste, was auf den Menschen überhaupt einwirken kann, was im Ritus zarte und weiche Gefühle von Männern auch ihrem Gott gegenüber zu formulieren sucht, dazu erwählt wurde, maximal zu zerstören. Dann wäre das Thema ja: Wie kann Zartheit im Erleben der Männer erhalten und fruchtbar bleiben, wenn diese selben Männer nun einmal gezwungen sind, um ihre physische Existenz bis zur Vernichtung des Feindes zu kämpfen? Wie können höchst fruchtbare und für die produktive Existenz des Mannes notwendige Gefühlsarten, sich einem fernsten Ziel, Gott, einem männlich vorgestellten, machtvollen Wesen zuwenden und wie soll dann gleichzeitig ein mächtiger starker Feind unter Zurückstellung aller Weichheit besiegt werden? Verfasser dieser Darstellung ist keineswegs sicher, daß die Legende um die Posaunen von Jericho auf diese Weise entstanden ist. Was wir heute aber auf analytisch-mikropsychologischem Wege von den Untergründen menschlichen Erlebens in Erfahrung gebracht haben, würde durchaus für die Möglichkeit einer solchen Entstehungsgeschichte sprechen. Wäre es nun so, so hätte die damalige Männerwelt unter dem gleichen Problem gestanden wie der heutige Träumer als einzelner. Beide hätten die Antinomie Zartheit-Härte erlebt, die zwischen Zärtlichkeitsbedürfnissen und Machtstreben. Beide hätten instinktiv, ursprünglich das Tönen der Posaune sinnbildlich erlebt. Was einst eine Legende schuf, träumt mit kombinatorischer Phantasie der heutige Mensch genau so produktiv und neu. Es handelte sich hier also um ein Thema des sogenannten *kollektiven Unbewußten*. Die Posaune spielt dabei die Rolle eines *archetypischen* Gegenstandes. Aber es handelt sich um ein psychologisches und nicht um ein metaphysisches Thema.

Daß dem Träumer aus seiner Kenntnis noch dazu das Wort Jericho einfällt und die dazu gehörige Legende, ist dann nur noch zusätzliche Determinierung. Der Akzent würde bei solcher Auffassung, die Verfasser, wie sich zeigt, ja durchaus billigt, ganz im Bereich des Urtümlichen, Instinkthaften, „Stammhirnnahen" liegen.

7. *sexuelle*

25. *Traum*: Koitus. Plötzlich Dunkel und Donner.
Kommentar: Welche Bedeutung Gewitter für Kleinkinder haben, ist allgemein geläufig. Keineswegs reagieren alle Kinder mit abartiger Ängstlichkeit darauf, aber etwas unheimlich Drohendes bleiben Dunkel, greller Blitz und Donner doch. Es bedarf also eigentlich wohl kaum eines Kommentars, daß die Vorstellung des Gewitters, besonders des Dunkels und des Donners dazu geeignet ist, repräsentativ für alle Bedrohtheit des sexuellen Erlebens

zu sein, — natürlich gesehen im Rahmen der gesamten hier erörterten Tatsachen. Furcht klingt hier n a c h.

Aber es besteht hier noch eine andere Möglichkeit, nämlich die, daß dieser Traum, geträumt von einer Frau, an die Mythen anklingt, die die Beziehungen des Donnerers Jupiter zu den jungen irdischen Frauen umgeben. Es ist sicher kein Zufall, daß Schiller einmal das Drama „Semele" schrieb. Er schrieb ja auch den „Don Carlos". Das hat folgenden Zusammenhang: Jeder Mensch hat im Innersten eine Stelle, von der aus er sehnsüchtig nach G e b o r g e n h e i t sucht. Letzten Endes sucht er sie bei der Mutter und dann zunächst auch beim Vater. Und wenn es sich auch nicht um den realen Vater dabei handelt, wenn dieser sich in der Erfahrung des Kindes als unzulänglich erwies, so leistet die produktive Phantasie des Menschen die Errichtung eines Urbildes der Mütterlichkeit und der Väterlichkeit überhaupt. Daher rührt es u. a., daß das weibliche Kind, sobald es vor die Notwendigkeit gestellt ist, die neuen beunruhigenden Erlebnisse der Sexualität in sein Leben einzubauen, dazu neigt, dies im Schutze väterlicher Geborgenheit zu tun. Seine Hingabetendenzen, auch die der sexuellen Hingabe dann, strömen desto sehnsüchtiger zu jenem Urbilde hin, je weniger bewältigbar die Zuwendung zum gleichaltrigen oder nur wenig älteren Mann gelingt. Es handelt sich da um neurosenpsychologisch überaus häufige Zusammenhänge, überaus häufig in dieser Prägnanz. Qualitativ, in irgendeinem Grade, ist jedes weibliche Kind an dieser Entwicklung beteiligt. So wird auch eine Frau im späteren Leben, wenn sie am adäquaten, d. h. hier etwa gleichaltrigen Partner scheitert, im Bereich ihrer urtümlichen Antriebe auf jenes Urbild zurückgreifen. Vollständige Hingabe wird ersehnt. Vollständigkeit ist nur dem Erhabenen gegenüber möglich. Also wird dieses als Partner erwählt. Aber — dem Erhabenen gegenüber erlebt der Mensch nicht nur beglückende, einfach positive Zuwendung, sondern das, was man Ehrfurcht nennt. Das Wort allein schon enthält den Anteil Furcht. Was erhaben ist und die Mächtigkeit des Erhabenen besitzt, kann jederzeit zum Vernichtenden werden. Je intensiver der Drang zur Hingabe an das fraglos Überwältigende desto stärker, wenigstens am Rande, die Furcht vor solcher Hingabe. Von daher gesehen ist solcher Hingabewunsch maßlos, infantil, „riesig", vermessen, je nach dem Gesichtspunkt, unter dem man dieses Phänomen dann bezeichnet. Solche Sehnsucht ist bedrohlich und strafwürdig zugleich. Das Maximum der Hingabe wird zur Sehnsucht nach Vernichtung. Vernichtung wird also ersehnt und zugleich gefürchtet. In diesem Zusammenhang bedient sich die Tendenz zur Visualisierung, zur Sichtbarmachung des reinen Gefühlserlebens u. a. jener Erfahrung, die jedem Menschen seit seiner Kindheit zur Verfügung steht, der Erfahrung des dunkel heraufziehenden und dann losbrechenden Gewitters.

Es besteht keine Schwierigkeit, den hier erörterten Erlebniszusammenhang von der Seite menschlicher Unzulänglichkeit her zu sehen. Unzulänglich vorbereitet ist der Mensch auf das Hereinbrechen der Sexualität. Der Mensch ist nicht instinktgebunden, durch eindeutig gebahnte Instinkte gerichtet, nicht „festgestellt", wie Arnold G e h l e n das ausdrückt, sondern vergleichsweise frei, damit aber auch ungeschützt. Für den Menschen besteht ein an tinomisches Verhältnis zwischen den Geschlechtern, die sich u. a. auch aus sexuellen Gründen intensiv suchen. Auch hier ist er nicht durch instinkthaften Drang der eigenen Verantwortung enthoben. Er ist frei und immer wieder frei und immer wieder hilflos. Zumindest ist er dies irgendwie auch. Und daher nimmt seine Sehnsucht nach Geborgenheit häufig den Charakter der Realitätsflucht, der „Flucht vor der Verantwortung" an. Das darf auch dann mit diesen Worten charakterisiert werden, wenn man das Wort Verantwortung nicht moralisierend meint und verwendet sondern ganz nüchtern anthropologisch-feststellend. So besteht die Möglichkeit, die Hinwendung des jungen Mädchen zur Riesenfigur des Jupiter unter dem Aspekt einer Flucht vor verantwortungsvoller Liebe zu sehen. Diese Akzentsetzung hätte Adler vornehmen können, statt sie zum wesentlichen Gesichtspunkt zu erheben. Aber, wie eben dargestellt, hat dieser für die Frau so charakteristische Erlebnisbereich der Möglichkeit nach auch jene Note der Flucht vor Verantwortung. Nur ein gesamter Erlebniszusammenhang vermag hier ein sachgerechtes Abwägen zu ermöglichen.

26. Traum: Ein langer unheimlicher Weg. Dann plötzlich ein physisches Glücksgefühl. Eine Pollution.

Kommentar: Die Pollution, die am Ende des Traumes erfolgt, — die Ausdrucksweise weist darauf hin, daß sie nicht nur geträumt wird, sondern real vor sich geht, — zeigt unmittelbar einen sexuellen Vorgang an. Subjektiv wird im Traum vorher ein physisches Glücksgefühl erlebt. Über dessen Charakter ist nichts Spezielles gesagt. Auf jeden Fall aber geht dem Ganzen etwas Ängstlich-Furchthaftes voraus. An sich sollte hier nicht mehr behandelt werden als das Vorkommnis von Träumen, die offensichtlich sexuellen Charakter haben, in denen aber ein Furchtanteil voranklingt. Dies wird deshalb bemerkt, weil mit einem solchen Traum ja eine Reihe von weiteren Fragen auftaucht. Man kennt die lebhaften sexuellen Reaktionen innerhalb ungewöhnlicher seelischer Umgebung, die perversen Erlebnisse. Unter diesen spielen diejenigen eine besondere Rolle, in denen im Gegensatz zum Üblichen weder zärtliche noch liebevolle noch erotische Gefühlserlebnisse vorangehen, das sexuelle Erleben einleiten, sondern Erlebnisse von negativem Charakter. Allgemein bekannt ist das nicht so seltene Vorkommnis des Eintretens sexueller Erregtheit bei Kindern und Jugendlichen, wenn sie furchterfüllt und unruhig mit einer Schularbeit nicht zu Rande und zu Ende zu kommen fürchten. In solchem Fall liegt eine abartige Koppelung vor und nicht ein perverses Erlebnis. Man hat aber mit Recht eine Verwandtschaft zwischen beiden Erlebnisformen angenommen.

Eigentlich müßte hier also eine Theorie der Perversion entwickelt werden und davon abgehoben dann eine von Träumen, von denen der vorliegende Traum eine Variante darstellen würde. Es wäre also eigentlich zu untersuchen, wie da die näheren Zusammenhänge liegen. Eine Perversion bedeutet, ganz allgemein gesagt, die Verschiebung einer gehemmten Antriebsqualität nicht-sexueller Art, z. B. einer aggressiven, auf sexuelles Gebiet. So entsteht die sadistische Perversion. Ermöglicht wird solche

Verschiebung aber dadurch, daß sexuelle Erregung von vornherein nicht eindeutig nur an sogenannte sexuelle Reize gekoppelt ist. Auch andersartige Koppelungen originären Charakters sind offenbar häufig. Originär das soll heißen: Wir dürfen annehmen, daß in einer noch unbestimmten Zahl von Fällen das Auftreten von aggressiver Erregtheit angeborener Weise von sexueller Erregtheit wenigstens in Andeutungen begleitet wird. Ebenso kann das der Fall mit ängstlichen Erregungen oder auch der speziellen Variante von erregtem Schuldgefühl der Fall sein. In anderen Fällen (s. „Der gehemmte Mensch", S. 54) entwickelt sich erst in bestimmten Konstellationen ein bedingter Reflex = Koppelung von sexueller Erregung, so und so oft bis zum Orgasmus gehend, mit einer „heterogenen" Erregungsqualität. Dann hat solche Koppelung eine Geschichte. Z. B. die, daß der Betreffende als Kleinkind an einem anderen Kinde ihn sexuell erregende Nacktheit erlebte aber gleichzeitig auch aggressive Erregtheit mit der Befriedigung, daß das nackte andere Kind geschlagen wurde. Das wäre ja das Entstehen einer Koppelung zwischen sexueller und aggressiver Erregung, eine Koppelung, die anormal ist. (s. Freud: „Ein Kind wird geschlagen").

Um solche originäre oder erworbene Koppelung könnte es sich in dem vorliegenden Traum handeln. Jedenfalls erinnert der Traumvorgang an diese Zusammenhänge. Dann läge also ein einfacher kausaler Vorgang vor, nämlich: Irgendwoher tritt Ängstliches, Furchthaftes im Traume auf. Damit gekoppeltes, sexuelles Erleben schließt sich an. Pollution ist weitere Folge. Von vornherein ist also hinsichtlich eines solchen Traumes nicht zu entscheiden, ob es sich hierum handelt, oder ob dieser Traum ein Beispiel dafür darstellt, daß ein anklingender sexueller Impuls, der latent bleibt, auch im Traume latent bleibt, aber Ängstlichkeit und Furcht anklingen läßt. Dann „hinge" die folgende Pollution nicht einfach gekoppelt an der ängstlichen Erregtheit sondern am vorangehenden sexuellen Impuls. Und das wäre ja nicht heterogen sondern durchaus adäquat. Auch hier kann also wiederum nur ein weiter, vielgestaltiger Erlebnisbereich des Träumers, wenn nicht die Totalgestalt seines Erlebens, ein Urteil darüber ermöglichen, um welchen speziellen Zusammenhang es sich handelt.

Es ist wohl kaum anzunehmen, daß der vorliegende Traum in Adlerscher oder Jungscher Richtung anders, als hier eben erfolgt, interpretiert werden würde. Was aber sehr wohl der Fall sein könnte, wäre, daß der Erlebniszusammenhang, in den dieser Traum hineingehört, neurosenpsychologische Momente enthält, die Adler zunächst ganz besonders stark auffielen. Schon wenn man an die Möglichkeit zurückdenkt, die oben erörtert wurde, nämlich, daß dieser Traum genetisch mit einer aggressiven Tendenz gegenüber einem kindlichen Konkurrenten, der nackt geschlagen wurde, zusammenhängen könnte, ergibt sich die Thematik von Konkurrenz, „Obenseinwollen", Machtstreben.

Unheimliche Wege haben kollektive Bedeutung. Das soll heißen, daß das Unheimliche überhaupt ein Problem für den Menschen darstellt. Nur so wurde es möglich, daß die Phantasiefigur entstand, die kein Unheimlichkeitsgefühl, kein „Gruseln" kennt. Es ist dabei an das Märchen gedacht „Von

Einem der ausging, das Gruseln zu lernen". Das Unheimliche, das Un-Heimelige ist der Gegensatz zum Vertrauten. Unheimlich ist das, was möglicherweise aber nicht sicher furcht-bar ist, die Möglichkeit des Sich-Fürchtenmüssens in sich birgt. Es ist das, was auf keinen Fall sichere Geborgenheit gibt. Unheimliche Wege sind spezielle Gelegenheiten des Unheimlichen. Sie sind menschenwesentlich bedeutsam. Es könnte hier also die allgemeinmenschliche Thematik anklingen. Ängstlichkeit, Furcht, könnte sich hierauf beziehen und wiederum an diese gekoppelt sexuelle Erregung auftreten. Da im Traum aber kein weiterer Hinweis auf speziellere Konstellationen, die an Mythisches oder Ethnisches erinnern könnten, gegeben ist, muß sein eventueller kollektiver Sinn offen bleiben. Aber Einfälle zum Traum, z. B. zum Thema unheimlich, unheimlicher Weg oder auch Weg allein könnten solche Hinweise speziellerer Art bringen.

27. Traum: Ein schreckliches Angstgefühl, obgleich ich nichts weiter tue, als meinen Kopf auf meinem Kissen zurechtlegen. Bloß weil etwas erhabene, rauhe Blumenstiele darauf gestickt waren.

1. Einfall: Ich hatte Gelegenheit zu einem sexuellen Zusammensein. Fühlte mich müde, obgleich ich eben noch frisch gewesen war. Warum? Da legte ich den Kopf so auf dem Kissen zurecht.

2. Einfall: Als Kind hatte ich mal eine schlafende Cousine, die etwas älter war, berühren wollen. In sexueller Neugier. Sie wachte auf und stieß mich zur Strafe auf eine Plüschdecke. Die war so rauh. Ich weinte sehr.

Kommentar: Hier sprechen die beiden Einfälle wohl für sich selbst. Sie haben beide ausgesprochen sexuellen Charakter. Im ersten Fall gerät repräsentativ die besondere Art des „Den-Kopf-auf-das-Kissen-Legens" in den Traum hinein. Außerdem wird ja darauf hingewiesen, daß der Träumer eigentlich eine Gelegenheit zu sexuellem Zusammensein hätte ergreifen müssen, denn er fühlte sich ja ganz frisch. Auffallender Weise aber fühlte er sich dann plötzlich müde. Auch solch ein Zusammenhang ist uns neurosenpsychologisch durchaus geläufig. Wir wissen, daß solche Müdigkeit nur in den allerseltensten Fällen „wirkliche", primär-organisch bedingte Müdigkeit ist. Wir dürfen mit großer Regelmäßigkeit das Vorliegen von antagonistischen Strömungen, von „Einwänden" affektiver Art gegen das sexuelle Erleben vermuten. Diese Einwände können aus latenten, oralen, kaptativen, analen, retentiven und aggressiven Bereichen stammen. Ob das eine oder andere vorliegt, entscheidet wiederum der Gesamtzusammenhang des Erlebens. So jedenfalls pflegt eine typische plötzliche Müdigkeit zu entstehen. Handelt es sich aber um derartige Gegenströmungen, so ist ein darauf bezogenes Angstgefühl neurosenpsychologisch durchaus verständlich. Dann ist die Sexualität nicht das eigentlich Gehemmte. Nicht sie wird bei ihrem Auftreten von Angstgefühl begleitet, sondern die sogenannten präsexuellen, „prägenitalen" Antriebe. Aber es bleibt auch immerhin die Möglichkeit eines unmittelbaren Überganges gehemmter sexueller Erregung in Erregung von ängstlichem Charakter. Wie man sieht, ist auch hier ein nicht allzu enger

Kreis von Möglichkeiten zu berücksichtigen statt nur einer.

Vom zweiten Einfall her, d. h. dem betreffenden Erlebnis entstammend, ragt die Rauhheit, gewissermaßen warnend, in den Traum hinein. Die sexuelle Neugier als zentraler Impuls tritt n i c h t auf. Statt ihrer wiederum ein Stück ängstlicher Erregung, die im damaligen kindlichen Erlebnis selbstverständlich auch vorhanden war.

So addieren sich in solchem Fall gewissermaßen zwei repräsentierende Ängstlichkeiten, ängstliche Erregungen und ergeben dann das, was vom Träumer als „schreckliches" Angstgefühl erinnert wird. Das im Traumbericht erwähnte „obgleich nichts weiter" und „bloß" weist ja darauf hin, daß der Träumer wenigstens dunkel vorschweben hatte, daß solche Angstgefühle in der Regel anderem zu gelten pflegen.

Wiederum stellt dieser Traum etwas dar, was, soweit Verfasser dieser Darstellung sehen kann, keinen unmittelbaren Hinweis auf s p e z i e l l e „A d l e r sche" oder „J u n g sche" Themen gibt. Aber die einfallenden Realerlebnisse lassen selbstverständlich eine Akzentsetzung in Richtung der A d l e r schen Auffassung zu. Verantwortungsscheu und aggressive Überkompensation von Kleinheitsgefühlen etwa wären da Stichworte.

Ob der vorliegende Traum angesichts der beiden Einfälle zu ihm im eigentlichen Sinne subjektal „gelesen" werden kann, erscheint ebenfalls fraglich. Es muß späteren wissenschaftlichen Bemühungen überlassen bleiben, hier vielleicht bestimmter zu urteilen.

IV. G r u p p e :

Mittlere Träume mit 2—4 Cäsuren

In der I. Gruppe wurden einfachste manifeste Träume von Kinderwunschtraumcharakter dargestellt. Deren Verständnis bildet die Grundlage aller Trauminterpretationen In der II. Gruppe handelte es sich um kombinatorische manifeste Bedürfnisträume von bedingtem Kinderwunschtraumcharakter. Der drastische, simple Charakter der Kinderwunschträume war in ihnen nicht mehr gegeben. Sie waren ein Stück „dunkler". Aber es handelte sich immer noch um Träume, in denen e i n e Antriebsart in voller Breite überwog und in denen e i n Antriebserleben weitgehend abgerundet und in sich geschlossen zum Ausdruck kam. Furcht- und Schuldreaktionen sorgten überwiegend dafür, daß mit Hilfe kombinatorischer Phantasie eine teilweise Verhüllung von Antriebsbestandteilen erfolgte. In einer III. Gruppe ergab sich ein deutlicheres bis deutliches oder gar überwiegendes Hervortreten der Furcht- und Schuldanteile. Grenzfall dieser Traumart wäre das Ausgefülltsein des ganzen Traumes nur von Furcht- und Schulderleben. Aber auch die hier erörterten Träume hatten noch den Charakter großer Einfachheit.

Überblickt man nun noch einmal diese drei Traumgruppen und vergleicht ihren Charakter mit dem üblicher, mittlerer Träume, so zeigt sich, daß diese in der Regel doch noch erheblich komplizierter gebaut sind. Ein mittlerer Traum enthält fast immer mehrere Cäsuren, d. h., der Träumer setzt mehrfach zum Antriebserleben an, sinkt dann jeweilig wieder ab, um neuerlich eine Intensivierung des Antriebserlebens zu vollziehen. Dabei kann es sich natürlich lediglich um ein und dieselbe Antriebsart während des ganzen cäsurierten Traumerlebens handeln.

Eine weitere Komplikation ergibt sich dann daraus, daß der Träumer von einer Antriebsart zur andern übergeht. Es ist dann gewissermaßen so, als ob er mit einem Antriebserleben „nicht zu Rande kommt" und daher auf einer anderen Plattform Befriedigung sucht. Wie schon auf S. 30 erörtert, hat der Normalmensch jeweilig eine Reihe von „Eisen im Feuer". Er ist nicht daran gebunden, im Augenblick gerade ein bestimmtes Bedürfnis zu befriedigen. Er ist nur neurotoid und nicht neurotisch gehemmt. Daher ist er plastisch. Es kommt ihm nicht so sehr darauf an, sich durchaus und im Augenblick einem bestimmten Antriebserleben zu überlassen. Er hat eine ausgeprägte Neigung zu dem, was man in Berlin durch das schnoddrig klingende „Nu, wenn schon!" charakterisiert, Ausdruck einer Stimmungslage, die an den Humor erinnert. Wirklich existenzielle Notwendigkeit gibt es für den mittleren, unneurotischen Menschen nur in sehr begrenztem Bereich. Gerade auf animalischem Gebiet liegen für ihn in der Regel eine Reihe von Möglichkeiten offen. Er erinnert da, wie schon erörtert, an den Schimpansen, der, wie wir heute wissen, dem ersten Hominiden verwandtschaftlich noch viel näher steht, als man das tendenziöser Weise noch vor kurzem glaubte annehmen zu müssen. Der mittlere Mensch läßt sich durch eine Enttäuschung auf oralem Gebiet nicht so leicht erschüttern. Es gibt für ihn noch mehr Schönes in der Welt, zu dem er den Übergang verhältnismäßig leicht findet. Kann er im Augenblick nicht expansiv sein, so zieht er sich auf sich selbst zurück, er nimmt eine introvertierte Haltung ein. Wird er in dieser gestört, dann läßt er sich bereitwillig auch durch die Möglichkeit motorischer Expansion zufriedenstellen. Er tanzt oder turnt z. B. Kann er all dies nicht, weil äußere Umstände ihn hindern, so gibt es für ihn immer noch die Möglichkeit, wenigstens einen andern Menschen aufzusuchen und in Hingabe und Zärtlichkeit Befriedigung zu finden. Klingen in solcher Situation dann sexuelle Tendenzen an, und besteht für ein „Ausleben" auf diesem Gebiet dann doch aus irgendwelchen Gründen keine Möglichkeit, so ist auch das schließlich nicht unerträglich, sondern irgendeine gemeinsame Betätigung mit dem andern auf dem Gebiet irgendeiner Liebhaberei etwa fängt den Drang nach „Leben überhaupt" auf. Diese Plastizität des Antriebserlebens ist eine der hervorstechendsten Eigentümlichkeiten des unneurotischen Menschen. Unter dem Stichwort „Produktivität" hat Künkel mit vollem Recht wieder und wieder hierauf hingewiesen. Es kann nicht bestritten werden, daß die „Umerziehung" eines mit neurotischen Symptomen behafteten Menschen aus einem starren Zustande zu einem plastischen sehr weitgehend den Kern der psychotherapeutischen Zielsetzung zu charakterisieren vermag. Nur weil Ausdrücke wie Starrheit, Plastizität, Produktivität usw. hinsichtlich der Einzelheiten ihres Sinnes nicht ohne weiteres als sofort verstehbar angenommen werden dürfen, ist eine so differenzierte Erörterung von Neurosenstruktur und psychotherapeutischer Zielsetzung notwendig, wie sie in der vorliegenden Darstellung die Grundlage bildet. Im Einzelfall kommt es eben doch auf sehr große Bestimmtheit dessen an, was mit so allgemeinen, wenn auch sehr bildhaften und einleuchtenden Ausdrücken wie Starrheit, Plastizität und Produktivität gemeint ist. Immerhin kann u. a. auch das Wort „Plastizität“ des Antriebserlebens sowohl zur Charakterisierung einer Kerneigentümlichkeit des gesunden mittleren Menschen dienen wie zu der der psychotherapeutischen Zielsetzung. Wir kehren zurück: Der im eigentlichen Sinn ungehemmte Mensch ist in der glücklichen Lage, zwischen seinen verschiedenen möglichen Antriebsgebieten verhältnismäßig rasch, ohne viel zu zögern, ohne „katastrophale“ Gequältheit hin und her gehen zu können. U. a. tut er das auch im Traum. Und da das Traumerleben vergleichsweise ungehemmt ist, tut auch der sonst, d. h. im Wachleben Gehemmte das gleiche im Traum. Daher rührt es, daß die überwiegende Menge aller mittleren Träume nicht nur eine Reihe von Cäsuren zwischen Ansätzen ein und derselben Antriebsart enthält sondern darüber hinaus auch solche zwischen verschiedenen Antriebsarten.

Da angenommen werden darf, daß ein genaues Studium der ersten drei Traumgruppen unter dauernder Rückbesinnung auf die vorangehenden allgemeineren Erörterungen des Traumerlebens ausgereicht haben wird, das Grundsätzliche der Traumstruktur zu erhellen, erscheint es nunmehr wohl kaum noch notwendig, hinsichtlich der mittleren, cäsurierten und verschiedene Antriebsarten enthaltenden Träume alle zehn Beispiele aus der I. Gruppe neuerlich zu verwenden. In der I. Gruppe handelt es sich um je einen kaptativen, einen oralen, einen retentiven, einen analen, einen geltungsstrebigen, einen aggressiven, einen zärtlichen, einen liebevoll-hingebenden, einen sexuellen und einen erotischen Traum. Nunmehr soll eine Beschränkung erfolgen und zwar auf im Ganzen fünf Träume, die zu einem Teil nur cäsuriert sind, zum andern Teil darüber hinaus auch noch mehrere Antriebsarten enthalten.

A. Mittlere Träume mit 2—4 Cäsuren und einer Antriebsart

Besitzstreben

1b) oral; Typ I. Gruppe, *α*, II. Gruppe

28. Traum: Ich komme in ein Zimmer. Ein Schubfach steht offen. Es ist viel Schokolade darin. Es ist niemand im Zimmer. Ich esse schnell eine Menge. Auf einmal bin ich woanders. Ich bin sehr unruhig und ängstlich. Ich weiß nicht recht, wo ich bin. Jemand sagt, ich solle etwas arbeiten, aber vorher etwas essen. Es gibt Brotsuppe. Darin sind dunkle Stücke Brot? Bei deren Anblick bin ich sehr erschrocken. Ich sehe noch einmal hin. Es scheint mir so, als ob die Stücke spitzig sind.

1. Einfall: Eiserne Jungfrau zum Thema „spitzig".
2. Einfall: So erschrocken war ich mal als kleines Kind, als eine Tür zufiel. Ich hatte gerade den Schlüssel einer Kommode angefaßt.

Kommentar: Wie ersichtlich und beabsichtigt, wird im vorliegenden Traumbeispiel der Traum 1b der I. Gruppe und dann der Traum 1b der II. Gruppe verwandt. Beide Träume hatten oralen Charakter. Außerdem sind jetzt Furchtanteile hineingearbeitet. Die Cäsur, gefolgt von „auf einmal bin ich woanders", ist offensichtlich. Weitere Cäsuren klingen an. Der erste Teil des Traumes hat genau so wie vorher manifesten Kinderwunschtraumcharakter. Dann folgt ein Furchtanteil. Schuldgefühle diktieren das Arbeiten statt zu essen. Ein Kinderfurchterlebnis kupiert das Ausleben eines neuerlichen oralen Impulses. Wie im Traum der II. Gruppe hat Furcht dafür gesorgt, daß die dunklen Stücke nicht als Pralinés erlebt werden. Ein weiterer Furchtanteil wird nunmehr im „spitzigen" Charakter der dunklen Stücke manifest. Denn dieser, das Spitzigsein, entstammt dem Thema „Eiserne Jungfrau". Was bedeutet dies? Hier gilt es, wie stets in solchem Fall, sich äußerst genau zu verdeutlichen, was es mit der „Eisernen Jungfrau" auf sich hat. Sie muß neurosenpsychologisch angeschaut werden, d. h., zunächst einmal lediglich sehr genau, sehr naiv, sehr primitiv. Was also ist die „Eiserne Jungfrau"? Es ist doch immerhin sehr merkwürdig, daß gerade dieses Instrument erfunden wurde und diesen sehr markanten Namen erhielt. Sicher hat es sich dabei nicht um einen Zufall gehandelt, vielmehr um folgendes: Die Männer der damaligen Zeit waren durchgängig an sehr robuste Methoden der Weltbewältigung gewöhnt. Teil der Welt ist die Frau. Die Jungfrau stellt in ihr einen Bereich vielleicht noch unbegrenzter Möglichkeiten dar, für den inhumanen, rohen Mann ein „gefundenes Fressen". Auch daß wir uns in solchem Fall wie eben oral ausdrücken, hat seinen guten Sinn. Aber auch der roheste Mann weiß, was ihm u. U. von der sich wehrenden Jungfrau her blüht. Instinktiv fürchtet er, der sie mit Haut und Haaren verschlingen möchte, von seiner Stammhirnperson her, daß sie ihm mit Gleichem vergilt. So wird die fressende Frau, im besonderen Fall die fressende Jungfrau, die mit „eisernen" Zähnen bewaffnet, als Ganzes zupackt, den ganzen Mann in sich aufnimmt und zermalmt, zum Urbild, zum Archetypus. Eine antinomische Partnerin ist diese „Eiserne Jungfrau". Hier, in diesem ganz speziellen Geschehen erreicht die Begegnung zwischen Mann und Welt u. a. ihren Gipfel. Eine der existenziellen Begegnungen des Mannes ist durch dieses Bild der „Eisernen Jungfrau" charakterisiert. Eine noch speziellere Begegnung, nämlich eine auf sexuellem Gebiet, kann dann die sein, daß dem Manne zwar das Eindringen in das Genitale der Jungfrau gelingt, daß diese dann aber stammhirnhaft, reflektorisch mit einem Krampf der Scheidenmuskulatur antwortet und den Phallus festhält (Penis captivus). Nicht ohne Grund spielt dieses Thema im Phantasieerleben vieler neurotischer Menschen und auch in der negativen Flüsterpropaganda der Gesunden, besonders der Pubertierenden, eine bezeichnende Rolle. Im Traume erscheint diese Thematik u. a. im Bilde der vagina dentata. Gar nicht selten und sehr auffällig ist das Bild einer Verbindung von weiblichem Genitale und etwa einem gezähnten Fischrachen im Traum. Es handelt sich hier eben, wie schon gesagt, um einen typischen existenziellen Bereich, nämlich einerseits um das brutal-aggressive Antriebserleben des Mannes, in seiner primitivsten Form als aggressiver, kannibalischer Freßakt erlebt, andererseits um die ebenso primitive Furcht desselben Mannes, nach dem Gesetz der Talion von der Frau in entsprechender Weise bestraft zu werden. Dieser gesamte Bereich repräsentiert im Bewußtsein des Träumers durch das ihm vorschwebende Bild der „Eisernen Jungfrau", repräsentiert im Traum allein durch den spitzigen Charakter dessen, was gegessen werden soll, ist es, der hinter dem einen Traumdetail des Spitzigen steht. Alle die oben in großer Breite erfolgten Erörterungen hatten ja u. a. das Ziel, wieder und wieder zu zeigen, in wie mannigfaltige Strukturen, Gestalten, das sehr spezielle Antriebs- und Bedürfniserleben des Menschen eingebettet zu sein pflegt. Daher wird es für den, der sich in die Notwendigkeit eingelebt hat, auch das Traumerleben grundsätzlich konditional zu sehen, grundsätzlich nicht eingleisig, nun wohl nicht mehr erstaunlich sein, daß ein einziges Traumdetail so breiter Erörterung bedarf, weil es auf einem so breiten Fundament aufruht.

Vielleicht ist es an dieser Stelle angezeigt, doch noch einmal ausdrücklich darauf hinzuweisen, daran zu erinnern, daß jemand, der den eben zur Erörterung vorliegenden Traum verstehen möchte und das Gesamtthema der Oralität nicht kennt oder seine Bedeutung, seine Valenz nicht erfaßt hat, naturgemäß außerstande sein muß, mit diesem Traum „etwas anzufangen". Sehr wahrscheinlich wird es ihm instinktiv, wiederum vom Stammhirn her, so gehen, daß er, urtümlich reagierend, in etwa mit dem Traume mitgeht. Er wird schon „kapieren", daß viel Schokolade zu essen besser ist, als keine zu haben, daß das Essen von Brotsuppe, wenn nachher gleich gearbeitet werden soll, nicht unbedingt auf ein vergnügliches Erleben hinweist. Am Rande, „tangential", instinktiv wird er mit dem Träumer und dessen Befindlichkeit in der Welt wohl etwa so weit mitgehen, daß er zusammenfassend reagiert: „Das möchtest Du wohl!", weiter aber wohl nicht. Anders ausgedrückt: Unerläßliche Vorbedingung für das Verstehen des vorliegenden Traumes ist die geläufige Kenntnis der oralen Thematik in ihrer Bedeutung für den Menschen, insbesondere aber für den Neurotiker. Unerläßlich ist weiterhin, wenn man diesen Traum verstehen will, daß der Bereich zwischenmenschlicher Antinomik ausreichend bekannt ist. Unerläßlich ist die Kenntnis der Tatsache der kombinatorischen Phantasie. Unerläßlich ist schließlich die Kenntnis des sogenannten kollektiven Unbewußten, d. h. des örtlich und chronologisch ubiquitären Charakters dieser menschlichen Erlebnisbereiche und ihrer phantastischen Formulierungen. Aber — die orale Thematik ist immerhin doch noch die allein dominierende in diesem Traum. Sie ist als solche nicht verhüllt. Sie wiederholt sich, sie drängt sich auf. Völlig dunkel ist dieser Traum keineswegs.

Geltungsstreben

3, β, geltungsstrebig; Typ II. Gruppe

29. Traum: Ich gehe durch einen Raum, aber es ist so, als ob gar keine Wand gegenüber wäre. Oder als ob im Raum eine Gewitterwolke wäre. So ein Unsinn! Es ist ein Sitzungssaal. Es sind viele andere Menschen da. Ich sehe erstaunt, daß sie ein Zeichen tragen wie eine unten offene Kurve ? Dann klingt aus der Wolke ein Stimme: „Sie können sich ruhig etwas tiefer bücken". Ich bin erstaunt, denn es ist niemand mehr da. Als ich mich umsehe, habe ich auf einmal das Gefühl, als werde mir der Kopf in sonderbarer Weise gedreht. Als ich noch denke, warum wohl, bemerke ich, daß ich auf einem Berggipfel stehe. Sehr steif stehe ich da.

1. Einfall: In einem Roman las ich kürzlich, daß der Applaus einem Künstler den Kopf verdrehte.

2. Einfall: Christus mit dem Teufel auf dem Berge.

3. Einfall: Ein Freund von mir sagte einmal zu seinem Sohn, er solle nicht so steif da stehen, das sehe ja so aus, als habe er Furcht vor den Leuten.

Kommentar: Wie in der Überschrift angekündigt, enthält dieser Traum mehrere Cäsuren. Die erste wird mit der Bemerkung abgeschlossen: „So ein Unnsinn!" Der Traumteil vorher begann mit dem Gehen durch einen Raum. Das Sichbefinden im Raum wird nach der Cäsur wieder aufgenommen. Die zweite Cäsur erfolgt mit dem Erstaunen, daß niemand mehr da ist. Die dritte Cäsur besteht in dem Nachdenken „Warum wohl?". Daß dieser Traum etwas mit dem Thema Geltungsstreben zu tun hat, ist aber nun alles andere eher als offensichtlich. Nur derjenige, dem Neurosenpsychologisches schon einigermaßen geläufig geworden ist, etwa auch in der Form der Adlerschen Individualpsychologie, wird aufhorchen, wenn von Berggipfel und Sehr-steif-Dastehen die Rede ist. Auch das Thema des Sich-Tieferbückens und dann sogar das Thema Sitzungssaal ist für den Informierteren ein Hinweis auf den Bereich, um den es sich hier handelt. Das alles auch ohne die Kenntnis von irgendwelchen Einfällen des Träumers. In gewisser Weise kann man von diesem Traum unter all den bisher behandelten sagen, er sei eigentlich der erste „so richtig dunkle". So sähen eben die Träume aus, wie sie in der Mehrzahl geträumt werden und dem Verstandenwerden so große Schwierigkeiten bereiten. In der Überschrift wurde dieser Traum ja auch ausdrücklich als zum Typus der II. Gruppe gehörig bezeichnet. Von Kinderwunschtraumcharakter ist hier wahrhaftig keine Rede mehr.

Der erste Einfall des Träumers dagegen behandelt sofort ein Thema aus dem Bereich des Geltungsstrebens. Die entsprechende Stelle im Traum war dunkel. Der Träumer sagt ja ausdrücklich, der Kopf sei ihm in sonderbarer Weise gedreht worden. Diese Stelle erweist sich durch den Einfall als allegorisch. Dynamisch, als Antriebserleben verstanden, erhält der Träumer einen solchen Applaus, daß ihm der Kopf verdreht werden könnte. Der nächste Einfall spielt auf die Legende an, in der Christus vom Teufel auf einen Berg geführt wird und ihm alle Reiche der Welt angeboten werden. Dieser Mythos wäre nicht zustande gekommen, wenn es nicht in der menschlichen Natur, daher auch in der menschlichen Natur Christi gelegen hätte, stets in der Versuchung zu sein, um der Macht und der Geltung willen ein Leben wider das eigene Selbst aufzubauen. Wider das eigene Selbst aber heißt, anthropomorph dargestellt, im Bunde mit dem Gegenspieler des Selbst, mit dem Teufel. Der Teufel, im anderen kulturellen Bereich Satyr, Pan, ist Vertreter hemmungsloser Animalität. Diese drei Figuren haben dämonischen Charakter (s. auch S. 26), sie entbehren des Mitgefühls, des Mitleidens, des zwischenmenschlichen Kontaktes. Sie verhalten sich im Menschen, als sei dieser kein zoon politicon. Sie sind Vertreter der Augenblicksbegierde. Sie kennen keine Rücksicht auf das Leben als Ganzes. Sie haben keine Zukunft, nur Gegenwart. Sie haben daher auch keinen Kontakt mit dem Ganzen der Welt. Es gibt keine „Sorge" für sie. Ihr Leben ist kein Leben im menschlichen Sinn, keine „Existenz". Wer sich ihnen als Mensch fügt, vor ihnen niederkniet, verliert seine menschliche Existenz, sein Menschsein. Er wird sogar weniger als das Tier, denn dieses hat seine steuernden Instinkte zur Verfügung. Der Mensch als weitgehend instinktloses Wesen ist tatsächlich in seiner Freiheit zu vollständiger Hilflosigkeit verdammt, an seinen „Schatten" ausgeliefert, wenn er sich dem Dämonischen verschreibt. Tut er das, so erniedrigt er sich nicht nur zum Tier, sondern unter das Tier. Und daher bedeutet eine extreme Hingabe an hemmungslose Animalität, z. B. in der Form blinden Macht- und Geltungsstrebens, eine Selbstaufgabe, das Aufgeben einer höchsten steuernden Instanz, deren er in entscheidender Weise ständig bedarf. Solche Selbstaufgabe bedeutet also höchste Gefährdung. Wer sie vollzieht, wer sie auch nur im Ansatz vollzieht, erlebt daher ein völlig berechtigtes äußerst tief gehendes Minderwertigkeitsgefühl. Ihm bleibt nur übrig, sich krampfhaft aufrecht zu erhalten. Unter den Menschen, die ihn umgeben und für die das gleiche Gesetz gilt, ist er der Extrem-Unzulängliche. So eindeutig auch alle Menschen in gleicher Weise ständig gefährdet sind — ein anthropologischer Tatbestand, der u. a. seinen

Niederschlag im Begriff der Erbsünde fand, — realisiert ist dieser Abfall vom Selbst im Erleben des mittleren Menschen in der Regel nur in Spuren. Letztlich ist der von seinem Selbst abgefallene Mensch ein Unterlegener, dem Leben und insbesondere auch den Menschen gegenüber. Also erfüllt ihn zutiefst begründete Furcht. Nur krampfhafte Übersteigerung seines aufrechten Ganges vermag ihn kurzfristig über seine Halt-losigkeit hinwegzutäuschen. Instinktiv wird er von den anderen Menschen gemieden. Er gerät in Isolierung. Aber die anderen Menschen fürchten ihn auch. Denn sollte dem Betreffenden auch nur vorübergehend die hemmungslose Hingabe an Macht und Geltungsstreben gelingen, so würde das für die anderen eine Versuchung bedeuten, das gleiche zu tun. Darauf aber reagieren die anderen mit Schrekken, mit erschreckter, vorwegnehmender, voraustastender Abwehr. Diese bezieht sich genau so auf den hemmungslos Machtgierigen wie auf die andrängenden eigenen Tendenzen dieser Art. Die Beziehung zum Objekt und zum eigenen Subjekt verschmilzt ihres gleichsinnigen Charakters wegen miteinander. Der Anblick eines solcher Art dämonisch Machthungrigen ist im wörtlichen Sinne „fürchterlich". So weit die Götter dämonische Züge tragen, bedeuten sie für den erlebenden Menschen ein mysterium tremendum. Das ist der Bereich allgemeinst-menschlicher Art, der in den vorliegenden Traum hineinreicht. Von daher gesehen, ist es dann auch nicht mehr unverständlich, wenn das „kollektive" Bild der Gewitterwolke im ersten Raume erscheint. Schrankenlos ist dieser zunächst, ohne Begrenzung, ohne Wand. Grenzenlosigkeit ist der formale Charakter animalischer, primitiver und auch frühkindlicher Wunscherlebnisse. Erst allmählich reift im Kleinkinde die Ahnung einer existenziellen Lebendigkeit ordnender Instanzen in seinem Erleben. Mehr als Ahnung vermittelt dann zunächst die umgebende Menschenwelt. Ein archaischer Rückgriff läßt im Traume auch Mutter, Vater und Geschwister sich vor dem Träumenden beugen. Eine übergeordnete Instanz des eigenen Innern aber errichtet ein Korrektiv, das antithetische Ideal der Demut. Der „empirische" Mensch steht ständig in Versuchung, gegen sein „wahres Interesse" (Nelson) zu handeln oder auch nur sich den Wunschgebilden maßlosen Bedürfnisses hinzugeben. Den phantasierten Göttern also und schließlich dem Bilde eines Gottes hat er daher das Attribut der Allweisheit verliehen. Denn diese ist Vernunft, gerichtet auf Vergangenheit und Zukunft zugleich, damit der Gegenwart enthoben, ohne sich von ihr loszulösen. Der Träumer des vorliegenden Traumes setzt sich mit dieser Problematik auseinander. Diese Auseinandersetzung erfolgt in Bildern, wie sie für das anschauliche Erleben und auch für den Traum charakteristisch sind. Die sehr weitgehende Verhüllung, Verdunkelung entspricht einem Kompromiß zwischen dem leidenschaftlichen Begehren des im Schlaf von der realen Welt Distanzierten und der mahnenden Stimme seines Gewissens, die ihrerseits durchtränkt, unterstrichen und geformt wird von der sehr realen Furcht vor dem Unwillen der Mitmenschen und ihrer Entschlossenheit, den hemmungslos Machtstrebigen nicht zu lieben.

Eine Möglichkeit menschlichen Erlebens, hier im Traume, wurde eben erörtert. Ob sie im Erleben des betreffenden Träumers realisiert ist, entscheidet allein dessen Gesamterleben. Daran ist auch hier wiederum zu denken.

Sexualstreben

6. γ hingebend, liebevoll; Typ II. Gruppe

30. Traum: Jemand kommt auf mich zu. Ich falle sehr tief mit schrecklichem Angstgefühl. Dann habe ich das Gefühl aufzuwachen. Es ist aber nicht so. Ich sehe nur die betreffende Frau X. sehr deutlich. Sie lächelt zuerst, dann lacht sie. Ich muß ein ulkiges Gesicht gemacht haben, wohl weil ich einen Flecken auf meinem Handrücken bemerkt habe. Mir bleibt schließlich der Mund offen stehen. Ich wundere mich darüber, und das Gefühl des Grauens wiederholt sich.

1. Einfall: Als Kleinkind ließ ich mich mal von einem Schrank in die Arme von jemand fallen.

2. Einfall: Lächeln der Sphinx. Lächelt die Sphinx eigentlich?

3. Einfall: Ich hörte mal von jemand, der eine Frau küssen wollte und sich selbst auf den Handrücken küßte.

4. Einfall: Manchmal sollen sehr junge, unerfahrene, sehr hingebungsvolle Frauen den Mund beim Küssen offen halten.

5. Einfall: Frau X.? Ich sah sie das erste Mal im Abendkleid. Sie gefiel mir. Ich habe mich dann sehr gewundert, daß sie mir bald danach zum Bild einer Frau zu Pferde einfiel und daß ich an demselben Abend vergaß, sie grüßen zu lassen.

Kommentar: Die Cäsuren liegen: beim „Gefühl aufzuwachen," nach „dann lacht sie", dann vor dem Offenbleiben des Mundes. Wenn es zutreffend sein soll, daß dieser Traum in mehrfachem Ansatz hingebungsvolle, liebevolle Tendenzen darstellt, die immer wieder gedrosselt werden, dann würde er also aus folgenden Teilen bestehen: 1) Jemand kommt auf mich zu. Ich falle sehr tief mit schrecklichem Angstgefühl. 2) Ich sehe Frau X. sehr deutlich. Sie lächelt zuerst, dann lacht sie. 3) Ich bemerke einen Flecken auf meinem Handrücken und mache ein ulkiges Gesicht dazu. 4) Mir steht der Mund offen. Er bleibt offen stehen. Ich wundere mich. Ich habe ein Gefühl des Grauens.

Unter Verwendung der Einfälle wäre der Traum folgendermaßen zu lesen: Der Träumer wagt nicht, sich einer Person liebevoll zu nähern. Er wagt sie sich nicht einmal deutlich vorzustellen — sofern er den Ansatz einer Hingabetendenz in sich bemerkt. Aber er erlebt ein intensives Bedürfnis nach Hingabe, und zwar nach einer Hingabe, wie er sie als Kleinkind erlebte, als er sich noch voller Vertrauen von einem Schrank herunter in die Arme von jemand fallen ließ. Jetzt ist er ein erwachsener Mensch. Daher fürchtet er eine solche Tendenz in sich, denn sie würde ja Selbstaufgabe bedeuten. Und dann muß er im Laufe seiner Entwicklung Erfahrungen gemacht haben, die ihm zu zeigen schienen, daß solch ein Maß an Hingabe äußerst bedrohlich ist. Wenn ihn im Traum solche intensiven Hingabetendenzen nun zu überwältigen drohen, dann hat er die Tendenz, doch lieber aufzuwachen, als in sich selbst, in seinem Gefühl unterzugehen. Wäre er wach, wäre er wieder „oben", dann wäre er sicher, sicher vor sich selbst, dem Jemand, der immer wieder auf ihn zukommt. Dieser Jemand, der andere, das alter ego, begegnet ihm immer wieder, auch wenn er selbst ihm nicht entgegen kommt. Der andere sucht ihn immer wieder auf. Er kann sich nicht entfliehen. Aber er besitzt auch nicht die Maßstäbe, er hat nicht die „Maximen" (Goethe) entwickelt, die ihm ermöglichen würden, ein rechtes Maß an ruhig gesteuerter Hingabe in sich zu dulden. So hat er die Tendenz zur Wachheit um jeden Preis. Im Traume wenigstens. Im Wacherleben dagegen wird dieser Träumer weder wagen, voll wach zu sein, noch sich Gefühlen tiefer Hingabe zu überlassen. Dumpfe Gefühle der Distanziertheit gegenüber den Menschen werden dominieren.

Der Träumer wacht in Wirklichkeit nicht auf. Seine Tendenzen zu liebevoller Hingabe sind keineswegs erloschen. Aber sie sind zunächst als solche in die Latenz verschwunden. Nur die Beziehungsperson, der sie hätten gelten können, Frau X., steht nun deutlich vor seinen Augen. Aber sie trägt Züge der Sphinx, der Vernichterin des Mannes, der sie nicht zu enträtseln vermag. Diesem wendet sie zwar verführerisch ihre Brüste zu und ist zunächst ganz Weib, aber der übrige Körper ist der einer Löwin. Der Träumer schwankt in seinem Gefühl Frau X. gegenüber. Er überschaut sie nicht. Weiß nicht, wie sie auf Hingabe reagieren würde, weiß nicht, was Lächeln bedeuten würde. Aber vielleicht würde sie auch nur befreiend lachen und sich als harm-los erweisen. Würde sie das tun? Würde sie so sein?

Soll er diese Frau noch einmal küssen? Vielleicht etwas tölpelhaft aber doch hingebungsvoll, oder soll er das doch lieber nicht tun und seine eigenen Hingabetendenzen lieber „narzistisch" sich selbst zuwenden?

Wenn er mit seiner „Libido" nun so zu sich selbst zurückkehrte, sie in sich selbst zurücknähme, würde er dann jener Frau gegenüber eigentlich die Haltung einer Frau einnehmen, vielleicht sogar einer jungen, unerfahrenen? Die sich noch so wie ein Kleinkind verhält, das nicht recht begriffen hat, was Küssen ist und noch an Orales dabei „denkt"? Würde er da nicht in eine säuglingshafte Haltung geraten? Würde das dieser Frau X. gegenüber realisierbar sein? Würde das überhaupt einer Frau gegenüber realisierbar sein?

Wie ist denn diese Frau X. eigentlich? Und warum gefiel sie ihm? Hatte das lange Abendkleid damals nicht einen verhüllend fürstlichen Charakter? Das Kleid unterstrich die Höhe, das Aufrechte, das Phallische gewissermaßen. Ist diese Frau in Wirklichkeit eine Amazone, vor der man sich hüten muß? Die Amazonen sind einbrüstig. Ist es wahr, daß der Grund hierfür nur darin liegt, daß die andere Brust sie beim Bogenschießen stören würde? Oder hat ihnen die Legende nur deshalb dieses Attribut verliehen, weil sie Repräsentantinnen eines Weibtums sind, das nur sehr bedingt zu schenken bereit ist? Hat Penthesilea den Achill nicht geradezu angefressen? Sind auf der Armlehne des olympischen Zeus nicht junge Mädchen mit Wolfsleibern befindlich, die über junge Männer herfallen? Haben die Mänaden, die dem Halbmann Dionysos folgten, nicht nur ganz zu Anfang ihres Rausches die Jungtiere des Waldes gesäugt und sie dann zerrissen? Was steckt hinter dieser Frau X.? Darf man ihr gegenüber Hingabe wagen? Soll man sie wissen lassen, daß man sie gern mag? Oder soll man besser vergessen, sie grüßen zu lassen?

Wäre Frau X. als „Anima" des Träumers aufzufassen, so würde sich dieser in Auseinandersetzung mit einem Gemenge von eigenen Hingabe- und mörderischen Tendenzen befinden. Als Bild seiner selbst würde gewissermaßen der doppelgesichtige Gott Janus auftauchen, dessen vermeintlich männliche Seite in Wirklichkeit eine magna mater barbata ist, nur scheinbar Mann, in Wirklichkeit ein doppelgeschlechtliches Wesen, in dem auch die weibliche Seite phallisch-aggressiven Charakter hat. In der ihm realerweise begegnenden Frau X. würde der Träumer also das verstehend erleben, was er als Möglichkeit in sich selbst trägt. Die Unausgereiftheit seines Hingabe-Ichs wäre auch dann das Problem. Der Traum wäre Ausdruck einer nicht vollzogenen Individuation, einer Unvollendetheit, die ihn notwendigerweise an jeder Frau scheitern lassen muß, besonders aber an allen Frauen von vergleichsweise männlicher Getöntheit. Denn diese fordern seine unausgelebten Hingabetendenzen heraus und gefährden ihn auf diese Weise mehr als all die Frauen, die in sich, in ihrer Weiblichkeit ruhend, ein exzessives Maß an Hingabe vom Manne nicht erwarten.

B. Mittlere Träume mit mehreren Cäsuren und 2 Antriebsarten

7. und 1b), α, sexuell-oral; Typ I. Gruppe

31. Traum: Coitus mit jemand. Ich schrecke dabei zusammen. Es sieht plötzlich so aus, als ob die Tür durchsichtig ist. Da kommt Fräulein Y. herein, aber sie geht sonderbar schreitend und nickt zuckend mit dem Kopf wie ein Huhn. Mir ist ungemütlich. Ich denke an den Film „Goldrausch". Auf einmal fliege ich wie ein Vogel. Aber ich scheine doch wieder auf etwas zu sitzen, nein, zu stehen. Und doch ein Gefühl von Weite, als ob ich schwebe, als ginge es nach oben, wie mit einem Fahrstuhl. Oben ist strahlende Helle, ein ganz weißes Licht. Nichts von Gelb darin.

Kommentar: Die sexuelle Thematik dieses Traumes ist zunächst manifest. Es findet ein Coitus statt, nur die Person ist verhüllt, die Partner ist. Ein Furchtanteil meldet sich. Der Träumer schreckt zusammen. Unter der Voraussetzung, daß man wenigstens im Ansatz versuchen darf, das dann Folgende dynamisch, antriebshaft, als „Wunsch" zu lesen, wäre zu fragen, in welchen neurosenpsychologischen Zusammenhang durchsichtige Türen zu gehören pflegen. Handelt es sich hier um eine außergewöhnliche oder eine regelhafte Thematik? Das Letztere ist der Fall und zwar folgendermaßen. Jedes Kind, besonders aber das neurotische oder neurotisch zu werden im Begriff stehende, befindet sich in einem Zwiespalt zwischen eigenen expansiven Tendenzen, hauptsächlich besitzstrebiger, geltungsstrebiger oder sexualstrebiger Art, und dem intensiven Bedürfnis von den anderen Menschen, insbesondere seinen allernächsten Beziehungspersonen bestätigt und geliebt zu werden. Aus diesem Grunde gerät es immer wieder in die Situation, einerseits in Versuchung zu stehen, sich animalisch expansiv zu betätigen, auf der anderen Seite aber zu hoffen, daß ihm die Verantwortung abgenommen wird dadurch, daß ein äußeres Ereignis sein expansives Handeln verhindert. Es denkt gewissermaßen: „Gebe Gott, daß etwas dazwischen kommt! Dann kann ich mich nicht mehr expansiv betätigen, dann bin ich auf legale Weise meine Schuldgefühle los. Denn, wenn ich durch ein äußeres Ereignis eindeutig daran verhindert werde, mich entgegen den Wünschen der übrigen Menschen zu betätigen, dann habe ich meinen Frieden. Ich werde dann schon sehen, was ich andres Erfreuliches mit meiner überschüssigen Vitalität beginnen kann." Diese Situation ist typisch, regelhaft. Eine Variante solchen äußeren Ereignisses ist dann die, daß, wenn das Kind sich in einen geschlossenen Raum zurückgezogen hat, eine andere Person kommt und öffnet oder klopft. Eine weitere Variante: Daß das Kind etwa nicht beachtet hat, daß die Wand oder das Gebüsch, hinter die es sich zurückzog, niedriger ist als die Augenhöhe des Erwachsenen, so daß dieser schon aus einiger Entfernung darüber hinwegsehen kann. Und so weiter... Zu diesen Varianten gehört dann auch die, daß das Kind nicht bemerkt hat, daß eine Tür durchsichtig ist. Dann kann es als „Erlösung" erlebt werden, daß ein anderer Mensch kommt, und durch das Glas oder eine bisher nicht bemerkte Öffnung hindurchschaut. Auf diese Weise wird dann das schuldhafte Geheimnis des Kindes offenbar. Sollte der Erwachsene die verbotene Betätigung des Kindes dann übersehen, verkennen oder als Bagatelle behandeln, um so besser. Dann hat das Kind wenigstens vor aller Augen getan, was es so gern möchte. Auch auf diesem Wege ist dann alles in Ordnung, und es hat seinen Frieden. Auf diese Weise geraten u. a. durchsichtige Türen in das Phantasieerleben des Kindes und auf dem Wege k o m b i n a t o r i s c h e r Phantasie auch in das Traumerleben hinein. Im ersten Fall enthält der Traum dann den repräsentativen Teil einer Rückerinnerung, im zweiten Fall ist ein produktiver Akt kombinatorischer Phantasie vollzogen worden. Im hier erörterten Traum hätte sich ein Schuldgefühl auf sexuellem Gebiet in dieser besonderen Form durchgesetzt.

Aber der sexuelle Antrieb läßt den Träumer nicht ruhen. Er setzt neuerlich wieder ein. Aber nicht der spezifische Antrieb wird manifest sondern nun die betreffende Partnerin. Nichts Sexuelles geschieht. Dagegen erhält die Partnerin Attribute, die sie in der Realität nicht besitzt. Sie sind einem Film entnommen, den der Träumer gesehen hat. Ein sehr hungriger Mann, der mit einem anderen zusammen durch einen Schneesturm von der Umwelt abgeschnitten worden ist, sieht den betreffenden andern auf einmal halluzinatorisch als Huhn herumlaufen. Er verfolgt den andern also, um ihn zu fangen und zu schlachten. Es handelt sich um eine kannibalische Thematik, also um eine Antriebsqualität oralen Charakters, die so extrem wie nur irgend eine dem Bedürfnis geliebt zu werden und zu lieben, zuwider läuft. Diese Tendenz liegt im Träumer in gehemmter, latenter Form vor. Wiederum ist zu fragen, ob solche kannibalischen Tendenzen eine neurosenpsychologische Valenz haben, also in den im Traume aufgerollten Zusammenhang gehören könnten. Auch hier gibt es einen typischen Zusammenhang. Hat ein Mensch seine Oralität, seine kaptativen Tendenzen den andern Menschen gegenüber nicht in einem zu seiner Person gehörigen Grade, also ausreichend entwickelt, so pflegen solche Tendenzen sehr häufig in das Liebes- und Sexualerleben einzubrechen. Dies geschieht in der Regel nicht in groboffensichtlicher Form sondern in der von vagen und doch sehr spezifischen Gefühlstönungen (s. „Der gehemmte Mensch"; das unter „Haltungen" Erörterte, S. 61). Breiten sich solche dem Liebesleben antagonistischen Haltungen im Gefühls- bezw. sexuellen Erregtheitszustand eines Menschen aus, haben sie einen bestimmten Grad von Intensität, sind sie in Konflikt mit ängstlicher Abwehr verwickelt, so kommt dasjenige Gefühls- bzw. Erregtheitsgefüge nicht zustande, das die Grundlage von Erektion und orgastischer Potenz ist. Die neurotische Symptomatik von Impotenz und Frigidität ist die Folge. Handelt es sich im Einzelfall lediglich um weniger erhebliche Intensitäten, so kann zwar Erektion zustandekommen, Coitus gelingen, Orgasmus eintreten, aber dem Betreffenden pflegt dann trotzdem „ungemütlich" dabei zu sein. So jemand pflegt etwa zu berichten, er habe zwar vollen Orgasmus, aber es handle sich dabei um so etwas wie einen ganz eng begrenzten Reiz. Ihm schwebe vor, daß ein Orgasmus doch eigentlich in eine totale rauschhafte Beglücktheit eingebettet sein müßte. Und das gerade sei nicht der Fall. Von hier aus gesehen, d. h. vom Bereich der hierher gehörigen neurosenpsychologischen Zusammenhänge kann sich das Erschrecken im vorliegenden Traum und dann auch das Bedürfnis, überrascht zu werden, auf diese orale, kannibalische Tendenz beziehen. Nur der Gesamterlebenszusammenhang des Träumers vermag dann zu zeigen, ob der Akzent etwa doch auf einer spezifischen Sexualgehemmtheit liegt oder auf der mitspielenden oralen Thematik.

Hier hat man wieder einmal daran zu denken, daß es ja bereits einen außerordentlichen Gewinn bedeutet, wenn wir heute in der Lage sind, einen Traum wie den eben erörterten so bestimmt und verbindlich zu interpretieren. Es wurden ja nicht einmal Einfälle verwandt. Dann bedeutet es nur eine vergleichsweise geringfügige Einschränkung, wenn man genötigt ist, sich aus seiner neurosenpsychologischen Erfahrung heraus zwei mögliche Interpretationen einfallen zu lassen. Man hat ja dann noch alle Realeinfälle zu den Details des Traumes vor sich und darüber hinaus, wie schon gesagt, den gesamten Erlebniszusammenhang des Träumers. Unter dem Gesichtspunkt therapeutischer Zielsetzung stellt die Notwendigkeit, mit zwei Interpretationen umzugehen, keine eigentliche Einschränkung dar. Anders ausgedrückt: Für den augenblicklichen therapeutischen Zweck, etwa innerhalb einer Stunde, hinsichtlich dessen, was überhaupt in diesem Zeitraum geleistet werden kann, stellt die Möglichkeit, einen Traum, wie den vorliegenden, wenn auch doppeldeutig zu interpretieren, einen außerordentlichen, Richtung gebenden Gewinn dar. Es zeigt sich also, daß unter „praktischen" Gesichtspunkten, wie man das zu nennen pflegt, eine im streng wissenschaftlichen Sinn vorhandene Unzulänglichkeit doch, wie so oft, völlig zulänglich sein kann.

Ist der Träumer, wenn man sich so ausdrücken will, auf dem tiefsten Niveau menschlicher Partnerschaft, auf kannibalischem angelangt, so ist es völlig verständlich, daß er damit mit all seinen Hingabe- und auch sexuellen Tendenzen in allergröbsten Konflikt gerät. Es ist weiterhin verständlich, daß, wenn er im Augenblick mit diesem Konflikt nicht anders fertig zu werden vermag, er ihm ins totale Gegenteil ausweicht. Räumlich-metaphorisch wendet sich der Träumer von der erreichten fürchterlichen „Tiefe" seines dunklen animalischen Innern ab und wendet sich entschlossen nach oben. Er hebt gewissermaßen allen Kontakt mit dem Irdischen auf. In der Sprache der ägyptischen Mythologie ausgedrückt, wird er zum „Seelenvogel". Er erhebt sich als „Pneuma" über alle Schwere. Und gleichzeitig büßt er seine Tendenz, die Partnerin in einen oralen Gegenstand, ein Huhn, einen Vogel zu verwandeln, dadurch, daß er selbst möglicherweise verfolgtes Objekt, selbst Vogel wird. Damit aber realisiert er wiederum den vitalen Gewinn maximaler Erhebung über die Bestimmung des Menschen, an die Erde gebunden zu sein. Er befriedigt auf diese Weise ein „geistig" formuliertes Geltungsstreben.

Ein Mensch, der diesen inneren Weg geht, weicht vom Mittleren ab. Wie vorher sein Hineingleiten ins Unmenschliche, Untermenschliche wird ihm jetzt die Flucht ins Übermenschliche zur Gefahr. Ikarus wurde von den Göttern vernichtet. Überall und immer verfolgen diese die H y b r i s. Die H o f f a r t gehört zu den Todsünden. Antäus verliert all seine Kraft, wenn er nicht ständig wieder zur Erde zurückkehrt und diese berührt.

Wessen Schuldgefühl die in ihm schlummernden oralen, kannibalischen Tendenzen h e m m t, wird das mit einiger Wahrscheinlichkeit überschießend tun und daher von nun an z u w e n i g O r a l i t ä t zur Verfügung haben. Daher muß er dann vermehrt das zu verlieren fürchten, was er bisher besitzt. Er wird seine r e t e n t i v e n Tendenzen verstärken. Er wird fest auf dem sitzen, was er besitzt, um nur ja keiner Substanz verlustig zu gehen. Vielleicht wird er im Wirrwarr seiner nicht-integrierten Antriebe, in der Unvernunft seiner chaotischen Gefühle auch in retentiver Richtung wieder überschießend sein. Dann bleibt nur ein neuerliches Sich-Aufraffen. Das Sitzen wird abgelöst durch ein Stehen. Liegen in einem Menschen gehemmte orale Tendenzen in schwerem Konflikt mit seinem Kontaktbedürfnis, ist hier keine Amalgamierung des Widersprechenden erfolgt, ist der Betreffende noch unreif, hat er, wie Freud das formulierte, „die genitale Stufe noch nicht erreicht", so wird ihm wenigstens vorübergehend nichts übrigbleiben, als doch immer wieder Raum und Weite an-sich zu suchen, als ob es dort oben absolute Unbeschwertheit, Freiheit gäbe. Die Lebensform mancher Menschen, auch höchst produktiver, zeigt nicht selten die eben hier erörterten Züge von Flucht vor der Animalität, von Sehnsucht nach Enthebung.

Ein so strukturiertes Leben kann nicht glücken, kann nicht beglückend sein. Die Erfahrung zeigt auch, daß Träger solcher Struktur regelmäßig zu Phasen schwerer Bedrücktheit neigen. Es wird noch viel hierüber zu sagen sein. Daher ist es keineswegs unverständlich, daß die Betreffenden ein Leben lang mit der Sexualität, mit ihrer Sexualität hadern, auch, daß sie oft einen ausgesprochen kontaktgestörten Eindruck machen. Wohin auf der Flucht vor der Qual solchen Da-seins? Wo findet solch ein Mensch Erlösung aus der Dissonanz seines Gefühlslebens, aus dem Konflikt, sich das vernichtend einverleiben zu müssen, was er andrerseits lieben möchte? Todessehnsucht erfüllt solche Strukturen immer wieder. Und ist es nicht diese, so doch die Sehnsucht nach extremer Geborgenheit, sei das Bergende mütterlicher oder väterlicher Natur, sei es Göttin oder Gott. Empor tragen soll diese Macht, ganz passiv bleiben dürfen soll der Getragene. Nirgendwo im realen Leben gibt es eine solche Macht. Aber als Kind glaubt man, solches erlebt zu haben, getragen in den Armen von Mutter oder Vater, späterhin u. a. auch im Erleben eines ersten Fahrens mit dem Fahrstuhl. Hier weiß das Kleinkind nicht, wohin die Fahrt geht, auf jeden Fall grenzenlos nach oben. Diese Grenzenlosigkeit verrät auch die merkwürdige Sensation einer ungeheuren Wucht, die hier nach oben trägt. Und dann eben ist das Ersehnte völliges Licht, kein „Schatten", nur Unschuld, kein Begehren mehr, auf keinen Fall das aggressive Begehren des oralen Neides, dessen Farbe gelb ist.

Es ist anzunehmen, daß in der eben erfolgten Trauminterpretation für den Lesenden nunmehr die Konsonanz Freudscher, Adlerscher und Jungscher Positionen deutlich ist. In diesem Traum erlebt der Träumer sowohl die Auseinandersetzung mit einem Partner, einem Objekt, wie die mit den eigenen widerspruchsvollen Antrieben, wie die mit dem Zwiespalt der eigenen Existenz, mit der Zwiespältigkeit des eigenen Gefühlserlebens, mit der eigenen Unreife, mit der eigenen Erlösungssehnsucht, die u. a. auch negativ als Flucht vor der Verantwortung, vor der irdischen Bestimmung des Menschen angesehen werden kann. All dies klingt in jenem bildhaften Traumgeschehen zusammen. Das Erlebnisgebilde ist vielgestaltig, um das es sich hier handelt, aber alles eher als additiv. Es handelt sich um eine Erlebnisgestalt, die auch keineswegs ganz individuellen Charakter trägt, sondern durchaus typisch ist. Eine künftige Anthropologie wird eines Tages solche Lebensformen, solche Prägungen präzis beschrieben und gesammelt haben und, zueinander geordnet, als Ausdruck vollständigen Menschseins darstellen.

C. Mittlere Träume mit mehreren Cäsuren und 3 Antriebsarten

2. α, β und 4 und 6; retentiv, aggressiv, hingebend

32. Traum: Jemand kommt und will mich anpumpen. Dieser Jemand hat ein sehr böses Gesicht. Er hat pessimistische Mundwinkel und Querfalten auf der Stirn. Diese sind beinahe wie Schlitze. Ich nehme mir den Mut und lehne posierend empört ab. Bei diesem Posieren gerate ich auf einmal in eine Haltung mit ausgebreiteten Armen. Sonderbar. Ob ich den Betreffenden umarmen wollte? Aber ich bin zuerst wütend. Dann ein ausgesprochenes Unsicherheitsgefühl, so daß ich die Arme schlaff sinken lasse.

1. Einfall: Als Kind faßte ich mal in einen Schlitz am Postkasten. Ein anderes Kind schlug den Deckel zu und verletzte mich.

2. Einfall: Die Haltung mit ausgebreiteten Armen ist wie die eines Boxers, nachdem er den Gegner Knock out geschlagen hat.

3. Einfall: Solch ein Unsicherheitsgefühl wurde neulich von Herrn X. geschildert, der dann zu meiner Überraschung fortfuhr, er habe sich zu irgend etwas überreden lassen.

4. Einfall: So ließ eine Nichte von mir, eine Dreijährige, die Arme sinken, als sie auf dem Töpfchen saß und sagte: „Kann aber nich!"

Kommentar: Dieser Traum ist zu einem Teil kombiniert aus dem dritten, retentiven Traum der Gruppe I, aus anklingenden, nachklingenden und zum Teil auch den speziellen Antrieben vorанklingenden Furchtanteilen, aus dem sechsten, aggressiven Traum der Gruppe I und aus dem achten der gleichen Gruppe. Die verschiedenen Anteile sind eng miteinander verflochten, sind durch Cäsuren getrennt und wiederholen sich zum Teil. Das Ganze ist ein lebendiges Gebilde von gewissermaßen wogendem Charakter.

Dynamisch gelesen beginnt der Traum mit einem Wunsch nach Passivität, mit dem Bedürfnis nach passivem Hergeben. Ein anderer Mensch ist der Aktive. Eine vielleicht nicht einmal reaktive sondern ursprüngliche, autochthone Tendenz herzugeben, klingt an. Man spricht nicht umsonst von Hingabe. Man meint damit, der Betreffende „gebe" sich hin. Natürlich ist diese Formel eine extremistische Metapher. Sie spielt in erster Linie auf das Hingeben an und dann eben auch auf das Hergeben von Gefühlen. Nur eine spezielle Handlung, die zu solcher Haltung gehört, wäre das Hergeben eines Dinges, eines materiellen Gegenstandes. Es ist eine Frage der Wortwahl, wie man sich hier am besten formuliert. Das Gemeinte ist aber wohl klar: Ein Antrieb aus dem Bereich des Hingabestrebens meldet sich. Eine künftige systematische Anthropologie wird darüber entscheiden müssen, ob die hier verwandten Bezeichnungen und Hinweise in die wissenschaftliche Gültigkeit eingehen sollen oder nicht.

Wenn der Traumpartner, dieser „Jemand", dann ein sehr böses Gesicht hat, kann dieses Bild sowohl darauf anspielen, daß der Träumer jemand, der ihn anpumpen will, grundsätzlich als böse erlebt, wie auch darauf, daß der Träumer erwartet, ein „Nein" werde den Jemand böse machen. Verbindet der Träumer mit der Möglichkeit eines solchen, retentiven „Nein" Schuldgefühle, so werden diese dafür sorgen, daß der andere vorwegnehmend mit bösem Gesicht erscheint.

Wenn der betreffende Jemand nun vom Träumer weiterhin pessimistische Mundwinkel erhält — der Träumer hat ja grundsätzlich die Freiheit, so zu träumen, wie er möchte —, so ergibt sich die Frage, ob der Pessimismus eines Menschen neurosenpsychologisch einigermaßen eindeutig und verbindlich charakterisierbar ist. Es erhebt sich die grundsätzliche anthropologische Frage nach dem „Sinn" pessimistischer Grundhaltung überhaupt. Es wird zu überprüfen sein, ob folgende Interpretation des Pessimismus zu Recht besteht. Neurosenpsychologisch erweist sich immer wieder, daß ein pessimistisches Lebensgefühl auf keinen Fall unmittelbare „logische", psychologische Konsequenz der Begegnung des Menschen mit den negativen Seiten des Lebens und der Welt ist. Aber die zutreffende Aussage ist dennoch nicht einfach. Hat man mit einem Einzelfall eines Pessimisten zu tun, so muß zunächst einmal der Versuch gemacht werden, zu eruieren, ob es sich vielleicht um einen originär, genotypisch, anlagemäßig Dysphorischen handelt (s. „Der gehemmte Mensch", S. 179). Es ist nie auszuschließen, daß es sich hierum handelt, aber es wurde doch von einem notwendigen Versuch gesprochen, das Zutreffende zu eruieren, weil auch langdauerndes mikropsychologisches Bemühen manchmal ein unsicheres Resultat ergibt. Das Thema der primären oder sekundären Dysphorie ist heute noch Angelegenheit der Zukunft, weitgehend jedenfalls. Sehr wahrscheinlich liegt eine Möglichkeit korrekter Untersuchung in der Richtung der von Jahn neuerdings so genannten „physiologischen Asthenie". Handelt es sich um diesen originär-dysphorischen Pessimismus aber nicht, oder wenigstens nicht nur, so geht das dem Träger fast stets als objektiv begründet erscheinende pessimistische Lebensgefühl (Schopenhauer) auf jeden Fall außerordentlich häufig auf die Gehemmtheit expansiver Antriebe, insbesondere oraler Antriebe zurück. Der Betreffende ist dann nicht primär dysphorisch-depressiv sondern erworbenerweise von depressiver Grundstimmung. Aber es ist dabei so viel Expansives erhalten, daß eine Welt- und Lebensinterpretation erfolgt statt eines einfachen Feststellens subjektiven Leidens, das dann als ganz subjektiv und nicht als objektiv begründet und begründbar angesehen werden müßte. Im übrigen hat es seinen guten Grund, daß solch ein Pessimismus in herabhängenden Mundwinkeln, also oraler Mimik seinen Ausdruck findet. Der Traumpartner, der Jemand im Traum, hat für den Träumer also nicht nur ganz offensichtlich den Charakter jemandes, der etwas haben will sondern darüber hinaus auch noch den der gehemmten Oralität, also zusätzlicher Bedrohlichkeit.

Die Querfalten auf der Stirn eines Menschen werden in der Regel als Sorgenfalten bezeichnet, und das wohl mit Recht. Der Mensch, der abweichend von der mittleren Norm solche Querfalten produziert, muß also entweder jemand sein, der „zufällig" in einer besonders belastenden Lebenssituation, die längere Zeit andauert. steht, oder es muß sich wiederum um jemanden handeln, der, obgleich jenes nicht der Fall ist, obgleich seine Lebenssituation nicht vom Mittleren abweicht, doch „ver-sorgt" ist. In solch einem Menschen wären die für alle Menschen gültigen Züge der Urängstlichkeit und „Sorge" intensiviert. Es fragt sich, welche Struktur durch diese Eigentümlichkeit charakterisiert ist. Die Erfahrungen der Neurosenpsychologie sprechen dafür, daß es sich hier wiederum um Menschen handelt, die oralkaptativ gehemmt sind, häufig aber um solche, die eine retentive Hemmung aufweisen. Letzteres heißt dann, daß die Betreffenden nicht „Nein" sagen können und auch da herzugeben, zu opfern bereit sind, wo sie es ihrer Totalperson nach nicht dürften. Ihre latenten oral-kaptativen und retentiven Tendenzen fluten dann in vagen Gefühlstönungen sehr zäher Art in ihrem Bewußtsein, tönen entscheidend ihr Lebensgefühl und bewirken u. a. auf ihrem Gesicht ein so häufiges Erscheinen der entsprechenden Linien, daß diese allmählich zu Falten erstarren. Die Querfalten auf der Stirn des Traumpartners bilden also wiederum einen Hinweis auf verborgene Bedrohlichkeit von bestimmtem Charakter. Es handelt sich bei all diesem Zusätzlichen also um die Unterstreichung ein und derselben Thematik: Im Träumer kämpfen Hingabe-, Hergabe-Tendenzen auf der einen Seite mit retentiven auf der anderen. Unaufgelöste, aus der Kindheit herrührende Schuldgefühle durchtränken dieses zwiespältige Erlebnisgebilde und sorgen dafür, daß, wenn eine mögliche Beziehungsperson für diese Thematik im Traume erscheint, sie auch visuell durch die entsprechenden Züge charakterisiert ist. Wiederum: Für den therapeutischen Zweck etwa einer Behandlungsstunde enthält der bisher erörterte Traumteil bereits einen praktisch ausreichenden Grad von Fruchtbarkeit. Wissenschaftlicher Akribie darüber hinaus steht es dann frei, die Berechtigtheit einer solchen Charakteristik des Träumers am Gesamt seines Erlebens und Lebens zu überprüfen.

Überläßt man sich einfühlend dem eben erörterten psychologischen Zusammenhang, so überrascht es nicht mehr, wenn der Träumer fortfährt, die Querfalten auf der Stirn seines Partners seien wie Schlitze. Durch den Einfall, daß der Träumer als Kind einmal in den Schlitz eines Postkastens hineinfaßte und damals von seinem kindlichen Partner verletzt wurde, wird der gleiche Sinn noch unterstrichen. Es handelt sich um das Auftauchen eines repräsentativen visuellen Merkmalsgefüges, nämlich des Schlitzes, für einen Erlebniszusammenhang von einstiger Furcht mit dem Charakter heutiger Warnung. Genauere Betrachtung zeigt aber, daß ein im wörtlichen Sinn kaptativer Impuls hier außerdem noch anklingt. Denn in jenen Schlitz wurde damals ja doch wahrscheinlich hineingefaßt, um zu probieren. ob man nicht etwas vom Inhalt des Postkastens herausholen könnte. Dies, auf den heutigen Traumvorgang übertragen, würde dann einen Hinweis darauf geben, daß im Träumer eine Tendenz anklingt, in den Traumpartner hineinzugreifen. Hier tritt wieder einmal eine Eigentümlichkeit des antinomischen Erlebens auf, die oben bereits mehrfach (s. u. a. S. 115) erörtert wurde, nämlich die, daß der Mensch wirklich nur das versteht, was er selbst wenigstens in Andeutungen zu erleben in der Lage ist. Die Intensität der Furcht vor dem Angepumptwerden leitet sich zum Teil aus der gleichlaufenden

Haltung des Träumers seinen Partnern gegenüber her. In welchem Ausmaß neben den retentiven Tendenzen des Träumers auch latent orale beteiligt sind, dies zu entscheiden, ist wiederum mehr Angelegenheit eines Erstrebens wissenschaftlicher Vollständigkeit als praktische Angelegenheit des Therapeuten. Handelt es sich beim Träumer um einen Symptomträger, um einen Patienten, so hat sich dieser ja zu entwickeln, und er entwickelt sich. Der Therapeut begleitet ihn lediglich assistierend dabei, und hierfür genügt es, daß Erlebnismöglichkeiten vom Therapeuten wohlwollend erwogen werden. Dieses Wohlwollen, diese Liberalität dem Animalischen gegenüber, ist das eigentliche therapeutische Agens, so weit es sich eben um die anzugehende Gehemmtheit einer neurotischen Struktur handelt.

Es erfolgt nun eine Cäsur, der Furchtanteil tritt zurück und der Träumer verhält sich manifest aggressiv-retentiv. Aber er tut das „posierend". Die Haltung, die er dann einnimmt, erinnert ihn im Einfall an einen Boxer, der den Gegner knock out geschlagen hat. In den Traum ragt nur die dem Träumer sonderbar erscheinende Haltung hinein. Der schwer aggressive Impuls dagegen bleibt latent. Ja, es regt sich sogar wieder eine konkurrierende Tendenz der Hingabe, die den Träumer wenigstens im Traum im Gegensatz zu seinem späteren Einfall meinen läßt, er habe den Traumpartner möglicherweise umarmen wollen. Aber dann setzt sich doch die Aggression in Form des Wutaffektes wieder durch. Nur kommt es zu keiner aggressiven Handlung. Statt dessen tritt ein Unsicherheitsgefühl auf, das dem Einfall nach darauf zurückgeht, daß der Träumer in vorwegnehmender Phantasie sich doch dazu hat überreden lassen, dem Traumpartner willfährig zu sein. Wie schwebend-ambivalent die Haltung des Träumers ist, kommt dann u. a. dadurch zum Ausdruck, daß ihn die Schilderung des Herrn X überraschte. Dies verrät, daß für ihn Unsicherheitsgefühle mit der Tatsache, sich zu etwas überreden zu lassen, nicht in Verbindung stehen, so als ob alles mögliche andere Unsicherheitsgefühle auslösen könne, nur gerade nicht, sich zu etwas überreden zu lassen. Daher taucht dann auch in repräsentativer Form eine kindliche Szene auf, im Einfall ausführlich erlebt und berichtet, im Traum, wie schon gesagt, nur repräsentiert, nämlich die, auf dem Töpfchen zu sitzen. Der Träumer hätte ja die Freiheit gehabt, es bei seiner Wut bewenden zu lassen. Er hätte die Freiheit zumindest gehabt, sein ambivalentes Erleben in Unsicherheit ausklingen zu lassen. Aber sein Bedürfnis herzugeben, seine Tendenz zu dieser Form von Hingabe, drängt neuerlich vor und greift eine Szene auf, in der letzten Endes aus Naturnotwendigkeit doch hergegeben wird. Der Kot kann vom trotzigen Kind nur eine gewisse Zeit lang zurückgehalten werden. Auch dies Motiv klingt in der Äußerung: „Kann aber nich!" an, ist jedoch, wie die Erfahrung lehrt, auf keinen Fall das letzte Wort.

Die Träume der I. Gruppe, „symbolisch" gelesen

Wer den allgemeinen Text des vorliegenden Buches, insbesondere die S. 100 ff. gründlich gelesen hat, aber auch derjenige, der sonst schon von Traumanalyse gehört hat, wird nach Studieren der I.—IV. Traumgruppe fragen, wo denn nun eigentlich die „berüchtigte" Symbolik geblieben sei. Deren Vorhandensein wurde ja auch hier ausdrücklich angekündigt, und sehr viel Mühe wurde darauf verwandt zu erweisen, daß ihre außerordentliche Verbreitetheit zwar etwas sehr Wunderbares ist, aber keineswegs etwas letztlich Rätselhaftes. Andererseits aber ging aus allem Vorhergesagten zur Genüge hervor, daß die Träume eben „einen vielschichtigen Sinn" haben, wie man das oft auszudrücken pflegt, und sich keineswegs in der sexuellen Thematik im eigentlichen Sinn und der dazu gehörigen Symbolik erschöpfen. Daher mußte daran liegen, zunächst einmal die gesamte, wesentlich in Frage kommende Antriebswelt der Träume in Beispielen vorzuführen. Das ist nunmehr geschehen. Dabei wurde von den einfach manifesten, sinnfälligen Träumen ausgegangen und bis zu kompliziertesten Beispielen fortgeschritten. Daß die gleichen Träume, die hier erörtert wurden, nun außer ihrem hin und wieder wenigstens sexuellen Inhalt in verhüllter Weise eine Sexualsymbolik enthalten können, wurde aus Gründen des didaktischen Fortschreitens absichtlich außer Acht gelassen. Diese symbolische Interpretation, wiederum im Sinne der illustrierenden Darstellung an Hand der schon vorliegenden Modellträume, soll nunmehr nachgeholt werden. Gleichzeitig wird gezeigt werden, daß diese symbolische Interpretation nicht im Gegensatz zu der bisherigen steht, sondern mit dieser in gemeinsamem, zentralem Sinn zusammenklingt.

Es ist noch hinzuzufügen — und jeder Lesende sollte sich dies ausdrücklich merken! —, daß bisher und weiter nun bei der symbolischen Interpretation der betreffenden Träume alle Aussagen dem schlafenden, träumenden Menschen gelten. Im wesentlichen sind alle Interpretationen der Träume, sind alle Aussagen über den Traum Aussagen über Latentes, über Bereitliegendes. Daher gelten alle diese Aussagen im wesentlichen nicht dem subjektiven Tageserleben und Verhalten des Träumers. Es muß also durchaus unterschieden werden zwischen Aussagen über das sogenannte bewußte subjektive Erleben des Menschen und Aussagen über diesen selben Menschen als Träumer. Grundbeziehung zwischen beiden Aussagen bzw. zwischen den beiden Tatbestandsbereichen, denen diese Aussagen gelten, ist der kompensatorische Charakter. Wie es um diesen steht, wurde besonders auf S. 80 und S. 112 erörtert. D. h. natürlich nicht, daß weitere Seiten des gleichen Bereichs bei Betrachtung, Interpretation und Aussage vernachlässigt werden dürfen. Ganz im Groben ist die Aussage über einen Träumer als der unmittelbaren oder mittelbaren aber doch psychologischen Untersuchung zugänglichen Person die Umkehrung der Aussage über den Traum und den Träumenden. Anders ausgedrückt: Was man auf Grund des Traumes — dieser als Phantasieerlebnis genommen — unmittelbar über den Träumenden aussagen kann, wird dieser selbe Träumende, auch wenn er sehr scharf hinsieht, so auf keinen Fall in seinem Erleben auffinden können. Begeht jemand also den Fehler, eine Aussage über einen Traum, in Wirklichkeit also über Latentes, grob gesehen Unzugängliches, so zu formulieren, daß der angesprochene Träumer meinen muß, er habe nunmehr in den verborgenen Winkeln seines bewußten Erlebens nachzusuchen, um jene Aussage zu verifizieren, zu bestätigen oder durch Fehlanzeige zumindest zu widerlegen, so ist etwas völlig Falsches unternommen worden. Schon hier sei das an einem kurzen drastischen Beispiel erörtert. Ganz grob und sehr vereinfacht ausgedrückt ist jemand, der im Traume mordet, im Wacherleben ein aggressionsgehemmter Schwächling. Die Aussage über den Traum lautet: Der Träumer hat Mordtendenzen. Er „ist" ein Mörder. Aber es müßte eben eigentlich immer hinzugefügt werden: im Traum! Also ist er eigentlich gar kein Mörder sondern das Gegenteil davon. Hier handelt es sich um eine Schwierigkeit des Traumverständnisses, über die auch Wohlinformierte immer wieder stolpern. In den ersten Jahrzehnten der analytischen Beschäftigung mit den Träumen ist dieses Mißverstehen bezw. Fehlumgehen mit den Träumen immer wieder vorgekommen. Einer der Gründe, weshalb sich die Traumanalyse so ungemein langsam durchsetzte, lag in dieser Schwierigkeit und ihren Konsequenzen. Erörtert wird sie daher schon hier. Sie wird noch eingehend an Beispielen erläutert werden, weil auch gerade hinsichtlich der symbolischen Interpretation von Träumen die Gefahr sehr naheliegt, diese in solcher Richtung tendenziös fehlzubehandeln und in der Aussage fehlzugreifen. Nun also die symbolische Interpretation der oben bereits antriebspsychologisch interpretierten Träume!

Jeder Gegenstand und jeder Vorgang der bereits erörterten Träume soll nun nicht mehr so angesehen werden, als vertrete er sich selbst, sondern als sei er Ersatz für einen „eigentlich gemeinten" meist sexuellen Gegenstand oder Vorgang. Die übrigen Antriebsgebiete außer dem sexuellen werden nunmehr ihrerseits vernachlässigt werden. Erst der ausdrückliche Vergleich der ursprünglichen Interpretation mit den nunmehr erfolgenden symbolischen wird sämtliche Antriebsqualitäten wieder hervortreten lassen.

33. Traum: Ich sehe einen Weihnachtsbaum. Unter ihm liegen seidene Wäschestücke mit meinem Monogramm.

Kommentar: Mehrerlei in diesem Traum kann Symbol sein. Außer dem Weihnachtsbaum z. B. die Wäschestücke. Wir beschränken uns zunächst auf den Weihnachtsbaum. Er kann Symbol sein und soll hier so behandelt werden, als ob er es ist. Und falls er es ist, soll überlegt werden, welchen Sinn dieser Traum dann hat.

Die Merkmale eines Weihnachtsbaumes weisen, wenn man etwa, wie auf S. 104 empfohlen, ein Symbollexikon entwickelt und zu Rate zieht, auf seine phallische Bedeutung hin. Der Traum würde also lauten: Ich möchte einen Phallus sehen. Unter ihm liegen Geschenke, die mir gehören sollen. — Auch ein Mann kann diesen Traum träumen. Auch für ihn kann der Phallus Zeichen der Macht sein, einer Macht, die in der Lage ist, Geschenke zu bescheren. Tatsächlich befinden sich unter dem Phallus die Hoden. In manchen Landstrichen werden sie das „Gemächte" genannt. In der Vulgärsprache wird von „Eiern" gesprochen. Damit werden sie zu Gegenständen oralen Begehrens. Auf jeden Fall produzieren sie das Sperma, sind also u. U. Quelle eines Geschenkes, nämlich des Kindes. Letzteres gilt für die Frau, aber gar nicht so selten auch für den kleinen Jungen, der lieber ein Mädchen oder eine Frau sein möchte und dann auch Kinder bekommen möchte. Wird der vorliegende Traum so gelesen, so behält er seinen kaptativen Charakter. Aber er zeigt, daß der Träumer oder die Träumerin von der Sexualität mehr erwartet als die Beglückung gemeinsamer Liebe und gemeinsamen sexuellen Rausches. Für sie hat auch das Genitale des Mannes wenigstens handgreiflichere Bedeutung im Sinne eines Besitzes oder zumindest einer Quelle von Besitz. Kurzformel: Der kaptativ Gehemmte wird auch das sexuelle Erleben und den Partner als Sexualwesen in der Tönung kaptativer „Haltungen" (s. a. S. 60) sehen. Außerdem kann eine einfache Sexualgehemmtheit vorliegen, die dem Träumer verbietet, einen Phallus ausdrücklich sehen zu wollen. Sinkt der Betreffende während des Schlafes in die Tiefe seiner Vitalperson zurück, wird sein Körper neuerlich für ihn Außenwelt, so erfolgt, wie auf S. 100 ff. abgeleitet, eine bevorzugte Auseinandersetzung mit dem empfundenen und gesehenen Sexualbereich, — abgesehen von den Tabus, die das im Wacherleben verbieten. Das Verbot erzwingt, wie auf S. 104 erörtert, die Symbolisierung. Das Symbol selbst hat, wie im Falle des Weihnachtsbaumes, auch noch kaptative Bedeutung, wird daher zum Anreger ebenfalls gehemmter kaptativer Tendenzen, und ein Traum, wie der hier erörterte, kommt zustande. Der Träumer erlebt im Traume auf zwei Antriebsgebieten das, was er sich im Wacherleben „nicht zu gestatten erlaubt".

34. Traum: Ich komme in ein Zimmer. Ein Schubfach steht offen. Es ist viel Schokolade drin. Es ist niemand im Zimmer. Ich esse schnell eine Menge.

Kommentar: Häufig symbolisiert ein Zimmer den Körper einer Frau. Es ist ja auch genug auf die Bezeichnung „Frauenzimmer" hingewiesen worden. Ein Schubfach kann das weibliche Genitale darstellen. Dieses wird vom Kleinkind, das das Genitale und die Vagina nicht kennt, häufig als Kloake vorgestellt, d. h. im wesentlichen durch die Urethra und die Analöffnung charakterisiert. Unter dieser Voraussetzung enthält das Genitale der Frau u. a. auch Kot. Diese Vorstellung ist anstößig, umso anstößiger, wenn das Kleinkind den Kot auch nur entfernt noch als etwas Eßbares ansieht. Unter diesem Aspekt wird der anstößige Kot häufig durch Schokolade ersetzt. Handelt es sich um das Genitale der Frau bezw. um ihren als Cavum, als Hohlraum aufgefaßten Leib, so ist die Tatsache, daß niemand sich darin befindet, als der Träumer in das Zimmer hineinkommt, ein Hinweis auf eine wiederum durchaus regelhafte frühkindliche Eifersuchtsphantasie, die geschwisterliche oder andere Konkurrenten bei der Mutter einfach beseitigt. U. a. ist der betreffende Konkurrent ja nicht nur einer hinsichtlich der Liebe spendenden Mutter sondern auch der Essen spendenden. In mannigfacher Weise also verquicken sich in dieser Vorstellungswelt sexualanatomische, anale, oral-aggressive und orale Tendenzen. Frühkindliche Vorstellungen dienen zur Transponierung ins Visuelle, zur Illustration, gleichzeitig zur Verhüllung. Die ursprüngliche einfache orale Interpretation dieses Traumes wird durch seine symbolische Interpretation auf einen engeren, spezielleren Bereich bezogen, von dem man dann sagen kann, er sei eine der „Plattformen", auf der sich frühkindliche animalische Antriebe bevorzugt auszutoben pflegen, — sofern es sich eben um Antriebsarten handelt, die ihrer Quantität oder Qualität nach im wörtlichen Sinne „anstößig" sind, d. h. an die Bedürfnisse der übrigen Menschenwelt anzustoßen pflegen.

35. Traum: Jemand kommt und will mich anpumpen. Ich lehne empört ab. Kommentar: Hauptvorgang ist hier das „Anpumpen". Es ist die Frage, ob es sich hier um einen symbolischen Ausdruck für einen sexuellen Vorgang handeln kann. Die Vulgärsprache zeigt, daß das so ist. Der Ausdruck „pumpen" wird im Soldatenjargon z. B. für coitieren verwandt. Der Grund hierfür liegt ganz einfach darin, daß die wörtlich gemeinten Pumpbewegungen an die Coitusbewegungen erinnern. Auch beim Coitus wird vergleichsweise ein Stempel in einem Rohr hin und her bewegt. Es ist sogar so, daß dadurch im Effekt Flüssigkeit produziert wird. Es erfolgt eine Flüssigkeitsausscheidung beim Mann und auch bei der Frau. Hinzu kann genommen werden, daß ein Pumpenschwengel angefaßt und bewegt wird. Das Glied wird in der Regel angefaßt, um es einzuführen. Die Verhältnisse liegen hier so wie üblich: In der Regel wird nur derjenige nicht-sexuelle Gegenstand oder Vorgang zum Symbol für Sexuelles erhoben, der durch eine Reihe, eine Gruppe von Merkmalen an den sexuellen Gegenstand oder Vorgang erinnert. Die tertia comparationis sind gehäuft. Diese Eigentümlichkeit, die bestimmend ist für die „Auswahl" von Sexualsymbolen, ist von großer Wichtigkeit und auf S. 105 bereits erörtert worden. Diese sogenannte Mehrfachdeterminiertheit bietet dann umgekehrt die Möglichkeit, eine sexualsymbolische Darstellung im Traum in mehrfacher Richtung auf eine allgemein-menschliche Antriebsproblematik hin zu untersuchen. Man kann das auch so ausdrücken: Im Sexualsymbol klinken in der Regel eine Reihe von etwa gleichsinnigen Antriebsqualitäten ein.

Der vorliegende Traum würde, sexual-symbolisch gelesen, also lauten: Ich, der Träumer, habe in mir eine Tendenz, mich coitieren zu lassen; und zwar verbindet sich für mich damit die Vorstellung, daß das Coitieren irgendwie den Sinn eines Herausholens von Substanz aus dem Coitierten hat. Etwas in mir ist bereit dazu, in dieser Weise Substanz an den andern zu verlieren. Und dann wehrt sich doch meine übrige Person empört dagegen, nämlich gegen diese meine eigene Tendenz.

In diesem Zusammenhang erhebt sich die Frage, wie es denn zu verstehen sei, daß der Coitus als Substanzberaubung aufgefaßt werden kann. Hierbei ist daran zu erinnern, daß das Kleinkind, wenn es den Sexualverkehr bei Tieren beobachtet oder in dunklen Andeutungen vom menschlichen Sexualverkehr erfährt oder diesen auch beobachtet, mit prägnanter Häufigkeit eine solche Interpretation vornimmt. Auf einer Entwicklungsstufe, zu deren Hauptthemen die Gebe-Nehme-Problematik gehört und auch späterhin noch von daher nachklingend, erfolgt ganz instinktiv eine kaptativ-retentive Interpretation aller rätselhaften Bewegungsvorgänge, insbesondere von Vorgängen zwischen Menschen. Ist das Beobachtete dann auch noch so beschaffen, daß von zwei Partnern der eine passiv, der andere aber andrängend und heftig bewegt ist, so vertieft sich die instinktive Überzeugung vom kaptativ-retentiven Charakter des Beobachteten.

Besteht die eben erfolgte Auffassung zu Recht, hat also der Coitus u. a. und so und so oft für das Kind diese kaptativ-retentive Bedeutung, darf man voraussetzen, daß solche kindliche Auffassung als Material in spätere Träume übernommen wird, so ist damit ja eine Verbindung zwischen einer nichtsexuellen Interpretation des vorliegenden Traumes und der eben erfolgten sexuellen offensichtlich hergestellt. Ein „allgemein menschliches" Thema von problematischem Charakter, äußere und innere Konflikte betreffend, findet im Schlaf innerhalb sexueller Erlebnisse und Vorgänge seine Formulierung. Umgekehrt erlaubt der Traum dann einen Rückschluß sowohl auf die besondere Artung des Sexualerlebens des Träumers wie auf seine allgemein menschlichen antriebshaften Gewohnheiten. So läßt sich unter Verwendung immer neuer auch sonst gebräuchlicher Worte und Begriffe, die aus den verschiedensten menschlichen Erlebniszusammenhängen hergenommen sind, das hier Gemeinte charakterisieren. Kern der gesamten Auffassung ist immer wieder: Der Mensch erlebt im Schlafe mehr Sexuelles als im Wachen. Die Phantasiewelt des Traumes enthält daher mehr sexuelle Erlebnisse und Auseinandersetzungen als das Wacherleben. Aber die Arten der Probleme auf sexuellem Gebiet sind die gleichen wie innerhalb des übrigen Antriebserlebens. Wie dieses hinsichtlich des betreffenden individuellen Träumers charakterisiert ist, dringt es auch als Tönung, als Sichtbarwerden bestimmter Erlebniskategorien in das sexuelle Erleben des Traumes ein. Im vorliegenden Fall handelt es sich zentral um eine retentive Problematik. Der Träumer steht in Gefahr, einen Substanzverlust zu erleiden. Das ist seine Situation. Mit dieser setzt er sich auseinander. Seine innere Gefahr besteht darin, daß er eine Tendenz dazu hat, Substanz herzugeben, sie sich nehmen zu lassen. Seine übrige Person wehrt sich dagegen. Daß beides im Traum auftritt, zeigt die unvollendete Lösung des Problems Hergeben — Behalten.

36. Traum: Ich stehe vom Klo auf. Es rüttelt jemand an der Tür. Ich sehe, daß schon viel Kot darin liegt. Ich will die Tür nicht aufmachen.

Kommentar: Die anale Thematik dieses Traumes ist offensichtlich. Es ist vom Klosett die Rede. Der Kot tritt als solcher auf. Er ist also nicht symbolisiert. Auf S. 108 wurde erörtert, daß nicht nur sexuelle Gegenstände und Vorgänge in den Träumen durch Symbole vertreten zu werden pflegen sondern auch anale und urethrale; in gewissen Grenzen auch aggressive.

Daher ist es wohl angebracht, den vorliegenden Traum hier umgekehrt einmal in analer Symbolik darzustellen. Er würde dann etwa so lauten: Ich habe auf irgendetwas gesessen. Mit meinen Kleidern muß etwas in Unordnung gewesen sein. Vielleicht habe ich gar keine angehabt. Am Popo war es kalt. Es muß in irgend einem Raum gewesen sein, als ob jemand außerhalb war, der herein wollte. Dann stand ich in dem Raum und sah mich in ihm um. An einer Stelle schien der Bretterboden faulig zu sein. Ich dachte, man müsse sich hüten, auf diese Stelle zu treten, man könnte da durchfallen. Die fauligen Bretter sahen dann aber so aus wie Gerberlohe oder Eichenrinde. Ich weiß das nicht mehr so genau. Dem andern Menschen außerhalb des Raumes schien es zu mißfallen, daß ich so lange herumschaute, aber ich hatte keine Lust, ihm die Tür aufzumachen. — Dieser Traumtext verrät auf den ersten Anblick hin nichts von analer Thematik. Wie man aber nach den vorbereitenden Bemerkungen sofort sehen kann, finden sich überall die typischen Andeutungen für den analen Hintergrund des Traumes. Zu interpretieren wäre dieser Traum genau so wie bei Erörterung der Gruppe I der Träume. Im Augenblick, bei dieser Gelegenheit, kam es darauf an, im unmittelbaren Anschluß an einen nicht-symbolisierten analen Traumvorgang zu zeigen, wie dieser symbolisiert aussehen würde.

Thema der augenblicklichen Erörterung ist aber die Sexualsymbolik. Also wäre zu fragen, ob auch der vorliegende Traum, der offensichtlich analen Charakter hat, doch der Möglichkeit nach auch sexualsymbolisch zu verstehen wäre. Das ist tatsächlich der Fall. Gehen wir einmal ganz schematisch vor: Die im Traum auftretenden Gegenstände sind das Klosett, die Tür und der Kot. Eine Erörterung der Vorgänge soll angeschlossen werden. Das Klosett müßte also Sexualsymbol sein können. Es müßte so sein, daß ein Teil des menschlichen Körpers, der in den Bereich des Sexuellen gehört, anatomische, morphologische Merkmale besitzt, die auch das Klosett hat. Zumindest müßte es so sein, daß ein Kleinkind oder ein sogenannter Primitiver, also Menschen, die noch nicht in der Lage sind bzw. noch nicht bereit sind, wie der gewöhnliche gereifte Erwachsene sorglich und scharf hinzusehen, geneigt sein würden, die Ähnlichkeiten zwischen Körperteil und Klosett hervorzuheben und das Unähnliche zu vernachlässigen. Der gesuchte Körperteil ist die Vulva, der weibliche Geschlechtsteil als ganzer. Das Kleinkind hat zunächst die Möglichkeit, die Gegenstände der Welt wenn auch nicht zu betasten oder gar an sich zu nehmen, doch wenigstens die, sie genau anzuschauen. Das weibliche Genitale dagegen, besonders das der Erwachsenen, bleibt ihm der Sitte nach in der Regel verborgen. Das weibliche Genitale sieht das Kleinkind in der Regel nur aus der Ferne, also undeutlich und flüchtig. Und sollte es einmal Gelegenheit haben, es genau zu betrachten, so wiederholt sich dies in der Regel nicht. Gefühle von Verbotensein, Furcht und Schuld sorgen dann dafür, daß die Erinnerung an das gesehene weibliche Genitale noch rascher verblaßt als Erinnerungen an einmalig oder selten Gesehenes sonst. Das Erinnerungsbild wird formalisiert. Wohlbekannte Gegenstände der täglichen Erfahrung treten in der Vorstellung auf, wenn der Versuch unternommen wird, sich an das einmal gesehene weibliche Genitale zu erinnern. So ist es sehr verständlich, daß in solchem Fall diejenige Vorstellung als Ersatz für das weibliche Genitale auftritt, deren einzelne Details an die am Genitale bemerkten Eigentümlichkeiten noch am ehesten erinnern. Das weibliche Genitale ist ein länglicher Gegenstand, flach, in der Mitte irgendwie vertieft, mit abgerundeter Kontur, nicht mit eckiger. Das Kind weiß, daß diese Gegend etwas mit Kot zu tun hat. Außerdem ist diese Körpergegend im Gegensatz zum üblichen Körper bräunlich, jedenfalls außen.

Aber sie kann aufgeklappt werden. Die Schamhaare werden häufig nicht als solche erkannt, schon deshalb nicht, weil sie eine dunklere Färbung haben als das Kopfhaar, auch bei Blonden, und weil sie ein flaches, dichtes Polster zu bilden pflegen im Gegensatz zum vergleichsweise strähnigen Haupthaar. Das Kleinkind meint häufig und äußert das auch, es handle sich da um Kot, so als ob die erwachsene Frau das Privileg habe, sich im Gegensatz zum behüteten Kind an dieser Stelle mit Kot zu beschmieren. Daß die eben erwähnten Merkmale gleichzeitig charakteristische Merkmale des Klosetts sind, ist offensichtlich. Zu berücksichtigen ist lediglich, daß, wie schon dargestellt, kindliches und primitiv-anschauliches Vorstellen zwar durchaus nicht immer aber doch in der Regel unverbindlich, unscharf ist. Also besteht regelmäßig zwischen Gegenstand und Gegenstand, zwischen Vorgang und Vorgang das Verhältnis der Analogie und nicht das der Identität. Auf diese Weise ist, wie man es ausdrücken kann, für die menschliche Phantasie Gelegenheit gegeben, ein Klosett vorschweben zu haben, wenn das weibliche Genitale nicht präzis vorgestellt werden kann oder darf.

Daß die Zeichnungen, die man vielfach von Kindern, aber auch von Erwachsenen hergestellt an Wänden und Mauern findet, das weibliche Genitale als auf der Spitze stehenden Rhombus darstellen, widerspricht u. E. nicht der eben erfolgten Erörterung. Es besteht ein Unterschied zwischen dem, was einem vorschwebt und dem, was man dann zu zeichnen in der Lage ist. Rundungen korrekt zeichnerisch wiederzugeben, ist auf jeden Fall schwieriger als mit Hilfe gerader Striche zu begrenzen. Archaisches Zeichnen neigt zur starren Abstraktion. Wäre das weibliche Genitale kreisförmig, so würde es sicher auch durch einen Kreis symbolisch dargestellt werden. Mit dem Gesäß z. B. ist das der Fall. Aber wenn, dann handelt es sich am ehesten um etwas Elliptisches. Eine aufrecht stehende Ellipse zu zeichnen ist aber schwierig. Es ist anzunehmen, daß hier noch sehr viel genauere Analysen quasi-ästhetischer Art erfolgen werden, die dann wesentlich besser zu belegen in der Lage sind, woher solche Eigentümlichkeiten rühren, wie u. a. auch die hier eben behandelte rhombische Form von Darstellungen des weiblichen Genitales. Das eben Erörterte mag also als Hinweis und erster Ansatz aufgefaßt werden. Kurze aber notwendige Ergänzung: Das Tabu erzwingt die Ecken!

Der zweite möglicherweise symbolische Gegenstand des vorliegenden Traumes ist die Tür. Sie schließt einen Raum ab. Sie ist zu öffnen und stellt eine flache Platte dar. Gewöhnlich ist sie geschlossen. Immer wieder wird sie geöffnet, und zwar mit der Hand. Die eben erwähnten Merkmale gelten in analoger Weise auch für die Labien des weiblichen Genitales. Wenn eine Tür im Traume Sexualsymbol ist, so ist sie als Ganzes Symbol für das weibliche Genitale, das mit ihr eine Reihe von Eigentümlichkeiten teilt. Die eben erfolgte Unterstreichung soll für denjenigen, der etwa hier zu lesen beginnt, und infolgedessen unvorbereitet ist, noch einmal einen Hinweis darauf geben, daß eine Tür im Traum selbstverständlich auch sich selbst, d. h. eine Tür vertreten kann. Nur ist eine Tür im Traume so häufig Sexualsymbol, daß man durchaus berechtigt ist, in jedem Fall eines Traumes, der eine Tür enthält, u. a. auch deren Sexualsymbolcharakter zu erwägen. Es darf angenommen werden, daß die Präzision dieser Formulierung ausreicht. Noch einmal: Aus Häufigkeitsgründen darf in jedem Einzelfall erwogen werden, eine Tür im Traume sei vielleicht Symbol für ein weibliches Genitale. Ob dies im Einzelfall dann wirklich so ist, ergibt der weitere Zusammenhang. Eine markante Möglichkeit solchen Zusammenhanges ist die, daß die betreffende Tür im Traum, wie auf S. 116 erörtert, Merkmale besitzt, die weder zu der realen speziellen Tür, die einfällt, gehören, noch vielleicht zu einer Tür überhaupt. Nehmen wir einmal ganz im Groben an, der Träumer erinnerte sich zu seinem Erstaunen, daß eine Tür in seinem Traum höchst auffallender Weise auf ihrer Oberfläche dunkle Gebilde trägt, die ihn sofort an gekräuselte Schamhaare erinnern. Dann wäre diese Traumtür durchaus atypisch. Die auf ihr befindlichen Gebilde böten einen ersten Hinweis auf den Symbolcharakter dieser Tür. Aber auch das würde natürlich nicht genügen. Der weitere gesamte Erlebniszusammenhang des Träumers müßte erweisen, daß der Traum in ihm sofort eine ganz bestimmte sinnvolle Rolle spielt und zwar als Phantasiegebilde, wenn man u. a. die Tür nicht als bekannte Größe: Tür auffaßt sondern als Unbekannte X., die die „Rechnung" dann aufgehen läßt, wenn man sie durch das weibliche Genitale ersetzt. Um diesen Zusammenhang handelt es sich bei der symbolischen Interpretation von Traumgegenständen und Vorgängen.

Daß ein Klosett und eine Tür Symbole für das weibliche Genitale sein können, erscheint dem, der sich mit einiger Bereitwilligkeit in die entsprechenden ethnologischen und folkloristischen Vorkommnisse vertieft hat, nach einiger Zeit durchaus als möglich. Grundsätzlich gewöhnt man sich rasch daran, solche Interpretationen wenigstens zu erwägen. Das schließt aber keineswegs ein, sofort einen Einfall dazu zu haben, für welchen sexuellen Gegenstand etwa der Kot als Symbol eintreten könne. Anders ausgedrückt: Es muß zunächst jede einzelne Symbolik erlernt und auf ihre Herkunft hin überprüft werden. Es wäre sinnlos, den Weg F r e u d s nachgehen zu wollen und jedesmal wieder als einzelner Untersucher ein Jahrzehnt damit zu verbringen, für sich, privat, eine Symbolik zu entwickeln. Der Lernende wird in der Regel eines Tages erstmalig erfahren müssen, daß und warum der Kot so und so oft sich nicht selbst vertritt sondern das männliche Genitale, den Penis oder auch das Genitale insgesamt. Eine weitere „Bedeutung" des Kotes wäre dem dann hinzuzufügen. Diejenigen Eigentümlichkeiten des Kotes, die ihn zum Symbol für das männliche Genitale geeignet machen, liegen, entsprechend den obigen Ausführungen, in mehreren tertia comparationis. Zunächst einmal hat der Kot mit der Körpergegend zu tun, in der auch das Genitale liegt. Dann stellt er beim Heraustreten, bevor er abfällt, einen Appendix dar, wie das Genitale auch. Ein Kind, das das Austreten des Kotes bei sich oder bei andern beobachtet, besonders, wenn es Gelegenheit hat, das von hinten her zu tun, sieht den Kot aus der Entfernung ungefähr so hängen wie das Genitale vorher. Befindet sich dieses Kind noch in einem Stadium der Frühentwicklung, in dem ihm noch unsicher ist, woran man die bindende Zugehörigkeit eines Gegenstandes, der kleiner ist als ein anderer, zu diesem erkennt, so bedeutet ihm das Abfallen nicht so sehr viel. Alles, was an etwas anderem offensichtlich hängt, und das tut das Genitale ja ausgesprochen, mehr als Nase, Gliedmaßen usw., gilt für diese Entwicklungsstufe, d. h. für deren charakteristische Interessen als abtrennbar, abreißbar usw. Von vornherein wird etwas, was an etwas anderem, Größerem hängt, nicht als unbedingt zu diesem gehörig angesehen. Also wird etwas Festsitzendes, sofern es pendelt, leicht als ablösbar angesehen und umgekehrt dasjenige, was vorher daran war und sich dann ablöst, als ursprünglich fest anhaftend. Auf diese Weise also verwischen sich diejenigen unterschiedlichen Merkmale von Kot und Genitale, die für den Erwachsenen sofort anschauliche Gültigkeit besitzen. Für das Kleinkind steht der Kot dem Genitale wesentlich näher als für den Erwachsenen. Außerdem fällt dem Kleinkind die Größe der erwachsenen Genitalien auf. Es berücksichtigt regelmäßig nicht das Verhältnis der Größe seines eigenen Körpers zu der des Erwachsenen. Daher wird dann das eigene kleine Genitale als ursprünglich mit dem eigenen Körper verbunden erlebt, und es ist gewissermaßen nur so ein bißchen Etwas am eigenen Körper. Das männliche Genitale des Erwachsenen wird dagegen als etwas angesehen, was aus dem Körper hervortritt. Das wieder erinnert an Kot. Und dazu wiederum kommt hinzu, daß das erwachsene Genitale in seiner Größe auffallend schwankt. Hat das Kind Gelegenheit, eine Erektion zu beobachten, dann sieht dieser Vorgang sowieso so aus, als ob Leibesinhalt in das schlauch- oder sackförmige Etwas das das Genitale darstellt, hineintritt, usw. usw. Eine Fülle von Details stellen eine Verbindung zwischen Kot und männlichem Genitale her. Was nicht analog ist, tritt demgegenüber zurück, jedenfalls so weit, daß im Einzelfall im Traume eher Kot erscheinen kann als das stärker tabuierte Genitale, je nachdem. Die affektive Beziehung zum eigenen Genitale ist überdies eine sehr ähnliche wie zum eigenen Kot. In beiden Fällen handelt es sich um ursprünglichen Besitz. Im übrigen spricht manches dafür, daß wiederum einmal einer der restierenden menschlichen Instinkte darin besteht, daß der Mensch schon als Kleinkind sein eigenes Genitale reflektorisch mit Sorge, und auch mit „Sorge", umgibt. U. a. besteht dieses Phänomen darin, daß Schutzbewegungen einsetzen, sobald das Genitale auch nur entfernt gefährdet ist. Biologisch und phylogenetisch handelt es sich hier ja um etwas außerordentlich gut Verstehbares.

Setzen wir nun im vorliegenden Traum das Symbolisierte an Stelle des Symbols, und zwar zunächst einmal lediglich die drei Gegenstände abgesehen von den Vorgängen, so wäre der Traum folgendermaßen zu lesen: Ich stehe von einem als Kloake aufgefaßten weiblichen Genitale auf. Es rüttelt jemand an den Labien, die es abschließen. Ich sehe, daß schon ein großes männliches Genitale darin befindlich ist. Ich will dieses Genitale nicht öffnen. — So gelesen, klingt der Traum natürlich zunächst völlig absurd. Auf jeden Fall schon deshalb, weil mit den betreffenden Gegenständen etwas geschieht, was zumindest üblicher Weise nicht so ausgedrückt wird. Der einfache anale Traum war immerhin ein Vorgang, wie er in der Realität durchaus vorkommen kann. Der jetzige Traum dagegen enthält eine Absurdität nach der andern. Was soll es heißen, wenn er damit beginnt, daß der Träumer von einem weiblichen Genitale aufsteht? Das setzt ja voraus, daß er vorher auf dem weiblichen Genitale gesessen hat. Und was sollte das heißen? Macht man aber die kombinatorische Phantasie des Menschen für eine solche Traumstelle verantwortlich, löst man das Sitzen von dem Gegenstand, auf dem gesessen wird, zunächst einmal ab, so ergibt sich vom frühkindlichen, primitiven Erleben her allmählich doch ein Sinn. Das Sitzen auf einer Person, besonders auf dem Schoß einer Person, das Sich-Hineinkuscheln, als gelte es, in den Schoß tiefer einzudringen und dort irgendeine Form von Geborgenheit zu finden, ist immerhin etwas für das Kleinkind durchaus Typisches. Auch der Erwachsene neigt, wie wir alle wissen, in besonderen Situationen zur gleichen Handlung. Diese Handlung hat dann auch den gleichen Sinn, nämlich das Intime, das, dem man vertraut, in dem man sich geborgen fühlt, im Gegensatz zum gewöhnlichen Leben geborgen fühlt, aufzusuchen. Für das weibliche Genitale wird aber nicht ohne Grund das Wort Schoß verwandt. Man sagt: „Komm auf meinen Schoß!" und man meint damit, „setze Dich auf meine Oberschenkel, aber recht dicht an meinen Leib heran!" Regelmäßig wird der Betreffende, der so auf den Schoß genommen wird, mit den Armen umfangen und an den eigenen Körper herangezogen. Hat der, der den andern auf den Schoß nimmt, ein nach vorn öffenbares Kleidungsstück an, z. B. einen Mantel, so macht er häufig die Knöpfe auf und hüllt den andern mit ein. In gewisser Weise öffnet er dem andern das Tor zu seinem Innern. Und das geschieht alles weitgehend instinktiv. Es ist überprüfbar, daß nicht nur der Auf-den-Schoß-Genommene, sondern auch der, der auf den Schoß nimmt, eine ganze Reihe von Sensationen angenehmer Art erlebt, und zwar genau so wie innerhalb anderer Instinktreihen. Der Handlungsbeginn erfolgt reflektorisch und ist angenehm. Beschränkt sich der Betreffende auf den Handlungsbeginn, hört er mit der Handlung nun auf, so entstehen unangenehme Sensationen. Reflektorisch setzt er die Handlung in bestimmter Richtung fort und wiederum ergeben sich angenehme Sensationen. Eine genaue Analyse des Coitusvorganges z. B. ergibt formal das gleiche Bild. Aber hierüber wird noch viel gesagt werden müssen. Im Augenblick kommt es lediglich darauf an, deutlich zu machen, daß es im Menschen einen instinktiven Drang gibt, einen anderen Menschen in sehr typischer Weise auf den Schoß zu nehmen. Und es gibt auch den anderen Drang, den Schoß eines anderen Menschen in sehr bestimmter Weise aufzusuchen. Dabei ist eben sehr charakteristisch, daß derjenige, der den Schoß des andern aufsucht, so und so oft das deutliche Empfinden hat, er müsse eigentlich noch tiefer eindringen. Beobachtet man noch genauer, womit der Betreffende denn tiefer eindringen möchte, so ergibt sich: eigentlich mit dem ganzen Körper. Das Eindringen mit den Gliedmaßen würde auf keinen Fall genügen. Ein Eindringen mit dem Kopf ebenfalls nicht. In diesem Fall müßten wenigstens die Schultern nachfolgen. So bleibt als möglicher, oft als optimal empfundener Drang, das im Schoß bereitliegende Cavum rückwärts mit dem unteren Teil des Rückens und dem Gesäß auszufüllen. Erlebt sich also jemand im Traum als von einem Schoß aufstehend, so darf man eine vorhergehende Handlung, wie sie eben näher erörtert wurde, wenigstens in Erwägung ziehen. Auf jeden Fall würde dann der erste Satz des umgewandelten Traumes auf ein sehr bekanntes, sehr übliches, elementares Bedürfnis hinweisen. Das weibliche Genitale, besonders hinsichtlich seiner in der Tiefe liegenden Teile, ist das Intimste der Frau. Wenn irgendwo in der Welt Geborgenheit ist, und zwar Geborgenheit von naturgegebener Art, dann findet sie sich dort.

Aber der Mensch weiß instinktiv, daß alle anderen Menschen genauso wie er Geborgenheit suchen, genauer ausgedrückt, daß in jedem Menschen ein Teil ist, der Geborgenheit sucht. Und dieser Teil im andern Menschen, in den andern Menschen, konkurriert mit den eigenen Bedürfnissen des einzelnen. Es gibt wenig Geborgenheit in der Welt. Unter den Frauen sind es nur wenige, die ihrerseits über genügende Fülle verfügen, um aus ihr heraus unbekümmert Geborgenheit schenken zu können. Und selbst wenn die einzelne Frau persönlich dazu in der Lage ist, so sind es doch nur besondere Stunden, in denen sie ihre Bereitschaft in Freiheit zu realisieren vermag. Für das Bedürfnis der Menschen, so wie es ihnen innewohnt, gibt es insgesamt zu wenig Geborgenheit in der Welt. Wer frühkindliche Anteile solcher Sehnsucht latent, aber bereit aufzubrechen, in sich enthält, „weiß" damit auch instinktiv, daß er im Gedränge der Menschen, die auch als Stärkste zu einem Teil das gleiche suchen, verloren ist. Immer wieder wird jemand an der Tür seines phantasierenden Zufluchtsortes rütteln und er wird ihm nicht einmal Unrecht geben können, ihn verurteilen können. Er wird sogar wieder und wieder eine Bereitschaft in sich fühlen, seinerseits den Ort mütterlicher Geborgenheit zu verlassen. Er wird bereit sein, die aufrechtstehende Haltung des Menschen anzunehmen und die kriechende oder sitzende des Kleinkindes aufzugeben. In diesen Bereich menschlichen Erlebens gehört der vorliegende Traum hinein, so weit er sexualsymbolisch zu lesen ist.

Liest man den entsymbolisierten Traum, so wie er oben seine Fassung erhielt, auf der Subjektstufe, so ergibt sich auch hier eine Konsonanz mit den vorherigen „Lesarten". Als Darstellung der eignen Innenbefindlichkeit würde es sich hier darum handeln, daß der Träumer zunächst in seine eigene Weiblichkeit eintaucht und diese dann doch, weil es der Bestimmung des Menschen widerspricht, in ihr zu verharren, verläßt. Das verbindende Allgemeinste für die verschiedenen möglichen Lesarten dieses Traumes ist „das Intimste". Der Antrieb ist der, Geborgenheit aufzusuchen. Es ist nichts Erzwungenes, wenn solche Sehnsucht nach Geborgenheit als eine Extremvariante intensiver Hingabesehnsucht angesehen wird. Maximale Hingegebenheit ist nur dort möglich, so will es jedenfalls die furchtsame menschliche Natur, wo vollständige Geborgenheit sicher ist. Wenn während unserer Darstellungen wieder und wieder die sogenannte „breite Erfahrung" als Methode der Urteilsfindung angegeben wurde, so handelt es sich beim eben Erörterten wiederum um Sätze, die die breite Erfahrung den um anthropologische Einsichten Bemühten lehrt. Es muß der wissenschaftlichen Bemühung der Zukunft überlassen bleiben festzustellen, ob die eben über die Natur des Menschen gemachten Aussagen den Tatsachen entsprechen oder nicht. Im Augenblick liegt — auch das ist wieder und wieder betont worden

— eine für neurosenpsychologische Zwecke geeignete psychologische Anthropologie nicht vor. Die Psychotherapeuten haben sie sich mit unendlicher Mühe allmählich schaffen müssen. Was man an Menschen bei langdauernder mikropsychologischer Untersuchung erlebt (keineswegs nur an Kranken!), spricht durchaus dafür, daß „der" Mensch zu einem Teil, zutiefst, latent zumindest, ein so hingabesehnsüchtiges Wesen ist. Dieser Erfahrungsbereich lehrt, daß diese Hingabesehnsüchte ihrem Sinne nach auf extreme Bestätigtheit und Geborgenheit gehen. Sie lehrt, daß diese Sehnsüchte Bedürfnisse, Antriebe sehr spezifischer Art sind, ihre typischen Entwicklungsschicksale haben und zum Teil in die Latenz geschickt werden. Im Schlaf tauchen sie dann u. U. aus dieser auf und realisieren sich in bildhaften Gegenständen und Vorgängen, wie sie u. a. der obige Traum zeigt. Es ist äußerst merkwürdig, was der Mensch so erlebt und daß seine scheinbar völlig dunklen Träume allmählich diesen erstaunlichen Sinn enthüllen. Aber dabei muß man doch daran denken, daß wir die unendliche wunderbare Großartigkeit der Natur für gewöhnlich im Laufe des Tages, so wie er dahingeht, nur nicht ständig bemerken. Wir waren ja auch jahrhundertelang nicht entfernt in der Lage, anders als auf dem Wege unmittelbarer, besonders auch dichterischer Anschauung einen Begriff von dieser wunderbaren Mannigfaltigkeit zu entwickeln. Erst in jüngster Zeit haben wir einen primitiven Kausalismus überwunden. Ganz allmählich gewöhnen wir uns daran, in Bündeln von Faktoren zu denken und entsprechend zu urteilen. Was uns so merkwürdig berührt, ist aber gerade die erstaunliche Vielfalt dessen, was die Gefühle zusammensetzt, mit denen wir es zu tun haben. Wir wundern uns also eigentlich zu Unrecht, wenn wir es tun, über die erstaunliche Mannigfaltigkeit des Höherorganisierten, des Organischen, Lebendigen überhaupt. Was wir an Strukturen zu enträtseln vermögen, muß ja seinem Wesen nach wieder und wieder überraschende Seiten zeigen.

Kann weibliche Geborgenheit, besser Geborgenheit im Weiblichen, das dringende natürliche Bedürfnis auch wirklich befriedigen? Ist es wahrscheinlich, daß das, was als weiche Fülle ausdrücklich gesucht wird, nun auch tatsächlich Geborgenheit zu verleihen vermag? Eigentlich handelt es sich da ja um einen Widerspruch in sich. Fülle vermag gewiß Sicherheit zu vermitteln. Aber weiche Fülle? Besteht bei dieser nicht wieder die Gefahr, daß sie dem Ansturm der Widrigkeit nicht standhält? Ist die Weichheit, die da gesucht und gefunden wird, nicht ihrerseits wieder eine Gefahr? Diese Fragen stellt sich instinktiv jeder Mensch, der irgendwie in extremer Weise nach weicher, gefühlshafter Geborgenheit sucht. Sein Instinkt antwortet dann darauf regelmäßig mit dem Phantasiegebilde einer Paarung von Weichheit und Härte. Attribute der Härte werden der weichen Fülle hinzugefügt. Wie kann das konkret geschehen? Wie sehen die Gegenstände und Vorgänge aus die dieses weitere Bedürfnis zu befriedigen versprechen? Die kindlich instinktive Antwort lautet zunächst: Es müßte so etwas geben wie Weichheit, die doch Macht hat. Es müßte möglich sein, den weiblichen Eigentümlichkeiten die Attribute der Männlichkeit hinzuzufügen, sofern man einmal sehr vereinfachend von einem solchen Gegensatz zwischen weiblich und männlich sprechen darf. Sexuell gesehen ist Ausdruck der männlichen Macht, Potenz, das phallische Genitale. Also müßte im Gegensatz zur Natur, wie sie tatsächlich zu sein pflegt, eine Verbindung von männlichen und weiblichen anatomisch-morphologischen Merkmalen solch Weich- und doch Mächtigsein ankündigen. Solche Aufhebung der Regeln der realen Natur wäre dann das androgyne Menschenwesen. Hier findet die Sehnsucht nach dem Androgynen, die Lebhaftigkeit, mit der es in Antike und Romantik z. B. erörtert wurde, ihre Erklärung (s. auch „Der gehemmte Mensch" S. 209). Von daher gesehen, ist es auch nicht erstaunlich, daß derjenige, der in seinem tiefen Instinkt an der Erlaubtheit gewissermaßen zweifelt, sich maximale Hingabewünsche gestatten zu dürfen — eben, weil diese zu weich sind, zu sehr das Weiche suchen —, nun das repräsentative Bild des bergenden weiblichen Schoßes ablöst durch ein Bild, das nicht nur ein für ihn bereites Cavum darstellt, sondern dieses Cavum erfüllt mit den Insignien der Potenz. Diese aber bestehen, visuell wenigstens, in geformten Massen. Eine solche Masse, die das Kleinkind als eigenes Produkt bestaunt, ist der Kot. Eine andere solche Primitivmasse ist das imponierende männliche Genitale. Da, wo die Frau nichts hat, besitzt der Mann ein offensichtliches Epitheton. Dieses Attribut, dieses Hinzugefügte und Daraufgesetzte schließt das Cavum dahinter ab. Dieser Abschluß soll nicht entfernt werden. Wer dahinter Schutz sucht, ist nun wirklich geborgen.

Statt daß der vorliegende Traum zunächst einmal wörtlich vom analen Antriebserleben her gelesen wird, von der Affinität des kleinen Kindes her zum vielen Kot der Erwachsenen oder auch zum vielen Kot, den es selber produziert, so sich selbst mächtig fühlend, kann er ebenso gut von den entsprechenden gleichsinnigen Geborgenheits- und Hingabetendenzen her gelesen werden. Etwas Allgemeinstes, nämlich die Sehnsucht nach Sicherheit erscheint hier in ihren verschiedenen animalischen Varianten als Sehnsucht nach massenhafter Produktivität, nach Potenz, nach Aufgehobenheit im Umfassenderen, Potenteren. Umgekehrt gesehen lösen sich sehr spezielle animalische Tendenzen in eine existenzielle Antwort auf das Lebensganze hin auf. Sehr, sehr merkwürdig all dies! Aber die allgemeinste Befindlichkeit des Menschen in der Welt zeigt nun einmal diese verschiedenen Seiten seines Da-seins. Der Mensch ist eben nicht festgelegt auf quasiautomatische, primitiv-animalische Vollzüge. Er hat nicht nur Umwelt, als Gefüge ihn eindeutig und unaufhebbar bestimmender Reize; er hat Welt.

37. Traum: Ich gehe durch einen Sitzungssaal. Durch die Mitte. Alle verbeugen sich.

Kommentar: Setzen wir hier wiederum voraus, daß der Raum körperliches Cavum, mütterliches Cavum bedeuten kann, also als ganzes „die" Mutter, setzen wir weiterhin voraus, daß alle — Menschen nämlich — Symbole der Potenz, also quasi-phallischen Charakters sein können, so würde hier im Traume wunschgemäß die vielgestaltige Potenz der mütterlich Begegnenden vor der Würde des Träumers zusammensinken, erschlaffen. Die vielarmige Göttin Kali, auch die oral-omnipotente Diana von Ephesos repräsentieren solche weibliche Omnipotenz. Sie ist erwünscht und gefürchtet zugleich. So weit sie gefürchtet ist, kann dem ihr begegnenden Menschen nur instinktiv daran liegen, daß ihr ein Stück der gefürchteten Macht durch Weichwerden genommen wird. Damit aber erhöht sich relativ die Macht des Träumenden. Er dominiert, wo er vernichtet zu werden fürchten muß. Der Traum stellt, so gesehen, einen Kompromiß zwischen eigener Tendenz, sich fremder Macht hingebend zu überlassen und dieser widersprechender Tendenz, selbst mächtig zu sein, dar. Das Problem bleibt eines des Geltungsstrebens. Auch dies kann, auf sexueller Plattform erlebt, seine sexuelle anatomisch-morphologische Formulierung finden. Zentrale Thematik ist auch dann, wenn sexuell formuliert, der Konflikt zwischen eigenem Streben, das Leben, die Welt durch Macht zu bewältigen, und den konkurrierenden antagonistischen Tendenzen.

Hat der Träumer eines solchen Traumes eine neurotische Symptomatik, die ihrerseits nichts von der zugrundeliegenden Antriebsproblematik verrät — ein psychogener Kopfschmerz z. B. würde das nicht tun —, steht also Therapie in Frage, so bedeutet die korrekte Interpretation eines solchen Traumes naturgemäß einen großen therapeutischen Gewinn. Der Therapeut weiß dann wenigstens, was „dem Patienten Kopfschmerzen macht". Er hat nun die Möglichkeit, latente, unausgereifte Machttendenzen des Patienten zur Entfaltung anzuregen.

38. Traum: Ich verprügle jemand maßlos. Zuletzt Kinnhaken. Der andere sackt zusammen.

Kommentar: In früher psychoanalytischer Literatur, insbesondere z. B in Arbeiten von Stekel sind aggressive Handlungen aller Art häufig als Symbole für den Sexualverkehr angegeben worden. Die Allgemeinheit dieser Feststellung hat, auch in der wissenschaftlichen Welt, größtes Befremden hervorgerufen. Gerade „Deutungen" dieser Art haben u. a. die Anerkennung der sexuellen Symbolik im Traum außerordentlich erschwert. Aber so absurd, wie es zunächst schien, waren diese Interpretationen doch nicht. Denn in so und so vielen Fällen hat sich die Coitusbedeutung etwa eines Verprügelns mit aller wünschbaren Eindeutigkeit erwiesen. Man hätte in der damaligen Literatur nur mehr Wert auf eine exakte Formulierung der Aussagen legen müssen. Diese hätte etwa folgendermaßen gelautet: In einzelnen Fällen sind sonst dunkle Träume in das Gesamterleben eines Träumers dann einordenbar, und zwar unter Berücksichtigung der in Frage kommenden animalischen Antriebswelt, wenn etwa eine Prügelszene als Coitusszene gelesen wird. Eine Reihe von begleitenden Details spielen in solchen Fällen die Rolle von zunächst dunklen, auf jenem Wege aber durchaus verständlichen tertia comparationis. (So, wie das oben auf S. 116 ff. schon erörtert wurde.) Es war von da ab also durchaus zulässig, in Fällen von sonst dunkel bleibenden Träumen, in denen eine solche Interpretationsmöglichkeit zunächst nicht offensichtlich war, diese doch ebenfalls zu unterstellen. Es handelte sich dann um die Erwägung einer Möglichkeit im Sinn einer wissenschaftlichen, auf vorangehende Empirie gegründeten Vermutung. So und so oft erwies sich dann aber weiterhin, daß auch in diesen Fällen der Symbolcharakter einer solchen Prügelszene psycho-logisch Geltung hatte. Und hinzuzufügen wäre in den Anfangszeiten der Forschung noch regelmäßiger, als es geschehen ist, daß das Kleinkind den Coitus tatsächlich nicht so selten als aggressiven Akt erlebt, weiterhin aber, daß die „aggressive" Seite des Sexualverkehrs, falls der Träumer ein aggressionsgehemmter Mensch ist, im Traum zunächst die repräsentative Rolle zu übernehmen vermag. Es ist durchaus zuzugeben, daß nur die Bekanntschaft mit dem eben kurz skizzierten psychologischen Bereich ein volles Verständnis ermöglicht. Vorsichtige, ausreichend komplexe Formulierung hätte aber wohl dafür sorgen können, daß überflüssige Protesthaltungen der Wissenschaft weitgehend vermieden wurden.

Es ist also durchaus gerechtfertigt, beim Anhören eines Traumes wie des vorliegenden, der zunächst allein auf den aggressiven Antriebsbereich hinzu weisen scheint, u. a. auch an eine sexualsymbolische Bedeutung zu denken. Es sei noch einmal ausdrücklich wiederholt: Es gilt hier lediglich ein Erwägen zu rechtfertigen, vermutend an eine weitere Möglichkeit zu denken. Die Empirie zeigt dann, daß das merkwürdige Vorkommnis solcher Symbolisierung doch wesentlich häufiger ist, als der Skeptiker zunächst meint.

Das Kinn ist im Traume der Gegenstand, um den die Handlung geht. Es entsteht die Frage, ob das Kinn Symbol für einen sexuellen Gegenstand sein kann. Dies ist durchaus der Fall. Ein Kinn kann im Traume durch Eigentümlichkeiten, Details charakterisiert sein, die dem Anblick eines männlichen Genitales entnommen sind, und zwar einem ganz speziellen, eigen-artigen. Diese „Assoziationsbrücke", wie man das durchaus mit Recht nannte, ist ja in solchem Fall erster Hinweis auf den Symbolcharakter des Kinns. Oder es können auch Details der Handlung, z. B. die Art, wie die Hand beim Kinnhaken gehalten wird, eine „Brücke" zu einer faktisch erlebten Berührung eines männlichen Genitales mit dieser Hand darstellen. Verifizierend ist, wie immer wiederholt, der Gesamterlebniszusammenhang des Träumers. Verdichteter Hinweis auf einen noch so erstaunlichen Zusammenhang innerhalb dieses Bereichs ist aber oft ein Bündel von tertia comparationis. Das einzelne Detail ist lediglich als Andeutung anzusehen, aber immerhin doch als Andeutung. Auch ohne solche hinweisenden Details aber ist das Erwägen einer symbolischen Möglichkeit durchaus legitim, das Darandenken durchaus geboten. So ist die Valenz der einzelnen Urteilsschritte zu ordnen. Grundsätzlich unterscheidet sich dieses Vorgehen in keiner Weise von wissenschaftlichem Vorgehen sonst.

Liest man das Verprügeln als Coitus, das Kinn als männliches Genitale, so ist der Übergang zu einer vermutungsvollen Interpretation des Zusammensackens als Erschlaffung des Phallus verständlich und naheliegend. Wenn der Träumer dieses Traumes sich innerhalb sexueller Erlebnissphäre bewegt, handelt es sich in diesem Traum um den Antrieb, einen Partner mit aggressivem Sinn zu coitieren, — was ja auch im realen Erleben genau so vorkommen kann. Und zwar würde sich in diesem Fall die Coitustendenz latent-aggressiv-homosexuell gegen einen männlichen Partner richten. „Absicht" wäre, die phallische Potenz des andern zu vernichten. Schon diese Art des Formulierens zeigt, daß es sich dabei zwar im seltenen Grenzfall um die Traumrepräsentanz eines perversen Antriebs handeln kann, also um das Äquivalent einer vollbewußten aggressiv-homosexuellen Phantasie besonderer Art, wie sie ja so und so oft vorkommt, aber — auch hier kann eine „allgemein menschliche" Auseinandersetzung mit dem männlichen Geschlecht, mit dem Mann überhaupt, „gemeint" sein. Letztlich ist auch dieser Traum durchaus „existenziell", daseinsanalytisch lesbar. Die menschliche Existenz wird ja nicht nur ganz allgemein sondern konkret, spezialisiert erlebt. Eine dieser konkreten speziellen Begegnungen ist die mit dem Männlichen, mit dem Manne in der Welt, mit dessen „phallischen" Eigentümlichkeiten. Im Konkretesten, ganz Einzelnen prägt sich allgemeinstes Dasein aus. Im Traume unternimmt, „probiert" der Träumer eine Lösung. Der Traum stellt einen konkreten Lösungsversuch der Befindlichkeit eines Menschen in der männlichen Welt dar. Die eben gewählten Formulierungen zeigen wohl zur Genüge, daß man selbst in einem Fall wie dem vorliegenden, in dem das aggressive Moment mit voller Deutlichkeit zu Tage liegt, nicht fehl geht, wenn man mit einer sexuellen Interpretation beginnt. Hat man einmal verstanden, daß mit hoher Wahrscheinlichkeit auch das ganz vereinzelte, ganz individuell-konkrete Sexualerleben über sich selbst in allgemeinste Bereiche existenzieller Begegnung hinausweist, so ist dieser „sexualistische" Ansatz keineswegs zu verwerfen. Im Gegenteil, in so und so vielen Fällen eröffnet der sexualsymbolische Aspekt ganz genau ebenso wie die Analyse einer Onanie-Phantasie (wie Freud das mit Recht wieder und wieder betont hat), eine Sicht auf übergreifend Allgemein-Menschliches. Nachdem wir einmal auf dem Wege genauester mikropsychologischer Empirie und korrekter Erhellung höchst komplexer psycho logischer Zusammenhänge einen umfassenden Generalaspekt erreicht haben, ist es fürderhin nur Sache ungenügender Schulung, wenn sich jemand am seelischen Erleben „sexualistisch" vergreift. Im Prinzip handelt es sich hier um nichts anderes als etwa um ein Analogon zur Orchideenzüchtung. Auch da hat man ursprünglich zu Einfaches versucht. Diese Versuche von gutgläubigen, oft begeisterten aber phantasielosen, unscharf beobachtenden und zu Fehlschlüssen neigenden Seelen führten zunächst zu völligen Mißerfolgen oder krüppelhaften Ergebnissen. Erst die Eruierung höchst spezieller Bedingungen, unabdingbarer Faktoren und die Bereitstellung u. a. von ganz unerwartet langen Zeiträumen ermöglichte schließlich ein erfolgreiches Heranziehen von Orchideen, so daß sie zur Blüte gelangten. Die üblichen Aufwände, die allmählich üblich gewordene selbstverständliche Berücksichtigung von Faktoren-Bündeln statt einzelner Faktoren, sind es, die auch auf dem Gebiet der Traumanalyse zur Selbstverständlichkeit werden müssen. Im Scherz könnte man sagen: „Nur, weil Träume nicht explodieren und einem um die Ohren fliegen, wenn man verkehrt, zu simpel mit ihnen umgeht, war es möglich, daß man jahrzehntelang simplifizierend über sie dachte, oder weil man gerade das nicht wollte, die ganze „Deuterei" wieder fallen ließ". Um das Jahr 1910 herum haben sich eine Fülle von Autoren, die heute noch leben, aber in alle vier Winde auseinandergestoben sind und zu Gegnern wurden, in Gespräch und Druck noch ernsthaft um die Traumanalyse bemüht.

Für den vorliegenden Traum braucht wohl kaum noch hinzugefügt zu werden, daß der „Jemand" des Traumes natürlich auch in diesem Fall der Träumer selbst sein kann. Die Auseinandersetzung des Träumers mit der Männlichkeit kann sich ja durchaus, wenn auch nicht nur, im Bereich des eigenen Innern, der eigenen Emotionalität abspielen. Auch da kann der Effekt ein Zusammensacken der eigenen phallischen Potenz sein, ein Erlahmen der zur Person anlagemäßig, genotypisch gehörenden Aggressivität.

39. T r a u m : Ich streichle jemand und bin sehr glücklich darüber.
K o m m e n t a r : Dieser Traum hat offensichtlich einen zärtlichen Inhalt. Aber man muß doch wissen und am Rande daran denken, daß das Streicheln einen masturbatorischen Akt darstellen kann. Soll hier noch einmal wiederholt werden, daß der Traum auf keinen Fall masturbatorische Bedeutung haben „muß"? Das ist nach allem in der vorliegenden Arbeit Entwickelten doch wohl nicht mehr nötig. Es ist nun so häufig, in den mannigfaltigsten Wendungen, mit den vielfältigsten Hinweisen festgestellt worden, welche Valenz ein solches Auch-an-Sexuelles-Denken den Tatsachen nach allein haben kann und darf, daß sich weitere Worte wohl erübrigen.

40. T r a u m : Ich schließe die Augen. Jemand umarmt mich. Es ist so, als ob ich zerfließe.
K o m m e n t a r : Auch dieser Traum hat zunächst einmal einen bewußtseinsnahen, einfachen Sinn. Frage an die Neurosenpsychologie ist hier lediglich, wie es dazu kommen kann, daß jemand hinsichtlich solcher hingebenden, doch völlig „ungefährlichen" Tendenzen eine Gehemmtheit entwickeln können soll. Aber diese Frage ist ja auf S. 82 beantwortet worden. Hier wird noch zu untersuchen sein, ob Gegenstände oder Vorgänge dieses Traumes im Einzelfall auch Sexualsymbol sein können. Das ist der Fall. Ein Auge ist, falls Symbol, androgynes Symbol, d. h., es kann hinsichtlich des kreisförmig von Lidern umgebenen Augapfels phallisches Symbol sein, d. h. insbesondere die glans penis und den vorderen Teil der Vorhaut symbolisieren. Sofern das Auge nun nach den Dingen „greift", bringt das Auge als Genitalsymbol einen kaptativen Akzent in den Zusammenhang. Ein irgendwo heraustretender, hervortretender Augapfel unterstreicht diese propulsivkaptative Note. Ein Zurücktreten des Augapfels oder gar ein Schließen des Auges reduziert den phallischen Charakter im Sinne eines Aufhebens kaptativer Propulsivität. Allgemein gesehen bedeutet das Schließen der Augen insoweit eine Verweiblichung, als das propulsive Hervortreten einer mittleren Erhöhung aus dem Spalt verschwindet. Wer diesen Gedanken- und Vorstellungsgang verfolgt, wird bemerken, daß hier wiederum ein Übergang von speziell-sexueller Interpretation zu allgemein-menschlichen Zusammenhängen vollzogen wurde. Geschildert wurde eine Verweiblichung, die ihre

Fortsetzung etwa auch in einem starken Zurücktreten des Auges überhaupt und in einer Betonung der Augenhöhle finden könnte. Dies würde dann das Auge zu einem Vulva-Symbol machen.

Wäre dies letztere der Fall, erlebte sich der Träumer also betont von der weiblichen Seite her, „als Weib", so wäre dann das Umarmtwerden als Coitiertwerden zu lesen. So lautet ja auch der euphemistische Sinn des Wortes „Umarmung". Zwar gibt es ein Totalzerfließen als sexuellen Vorgang nicht, aber u. U. wird eine sehr starke Sekretion von Flüssigkeit im weiblichen Genitale, die bei sexueller Erregung dann als ausgesprochenes Naßwerden empfunden wird, da die Oberschenkel auf der Innenseite in solchem Fall wirklich „patschnaß" werden, als Quasi-Zerfließen erlebt. An dieser Stelle nun ist wiederum eine psycho-physiologische Überlegung bezw. Feststellung einzuschalten: Genaueste mikropsychologische Analyse zeigt, daß eine solche maximale Sekretion nur in seltenen Fällen das Korrelat zu einer isolierten starken sexuellen Erregung darstellt. In der Regel läßt sich nachweisen, daß solche massenhafte Sekretion keineswegs nur auf sexuelle Erregtheit im gewöhnlichen Sinn bezogen werden darf, sondern mit außerordentlich starker Gefühlshaftigkeit, mit tiefer Verliebtheit zu korrespondieren pflegt. Ist das aber so, dann ist der weibliche Mensch von der geistiggefühlshaften Seite her zu stärksten Erregtheitserlebnissen befähigt, deren Korrelat auf physischem Gebiet ein heftiges Sich-Ergießen darstellt.

Es zeigt sich also wiederum, daß eine einseitige Interpretation eines Traumes wie des vorliegenden im grobsexuellen Sinn durchaus einen gerechtfertigten A n s a t z zur vollständigen Interpretation des Erlebens eines Träumers zu liefern vermag. Der Mensch ist eben grundsätzlich ein Lebewesen, das mit hochkomplexen Gefügen erlebnishafter und auch physischer Natur zu reagieren pflegt. Es war verständlich, daß man zu Beginn exakter forscherischer Bemühungen auf die eine Seite eines solchen Gefüges stieß, d. h. diese zunächst allein einigermaßen fixieren konnte. Und dann fielen einem zweiten Beobachter andere Seiten mit gleicher Deutlichkeit auf. Das sah dann zunächst so aus, als handle es sich um kontradiktorische Feststellungen, als könne nur die eine o d e r die andere Aussage wahr sein. Der nächste wissenschaftliche Schritt war dann ein unsicher tastendes Hin und Her, so als ob entweder der physische o d e r der psychische Forscher fahnenflüchtig geworden sei. D. h. auf Deutsch einfach: Die menschliche forscherische Kapazität im einzelnen Forscher erlaubte nicht, ein hochkomplexes Gefüge als solches zu sehen. Es war anfänglich einfach zu schwierig, die visuell-taktilen Tatsachen mit der dazu gehörigen Beobachtungsmethode nicht nur zu fixieren, sondern sich in deren eigene Komplexität wirklich zu vertiefen und gleichzeitig die ja wirklich ganz andersartige Methode, die allein zur Beobachtung subjektiver Erlebnisse geeignet ist, ebenso differenziert anzuwenden. Das ist im Grunde das ganze „Geheimnis" der so widerspruchsvoll erscheinenden wissenschaftlichen Entwicklung innerhalb des psycho-physischen Bereichs. Im Grunde handelt es sich um keine andere Schwierigkeit als etwa um die, eine musikalische Stimme zu lesen und die harmonisch-akkordische Begleitung gleichzeitig. Es hat lange gedauert, bis sich einzelne Menschen fanden, die infolge ihrer Extrembegabung auf diesem Gebiet in der Lage waren, eine Partitur nicht nur nach intensiver Vorbereitung abzulesen sondern aus dem Gedächtnis zu dirigieren. Kern dieser ganzen Angelegenheit ist das Thema Geläufigkeit und Geübtheit. Erst nachdem einzelne Vorstellungen und Vollzüge, tausendfach wiederholt, einen weitgehend automatischen Charakter erhalten haben und dann blitzschnell und doch präzis zur Verfügung stehen, ist jeweilig der nächste Schritt auch auf wissenschaftlichem Gebiet möglich. So kann derjenige, der sich nicht nur an die ubiquitäre Möglichkeit sexueller Symbolik in den Träumen gewöhnt hat, sondern diesen Bereich durch Übung völlig selbstverständlich beherrscht, in einem weiteren nahezu gleichzeitigen Akt der Hinwendung auf die ebenfalls ubiquitäre existenzielle Problematik der Menschen beide „Aspekte" zusammenklingen lassen. Dieser Zusammenklang aber trifft nun wirklich das differenzierte Ganze des vorliegenden Tatbestandes. „Was außen ist, ist auch innen". Die Grundkonzeption der Leibnizschen Monadologie hat hierzu allerengste formale Verwandtschaft. Im psycho-physio-pathologischen Bereich, ausgehend von der einfachen Aufgabe, neurotische Symptomatik therapeutisch anzugehen, ergab sich schließlich die Notwendigkeit solcher Zusammenschau. Es mag dem einen oder anderen Leser langatmig erscheinen, wenn hier immer wieder methodologische, oft „philosophisch" genannte Überlegungen breit durchgeführt werden. Die sogenannte Tiefenpsychologie steht hier nun einmal in vorderster Front. Nur wenige sind auf die Bewältigung von Höchstkomplexem schon ausreichend vorbereitet. Simpelkausales Denken ist immer noch Gewohnheit. Das grundsätzliche Wissen, daß nur eine konditionale Auffassung den heute zur Aufgabe gewordenen Tatbeständen gerecht wird, ist faktisch heute noch unausgereift. Es kann also nicht einfache Empirie getrieben werden. Vielmehr muß solches Bemühen ständig durch methodologische Sicherungen unterbaut werden. Es geht darum, etwas Höchstkomplexes, den auch im Einzelakt stets schon höchst differenziert erlebenden Menschen korrekt zu erfassen. Daß sich vielfach die physischen Korrelate der Beobachtung lebhafter aufdrängen, ist dann der Grund dafür, daß hier grundsätzlich psycho-physiologisch vorgegangen werden muß.

Noch einmal: Die „sexualistische", sexualsymbolische Interpretation des Traumes konsoniert durchaus mit der auf Hingabe und Liebe zentrierten, einfach antriebspsychologischen. Und dann kann der Jemand des Traumes wiederum der Träumer selbst sein. Die Bilder des Traumes können Ausdruck sein, d. h. müssen auch als das angesehen werden, — einer rein gefühlshaften Auseinandersetzung mit sich selbst.

41. Traum: Einfacher Coitus mit jemand, der mir begegnet.

Kommentar: Diesem Traum, der ja unverhüllte Sexualität enthält, wäre hier lediglich hinzuzufügen, daß selbstverständlich auch in einem einfachen Coitus eine spezielle Auseinandersetzung des Betreffenden mit der Welt nicht nur enthalten sein kann, sondern stets enthalten ist. Es ist eine Frage erstens allgemeinster Anthropologie, zweitens aber des Erlebnisganzen des Träumers in Gegenwart und Vergangenheit, „entworfen" auf Zukunft, welches Moment in diesem Traum prävaliert, das einfach animalische oder das existenzielle, religiöse.

42. Traum: Ich bin allein in einer Landschaft. In ihr ist ein beglückendes Strahlen, als ob alles schön sei. Ein etwa 12jähriges Kind, Junge oder Mädchen, steht auf einmal vor mir. Es ist, als ob Landschaft und Kind eins sind.

Kommentar: Gegenstände des Traumes sind die Landschaft, das Strahlen, das Kind. Wenn es sich um ein Sexualsymbol handelt, pflegt die Landschaft einen menschlichen Körper zu vertreten. Die Erfahrung zeigt, daß vorwiegend der weibliche Körper so dargestellt wird. Wenn ein kleines vierjähriges Mädchen beim ersten Anblick der Schambehaarung seiner Mutter sagt: „Was hast Du denn da für schöne Schlinggewächse?!", so vollzieht es einen Vergleich, der ihm von da an zur Verfügung steht, wenn es sich darum handelt, nicht an das tabuierte Genitale zu denken oder davon zu sprechen, und es doch nicht darauf verzichten kann, dies wenigstens über einen Vertreter des Genitales hinweg zu tun. Ein Traum ist dann Gelegenheit zu solchem nunmehr symbolisch genannten Ersatz. Die Schambehaarung wird dann durch Schilf oder Bäume vertreten oder auch sonst irgendein Gestrüpp. Wenn eine jugendliche Schizophrene erklärt, sie habe „die Natur" wachsen sehen, sie habe die Bäume darin wachsen sehen, und es sich herausstellt, daß innerhalb ihres Sprachbereichs das Wort Natur im Volksjargon das Genitale bezeichnet, so handelt es sich mit höchster Wahrscheinlichkeit um eine symbolische Formulierung von Pubertätseindrücken, die das anschauliche Denken der Patientin anbietet. Der Gesamterlebniszusammenhang solcher Patientin vermag dann allein zu verifizieren, daß sie sich, während sie sich so formuliert, tatsächlich mit den betreffenden Beobachtungen an ihrem pubertierenden Körper auseinandersetzt.

Die Hügel einer Landschaft pflegen Brüste und Gesäß darzustellen, hohe, turmartige Felsen auch den Phallus.

Was könnte der Vorgang eines Strahlens sexualsymbolisch sein? Wer bereit ist, diese Möglichkeit zu erwägen, wird gut daran tun, sich einmal den inneren Erlebnisgebilden meditativ zu überlassen, die auftauchen, wenn er an „Strahlen" denkt. Es wird hier ausdrücklich von Erlebnisgebilden geredet, weil die Bezeichnung „Vorstellung" vermieden werden soll. Es handelt sich hier vielmehr genau um das, was Descartes mit „cogito" bezeichnet hat und was dann unter Vernachlässigung seiner näheren Charakterisierung als „Denken" übersetzt und so ins rein Rationale transponiert wurde. Zwar treten auch visuelle Vorstellungen auf, wenn an „Strahlen" „gedacht" wird, diese pflegen aber von Empfindungen und Gefühlen durchsetzt zu sein. Sucht man nach einem Vorgang auf sexuellem Gebiet, der es seiner Eigentümlichkeiten wegen nahelegt, symbolisch durch ein Strahlen vertreten zu werden, so wird man sich, wie in all solchen Fällen, nicht auf die visuellen Bestandteile beschränken dürfen. Aber es mag sein, daß diese doch im Vordergrund stehen. Welch ein „sexueller" Vorgang strahlt? Als visuell kommt die Ejaculation in Frage. Es sei hinzugefügt, daß hier auch eine urethrale Symbolik eine Rolle spielen kann: Man spricht nicht umsonst von einem Urinstrahl. Wir wissen aus der Beobachtung von Kindern, und u. a. auch von abartigen Erwachsenen, daß das Urinieren für den Betreffenden etwas Strahlendes an sich haben kann im Sinne eines beglückenden Produzierens im Licht funkelnder, strahlender Materie. Es sind nicht nur visuelle tertia comparationis, die hier eine Rolle spielen. In Grenzen gilt all das eben Gesagte auch für den Vorgang der Ejaculation. Es ist dem Erleben unbekümmerter Frauen nicht fremd, daß sie im liebevollen sexuellen Zusammensein mit dem Mann, wenn z. B. aus Gründen sehr fortgeschrittener Schwangerschaft ein Coitus unterbleiben muß, der Anblick des ejaculierenden Phallus beglückende, strahlende Erregtheit vermittelt. Die Masturbation des Mannes durch die Frau bedeutet dann einen Akt selbstverständlicher liebevoller Zuwendung und erhält eine Kommunikation der Notdurft; statt den Mann, wie in roheren Zeiten üblich, zu vereinsamen oder ihn zu käuflicher Sexualität zu treiben, die in den betreffenden roheren Zeiten euphemistisch käufliche „Liebe" genannt wurde. Auch das Strahlen kann also sehr wohl grobsexuelle oder wenigstens grobanimalische Vorgänge, z. B. urethrale, symbolisieren. Es wird also später zu untersuchen sein, wohin dieses Strahlen, so gesehen, in dem vorliegenden Traum gehören würde.

Kann ein Kind Sexualsymbol sein? Die ältere psychoanalytische Literatur spricht häufig davon. Die Brust, das weibliche Genitale, der Phallus können auf diese Weise symbolisch vertreten werden. Die tertia comparationis sind offensichtlich. Es handelt sich um Abzweigungen, Fortsetzungen des eigenen Körpers, die auch verselbständigt gedacht werden können. Sie gehören als Protuberanzen nicht absolut selbstverständlich zum Grundbestand des Körpers hinzu. Die Gliedmaßen, die ja auch Anhängsel sind, tun das. Sie befinden sich in der merkwürdigen Beziehung zur Hauptsubstanz des Körpers, daß sie offensichtlich von da her dirigiert werden. Sie „hängen" im allgemeinen also nicht am Körper, sondern sie bilden eine unmittelbare, engste, dauernd mit ihm mitlebende Fortsetzung. Im Gegensatz dazu sind Brüste, große Labien, Penis und Scrotum Anhäng-sel. Sie können nicht willkürlich dirigiert werden, d. h. in Stellung und Form beeinflußt werden, sie „hängen". Und mehr noch, wenn sie sich bewegen, wenn sie ihre Form verändern geschieht dies gewissermaßen von außen her, tatsächlich wie ein äußeres Ereignis. D. h., Absichtserlebnisse gehen ihrer Tätigkeit oder Formveränderung nicht voraus, oder wenn der betreffende Träger irgendwelche Absicht in Bezug auf sie erlebt, fügen sie sich dieser regelmäßig nicht. Dies wird nicht immer ausdrücklich registriert und bedacht, aber erlebt werden diese merkwürdigen Beziehungen bzw. Beziehungslosigkeiten stets.

Wenn man will, kann man hier, wie das in der vorliegenden Darstellung ja mehrfach geschehen ist, von instinktivem Wissen oder Denken sprechen. Von unbewußtem Wissen zu sprechen, empfiehlt sich ausdrücklich nicht;

denn es kann ja jeder Mensch grundsätzlich zu mikropsychologischem Beobachten hingeführt werden; und dann findet er dieses instinktive Wissen mit zunehmender Deutlichkeit in sich vor. Wieder einmal: Wenn all dies auch nur der Wissenschaft geläufig wäre, würde es sich hier erübrigen, davon zu sprechen. Es wird wohl eines Tages eine allgemeine Propädeutik auf dem Gebiete der Psycho-physiologie geben, die dafür sorgt, daß späterhin dann sofort spezielle empirische Themen erörtert werden können, ohne daß befürchtet werden muß, daß Hörer oder Leser nicht folgen können.

Brüste, äußeres weibliches und männliches Genitale sind also quasi-selbständige Partner des menschlichen Erlebens. Daher kommt es auch, daß die Menschen sich mit diesen Körperteilen bevorzugt unterhalten. Sie reden die Brüste etwa an und geben ihnen Namen, sie fordern sie z. B. auf, sich brav zu verhalten usw. Auch die Erwachsenen gehen aus diesen sehr gut verständlichen Gründen mit diesen Anhängseln ihres Körpers um wie das Kleinkind etwa mit den Fingern. Sie sprechen sie wie Personen an. Das ist der Grund, warum im Traum u. U. ein ganzer Mensch Symbol für den Phallus etwa ist. Dabei braucht jetzt wohl kaum noch hinzugefügt zu werden, daß das tertium comparationis nicht nur im Visuellen liegt, also im Aufrechtsein etwa. Das Gefühl der Bewunderung vor der Leistung des betreffenden Körperteils spielt hier zumindest eine ebenso wichtige Rolle. Wer zufällig einige Kenntnis des Suaheli besitzt, wird erinnern, daß in dieser Sprache die hier gemeinte Gefühlstönung durch ein vorgesetztes summendes M ausgedrückt wird. Dem widerspricht nicht, daß als Ausdruck einer zärtlichen Gefühlstönung den betreffenden Körperteilen gegenüber auch, wie F r e u d das schon ausgesprochen hat, die Bezeichnung „das Kleine" gewählt wird. Also darf man nicht überrascht sein, wenn im besonderen Fall eine Symbolisierung des Genitales durch ein Kind erfolgt. Im vorliegenden Traum wird ja auch unentschieden gelassen, ob es sich um ein weibliches oder um ein männliches Kind handelt.

Der Traum würde, entsymbolisiert, also folgendermaßen zu lesen sein: Ich bin allein in nächster Nähe eines menschlichen Körpers, der mich an Größe weit überragt, auf dem ich mich wie in einer Landschaft befinden könnte. Dieser Körper strömt. Erregung, Potenz strömen auf mich ein, als würde ich in seinen Exkreten gewissermaßen „gebadet". Ich wende mich dem Genitale dieses Körpers zu, das androgynen Charakter hat, aber aufrecht, phallisch ist. Ich erlebe diese phallische Potenz als unmittelbar zu der betreffenden überragenden Person zugehörig.

Welcher realen, real möglichen Situation entspricht dieses Bild und der Vorgang? Da ist es gut, sich auf den Anfang des Traumes zu besinnen. Es wird gesagt, daß der Träumer a l l e i n in der Landschaft ist. Das aber ist die ersehnte Situation des Kleinkindes, das in irgendeiner Weise mit der Härte des Lebens konfrontiert wird. U. a. kann diese Härte darin bestehen, daß es sich von der Mutter dadurch verlassen fühlt, daß ein neues Geschwisterchen angekommen ist, und die Liebe und Sorge der Mutter offenbar zu diesem hinüberströmt. Auf diese Situation der Verlassenheit durch die Menschen, auf diese Situation der Einsamkeit kann der weise gewordene Erwachsene später mit einer Zuwendung zum All reagieren. In der Pubertät wird hierzu oft der erste Ansatz erlebt. Pantheistische Formen des Naturerlebens sind dafür ein geläufiges Beispiel. Und damit gleitet die sexualsymbolisch beginnende Interpretation des Traumes wiederum in existenziellen Bereich hinüber. Zunächst einmal aber handelt es sich um ein sehr animalisches Erleben. Überragende Körperlichkeit mit ihrer ganzen Fülle von animalischer Energie wird von diesem Träumer im Schlafe aufgesucht. Die repräsentativen Vorgänge für solches Erfülltsein mit vitalen Möglichkeiten, exkretorische und erektive Vorgänge, erlebt der Träumer in visuell lebendiger Form. Sie bedeuten konkrete Nähe, Aufgehobensein im intimsten körplichen Bereich des andren Menschen. Hier wird auf sexueller Plattform im konkreten physischen Bereich eine allgemeinste Sehnsucht nach Kontakt, nach Geborgenheit in der Gemeinschaft erlebt.

Im allgemeinen wird ein Mensch nur dann in der Lage sein, unbekümmert erotisch zu erleben, wenn er seiner physischen Geborgenheit in der Welt vollständig sicher ist. Zumindest muß er als alter Mensch befriedigt und befriedet auf animalische Erlebnisfülle früherer Jahre zurückblicken können. Ohne Gesättigtheit auf animalischem Gebiet, ohne eine Gesättigtheit, die so weit geht, daß auch erhebliche Mengen existenzieller Urangst sich darin aufzulösen vermögen, ist eine beruhigte Hingabe an erotisches Erleben nicht möglich. Auf diese Weise ergibt sich hinsichtlich des vorliegenden Traumes erstmalig eine Art Widerspruch zwischen einer einfach antriebspsychologischen Interpretation, die hier um das erotische Bedürfnis zentriert ist, und einer sexualsymbolischen, animalischen. Hier konsonieren Animalität und Geistigkeit nur insoweit, als ausreichend erfüllte Animalität Grundlage für das Erleben ungetrübter Geistigkeit ist.

Aber man darf hier doch vielleicht einen speziellen Gesichtspunkt einführen. Wenn der Körper eines menschlichen Partners so ins Riesige vergrößert phantasiert wird, daß eine Landschaft adäquates Symbol ist, wenn Gefühle der Beglückung an der Stelle angenehmer, wenn auch vielleicht rauschhafter, animalischer Befriedigung stehen, so ergibt sich eine derartig weite Spanne zwischen der Kleinheit des Träumenden und der Größe dessen, in das er sich einbettet, daß das Animalische hier im Bilde seine Grenzen bis zum Transzedieren ausweitet. Hier verschmilzt dann Sinnlichkeit und Unsinnlichkeit. Das Erlebnis grenzenloser Einsamkeit löst sich in ebenso grenzenlose, beglückende Geborgenheit auf Intensivste Lust wird zu reinstem Glück. Das erotische Erleben wurde ja bereits oben (s. S. 193) als Grenzfall des Animalischen behandelt.

Daß dieses bisher als partner-suchend dargestellte Traumerleben auch rein intensive Bewegtheit innerhalb der eigenen Gefühlswelt sein kann, ist offensichtlich. Nur im „interesselosen" erotischen Erleben, im Erleben „reiner Anschauung" vermag der Mensch ganz i n der Welt zu sein und gleichzeitig wesentlich als Mensch vom Bewußtsein der Welt als Gegenstand, also des „Anderen", Begrenzten erfüllt zu sein.

Die Aussage über den Träumer im Gegensatz zur Aussage über den Träumenden

(Wiederum die Träume der I. Gruppe, entsprechend gelesen.)

Im ersten Augenblick mag diese Überschrift wie eine Wortspielerei aussehen. Aber sie soll noch einmal auf den bereits auf den S. 80 ff. behandelten Gegensatz hinweisen. Der kompensatorische Charakter des Traumes, sein Charakter als Ausdruck von Latentem, von Bereitschaften, die nicht realisiert wurden, bedingt, daß eine Aussage über den Träumenden eben das zu treffen sucht, was der Träumer im Wacherleben gerade nicht zu erleben imstande ist. So weit die Träume diesen Inhalt haben, so weit in ihnen Antriebserlebnisse vor sich gehen, die vom Wacherleben ausgeschlossen oder nur in vagen Spuren zugelassen sind, muß ja, wenn eine überprüfbare Aussage ermöglicht werden soll, jede Aussage über den Träumer als Träumenden, als Schlafenden erst transformiert werden. Denn die Überprüfung liegt, wie wieder und wieder mit ausdrücklicher Betonung hervorgehoben, im Erleben des Wachzustandes. Daß hierbei ebenso ausdrücklich mikropsychologische Tatbestände erfaßt werden müssen und man sich unter keinen Umständen mit dem handgreiflichen Makropsychologischen zufrieden geben darf, ist eine Sache für sich, wenn auch das zentrale Novum gegenüber früheren Unternehmungen. Dennoch wird, wie ebenfalls schon gesagt, infolge von Ungeübtheit, der Neuheit dieser mikropsychologischen Wissenschaft wegen, gerade diese Notwendigkeit der Transformation außerordentlich häufig vergessen. Es ist zu verstehen, daß es nicht gerade bequem ist, wenn man eine Melodie regelmäßig in einer anderen Tonart spielen soll, als sie notiert ist. Aber auf unserem Gebiet ist es einmal so. Diese Mühe, ja Anstrengung, stellt eine unerläßliche Notwendigkeit dar. Also sollen nun noch einmal die Träume der Gruppe I, die eben sexualsymbolisch interpretiert wurden, so gelesen werden, daß Aussagen über das Wacherleben des Träumers, insbesondere über die Lücken im Wacherleben des Träumers dabei herauskommen.

Ein schon früher, z. B. auf S. 77, behandelter Gesichtspunkt ist nun aber von entscheidender Wichtigkeit: Alle Menschen können diese Träume erleben. Bei allen Menschen sind jene interpretierten Fakten qualitativ vorhanden. Aber bei den Träumern, die keine neurotische Symptomatik haben, handelt es sich um so feine mikropsychologische Fakten, daß im Einzelfall oft Zweifel entstehen können, ob sie vorliegen oder nicht. Will man diese Tatbestände sehen lernen, will man sich von der Berechtigtheit solchen Transponierens überzeugen, so müssen die Träume von Symptomträgern untersucht werden!!

1. Traum: Ich sehe einen Weihnachtsbaum. Unter ihm liegen seidene Wäschestücke mit meinem Monogramm.

Aussagen

über den Träumenden:

Der Träumer hat Sehnsucht danach, etwas geschenkt zu erhalten. Es soll ihm gehören. Weihnachten wäre eine Gelegenheit dazu. Seidene Wäschestücke sind das Begehrte.

Der Träumende bewundert phallische Potenz. Sie soll ihm erscheinen. Sie soll auch in ihm und an ihm erscheinen. Sie soll in Seide gehüllt sein, als Zeichen seiner Macht. Er möchte so potent sein, daß er nun seinerseits unbekümmert spenden kann.

über den Träumer:

Er ist ein Mensch, der nicht zugreifen, nicht in einem zu ihm gehörigen Grade Besitz begehren kann. Er vermag nicht zu erobern, wahrscheinlich auch nicht unbekümmert im sexuellen Sinn zu begehren. Er bewundert vielleicht die Potenz anderer, aber er ist nicht in der Lage, sich mit diesen unbekümmert zu identifizieren. Er ist bescheidener, als eigentlich zu seiner Natur gehört. Falls er Träger einer neurotischen Symptomatik ist, wird diese Bruchstücke kaptativen Erlebens enthalten.

2. Traum: Ich komme in ein Zimmer. Ein Schubfach steht offen. Es ist viel Schokolade drin. Es ist niemand im Zimmer. Ich esse schnell eine Menge.

Aussagen

über den Träumenden:

Er möchte das erleben und tun, was im Traum steht.

über den Träumer:

Im Wacherleben bleibt es bestenfalls bei einem vagen „Möchten" dieser Art, oder es kommt zu ebensolchen plötzlichen und sinnlosen Durchbrüchen. Es ist dem Träumer wahrscheinlich sogar unmöglich, seinen Trauminhalt in unbekümmerter Direktheit zu phantasieren. Wenn ihm Gelegenheit gegeben wird zuzulangen, tut er das wahrscheinlich zögernd. Oder er hat keinen Appetit, wie er meint.

Wenn der Träumer mit einer Frau zu tun hat, so wendet er sich dieser instinktiv so zu, als ob sie in großer Fülle zu geben bereit wäre. Aber das bleibt eben instinktiv. Vorwiegend reagiert er mit Enttäuschtheit, wenn nicht gegeben wird. Besonders vermag er nicht, eindring-lich zu fordern. Ist ein Konkurrent in der Nähe, so ist das ganz besonders ausgeprägt der Fall. Dann entwickelt der Träumer u. U. eine Verzichtshaltung, als ob dies ganz selbstverständlich wäre. Das Gut eines andern zu begehren, vermag er nicht. Was der andere besitzt, ist für ihn tabu. Aber in seiner eventuellen Symptomatik klingen die gehemmten Tendenzen an. Mit einiger Wahrscheinlichkeit hat die Symptomatik oralen Charakter.

Der Träumer ist nicht in der Lage, ins Intimste seiner eigenen Person hinabzusteigen, dort mit sich allein zu sein, sich vom dortigen Reichtum seiner Person erfüllen zu lassen und auf diese Weise in die Fülle zu kommen. Der empfangende Teil seiner Person, seine entsprechenden Gefühlsbereiche, das Magma seiner Gefühle sind ihm verschlossen.

3. Traum: Jemand kommt und will mich anpumpen. Ich lehne empört ab.

Aussagen

über den Träumenden:

Eine Seite in ihm drängt zum Hergeben. Stärker aber meldet sich die entgegengesetzte, retentive.

über den Träumer:

Dieser ist im Wacherleben an die Forderungen der Welt und der Menschen, die zu ihm dringen, ausgeliefert. Er kann nicht „Nein" sagen. Er gibt her, ohne sich aufzulehnen. Oft bemerkt er gar nicht, daß er damit etwas ganz Unübliches tut. Erst im Nachhinein überfällt ihn vielleicht Bekümmertheit, — wenn das überhaupt der Fall ist.

Der Träumer kann nicht „Nein" sagen, u. U. auch nicht auf sexuellem Gebiet, vielleicht sogar nicht einmal dann, wenn jemand von ihm homosexuelle Bereitschaft fordert, — auch wenn er selbst nicht die geringste Neigung dazu verspürt. Im Grenzfall läßt er sich zu grobsexuellen Akten breitschlagen. Er ist dann zu empörter Auflehnung unfähig. All das ist nur möglicherweise der Fall, aber die neurotische Symptomatik eines solchen Menschen kann, wenn sie vorhanden ist, gerade hierauf speziell bezogen sein bzw. an ein Vortagserlebnis dieser Art anknüpfen. Es gilt, auch diese Möglichkeit zu erwägen, besonders wenn der Patient selbst nicht davon zu sprechen wagt oder davon zu sprechen vergißt.

Der Träumer befindet sich existenziell in der inneren Situation tiefer Unsicherheit, hin- und hergerissen im Gefühl zwischen Selbstbehauptung und Selbsthingabe.

4. Traum: Ich stehe vom Klo auf. Es rüttelt jemand an der Tür. Ich sehe, daß schon viel Kot darin liegt. Ich will die Tür nicht aufmachen.

Aussagen

über den Träumenden:

Er möchte sich in die Tiefe seiner eigenen Substanz zurückziehen. Er möchte sich mit seinem eigenen Unrat, mit dem Schmutz an ihm, mit dem, was er selbst als Abfall ansehen sollte, so beschäftigen, wie es manchmal Tiere tun, denen die Freiheit genommen ist. Er fürchtet die Welt und möchte sich auf diese Weise ganz in sich selbst zurückziehen, sich von der Welt absperren.

über den Träumer:

Dieser kann das alles gerade nicht. Nicht aktiv aber passiv liefert er sich an das Getriebe der Welt aus. Er gibt nach, gibt alles mögliche her; als wenn es gar nicht sein Eigentum wäre, handle es sich um Materielles oder Immaterielles. Er ist nicht imstande zu konservieren. Zeit, Kraft, Interesse läßt er sich nehmen. Erst wenn er auf diese Weise in eine Situation des Mangels gedrängt worden ist, setzt er sich sekundär zur Wehr und wird dann u. U. wirklich in neurotischer Form schmutzig, renitent, geizig, sinnlos abwehrend. Die neurotische Symptomatik, falls vorhanden, kann analen oder retentiven Charakter haben.

5. Traum: Ich gehe durch einen Sitzungssaal. Durch die Mitte. Alle verbeugen sich.

Aussagen

über den Träumenden:

Er erlebt im Traume erfülltes Geltungsstreben.

Er ist von einer alle anderen ausstechenden Potenz. Die mächtigste Frau wird er besiegen.

Alles Widerstrebende in ihm erliegt der Weiträumigkeit und Macht seiner zentralen Gefühlspotenz.

über den Träumer:

Wahrscheinlich ist er sogar von der mittleren Norm abweichend gefügig, vielleicht unfähig zu Würde und Stolz. Vielleicht weicht er nur von einem zu seiner Person gehörigen Maß von Ehrgeiz ab. Gerät er in Situationen, in denen er Geltung erstreben oder auch beanspruchen könnte, und folgt er seinem angelegten Antriebe in dieser Richtung nicht, so wird er nachträglich oder schon in der Situation selbst von Gefühlsstörungen oder neurotischer Symptomatik überfallen werden.

6. Traum: Ich verprügele jemand maßlos. Zuletzt Kinnhaken. Der andere sackt zusammen.

Aussagen

über den Träumenden:

Er hat versäumt, sich in entsprechender Situation so wie im Traume zu verhalten. Auf jeden Fall hätte er seine abgeschwächte, „zivile" Neigung zur Aggression verspüren können. Er tat das alles nicht. Er holt das Versäumte im Traume nach, und nunmehr in extremer, frühkindlicher Form.

über den Träumer:

Gerade das kann der Betreffende nicht. Er kann überall da, wo er es seiner Natur nach möchte, nicht aggressiv sein, nicht auftreten, nicht sich-durchsetzen. Im Grenzfall ist er im Wacherleben ein Schwächling.

Er ist nicht in der Lage, gegen einen sexuellen Konkurrenten vorzugehen Er neigt dazu, zu früh aufzugeben, nicht zu kämpfen. U. U. kann er nicht mal den Wunsch entwickeln, der andere möchte auf sexuellem Gebiet versagen. Er wird den andern durch seine Potenz siegen lassen.

Der Träumer befindet sich in Widerstreit zwischen Aggression gegen die Welt und gegen sich selbst. Er vermag das für ihn selbst gültige Mittlere zwischen blindem Vernichtungsdrang der Welt gegenüber und Vernichtung der eigenen Person nicht zu finden. Er droht, an der Problematik des homo homini lupus (Jeder ist des andern Wolf) zu scheitern.

7. Traum: Ich streichle jemand und bin sehr glücklich darüber.

Aussagen

über den Träumenden:

Er sucht Zärtlichkeit.

Er möchte seine Zärtlichkeit bis zur Ausübung einer Masturbation steigern.

über den Träumer:

Zu all dem ist er im gegebenen Fall unfähig. Er ist kontaktgestört und erlebt subjektive Hemmungen, wo es gilt, die körperliche Nähe anderer Menschen zu suchen.

8. Traum: Ich schließe die Augen. Jemand umarmt mich. Es ist so, als ob ich zerfließe.

Aussagen

über den Träumenden:

Gerade das möchte er einmal erleben, hingebungsvoll, weich und ohne dauernde Haltung des Sicherns sein. Er möchte das Weibliche in sich bejahen, die ganze Weite und Intensität des Gefühls.

über den Träumer:

Gerade das kann er nicht. Stärkere Versuchungssituationen dieser Art beantwortet er mit subjektiver Gefühlsgestörtheit oder Symptomatik. Im extremen Fall flieht er jede Versuchung zur Hingabe als sei diese der Tod. Eine spezielle Symptomatik dieser Art besteht in Anfällen von Todesangst, scheinbar unmotivierter Art.

9. Traum: Einfacher Coitus mit jemand, der mir begegnet.

Aussagen

über den Träumenden:

Erleben von im Wachen gehemmter Sexualität. Im Einzelfall aber auch bloße Aggressionsgehemmtheit, die Aggression verschoben auf sexuelles Gebiet.

über den Träumer:

Jede Variante subjektiv erlebter sexueller Gehemmtheit oder entsprechender Symptomatik. Wichtig ist dieser spezielle Traum als Hinweis, wenn die neurotische Symptomatik eines Menschen zunächst gar keinen Sinn verrät, geschweige denn einen sexuellen, und die Versuchungs- und Versagungssituationen anfangs dunkel bleiben. Der Träumer kann aber ein einfach Aggressionsgehemmter sein, dessen Erleben und Verhalten auch schon von der mittleren Norm abweicht.

10. Traum: Ich bin allein in einer Landschaft. In ihr ist ein beglückendes Strahlen, als ob alles schön sei. Ein etwa 12jähriges Kind, Junge oder Mädchen, steht auf einmal vor mir. Es ist, als ob Landschaft und Kind eins sind.

Aussagen

über den Träumenden:

Diese sind oben (s. S. 192 f.) breit erörtert worden.

über den Träumer:

Allgemeinste gefühlshaft-geistige Liebesgestörtheit jeden beliebigen Grades, die im Einzelfall auch das sexuelle Erleben und die orgastische Potenz unterminieren kann.

Nach allem Vorhergesagten ist jetzt wohl kaum noch zu betonen, daß die eben erfolgten Übungen im Transponieren absichtlich lehrhaft-schematischen Charakter haben. Die Fülle des tatsächlichen Lebens wird durch sie gerade eben gestreift. Aber der forscherisch oder therapeutisch Bemühte hat ja von vornherein einen ganzen Menschen vor sich und wird daher sehr bald in den Träumen und ihren möglichen Interpretationen oft erstaunlich präzise H i n w e i s e auf jene konkrete Fülle finden.

AUTORENVERZEICHNIS

SACHVERZEICHNIS

A

B

H

I

J

K

L

M

N

O

P